Busche

Bewachungsgewerbe

André Busche

Basiswissen Bewachungsgewerbe für Sachkundeprüfung und Unterrichtungsverfahren

Grundlagen für Lehrgang und Selbstunterricht

8. Auflage

Bibliographische Information der Deutschen Nationalbibliothek

Die Deutsche Nationalbibliothek verzeichnet diese Publikation in der Deutschen Nationalbibliographie; detaillierte bibliographische Daten sind im Internet über http://dnb.d-nb.de abrufbar.

Verlag: Juristischer Fachverlag Busche, Gneisenaustraße 1, 24105 Kiel
Tel. 0431 5301000 e-Mail: verlag@abmc.de

Alle Hinweise und Angaben in diesem Buch wurden von den Autoren sorgfältig recherchiert. Trotzdem kann keine Gewähr für die Richtigkeit der Angaben gegeben werden.

Die Informationen zu Recht und verwandten Themen dienen der allgemeinen Information und nicht der Beratung im Falle eines individuellen rechtlichen Anliegens. Verwenden Sie daher die hier bereitgestellten Informationen niemals als alleinige Quelle für rechtsbezogene Entscheidungen und ziehen Sie weitere Informationsquellen hinzu.

Die Verwendung einer geschlechtsbezogenen Bezeichnung einer Person intendiert keine Beschränkung auf das jeweilige Geschlecht.

8. Auflage ISBN-13: 978-3-940723-31-4

Inhaltsverzeichnis

Zu diesem Buch stehen Ihnen bei Bedarf Errata-Dokumente mit Hinweisen auf gesetzliche Änderungen oder Druckfehler im Internetangebot des Verlages unter der Adresse

http://www.bookupdate.de

zum kostenfreien Download zur Verfügung.

Danksagung

Für Anregung und Unterstützung danke ich
(in alphabetischer Reihenfolge der Vornamen)

Andreas Kohl
Erika Görge
Gerhard Schorner
Horst Rieger
Michaela Merz
Robert Vollborn
Thomas Dohrendorf
Volker Bachmann
Carina Raach
Frank Hoge
Hendrik Spering
Matthias Conrad
Olaf Weddern
Susanne Fehlandt
Ulrik Damitz

sowie Raymond Kröger

und für das Lektorat Dr. Sabine Klatt

sowie den Unternehmen

ABUS Security-Center
Kaba
Honeywell Security Group
Minimax
Bosch Sicherheitssysteme
Heckler & Koch
MEBO Sicherheit
SIG SAUER

für die großzügige Überlassung von Abbildungen und Material.

Vorwort zur achten Auflage

Der seit 2010 bewährte Aufbau des Lehrbuches wurde beibehalten, die Abbildung des Rahmenplanes auf den Inhalt fortgeschrieben. Gleiches gilt für die thematische Bandbreite.

Die folgende Aussage hat sich gegenüber den Vorworten der Vorauflagen nicht geändert und wird es auch absehbare Zeit nicht: Nur eine breit angelegte, fundierte Ausbildung, insbesondere in den Bereichen „Recht" und „Umgang mit Menschen", nebst einer engmaschigen Kontrolle aller im Bereich Sicherheit Beschäftigten kann dem Bewachungsgewerbe auf Dauer das Vertrauen der Bevölkerung verschaffen und sichern, das die Grundlage ist für eine wirkliche Partnerschaft mit staatlichen Stellen – Ihnen, liebe Leserinnen und Leser, und Ihrem Lernwillen und Ihrem ganz persönlichen Lernerfolg kommt darum besondere Bedeutung zu.

Vergessen Sie niemals, dass das Lernen niemals endet. Jeder Tag stellt uns vor neue Herausforderungen. Diese anzunehmen und sich stets zu fragen, was ich aus fremden oder eigenen Fehlern lernen kann, ist die wahre Herausforderung.

Ich wünsche Ihnen Freude an der Arbeit mit diesem Lehrbuch und für Ihre Prüfung und berufliche Tätigkeit viel Erfolg!

Der Autor

Vorbemerkungen

Für Mitarbeiter im Bewachungsgewerbe ist eine sichere und umfassende Kenntnis der Gesetze unverzichtbar. Gesetze regeln das Zusammenleben der Menschen und, zumindest in Deutschland, die Eingriffsmöglichkeiten des Staates. Hier nun ist erstmals der unverzichtbare Hinweis anzubringen, den Sie immer beachten müssen: Mitarbeiter im Bewachungsgewerbe stehen keine hoheitlichen Rechte zu – allein die Vollzugsbehörden haben das Recht, Bürger unter Hinweis auf hoheitliche Rechte in der freien Entfaltung ihrer Persönlichkeit einzuschränken. Selbst der sogenannte „Jedermann-Paragraph", der jeden Bürger berechtigt, einen auf frischer Tat angetroffenen Straftäter festzuhalten, verleiht dem „Jedermann" keine hoheitlichen Rechte – eine körperliche Durchsuchung ist ihm beispielsweise verboten. Machen Sie sich Ihre Rolle stets klar – sehr schnell können Sie sonst in die Versuchung geraten, die Grenzen des rechtlich Vertretbaren in Richtung einer Amtsanmaßung zu überschreiten.

Die für Ihre Tätigkeit bedeutendsten Rechtsnormen finden Sie in zwei Gesetzen, dem Bürgerlichen Gesetzbuch (BGB) und dem Strafgesetzbuch (StGB). Die Unterscheidung beider Rechtsgebiete ist einer der wichtigsten Punkte bei der Überprüfung Ihrer Kenntnisse im Bereich Recht. Sie müssen stets sicher entscheiden können, auf welcher Grundlage Sie tätig werden, ob auf Grundlage der Notwehrrechte des Strafgesetzbuches oder der Selbsthilferechte des Bürgerlichen Gesetzbuches – im ersten Fall setzt Ihr Handeln das Vorliegen eines rechtswidrigen Angriffs voraus, im zweiten muss Ihr Gegenüber widerrechtlich Ihren Besitz oder andere Rechte gefährden. Schon diese erste Gegenüberstellung von Widerrechtlichkeit und Rechtswidrigkeit des Handelns stellt viele Prüflinge vor ein Problem und den Prüfungserfolg in Frage. Ein Schwerpunkt im rechtlichen Teil dieses Lehrbuches wird darum in der Unterscheidung der wesentlichen Elemente von Strafrecht und Bürgerlichem Recht liegen – auch hinsichtlich des Umfangs der Erklärungen. Schließlich sind es gerade diese Themenbereiche, die in den meisten Fällen über den Prüfungserfolg entscheiden werden. Der Stoff geht dabei über das in der gesetzlichen Regelung geforderte Maß bewusst hinaus – denn das Lehrbuch soll Ihnen auch in Ihrem beruflichen Alltag ein nützlicher Begleiter bleiben. Um während der Lernphase die nach Prüfungsordnung wesentlichen Normen des StGB besonders gründlich zu bearbeiten, wird im Bereich der Straftatbestände ausdrücklich darauf hingewiesen, welche Tatbestände in jedem Fall zur Prüfung beherrscht werden müssen.

Stichwort Beherrschung: Einer körperlichen Auseinandersetzung geht in der Regel immer etwas voraus, das man im Anfangsstadium als Streitgespräch bezeichnen kann. „Doch plötzlich eskalierte die Situation" liest man dann in Protokollen. Eine solche Eskalation zu vermeiden ist eine der zentralen Aufgaben eines Mitarbeiters im Bewachungsgewerbe. Insbesondere die Verantwortlichen in Einkaufszentren, Shopping-Malls oder öffentlichen Einrichtungen wie Jobcentern, Sozialbehörden oder Einrichtungen der Jugendhilfe möchten durch den Einsatz von „Wachleuten" vermeiden, dass die Polizei gerufen werden muss – deren Erscheinen ist für viele Bürger befremdlich, stört beispielsweise das Einkaufserlebnis, drückt damit die Umsätze und sorgt letztendlich dafür, dass sich der Auftraggeber für einen anderen Wachdienst entscheiden wird.

Mitarbeiter im Bewachungsgewerbe tun daher gut daran, ihre Rolle für sich selbst klar zu definieren und sich insbesondere im Bereich der Kommunikation mit Störern nicht nur fortzubilden, sondern täglich zu hinterfragen, ob sie deeskalierend kommunizieren, also Streit vermeiden und den Störer dazu bringen können, ohne Aufsehen oder Gewalt „seine Bühne" zu verlassen. Es geht um Gesichtswahrung, einen professionellen Umgang mit eigenen und fremden Aggressionen und um eine funktionierende Gesellschaft, in der zwar der Mitarbeiter eines privaten Bewachungsunternehmens keine hoheitlichen Rechte, aber doch eine Verantwortung für die Menschen hat, die seinem Schutz anvertraut sind und sich auf seine Arbeit verlassen. Das beginnt bei der gedankenlos verstellten Feuerschutztür und endet bei der Frage, ob die Abneigung gegen einen Arbeiter sich zu einer Schikane während der Torkontrolle auswächst oder noch im zulässigen Rahmen stattfindet.

Der Gesetzgeber hat die Sachkundeprüfung für mehrere Aufgabenfelder der privaten Sicherheit eingeführt und mittlerweile auch leitende Mitarbeiter und Unternehmer zur Ablegung dieser Prüfung verpflichtet, um insbesondere den Umgang mit Menschen in diesen sensiblen Bereichen in der Verantwortung von gut ausgebildeten und objektiv geprüften Personen zu wissen. Die Prüfung ist darum keine leichte Aufgabe, sondern erfordert eine gewissenhafte und intensive Vorbereitung. Auch dabei wird Ihnen dieses Lehrbuch eine Hilfe sein – nutzen Sie das umfangreiche Wissen von Dozenten und Prüfern, das in die Arbeit an diesem Projekt eingeflossen ist.

Und zu guter Letzt: Ich wünsche Ihnen nicht Glück, sondern Erfolg bei der vor Ihnen liegenden Prüfung.

Hinweise zur Prüfungsvorbereitung

Oftmals wird schon zu Beginn eines Lehrganges die Frage gestellt, welche der vielen Themen am intensivsten gelernt werden sollten. Diese Frage könnte man zunächst mit einem Blick auf die Themen und die Gewichtung betrachten.

Die bundesweit einheitliche **Sachkundeprüfung nach § 34 a GewO** besteht im schriftlichen Teil aus **Fragen** zu den folgenden Themengebieten:

- Recht der öffentlichen Sicherheit und Ordnung
- Gewerberecht
- Datenschutz
- Bürgerliches Recht
- Strafrecht und Verfahrensrecht
- Unfallverhütungsvorschriften
- Umgang mit Verteidigungswaffen
- Umgang mit Menschen
- Grundlagen der Sicherheitstechnik

Schwerpunkte der Prüfung sind

- Strafrecht und Strafprozessrecht
- Bürgerliches Recht
- Umgang mit Menschen

Die Mehrzahl der Punkte, die Sie in der schriftlichen Prüfung maximal erreichen können, sind in diesen drei Themenbereichen zu erzielen.

Daraus können Sie zwei Schlussfolgerungen ziehen:

1. Der Umgang mit Menschen und die Selbsthilfe- bzw. Notwehrrechte nebst den Tatbeständen müssen im Mittelpunkt Ihres Lernens stehen.

2. Wenn Sie die Fragen aus diesen Bereichen beantworten können, ist ein Scheitern in der schriftlichen Prüfung in der Regel ausgeschlossen.

Zugleich sollten Sie die **übrigen Lernfelder** wie Sicherheitstechnik, Brand- oder Datenschutz **nicht ignorieren** – wer die Prüfung bestehen will, sollte keine Punkte verschenken. **Jeder Punkt zählt** auf dem Weg zum Erfolg.

Zunächst möchte ich Ihnen davon abraten, schwerpunktmäßig anhand von multiple-choice-Tests, „Ankreuzbögen", wie sie auch in der schriftlichen Prüfung vor der IHK verwendet werden, eine Prüfungsvorbereitung in einer Art des Auswendiglernens zu betreiben. Nicht wenige der fast 3.000 Fragen, die von der zentralen Fragenkommission des DIHK erarbeitet und regelmäßig geändert werden, erfordern ein genaues Durchdenken der Fragestellung.

Im Klartext: Wenn Sie sich an bestimmte Fragestellungen durch Einüben gewöhnen, Sie aber den Lernstoff nicht beherrschen im Sinne von **Begreifen und Durchdringen**, werden Sie in der Prüfung scheitern. Sinnvoller ist es dagegen, durch eine Überprüfung des Lernerfolges mittels eines Frage-/Antwort-Systems den eigenen Wissensstand und die Wissenslücken festzustellen – insbesondere durch **Nutzung** des zu diesem Lehrbuch erhältlichen **Übungsbuches** (ISBN 9783940723147).

Die **Arbeit mit Gesetzestexten** ist für Ihren Lernerfolg erfahrungsgemäß unverzichtbar. Investieren Sie darum die notwendige Arbeit, um die in den einzelnen Kapiteln genannten Normen im Original zu lesen, lesen Sie also die jeweilige Norm im Gesetz im Wortlaut. Gesetzestexte aller Rechtsgebiete sind im Internet kostenfrei verfügbar, so dass es lediglich der Mühe bedarf, die jeweilige Norm nachzuschlagen und gegebenenfalls auszudrucken. Aufgrund der Fülle von Vorschriften ist es nicht möglich, alle Normen in diesem Buch abzudrucken – nur die Texte der wesentlichen Normen des Strafgesetzbuches (deren Wortlaut Sie im besten Falle auswendig lernen sollten) finden Sie im Kapitel „Strafrecht" ab Seite 67.

Als Teilnehmer eines Vorbereitungskurses sollten Sie dem Unterricht aufmerksam folgen und Hinweise des Ausbilders zum Ablauf der Prüfung und möglichen Schwerpunkten im Verlauf der Prüfung auf jeden Fall beachten – dies bezieht sich insbesondere auf die praxisrelevanten Tatbestände des Strafrechts und die Regelungen des BGB sowie zum Umgang mit Menschen. Erfahrene Dozenten werden Ihnen den Stoff aufbereiten und, wie in diesem Lehrbuch, die Hintergründe und Zusammenhänge der verschiedenen Regelungen darstellen. Zögern Sie auf keinen Fall, Fragen zu stellen – denn es gibt keine dummen Fragen, nur Dumme, die nicht fragen. Und wer nicht fragt, bleibt dumm. Diese Fragen sollten aber tatsächlich Bezug zum Unterricht haben – eine Selbst-Darstellung nach dem Muster „Also ich habe das ja immer..." ist im Unterricht fehl am Platz und raubt allen Schülern wertvolle Unterrichtszeit.

Am Tag der Prüfung sollten Sie, wie auch schon im Verlauf des Kurses, zeitig aufstehen und gut ausgeschlafen am Prüfungsort erscheinen. Welche Unterlagen Sie zu dieser Prüfung mitzunehmen haben (Personalausweis,

Dokumente des Lehrgangsträgers, Zahlungsbelege o. ä.), wird Ihnen Ihr Lehrgangsleiter oder die IHK mitteilen können – fragen Sie nach! Und: Sorgen Sie für mindestens zwei funktionierende Kugelschreiber, frühstücken Sie in Ruhe und nicht zu umfangreich. Und: Machen Sie sich rechtzeitig auf den Weg, um nicht unnötig unter Druck zu geraten.

Wenn Sie die schriftliche Prüfung bestanden haben, werden Sie von dem Prüfungsausschuss in einer **mündlichen Prüfung** zu verschiedenen Themen befragt. Hier liegen die **Schwerpunkte** im **Recht der Öffentlichen Sicherheit und Ordnung** (mit den Vorschriften zur **Bewachungsverordnung** und **Gewerbeordnung**), im **Datenschutzrecht** sowie im **Umgang mit Menschen**. Auch Strafrecht und Bürgerliches Recht spielen in der Regel eine Rolle, sind aber nicht der Schwerpunkt.

Bereiten Sie sich auf die mündliche Prüfung rechtzeitig und praxisgerecht vor, indem Sie etwa mit anderen Kursteilnehmern eine Interviewsituation zu den Themengebieten dieses Buches proben.

Die Mitglieder der Prüfungskommission haben weder die Aufgabe noch die Absicht, Ihnen Fallen zu stellen – sie werden prüfen, ob Sie den vom Gesetz geforderten Wissensstand nachweisen können, der für die von Ihnen angestrebte Tätigkeit im Bewachungsgewerbe notwendig ist.

Letzter Hinweis: Nur Mut – gut vorbereitet werden Sie es schaffen!

1. Recht der öffentlichen Sicherheit und Ordnung

1.1. Rechtssystematik

Ein **Staat** ist ein politisches Konstrukt. Der Begriff „polis" (von dem sich das Wort „Politik" ableitet) stammt aus dem Griechischen und bezeichnet den „Stadtstaat" der Antike. Der **Staat** heutiger Prägung definiert sich über

- **Staatsgebiet**,
- **Staatsvolk** und
- **Staatsgewalt**.

Sind diese drei Elemente vorhanden, spricht man von einem Staat.

Recht ist die **Gesamtheit aller Rechtssätze**. Der **Rechtssatz** ist die **sprachliche Form einer Regelung**. Dazu zählen, sortiert nach Wertigkeit,

- **Gesetze**,
- **Verordnungen**,
- **Satzungen** (von staatlichen Stellen, nicht von Vereinen; im Kommunalbereich beispielsweise auch bezeichnet als Ortsrecht, Gemeinderecht, Kommunalrecht, Stadtrecht),
- **Urteile** und
- **Gewohnheitsrecht**.

Aufgabe des Rechts ist die Regelung des menschlichen Zusammenlebens. In Deutschland, einer **Demokratie** („Volksherrschaft"), kommt dazu auch der Schutz der Menschen und ihrer Freiheit – bedenken sie, dass Recht in anderen Staatsformen auch der Unterdrückung dienen kann; die grundsätzliche Aussage, Recht schütze die menschliche Freiheit, ist daher immer von der Art des Rechts abhängig und kritisch zu betrachten.

Deutschland ist ein **Bundesstaat** und besteht aus 16 **Bundesländern** (**Föderalismus**).

Der **Bundestag** besteht aus Abgeordneten, die „in allgemeiner, unmittelbarer, freier, gleicher und geheimer Wahl vom Volk gewählt" werden. Wesentliche **Aufgaben** des Bundestages sind die **Gesetzgebung** und die **Kontrolle der Bundesregierung**. Der **Präsident des Bundestages** wird aus den Reihen des Bundestages gewählt – es ist das zweithöchste Staatsamt nach dem Bundespräsidenten.

Der **Bundeskanzler** wird auf Vorschlag des Bundespräsidenten durch den **Bundestag** gewählt. Der Bundeskanzler führt die **Bundesregierung**.

Der **Bundespräsident** ist repräsentierendes **Staatsoberhaupt**. Zu seinen Aufgaben zählen die Ernennung von Ministern und die Ausfertigung von Gesetzen, außerdem die Ernennung von Bundesrichtern und Bundesbeamten.

Durch den **Bundesrat** wirken die Länder bei der Gesetzgebung und Verwaltung des Bundes und in Angelegenheiten der Europäischen Union mit (Art. 50 Grundgesetz). Dieses **Zusammenwirken von Bund und Ländern** wird als **Föderalismus** bezeichnet. Dabei kommt den Bundesländern in einem bestimmten Rahmen eine Verwaltungs- und Gesetzgebungskompetenz für ihr eigenes Territorium zu, während die Regelungen des Gesamtstaates in allen Bundesländern zur Anwendung kommen.

Die **Bundesversammlung** besteht aus den Bundestagsabgeordneten und der gleichen Zahl aus Vertretern der Länder, darunter neben Politikern auch Persönlichkeiten aus Sport und Gesellschaft als Vertreter. **Einzige Aufgabe** der Bundesversammlung ist die **Wahl des Bundespräsidenten**.

Die **Staatsverfassung** ist die Grundlage des Rechts eines Staates, an dem sich alle Gesetzgebung orientieren muss. Deutschland ist hier ein Sonderfall - anstelle einer Verfassung bildet das **Grundgesetz** (GG) das Fundament der Rechtsordnung und genießt damit Verfassungsrang. Alle Gesetze, Verordnungen und sonstigen Regelungen (**Legislative** = Gesetzgebung) müssen mit dem Grundgesetz **vereinbar** sein – das gilt auch für das staatliche Handeln (**Exekutive**) und die Rechtsprechung (**Judikative**). Die **Feststellung einer Unvereinbarkeit eines Gesetzes** mit dem Grundgesetz (man spricht in diesem Zusammenhang auch von „Verfassungswidrigkeit") ist Aufgabe des **Bundesverfassungsgerichts**.

Staatsform ist die föderalistische Bundesrepublik, **Regierungsform** die parlamentarische Demokratie. Deutschland ist ein freiheitlich-demokratischer und sozialer Rechtsstaat. Artikel 20 des Grundgesetzes legt dies fest. **Merkmale eines Rechtsstaats** sind neben der Verbürgung von Grundrechten die verfassungsmäßigen Garantien für die Unabhängigkeit der Richterschaft und die Gewaltenteilung die Bindung von Verwaltung und Rechtsprechung an Recht und Gesetz. Artikel 20 enthält die vorgenannten Kriterien – die Bedeutung dieser Eckpfeiler unserer Gesellschaft zeigt sich nicht zuletzt daran, dass dieser Artikel durch die **Ewigkeitsklausel** des Grundgesetzes (s.u.) dauerhaft vor einer Veränderung geschützt ist.

Artikel 20 GG

(1) Die Bundesrepublik Deutschland ist ein demokratischer und sozialer Bundesstaat.

(2) Alle Staatsgewalt geht vom Volke aus. Sie wird vom Volke in Wahlen und Abstimmungen und durch besondere Organe der Gesetzgebung, der vollziehenden Gewalt und der Rechtsprechung ausgeübt.

(3) Die Gesetzgebung ist an die verfassungsmäßige Ordnung, die vollziehende Gewalt und die Rechtsprechung sind an Gesetz und Recht gebunden.

Die **fünf Verfassungsprinzipien** (in Klammern die **Definitionen**) sind damit

- **Republik** (das Staatsoberhaupt wird durch das Volk gewählt),
- **Demokratie** („Volksherrschaft", die Staatsgewalt geht vom Volk aus),
- **Sozialstaat** (Pflicht, soziale Gerechtigkeit und Sicherheit zu schaffen),
- **Bundesstaat** („Föderalismus", siehe oben) und
- **Rechtsstaat** (siehe oben).

Das **Gewaltmonopol** liegt in Deutschland beim **Staat**. Von einem Gewaltmonopol spricht man, wenn das alleinige Recht auf Durchsetzung von Entscheidungen mit Gewalt bei einer einzigen Stelle oder Institution liegt.[1] In Deutschland geht alle Gewalt vom Volke aus (Art. 20 Abs. 2 GG), das die Ausübung der Gewalt dem Staat überträgt. **Ausnahmen** sind die Selbsthilfe- und Notwehrrechte sowie das Recht zur vorläufigen Festnahme – der Bürger darf in Not Gewalt ausüben, um das Recht zu verteidigen.

Die **Gewaltenteilung** geht auf den Franzosen Montesquieu und den Engländer Locke zurück. Sie dient der Erhaltung von Freiheit und Gleichheit der Bürger des Staates. Man spricht von Gewaltenteilung, wenn die drei Säulen des Staates, also Legislative, Exekutive und Judikative, nicht nur voneinander unabhängig sind, sondern ihr jeweiliges Handeln auch von den anderen Gewalten überprüft werden kann. Beispiele dafür sind das Bundesverfassungsgericht (hier überprüft die Rechtsprechung die Gesetzgebung) oder der Bundestag (Abberufung der Exekutive durch Abwahlentscheidung der Legislative). **Zweck der Gewaltenteilung** ist die „**Dezentralisierung der Macht**", um einen übermächtigen Staat zu verhindern.

Die **Gewalten** sind **Exekutive** („ausführende Gewalt", z. B. Polizei, Staatsanwaltschaft, Strafvollzug, Zoll), **Legislative** („gesetzgebende Gewalt", etwa

---

[1] *Ausführliche Darstellung im Kapitel 1.4*

Bundestag, Bundesrat, Landtag oder Stadtrat) und **Judikative** („richterliche Gewalt“, Gerichte).

1.2. Grundrechte

Die Grundrechte sind die **Artikel 1 bis 19 des Grundgesetzes**. Sie schützen den Bürger vor **Staatswillkür** und unterliegen, wie alle Regelungen des Grundgesetzes, einem besonderen Schutz gegen eine Veränderung durch den Gesetzgeber. Um ein Grundrecht zu ändern, bedarf es einer Zwei-Drittel-Mehrheit, und zwar sowohl bei der Abstimmung im Bundestag wie auch im Bundesrat (Artikel 79 Abs. 2 GG). Diese Regelung gilt auch für alle anderen Artikel des Grundgesetzes, abgesehen von zwei Ausnahmen: Artikel 1 („**Unantastbarkeit der Menschenwürde“,** Grundrecht) und Artikel 20 („**Prinzipien unseres Rechtssystems“**, kein Grundrecht) werden durch die „**Ewigkeitsklausel**“ (Artikel 79 Abs. 3 GG) gegen jede Veränderung durch den Gesetzgeber geschützt, ebenso das **föderalistische System** (Bund und Länder) sowie die **Beteiligung der Länder an der Gesetzgebung**. Über die Vereinbarkeit staatlichen Handelns (in Form von Gerichtsentscheidungen, Gesetzen oder Maßnahmen) mit dem Grundgesetz entscheidet das **Bundesverfassungsgericht** (BVerfG) – Beispiele für derartige Rechtsprechung sehen Sie auf den nächsten Seiten.

Grundrechte sind Lernstoff – lesen Sie die Artikel 1 bis 19 des Grundgesetzes im Original. Hier werden die für Ihre Tätigkeit und Prüfung **relevanten Grundrechte** und deren wesentliche Inhalte dargestellt und **fett gedruckt**. Andere Grundrechte sind kleiner gesetzt.

Artikel 1 GG schützt die **Menschenwürde** – sie ist **unantastbar**, und zwar sowohl für staatliches wie auch für nicht–staatliches Handeln. Darum müssen auch die Mitarbeiter privater Unternehmen immer die Würde des Menschen achten. Der Schutz der Menschenwürde untersagt etwa die **Kontrolle durch Andersgeschlechtliche** (eine Frau wird von einem Mann zur **Nachschau**[2] abgetastet oder ein Mann von einer Frau), die **öffentliche Bloßstellung** (z. B. öffentliches Anketten eines Täters nach der vorläufigen Festnahme an einem Laternenpfahl) oder eine **diskriminierende Behandlung**, wie sie etwa durch rassistische Äußerungen erfolgen kann.

Staatliches Handeln kann insbesondere im Bereich des Strafvollzugs gegen die Menschenwürde verstoßen, etwa wenn mehrere Häftlinge in einer

---

[2] *keine Durchsuchung, diese ist Hoheitsträgern vorbehalten*

kleinen Zelle ohne separate Toilette untergebracht werden.[3] Gleiches gilt, wenn Gefangene „grob unhygienischen und widerlichen Haftraumbedingungen" ausgesetzt werden, auch nur für kurze Zeit, etwa in einer Gewahrsamszelle der Polizei.[4]

Artikel 2 GG garantiert jedem Menschen (nicht nur den Staatsbürgern – beachten Sie die unterschiedlichen Formulierungen „jeder" und „jeder Deutsche" in den Regelungen des Grundgesetzes; nicht jedes Grundrecht ist auch **Menschenrecht**) das Recht auf **freie Entfaltung seiner Persönlichkeit**. Damit ist sichergestellt, dass jeder Mensch auf die von ihm bevorzugte Art und Weise leben kann, solange er nicht die Belange anderer Menschen stört oder deren Rechte verletzt. Zugleich schützt Artikel 2 das Recht auf Leben und körperliche Unversehrtheit sowie das Recht auf Freiheit.

Artikel 3 GG formuliert den allgemein verbindlichen **Gleichheitsgrundsatz**. Alle Menschen sind gleich und somit stets gleich zu behandeln – auch der Mitarbeiter im Bewachungsgewerbe muss diesen Grundsatz befolgen und entsprechend handeln.

Artikel 4 GG garantiert die Religionsfreiheit.

Artikel 5 GG schützt die **Meinungsfreiheit** und die **Informationsfreiheit**. Eine Zensur von Medien wird untersagt. Das Grundrecht wird allerdings eingeschränkt (Jugendschutz, allgemeine Gesetze, Schutz der persönlichen Ehre eines Dritten). Damit ist klar, dass etwa Beleidigungen von Personen nicht vom Grundrecht auf Meinungsfreiheit gedeckt sind.

Artikel 6 GG regelt den Schutz von Ehe und Familie sowie die Rechte von Kindern.

Artikel 7 GG beschreibt die Grundsätze des Schul- und Erziehungswesens.

Artikel 8 GG garantiert allen Deutschen das Recht auf Versammlungsfreiheit, das „unter freiem Himmel" allerdings gesetzlich eingeschränkt werden kann. Dazu zählen auch Sitzblockaden, wenn sie der öffentlichen Meinungsbildung dienen.[5]

Artikel 9 GG garantiert allen Deutschen die Möglichkeit zur Gründung von Vereinen und Verbänden.

Artikel 10 GG sichert die Vertraulichkeit des privat gesprochenen oder geschriebenen Wortes – er schützt das **Briefgeheimnis sowie das Post- und Fernmeldegeheimnis**. Dieses Grundrecht, in der jüngsten Vergangenheit

---

[3] *BVerfG vom 09.03.2011, Az. 1 BvR 409/09*

[4] *BVerfG vom 30.07.2010, Az. 2 BvR 1023/08*

[5] *BVerfG vom 30.03.2011, Az. 1 BvR 388/05*

durch Vorhaben wie den „großen Lauschangriff“ oder die „Ausspähung von Internetdaten“ immer wieder Gegenstand der öffentlichen Diskussion, verbietet staatlichen und privaten Stellen, die Kommunikation Dritter zu überwachen.

Artikel 11 GG garantiert allen Deutschen Freizügigkeit, nennt aber auch Möglichkeiten einer Einschränkung.

Artikel 12 GG ist das Grundrecht auf **Berufsfreiheit**. Die freie Wahl des Berufes kann aber eingeschränkt werden, wie es etwa durch § 34a der Gewerbeordnung geschieht – nur wer die dort vorgeschriebene Prüfung erfolgreich ablegt, darf diesen Beruf dann auch ausüben.

Artikel 12a GG regelt militärische und zivile Dienstpflichten.

Artikel 13 GG garantiert die **Unverletzlichkeit der Wohnung**. Zugleich benennt die Norm Einschränkungen dieses Grundrechts, aber auch die konkreten Voraussetzungen, unter denen der Staat Durchsuchungen anordnen und durchführen darf.

Artikel 14 GG gewährleistet das **Eigentum** und die **Vererbbarkeit von Eigentum**. Allerdings verpflichtet Eigentum nach dieser Norm auch dazu, es dem Wohle der Allgemeinheit dienen zu lassen. Außerdem wird die Enteignung ermöglicht, wenn dies zum Wohle der Allgemeinheit erfolgt und durch ein Gesetz geregelt wird.

Artikel 15 GG nennt zudem Möglichkeiten der Vergesellschaftung.

Artikel 16 und 16 a GG regeln das Staatsangehörigkeits- und Asylrecht. Die Auslieferung eines Deutschen an einen anderen Staat wird verboten, gleichzeitig ist aber als Ausnahme die Auslieferung an einen EU-Staat oder einen Internationalen Gerichtshof möglich, soweit rechtsstaatliche Grundsätze gewahrt bleiben.

Artikel 17 GG ist das Petitionsrecht, wonach sich jedermann an staatliche Stellen mit Bitten oder Beschwerden wenden darf.

Artikel 17a GG ermöglicht die Einschränkung der Grundrechte in besonderen Fällen (Verteidigungsgesetze, Wehr- und Ersatzdienst).

Artikel 18 GG nennt ausdrücklich die Möglichkeit, einem Menschen wegen Missbrauchs bestimmter Grundrechte diese zu entziehen. Zuständig ist das Bundesverfassungsgericht.

Artikel 19 GG schließlich bestimmt, dass Gesetze, die entsprechend den Regelungen des Grundgesetzes bestimmte **Grundrechte beschränken**, allgemeingültig sein müssen. Trotz einer Einschränkung muss aber immer die **Idee des Grundrechtes in ihrem Wesensgehalt erhalten** bleiben.

Kein Grundrecht, aber wesentliche Norm des Grundgesetzes für Ihre Tätigkeit im Bewachungsgewerbe, ist **Artikel 104**. Er regelt die Zulässigkeit und

Durchführung der **Freiheitsentziehung**. Er schützt den Bürger etwa durch die Regelung, dass ein von der Polizei (Exekutive) Festgenommener innerhalb eines Tages einem Richter (Judikative) vorzuführen ist, damit dieser prüfen kann, ob dieser Freiheitsentzug nach geltendem Recht (Legislative) erfolgt – ein Beispiel für den **Grundsatz der Gewaltenteilung**.

Das **Grundgesetz** kann auch zum Schutz von Rechtsgütern einzelner Bürger angewendet werden, wenn die Gefahr für diese Rechtsgüter von anderen Bürgern und nicht vom Staat ausgeht – dies wird als **Drittwirkung des Grundgesetzes** bezeichnet.

1.3. Öffentliches und Privates Recht

Öffentliches Recht	Privates Recht
Subordinationsprinzip	**Koordinationsprinzip**
Grundsatz: Der **Bürger ordnet sich** dem Staat **unter**.	Grundsatz: Die Parteien (A, B, C) **sind „auf Augenhöhe“**.
Umfang: Rechtsverhältnis zwischen Staat und Bürger, aber auch, in Ausnahmefällen, staatlichen Stellen	Umfang: Rechtsverhältnis zwischen Bürgern Beteiligte: Privatpersonen, Firmen, Vereine, Organisationen sowie der privatrechtlich auftretende Staat (etwa als Käufer von Büromaterial, sog. Fiskaltätigkeit)
Staat ▼ Bürger	A ◀ ▶ B ◀ ▶ C
Rechtsgebiete: Völkerrecht, Kirchenrecht, Verfassungsrecht, Steuerrecht, Verwaltungsrecht, Strafrecht, Prozessrecht, Sozialrecht u. ä.	Rechtsgebiete: Bürgerliches Recht (mit Schuldrecht, Sachenrecht, Familienrecht, Erbrecht), Handelsrecht, Arbeitsrecht u. ä.

Das **Öffentliche Recht** begründet sich auf einem **Unterordnungsprinzip** (Subordination) – der Bürger hat sich den Regeln des Staates und den an ihn gerichteten Anweisungen unterzuordnen. Jedes staatliche Handeln ist an geltendes Recht, insbesondere das Grundgesetz, gebunden. Die **Grundrechte** schützen den Bürger vor **Willkürmaßnahmen des Staates**, aber **auch von Dritten** (Drittwirkung, s. o.). **Hoheitliche Aufgaben** dürfen in der Regel nur durch staatliche Stellen wahrgenommen werden.

Im **Privaten Recht** begegnen sich die Parteien eines Rechtsstreites oder eines Vertrages, meist Privatpersonen oder Firmen, dagegen „auf Augenhöhe" – es gilt der Grundsatz der Gleichstellung (**Koordination**). Dies ist auch dann der Fall, wenn der **Staat** als „Marktteilnehmer" tätig wird (sogenannte **Fiskaltätigkeit**), beispielsweise bei dem Verkauf von gebrauchten Fahrzeugen, der Vermietung von Wohnraum oder dem Kauf von Büromaterial.

1.4. Gewaltmonopol

Das **Gewaltmonopol** liegt in Deutschland beim **Staat**. Diese Ausschließlichkeit ist ein wesentliches Element des demokratischen Rechtsstaats und schließt die Durchsetzung eigener Ansprüche durch den Bürger mittels „Faustrecht" aus. Nur der Staat darf Gewalt zur Durchsetzung von eigenen oder fremden Interessen einsetzen, stets auf Grundlage der Rechtsordnung. Der Bürger muss zur Durchsetzung seiner Ansprüche den Rechtsweg beschreiten und beispielsweise einen Mietschuldner durch einen Gerichtsvollzieher auch zwangsweise aus der gemieteten Wohnung entfernen lassen. Eine vom Vermieter organisierte „Räumung mit Kumpels" wäre ein Verstoß gegen geltendes Recht und würde entsprechend bestraft.

Die **Anwendung von körperlicher Gewalt durch nicht-staatliche Stellen**, also durch den Bürger oder den Mitarbeiter im Bewachungsgewerbe (der auch in Ausübung seines Dienstes grundsätzlich nur Bürger ist und keine hoheitlichen Rechte besitzt), ist in einer Notwehrsituation gerechtfertigt. Gleiches gilt für den Notstand oder die Selbsthilferechte des Bürgerlichen Gesetzbuches. Diese **Ausnahmerechte** als Ausnahmen vom Gewaltmonopol sind wesentlicher Prüfungsbestandteil und werden in diesem Buch zu einem späteren Zeitpunkt ausführlich behandelt.

Beachten Sie: *Geht die Gewalt in einem Staat nur von einer einzigen Stelle oder Institution aus, spricht man von einem Gewaltmonopol. Der Begriff als solcher sagt aber nicht aus, dass dieses Gewaltmonopol auch vom Staat ausgehen muss. Somit wäre es inhaltlich falsch, auf die Frage nach der Bedeutung des Begriffs „Gewaltmonopol" zu antworten, dass der Staat das Gewaltmonopol besitzt. Zudem wäre auch die eigentliche Frage nicht beantwortet.*

1.5. Hoheitliche Rechte

Bestimmte **hoheitliche Rechte** können durch den Staat im Rahmen der gesetzlichen Möglichkeiten an **natürliche Personen** oder **Körperschaften** übertragen werden. Die **Hoheit** des Staates ist Ausdruck der **Staatsgewalt**, der Herrschaft im **Staatsgebiet**. So sind Polizeibeamte und Zöllner, aber auch beispielsweise besonders qualifizierte Jagdaufseher Inhaber hoheitlicher Rechte. Der **Inhaber hoheitlicher Rechte** darf Maßnahmen, die in der Strafprozessordnung festgelegt worden sind, wie Durchsuchungen von Personen oder Räumen, durchführen. Wer keine hoheitlichen Rechte übertragen bekommen hat, darf nicht hoheitlich tätig werden. Insofern sind Privatunternehmen und deren Mitarbeiter, die im Bewachungsgewerbe tätig sind, nicht aufgrund ihrer Aufgabe mit hoheitlichen Rechten ausgestattet, sondern können nur aufgrund einer gesetzlichen Regelung durch eine staatliche Stelle mit diesen hoheitlichen Rechten ausgestattet werden.

Hoheitliche Maßnahmen dürfen nur von den dafür **ermächtigten Personen** vorgenommen werden. Dabei dürfen sich Amtsträger der Dienste von Privatpersonen bedienen, etwa beim Entfernen eines falsch geparkten Fahrzeugs – hier schleppt zwar ein Privatmann (**Verwaltungshelfer**) das Fahrzeug ab, dies erfolgt aber auf Weisung eines Auftraggebers, der mit hoheitlichen Rechten ausgestattet ist. Der Verwaltungshelfer wird sozusagen als „verlängerter Arm der Verwaltung" tätig, aber ohne eigene Entscheidungsbefugnis. So ist die Absperrung von öffentlichen Bereichen mit Überwachung der Zufahrt, die von einem Wachdienst durchgeführt wird, möglich, wenn der Auftrag zu dieser Maßnahme von der dafür zuständigen Behörde erteilt wurde.

Anders verhält es sich mit der **Beleihung**. Der **Beliehene** darf Verwaltungsaufgaben selbständig wahrnehmen. Während der Verwaltungshelfer lediglich weisungsgebunden tätig wird, er also keine Entscheidungsfreiheit besitzt, werden dem Beliehenen Entscheidungskompetenzen übertragen. Es handelt sich also um eine Ausnahme von dem Grundsatz, dass nur Beamte sowie Angestellte der öffentlichen Verwaltung hoheitliche Befugnisse ausüben dürfen. Die Beleihung darf nur unter strengen Auflagen erfolgen. Zudem arbeitet der Beliehene in der Regel unter enger Kontrolle durch den Hoheitsträger. Beliehene können sowohl natürliche als auch juristische Personen sein.

1.6. Aufgabe und Stellung des Bewachungsgewerbes

Das **Private Sicherheitsgewerbe** hat grundsätzlich **keine hoheitlichen Rechte**. Die Tätigkeit des Bewachungsgewerbes erfüllt aber eine wichtige

Aufgabe – sie bedient das wachsende Bedürfnis nach Sicherheit in jenen Teilen der Bevölkerung, die (begründeterweise) Angst vor Einbrechern oder anderen Arten von Straftaten haben. Zugleich verstärken private Bewachungsunternehmen kommunale Ordnungsdienste im Rahmen ihrer Sicherungs- und Überwachungsdienste („Citystreifen"), wobei der Mangel an hoheitlichen Rechten durch eine Kombination aus je einem Mitarbeiter der Behörde und des Bewachungsunternehmens durch einen Kunstgriff nicht mehr von Belang ist: Wenn der Beamte als Inhaber hoheitlicher Rechte tätig wird, darf er sich der (durchaus auch körperlichen) Unterstützung des begleitenden Privatbewachers bedienen.

Diese aktuelle Ausprägung der Zusammenarbeit von Staat und Privatwirtschaft im Bereich der Sicherheit wird auch **„Public-Private-Partnership"** (PPP) oder **„öffentlich-private Partnerschaft"** (ÖPP) genannt (in den Anfangszeiten dieser Projekte auch „Police-Private-Partnership"). Jegliches Tätigwerden im öffentlichen Raum mit Sicherungsaufgaben, bei dem es zu einer Zusammenarbeit zwischen öffentlichen und privaten Stellen kommt, fällt unter diesen Begriff – dabei müssen die Zuständigkeitsgrenzen (Stichwort: hoheitliche Rechte) immer peinlichst genau beachtet werden.

1.6.1. Rechte des Mitarbeiters im Bewachungsgewerbe

Im Rahmen seiner Tätigkeit kann der Mitarbeiter **keine hoheitlichen Rechte** in Anspruch nehmen, sondern sich lediglich, wie jeder andere Bürger auch, auf die **jedem Bürger zustehenden Rechte** (Notwehr, Notstand, Selbsthilfe etc.) berufen. Zudem kann dem Mitarbeiter mit einer Dienstanweisung das **Hausrecht** in einem bestimmten Objekt übertragen werden, auf das sich dieser dann bei seinen Maßnahmen (etwa Aussprechen eines Hausverbots) berufen kann.

1.6.2. Abgrenzung zwischen Polizei und Bewachungsgewerbe

Eine der wesentlichen Forderungen an die Ausbildung und Prüfung von Mitarbeitern im Bewachungsgewerbe ist die Kenntnis der Grenzen ihrer Tätigkeit. Bestimmte Aufgaben sind der Polizei vorbehalten, Mitarbeiter im Bewachungsgewerbe haben grundsätzlich keine hoheitlichen Rechte. Das zeigt sich sowohl an den Rechtsgrundlagen als auch an Bezeichnungen für bestimmte Tätigkeiten, wobei die alte Weisheit gilt: **„Auch wenn zwei das Gleiche tun, ist das nicht immer dasselbe."**

Die nachfolgende **Gegenüberstellung von Aufgaben, Rechtsgrundlagen und weiteren Merkmalen** der Arbeit von Polizei und Bewachungsgewerbe dient Ihrer Orientierung.

Unterscheidungs-merkmal	**Polizeibeamte oder andere Hoheitsträger**	**Mitarbeiter im Bewachungsgewerbe**
Tätigkeit	Hoheitliche Aufgabe	Dienstpflicht
Rechtsgrundlage	Öffentliches Recht	Privatrecht (BGB)[6]
Verpflichtung gegenüber	Staat	Auftraggeber
Bei „Kontrolle" erfolgt	Durchsuchung	Nachschau

Etwaiges „Wildern" im Tätigkeitsbereich der Polizei kann strafrechtliche, aber auch zivilrechtliche Folgen haben. So können sich Mitarbeiter im Bewachungswerbe im Falle einer Handlung nicht nur einer **Amtsanmaßung** strafbar machen, sondern auch **Schadensersatzansprüchen** gegenüberstehen, die das „Opfer" ihrer Handlung auf Grundlage der einschlägigen Regelungen des Bürgerlichen Gesetzbuches fordert. Es ist darum für die berufliche Tätigkeit und für das private Vermögen des Mitarbeiters wie auch des Unternehmers zwingend notwendig, die Grenzen der durch Dienstvertrag eingeräumten Rechte niemals zu überschreiten.

[6] *Im Falle der Notwehr nach Strafgesetzbuch und der Vorläufigen Festnahme durch Jedermann nach Strafprozessordnung beruft sich der Mitarbeiter im Bewachungsgewerbe zwar auch auf Rechtsgrundlagen aus dem Öffentlichen Recht, doch handelt er dabei als „Jedermann"; Grundlage für seine berufliche Tätigkeit sind ausschließlich der Auftrag und die durch eine Dienstanweisung übertragenen Rechte des Auftraggebers.*

2. Gewerberecht

2.1. Gewerbeordnung

2.1.1. Einführung

Das Grundgesetz garantiert in Artikel 12 jedem Deutschen die **freie Berufswahl**. Der Gesetzgeber darf allerdings Beschränkungen für bestimmte Tätigkeiten festlegen - § 34a der **Gewerbeordnung** (GewO) ist solch eine Einschränkung dieses Grundrechtes. Die Norm nennt Zugangsvoraussetzungen für Unternehmer (Errichtung eines Bewachungsbetriebes) und für Mitarbeiter (Angestellte eines Bewachungsbetriebes).

Gewerbe ist die selbständige Ausübung einer **Tätigkeit mit Gewinnerzielungsabsicht, die auf Dauer ausgelegt ist** und kein sogenannter „freier Beruf" (Arzt, Architekt, Rechtsanwalt) nach Maßgabe von § 18 Abs. 1 Nr. 1 EStG (Einkommenssteuergesetz).

Aufgabe der Gewerbeordnung ist neben der grundgesetzlich festgelegten **Garantie der Gewerbefreiheit** die **Abwehr von Gefahren, die sich aus dem Gewerbebetrieb ergeben** können. Solche Gefahren können finanzieller, aber auch strafrechtlicher Art sein. Zu den durch die GewO geregelten Gewerbearten zählen neben dem Bewachungsgewerbe beispielsweise Makler, Versteigerer oder private Krankenhäuser.

Dem Begriff der **Selbständigkeit** kommt nicht nur in steuerlicher Hinsicht eine große Bedeutung zu – nur wer für sich selbst werbend am Markt auftritt und nicht in einem vertraglich geregelten Beschäftigungsverhältnis mit nur <u>einem</u> Auftraggeber steht, ist selbständiger Unternehmer. Nur wenn Sie die vorgenannten Punkte erfüllen, sind Sie im Sinne von § 34a GewO als Unternehmer anzusehen. Dies ist wichtig, weil die Norm im Hinblick auf die Voraussetzungen für die Tätigkeit im Bewachungsgewerbe zwischen „Unternehmer" und „Mitarbeiter" unterscheidet.

2.1.2. Begriff des Bewachungsgewerbes

Bewachungsgewerbe ist **die gewerbsmäßige Bewachung von Leben und Eigentum fremder Personen**. § 34a GewO enthält die speziellen Vorschriften der Gewerbeordnung für diese Tätigkeit.

Unter dem Begriff „Bewachung" ist die Wahrnehmung einer Obhutsfunktion zu verstehen, einfacher formuliert ein Aufpassen darauf, dass nichts geschieht, was aus der Sicht des zu Schützenden nicht geschehen soll oder nicht erlaubt ist. Erfasst ist damit auch die Abschirmung gegen Naturereignisse, Unglücksfälle oder Krankheiten. Entscheidend ist die Aufgabe eines Eingreifens in den Ablauf des Geschehens (Intervention).

Klassische Aufgabe des Bewachungsgewerbes sind

- Wach- und Schließdienst,
- Personenschutz,
- Ordnerdienste, Einlasskontrollen oder
- Bestreifung von Wohngebieten.

Dagegen handelt es sich nicht um eine Bewachungstätigkeit, wenn Angestellte eines Unternehmens aus einer Nebenpflicht heraus eine Bewachungsaufgabe erfüllen oder Mitarbeiter eines Bewachungsunternehmens keine Bewachungstätigkeit ausüben, beispielsweise als Hausmeister oder in der Buchhaltung.

Das Bewachungsgewerbe fällt unter den Begriff „**stehendes Gewerbe**" - dazu ist jedes Gewerbe zu zählen, das ein Gewerbetreibender an seinem Wohnsitz oder am Sitz seiner gewerblichen Niederlassung betreibt. Bei vorübergehender Gewerbeausübung im Reisegewerbe (etwa der vorübergehende Betrieb eines bewachten Parkplatzes bei einem Volksfest) ist keine Reisegewerbekarte erforderlich (§ 55a Abs. 1 Nr. 7 GewO). Nur bei ausschließlicher Ausübung im Reisegewerbe ist eine Reisegewerbekarte zu beantragen, die nur unter Beachtung der Anforderungen des § 34a GewO erteilt werden darf (§ 57 Abs. 2 GewO).

Abzugrenzen ist das Bewachungsgewerbe von der Tätigkeit „Bewachung von Seeschiffen" nach § 31 GewO. Bei **Detekteien** und **Auskunfteien** handelt es sich nach § 38 Abs. 1 Nr. 2 GewO dagegen nur um überwachungsbedürftiges Gewerbe, das sich durch fehlende **Obhutsfunktion** und Eingriffsabsicht vom Bewachungsgewerbe nach § 34a GewO unterscheidet. Lediglich das detektivische Arbeitsfeld „Schutz vor Ladendieben" ist durch die ausdrückliche Benennung in § 34a GewO dieser Norm zuzuordnen und somit nicht nur überwachungsbedürftig, sondern bedarf der Erlaubnis der Behörde.

Das Bewachungsgewerbe unterliegt der **Anzeigepflicht** für stehende Gewerbe nach **§ 14 GewO**. Anzuzeigen sind:

- **Anfangen** (Arbeitsaufnahme) eines Betriebes als
    - Hauptstelle,
    - Zweigniederlassung oder

- unselbständige Zweigstelle,

- **Veränderungen** im Betrieb durch
  - Verlegung des Standortes,
  - Änderung des Gewerbegegenstandes,
  - Ausdehnung des Gewerbebetriebes auf Waren oder Leistungen, die bei Betrieben der angemeldeten Art nicht geschäftsüblich sind, oder
  - Aufgabe des Gewerbes.

Die Anzeigepflicht soll es der zuständigen Behörde ermöglichen, auf einfache Weise die Betriebe in ihrem Zuständigkeitsbereich zu überwachen. Verstöße gegen die Anzeigepflicht werden nach §§ 144 und 146 GewO als Ordnungswidrigkeit mit einer Geldbuße geahndet. Welche Behörde zuständig ist, wird nach Landesrecht geregelt.

Zugleich ermöglicht § 14 GewO der zuständigen Behörde, ihr **Recht auf Auskunft und Nachschau** gemäß **§ 29 GewO** wahrzunehmen. Der Bewachungsunternehmer muss danach den Beauftragten der zuständigen öffentlichen Stelle auf Verlangen die für die Überwachung des Geschäftsbetriebs erforderlichen mündlichen und schriftlichen Auskünfte unentgeltlich erteilen. Dazu zählen auch Angaben über beauftragte Subunternehmer und deren Wachpersonen, um die Zuverlässigkeit des Gewerbetreibenden prüfen zu können.

Die Behörde hat das Recht, zum Zwecke der Überwachung Grundstücke und Geschäftsräume des Unternehmers während der üblichen Geschäftszeit zu betreten und dort Prüfungen und Besichtigungen vorzunehmen – auch die etwaige Einsichtnahme in geschäftliche Unterlagen ist zu ermöglichen.

Schusswaffen dürfen durch Unternehmer und Mitarbeiter im Bewachungsgewerbe **nur dann** geführt werden, wenn dies zum **Schutz** von gefährdeten Personen oder Objekten **erforderlich** ist und die **zuständige Waffenbehörde** eine entsprechende **Erlaubnis für den konkreten Auftrag erteilt** hat. Der Zeitraum „nur dann" beschränkt sich dabei auf die tatsächliche Bewachungstätigkeit und nicht auch auf die Anreise zu einem Schutzobjekt – im Einzelfall kann aber aus Gründen des Schutzes der Person oder des Objektes von diesem Grundsatz abgewichen werden, wenn eine Ausrüstung mit der Waffe vor Ort nicht möglich oder sinnvoll ist (etwa Personenschutz bei Abholung der Schutzperson am Hotel oder Flughafen). Die Frage der Erforderlichkeit ist dabei durch die zuständige Behörde (Waffenbehörde) unter Hinzuziehung der polizeilichen Fachbereiche zu klären und obliegt nicht der eigenen Einschätzung durch das Unternehmen oder einen Auftraggeber.

2.1.3. Zuverlässigkeit

2.1.3.1. Begriff

Es ist nachvollziehbar, dass Personen, die eine Gefahr für andere Menschen sind, nicht als Bewacher tätig sein dürfen – darum kommt der Prüfung der Zuverlässigkeit durch die Behörde eine besondere Bedeutung zu. Unternehmer wie Mitarbeiter dürfen erst nach Zustimmung der Behörde ihre Tätigkeit aufnehmen – und diese Zustimmung erfolgt nur dann, wenn feststeht, dass keine Zweifel an der Zuverlässigkeit der betroffenen Person bestehen.

Der Begriff umfasst weitere Aspekte, die der Aufnahme einer Tätigkeit im Bewachungsgewerbe, die fremdes Leben oder Eigentum schützen soll und nicht gefährden darf, entgegenstehen. Die Überprüfung der Zuverlässigkeit ist dabei nicht beschränkt, es werden lediglich durch § 34a Abs. 1 Satz 5 GewO Mindestanforderungen an den Umfang der Überprüfung gestellt.

Durch die Einführung des **Bewacherregisters**[7] (BWR) wird die besondere Bedeutung der Zuverlässigkeit unterstrichen. Das BWR gibt der Behörde Zugriff auf nachrichtendienstliche Erkenntnisse, die bei **Prüfung des Unternehmers** oder einer mit der Leitung des Betriebes oder einer Zweigniederlassung beauftragten Person immer abzufragen sind. Die Abfrage ist auch durchzuführen, wenn Beschäftigte tätig sind oder werden sollen in der **Bewachung von Gebäuden und Veranstaltungen mit besonderem Schutzbedarf**,

- von Asylunterkünften und Großveranstaltungen oder
- von Objekten der Kritischen Infrastruktur (KRITIS)[8] und anderen Objekten, von denen bei kriminellen Eingriffen große Gefahr ausgeht.

§ 34a Abs. 1 Satz 4 GewO legt fest, wer *in der Regel* nicht die erforderliche Zuverlässigkeit besitzt. Die Formulierung „in der Regel" stellt klar, dass im Einzelfall Ausnahmen möglich sind. Dem Schutzcharakter der Gewerbeordnung, insbesondere dem Schutz der bewachten Personen und Liegenschaften ist Rechnung zu tragen. Lassen sich Zweifel an der Zuverlässigkeit nicht ausräumen, ist davon auszugehen, dass der Betroffene unzuverlässig ist.

---

[7] *Informationen zum Bewacherregister siehe Kapitel 2.1.3.3*

[8] *Kritische Infrastrukturen (KRITIS) sind Organisationen oder Einrichtungen mit wichtiger Bedeutung für das staatliche Gemeinwesen, bei deren Ausfall oder Beeinträchtigung nachhaltig wirkende Versorgungsengpässe, erhebliche Störungen der öffentlichen Sicherheit oder andere dramatische Folgen eintreten würden, beispielsweise Kernkraftwerke.*

2.1.3.2. Kriterien

Die erforderliche Zuverlässigkeit besitzt in der Regel nicht, wer

- innerhalb der letzten zehn Jahre Mitglied eines **rechtskräftig verbotenen Vereins** oder eines mit einem unanfechtbaren Betätigungsverbot belegten Vereins war,
- innerhalb der letzten zehn Jahre Mitglied einer vom Bundesverfassungsgericht **als verfassungswidrig eingestuften Partei** war,
- einzeln oder als Mitglied einer Vereinigung Bestrebungen verfolgt, unterstützt oder in den letzten fünf Jahren verfolgt oder unterstützt hat, die sich **gegen die verfassungsmäßige Ordnung** unseres Staates richten (zum Katalog der „Bestrebungen" siehe § 3 des Gesetzes über die Zusammenarbeit des Bundes und der Länder in Angelegenheiten des Verfassungsschutzes und über das Bundesamt für Verfassungsschutz, kurz „Bundesverfassungsschutzgesetz"),
- innerhalb der letzten fünf Jahre **rechtskräftig verurteilt** worden ist wegen Versuch oder Vollendung
  - eines Verbrechens
  - einer Straftat gegen die sexuelle Selbstbestimmung, des Menschenhandels oder der Förderung des Menschenhandels, der vorsätzlichen Körperverletzung, Freiheitsberaubung, des Diebstahls, der Unterschlagung, Erpressung, des Betrugs, der Untreue, Hehlerei, Urkundenfälschung, des Landfriedensbruchs oder Hausfriedensbruchs oder des Widerstands gegen oder des tätlichen Angriffs auf Vollstreckungsbeamte oder gegen oder auf Personen, die Vollstreckungsbeamten gleichstehen,
  - eines Vergehens gegen das Betäubungsmittelgesetz, Arzneimittelgesetz, Waffengesetz, Sprengstoffgesetz, Aufenthaltsgesetz, Arbeitnehmerüberlassungsgesetz oder das Schwarzarbeitsbekämpfungsgesetz oder
  - einer staatsschutzgefährdenden oder gemeingefährlichen Straftat,

zu einer Freiheitsstrafe, Jugendstrafe, Geldstrafe von mind. 90 Tagessätzen oder mindestens zweimal zu einer geringeren Geldstrafe oder bei dem die Verhängung von Jugendstrafe ausgesetzt worden ist, wenn seit Eintritt der Rechtskraft der letzten Verurteilung fünf Jahre noch nicht verstrichen sind.

2.1.3.3. Bewacherregister (BWR)

Aufgrund der Erfahrungen mit den bestehenden Kontrollinstrumenten hat der Gesetzgeber beschlossen, ein zentrales Bewacherregister zu errichten, um den Vollzug des Bewachungsrechts zu verbessern. Das Bewacherregister wird beim Bundesamt für Wirtschaft und Ausfuhrkontrolle (BAFA) geführt.

Im Bewacherregister werden gemäß § 11b GewO Daten zu Bewachungsgewerbetreibenden und Bewachungspersonal elektronisch auswertbar erfasst und auf dem aktuellen Stand gehalten. Über das Register erfolgt auch die verpflichtende Regelabfrage bei der jeweiligen Landesbehörde für Verfassungsschutz. Diese gilt im Rahmen der Zuverlässigkeitsüberprüfung für Bewachungsunternehmer und solche Wachpersonen, die Flüchtlingsunterkünfte und zugangsgeschützte Großveranstaltungen bewachen sowie Schutzaufgaben im befriedeten Besitztum bei Objekten wahrnehmen, von denen im Fall eines kriminellen Eingriffs eine besondere Gefahr für die Allgemeinheit ausgehen kann. Die Berufs-Qualifikation (Unterrichtung oder Sachkunde bzw. Berufsausbildung) wird ebenfalls über das Register überprüft.

2.1.3.4. Überprüfungsverfahren

Bei Antragstellung auf Erteilung der Erlaubnis zur Ausübung des Bewachungsgewerbes (Gewerbeerlaubnis) wird die Zuverlässigkeit des Antragstellers durch die Behörde geprüft. Diese Überprüfung der Zuverlässigkeit nach § 34a GewO ist auch erforderlich, wenn der Inhaber des Unternehmens das Gewerbe nicht höchstpersönlich ausüben will, sondern eine Person mit der Leitung des Betriebes oder einer Zweigniederlassung beauftragt wird.

Zur **Überprüfung der Zuverlässigkeit** holt die zuständige Behörde eine **unbeschränkte Auskunft beim Bundeszentralregister** ein. Auf diese Weise kann die Behörde feststellen, ob Unternehmer oder Mitarbeiter wegen einer Straftat verurteilt wurden, die eine Befassung mit Bewachungsaufgaben unmöglich machen. Außerdem ist von der Behörde eine Stellungnahme der für den Wohnort des Betroffenen zuständigen Behörde der Landespolizei einzuholen, ob Anhaltspunkte dafür vorliegen, dass Bedenken gegen eine Tätigkeit des Betreffenden im Bewachungsgewerbe bestehen könnten. Wird eine Gewerbeerlaubnis beantragt (Unternehmer), ist zudem eine **Auskunft aus dem Gewerbezentralregister** einzuholen.

Soll ein **Beschäftigter** die Bewachung eines Objekts übernehmen, von dem besondere Gefahren für die Allgemeinheit ausgehen (beispielsweise Objekte der Kritischen Infrastruktur (KRITIS), etwa Kernkraftwerk, Atommüll-Zwischenlager, Waffenlager) oder es sich bei diesen Objekt um einen sensiblen

Bereich handelt (zB Flüchtlingsunterkünfte, zugangsgeschützte Großveranstaltungen), kann die Behörde eventuell vorhandene **nachrichtendienstliche Erkenntnisse** über das **Bewacherregister** einbeziehen.

Bei der Überprüfung der Zuverlässigkeit des **Unternehmers** oder einer mit der **Leitung** des Betriebes oder einer Zweigniederlassung **beauftragten Person** ist diese Überprüfung auf nachrichtendienstliche Erkenntnisse immer durchzuführen, unabhängig von der Art der Bewachungsaufgaben, die durchgeführt werden oder werden sollen.

Die zuständige Behörde darf das Ergebnis der Überprüfung einschließlich der für die Beurteilung der Zuverlässigkeit erforderlichen Daten an den Gewerbetreibenden übermitteln, der die Überprüfung veranlasst hat.

Die Behörde kann dem Unternehmer die **Beschäftigung einer Person**, die in einem Bewachungsunternehmen **mit Bewachungsaufgaben** beschäftigt ist, oder einer **mit der Leitung des Betriebes oder einer Zweigniederlassung** beauftragten Person **untersagen**, wenn Tatsachen die Annahme rechtfertigen, dass die Person die für ihre Tätigkeit erforderliche Zuverlässigkeit nicht besitzt. Ebenso kann die Behörde dem Unternehmer die Ausübung des Gewerbes untersagen.

Die **Überprüfung der Zuverlässigkeit** muss **regelmäßig wiederholt** werden, spätestens aber **vor Ablauf von fünf Jahren** seit der letzten Überprüfung.

2.1.4. Tätigkeitsfelder

Vor der Aufnahme einer Tätigkeit im Bewachungsgewerbe ist zu prüfen, ob für die Ausübung dieser Tätigkeit durch die BewachV die Teilnahme an einer Unterrichtung oder das Bestehen einer Sachkundeprüfung erforderlich ist. **Keine ausbildungs- oder unterrichtungspflichtigen Tätigkeiten** sind z. B.:

- Bewachungstätigkeit durch Angestellte oder Mitarbeiter des Betreibers,
- Annahme oder Weiterleitung von Alarmmeldungen oder Notrufen,
- Installation von Alarm- oder Notrufanlagen,
- Signalposten ohne Bewachungsaufgabe,
- „Kartenabreißer“ im Einlassbereich von Veranstaltungen,
- Parkplatzeinweiser,
- Fahr- oder Kurierdienste ohne Beförderung von Personen oder Wertgegenständen,
- Umgang mit Geld (Sortierung etc.) ohne Bewachung und

- Aufbewahrung von Garderobe im Theater oder Betrieb eines Parkhauses, wenn die Bewachung nicht ausdrücklich Vertragsbestandteil ist (sogenannte Nebenpflicht aus Vertrag)

Lediglich einer **Unterrichtung** bedürfen Mitarbeiter unter anderem für folgende Aufgaben:

- Zugangskontrollen zu Veranstaltungsorten (auch mit **Nachschau** nach unerlaubten Gegenständen; beachten Sie: Durchsuchung ist eine hoheitliche Tätigkeit und Mitarbeitern privater Firmen nicht gestattet),
- Zugangskontrollen zu Gaststätten, Bierzelten (außer gastgewerbliche Diskothek),
- Pfortendienst mit Zugangskontrolle,
- Geld- und Werttransport,
- Bewachungspersonal im Bühnenbereich bei Konzerten,
- Personenschützer,
- Museumswächter,
- Wachmann in verschlossenen Gebäuden oder Geländen und
- Werkschutz.

Die **Sachkundeprüfung** ist Voraussetzung für

- die Erteilung einer Erlaubnis zur <u>selbständigen</u> Ausübung des Bewachungsgewerbes als Gewerbetreibender (**Bewachungsunternehmer**),
- die Tätigkeit als **gesetzlicher Vertreter** bei juristischen Personen (idR Unternehmen), wenn sie mit der Durchführung von Bewachungsaufgaben direkt befasst sind,
- die Tätigkeit als Leiter des Gewerbetriebes (**Betriebsleiter**) oder einer Zweigniederlassung
- sowie die Ausübung folgender Bewachungstätigkeiten[9]:
    - Kontrollgänge im öffentlichen Verkehrsraum oder in Hausrechtsbereichen mit tatsächlich öffentlichem Verkehr (Citystreife),
    - Schutz vor Ladendieben,
    - Bewachung im <u>Einlassbereich</u> gastgewerblicher Diskotheken (Türsteher),

[9] *Die Tätigkeitsbereiche werden im Kapitel 2.1.5.2 ausführlich erläutert.*

- o Bewachungen von Flüchtlingsunterkünften in leitender Funktion u
- o Bewachungen von zugangsgeschützten Großveranstaltungen in leitender Funktion.

2.1.5. Zugangsvoraussetzungen

2.1.5.1. Unternehmer

Die Errichtung eines **Unternehmens** im Bewachungsgewerbe setzt zwingend voraus, dass der Gewerbetreibende (Unternehmer) besondere **Voraussetzungen** erfüllt. Die **Erlaubnis** zur Ausübung des Gewerbes erteilt die **örtlich zuständige Behörde**, wenn der Antragsteller

- die für den Gewerbebetrieb **erforderliche Zuverlässigkeit**[10] besitzt,
- nicht in **ungeordneten Vermögenverhältnissen** lebt,
- erfolgreich eine **Sachkundeprüfung** vor einer Industrie- und Handelskammer (IHK) abgelegt hat und
- den Nachweis einer bestehenden **Haftpflichtversicherung** erbracht hat.

Ohne diese Erlaubnis darf das Gewerbe nicht ausgeübt werden!

Von **ungeordneten Vermögensverhältnissen** ist auszugehen, wenn über das Vermögen des Antragstellers das Insolvenzverfahren eröffnet worden ist. Gleiches gilt für Personen, die eine eidesstattliche Versicherung abgegeben haben oder diese nicht abgegeben haben, obwohl sie dazu verpflichtet gewesen wären.

Der Unternehmer muss seine **Sachkunde** durch eine Sachkundeprüfung vor der IHK nachweisen. Gleiches gilt für die **gesetzlichen Vertreter juristischer Personen** (in der Regel Geschäftsführer von Unternehmen), sobald sie mit der Durchführung von Bewachungsaufgaben direkt befasst sind. Diese Regelung stellt sicher, dass ein Verantwortlicher des Unternehmens mit der Materie vertraut ist, wenn er eine Entscheidung fällt, die die Durchführung eines Auftrages betrifft. Auch mit der **Leitung des Gewerbebetriebes oder einer Zweigniederlassung beauftragte Personen** müssen die Sachkundeprüfung erfolgreich absolvieren.

Anstelle einer Sachkundeprüfung können bestimmte Prüfungszeugnisse (z. B. Laufbahnprüfung der Polizei, der Bundespolizei bzw. des Bundesgrenzschutzes, des Zolls etc.) anerkannt werden.

---

[10] *Zum Begriff der Zuverlässigkeit siehe Kapitel 2.1.3*

2.1.5.2. Mitarbeiter

Ein Bewachungsunternehmer darf nur solche Personen für die Durchführung von Bewachungsaufgaben einsetzen, die die dafür **erforderliche Zuverlässigkeit**[11] und **erforderlichen Kenntnisse** besitzen. Die Beschäftigung mit Bewachungsaufgaben erfordert die **vorherige Zustimmung der zuständigen Behörde**, die im Wege der Anmeldung des Beschäftigten über das Bewacherregister eingeholt wird. Erst nach Erteilung dieser Zustimmung darf die betroffene Person ihre Tätigkeit auch tatsächlich aufnehmen.

Die bei dieser Anmeldung **angegebene geplante Tätigkeit** wird im Bewacherregister vermerkt und ist auch auf der Mitteilung an den Unternehmer und den Betroffenen (angemeldete Person) erkennbar. Soll eine andere Tätigkeit ausgeübt werden, die aufgrund des besonderen Gefahrenpotentials der Aufgabe eine intensivere Überprüfung erfordert (Abfrage von nachrichtendienstlichen Erkenntnissen), darf diese Aufgabe erst dann auf einen Beschäftigten übertragen werden, wenn die entsprechende Zustimmung der zuständigen Behörde über das Bewacherregister erfolgt.

Die weitere Beschäftigung einer Person, die in einem Bewachungsunternehmen bereits mit Bewachungsaufgaben beschäftigt ist, oder einer mit der Leitung des Betriebes oder einer Zweigniederlassung beauftragten Person kann dem Gewerbetreibenden untersagt werden, wenn Tatsachen die Annahme rechtfertigen, dass die Person die für ihre Tätigkeit erforderliche Zuverlässigkeit nicht besitzt.

Folgende Tätigkeiten dürfen nur nach erfolgreich abgelegter Sachkundeprüfung ausgeführt werden:

- Kontrollgänge im öffentlichen Verkehrsraum oder in Hausrechtsbereichen mit tatsächlich öffentlichem Verkehr (sogenannte „Citystreife"),
- Schutz vor Ladendieben,
- Bewachung im Einlassbereich gastgewerblicher Diskotheken (Türsteher),
- Bewachungen von Flüchtlingsunterkünften in leitender Funktion,
- Bewachungen von zugangsgeschützten Großveranstaltungen in leitender Funktion und
- Leitung des Betriebes oder einer Zweigniederlassung.

---

[11] *Zum Begriff der erforderlichen Zuverlässigkeit siehe Kapitel 2.1.3*

Der Grund ist leicht nachvollziehbar – die genannten Tätigkeiten setzen unter anderem umfassende Kenntnisse in Bereichen wie Notwehrrecht oder Umgang mit Menschen voraus. Ob ein Mitarbeiter diese Kenntnisse tatsächlich besitzt und eine **Bewachungsaufgabe oder die Leitung des Betriebes eigenverantwortlich wahrnehmen** kann, wird durch eine umfangreiche Prüfung festgestellt, um zu verhindern, dass durch eine Überforderung im Dienst Konflikte entstehen – immerhin greifen Mitarbeiter bei den genannten Bewachungstätigkeiten in die Rechte anderer ein. Auf welche Weise der Prüfling auf die Prüfung vorbereitet wird oder sich selbst vorbereitet, ist gesetzlich nicht festgelegt (keine Mindestanzahl von Unterrichtsstunden o. ä.).

2.1.5.2.1. Kontrollgänge im öffentlichen Verkehrsraum oder in Hausrechtsbereichen mit tatsächlich öffentlichem Verkehr

Kontrollgang ist das Begehen oder Befahren eines größeren Raumes zum Zwecke der Bewachung. Dabei muss sich der Kontrollierende stets in oder am zusammenhängenden Objekt bewegen – andere Tätigkeiten wie etwa das **Revierfahren** (voneinander getrennt liegende Gebäude werden von einem Mitarbeiter nacheinander angefahren und dabei öffentliche Straßen und Wege genutzt) fallen nicht unter den Begriff „Kontrollgang". **Öffentlicher Verkehrsraum** sind sowohl öffentliche Straßen, Plätze und Wege, aber auch Parkanlagen oder die Vorplätze von öffentlich zugänglichen Gebäuden.

Als **Hausrechtsbereich mit tatsächlich öffentlichem Verkehr** gelten Räume und Flächen, die sich in privatem oder öffentlichem Eigentum befinden und die der Inhaber des Hausrechts (in der Regel der Eigentümer) der Öffentlichkeit zugänglich macht, beispielsweise die Wandelhalle eines Bahnhofes oder ein Einkaufscenter. Maßgebend ist hier die tatsächliche Zugangsmöglichkeit für einen nicht näher bestimmten oder eingeschränkten Personenkreis. Auch die Gänge und Hallen eines öffentlichen Gebäudes (Rathaus, Ministerium, etc.) gehören dazu, ebenso wie die Wandelgänge eines Sportstadions.

Räume und Flächen, die von der Definition **erfasst** werden, sind:

- Gewerbeflächen während der Geschäftszeiten, die jedermann ohne besondere Berechtigung zugänglich sind (Einkaufscenter, Kaufhaus) und
- öffentliche Einrichtungen ohne Zutrittskontrollen (Krankenhaus, Bibliothek, Universität, Schule, Behörden).

2.1.5.2.2. Schutz vor Ladendieben

Der Begriff „**Ladendieb**" beschreibt den Typus des Straftäters, der nicht als Räuber (Wegnahme einer Sache mit Gewalt oder Drohung mit Gewalt), sondern als Dieb „auftritt". Obwohl unter „Schutz vor Ladendieben" auch der klassische „Kaufhausdetektiv" fällt, haben Sie in der Prüfung als Fachbegriff für diese Tätigkeit tatsächlich den Terminus „Schutz vor Ladendieben" zu nennen.

Auch in diesem Tätigkeitsfeld ist eine Sachkundeprüfung nur dann erforderlich, wenn der Bewacher nicht Angestellter des „Ladens" ist, sondern Mitarbeiter eines externen Bewachungsunternehmens – der Angestellte bewacht keine fremden Gegenstände im Sinne des Gesetzes, es handelt sich somit nicht um Bewachungsgewerbe.

2.1.5.2.3. Bewachung im Einlassbereich von gastgewerblichen Diskotheken

Der sperrige Begriff des „Einlassbereiches einer gastgewerblichen **Diskothek**" meint, was gemeinhin als „Eingangstür einer Disko" bezeichnet werden kann – auch hier wird in der Prüfung der Fachbegriff „Bewachungen im Einlassbereich von gastgewerblichen Diskotheken" erwartet.

Als **Bewachung** ist das (auch gewaltsame) Verwehren des Zutritts und die Überwachung der Ordnung im direkten Vorfeld der Tür anzusehen, auch der Schutz der Eintrittsgelder oder das Abweisen von offensichtlich alkoholisierten Personen. Nicht als Bewachung gilt das Ausgeben oder Überprüfen von Eintrittskarten oder Zugangsberechtigungen (etwa Personalausweis als Nachweis der Volljährigkeit o. ä., wenn dabei keine Bewachung erfolgt). Nicht erfasst werden durch die Formulierung der Norm Mitarbeiter, die den **Auslassbereich** oder die Notausgänge der Diskothek bewachen.

Gastgewerbliche Diskotheken zeichnen sich durch leistungsstarke Musikanlagen aus, den Einsatz professioneller Disk-Jockeys und das Vorhandensein einer Tanzfläche sowie das Fehlen eines besonderen Angebotes an Speisen (nicht aber Getränken).

2.1.5.2.4. Bewachung von Flüchtlingsunterkünften in leitender Funktion

§ 34a GewO benennt eine abschließende Liste von Einrichtungen oder Gebäuden, für deren Bewachung in leitender Funktion eine erfolgreich abgelegte Sachkundeprüfung erforderlich ist:

- Aufnahmeeinrichtungen nach § 44 des Asylgesetzes,

- Gemeinschaftsunterkünften nach § 53 des Asylgesetzes oder
- anderen Immobilien und Einrichtungen, die der auch vorübergehenden amtlichen Unterbringung von Asylsuchenden oder Flüchtlingen dienen.

Die Kommunikation mit den Bewohnern der genannten Einrichtungen, insbesondere bei Konflikten zwischen Gruppen oder in Situationen, die zu eskalieren drohen, erfordert besondere kommunikative Fähigkeiten und Kenntnisse. Das gilt in erster Linie für Personen, die vor Ort in leitender Funktion tätig sind oder sein sollen.

In **leitender Funktion** ist tätig, wer für die **Organisation der Bewachung** vor Ort **verantwortlich** ist und gegenüber anderen Mitarbeitern **weisungsbefugt** ist. Bei Einsatz einer einzigen Wachperson muss diese sachkundig sein.

2.1.5.2.5. Bewachung von zugangsgeschützten Großveranstaltungen in leitender Funktion

Großveranstaltungen sind organisierte Ereignisse, bei denen eine besonders große Zahl von Menschen an einem Ort zusammenkommt. Das können Zusammenkünfte jeglicher Art sein, die Bandbreite reicht von Sportveranstaltungen über Treffen religiöser Gruppen bis zu Volksfesten oder Konzerten. Von einer **Großveranstaltung** ist dann auszugehen, wenn

- in Versammlungsräumen mehr als 200 Besucher zu erwarten sind,
- im Freien mehr als 1.000 Personen oder
- in einem Sportstadion mehr als 5.000 Besuchern gleichzeitig erwartet werden oder
- die Veranstaltung ein erhöhtes Gefährdungspotenzial hat.

Zugangsgeschützt ist eine Großveranstaltung, wenn Personen die Veranstaltungsfläche nur durch definierte Durchlässe und Durchgänge in einer Umfriedung betreten können (Türen, Tore, Wege). Dabei muss nicht zwingend eine körperliche Kontrolle erfolgen oder der Eintritt nur mit einer Karte o.ä. möglich sein. Es muss nur möglich sein, Personen den Zutritt zu verwehren.

In **leitender Funktion** ist tätig, wer für die **Organisation der Bewachung** vor Ort **verantwortlich** ist und gegenüber anderen Mitarbeitern **weisungsbefugt** ist. Bei Einsatz einer einzigen Wachperson muss diese sachkundig sein.

2.1.6. Rechtsfolgen von Verstößen

Verstöße gegen die Vorschriften der GewO für Bewachungsunternehmen nach § 34a GewO werden gemäß § 144 GewO als **Ordnungswidrigkeiten** mit **Geldbußen** von bis zu 5.000 Euro geahndet.

2.2. Bewachungsverordnung

Die derzeit gültige Bewachungsverordnung (**BewachV**) trat am 1. Juni 2019 in Kraft und ersetzte die bis dahin gültige Fassung.

Die Bewachungsverordnung ergänzt die Vorschriften des § 11b GewO zum Bewacherregister und des § 34a GewO über das Bewachungsgewerbe. Sie enthält neben Durchführungsbestimmungen zur Überprüfung und Meldung von Unternehmern und Wachpersonen Vorschriften zur Sachkundeprüfung und zum Unterrichtungsverfahren als Voraussetzung für die befugte Ausübung des Bewachungsgewerbes sowie eine Reihe von Verpflichtungen bei der Ausübung des Gewerbes.

2.2.1. Örtliche Zuständigkeit (§ 1 BewachV)

Welche Behörde für den Vollzug der Gewerbeordnung zuständig ist, ist abhängig von der Stellung des Betroffenen.

Für den **Gewerbetreibenden** (Unternehmer) sowie mit der **Leitung des Betriebes (Betriebsleiter) oder einer Zweigniederlassung beauftragte Personen** ist die Behörde zuständig, die am Sitz des Unternehmens zuständig ist. Hat ein Unternehmen mehrere Standorte, ist die Behörde am Sitz der **Hauptniederlassung** zuständig.

Für **Wachpersonen**, die nicht zugleich auch unter den zuvor genannten Personenkreis fallen, ist die Behörde am Hauptwohnsitz dieser Person zuständig.

Für **Wachpersonen ohne Hauptwohnsitz in Deutschland** ist die Behörde am Betriebssitz des Unternehmens zuständig, das als erstes Unternehmen diese Wachperson anmeldet.

2.2.2. Unterrichtung in Strafsachen (§ 2 BewachV)

Zum Schutz der Allgemeinheit dürfen Personen, die nicht zuverlässig sind, weder als Unternehmer noch als Beschäftigte mit Bewachungsaufgaben betraut werden – das bekannte Bild vom „Bock, den man zum Gärtner macht" kann hier als Merkhilfe dienen.

Um zu verhindern, dass eine Person, die nach Prüfung der Zuverlässigkeit strafbare Handlungen begeht, bis zur nächsten Überprüfung ihrer Zuverlässigkeit im Bewachungsgewerbe tätig ist, sieht die Bewachungsverordnung eine Mitteilungspflicht für Gerichte und Staatsanwaltschaften vor. Auf diese Weise erhalten die zuständigen Behörden umgehend Kenntnis von Verfahren gegen Unternehmer und Beschäftigte. so dass unter Umständen eine sofortige Untersagung der Gewerbeausübung ausgesprochen werden kann. Dies gilt dann, wenn die vorgeworfene Tat geeignet ist, Zweifel an der Zuverlässigkeit der Personen hervorzurufen.

Zu übermitteln sind, möglichst auf elektronischem Wege und damit schnell,

- Erlass und Vollzug eines Haft- oder Unterbringungsbefehls,
- Anklageschrift oder an ihre Stelle tretende Antragsschrift,
- der Antrag auf Erlass eines Strafbefehls und
- die das Verfahren abschließende Entscheidung mit Begründung.

2.2.3. Beantragung der Gewerbeerlaubnis (§ 3 BewachV)

Die bereits im Kapitel 2.1.5 dargestellten Überprüfungen durch die zuständige Behörde erfordern die Übermittlung umfangreicher Informationen durch den Antragsteller an die Erlaubnisbehörde. Dazu zählen neben Angaben zu persönlichen Daten Angaben zu den Wohnorten in den vergangenen fünf Jahren auch Unterlagen zu abgelegten Prüfungen, behördlichen Bescheinigungen oder Versicherungsnachweise.

2.2.4. An- und Abmeldung von Personal (§ 16 BewachV)

An die Beschäftigten im Bewachungsgewerbe müssen naturgemäß höhere Ansprüche gestellt werden als in anderen Berufen – denn ihre Aufgabe ist es oftmals, Sach- und Vermögenswerte zu schützen. Der **Zuverlässigkeit**[12] des Beschäftigten kommt eine zentrale Bedeutung zu - wer bereits wegen Diebstahlsdelikten aufgefallen ist, darf schon zum Schutze von Kunden nicht in diesem Arbeitsfeld eingesetzt werden. Gleiches gilt für Menschen, die wegen sexueller Übergriffe auf Minderjährige verurteilt wurden – da zu den Aufgaben des Bewachungsgewerbes auch Einlasskontrollen gehören, wäre eine derartige Eintragung ein Ausschließungsgrund.

Zur Prüfung der Zuverlässigkeit ist eine unbeschränkte Auskunft aus dem Bundeszentralregister einzuholen. Zudem sind über das **Bewacherregister**

---

[12] *Zum Begriff der Zuverlässigkeit ausführlich Kapitel 2.1.3*

durch die zuständige Behörde nachrichtendienstliche Erkenntnisse zu berücksichtigen, wenn der Beschäftigte in der Bewachung

- von Asylunterkünften und Großveranstaltungen oder
- von Objekten der Kritischen Infrastruktur (KRITIS)[13] und anderen Objekten, von denen bei kriminellen Eingriffen eine besondere Gefahr ausgeht

eingesetzt werden soll. Das gilt auch dann, wenn der Beschäftigte nicht in leitender Funktion tätig werden soll.

Neben der Zuverlässigkeit muss der Beschäftigte den Nachweis des **Unterrichtungsverfahrens** (40 Unterrichtsstunden), die abgelegte **Sachkundeprüfung** (zwingend für bestimmte Aufgaben, siehe Seite 41 ff.) oder ein **gleichgestelltes Zeugnis** nach § 8 BewachV vorweisen können.

Es gilt ein **Mindestalter** von 18 Jahren. Das **Mindestalter entfällt**, wenn der Mitarbeiter ein nach § 8 BewachV anerkanntes Zeugnis (mit Ausnahme der Sachkundeprüfung) als **qualifizierenden Abschluss** vorweist.

Zusammengefasst ergeben sich somit als **Mindestvoraussetzungen für die Tätigkeit als Mitarbeiter** im Bewachungsgewerbe:

- **Zuverlässigkeit**,
- **Mindestalter** (18 Jahre) oder qualifizierter Abschluss und
- die für ihre Tätigkeit notwendige **Befähigung**[14] (Unterrichtungsverfahren oder Sachkundeprüfung).

Der Gewerbetreibende hat **Personen, denen er Leitungsaufgaben übertragen will**, und **Wachpersonen** über das Bewacherregister anzumelden. Die angemeldete Tätigkeit darf der Betroffene erst dann aufnehmen, wenn der Gewerbetreibende eine behördliche Zustimmung in Form einer **Rückmeldung** durch das Bewacherregister erhalten hat. Die Anmeldung allein reicht also nicht aus. Das Verfahren „erst anmelden, dann auf positive Rückmeldung der Behörde warten" gilt auch bei lediglich einmaliger Beschäftigung.

---

[13] *Kritische Infrastrukturen (KRITIS) sind Organisationen oder Einrichtungen mit wichtiger Bedeutung für das staatliche Gemeinwesen, bei deren Ausfall oder Beeinträchtigung nachhaltig wirkende Versorgungsengpässe, erhebliche Störungen der öffentlichen Sicherheit oder andere dramatische Folgen eintreten würden, beispielsweise Kernkraftwerke.*

[14] *Die **Eignung** des Mitarbeiters für seine Tätigkeit wird nicht von der BewachV, sondern von den DGUV Vorschriften 1 und 23 gefordert.*

Der Gewerbetreibende hat Wachpersonen und mit der Leitung eines Betriebes oder einer Zweigniederlassung beauftragte Personen **sechs Wochen nach Beendigung des Beschäftigungsverhältnisses** über das Bewacherregister bei der für den Vollzug des § 34a GewO zuständigen Behörde **abzumelden**.

2.2.5. Erforderliche Kenntnisse

2.2.5.1. Unterrichtungsverfahren (§§ 4 bis 7 BewachV)

Im Bewachungsgewerbe tätige Personen müssen an einem **Unterrichtungsverfahren** teilnehmen, es sei denn, dass gemäß § 34a GewO für die beabsichtigten Tätigkeiten eine Sachkundeprüfung erforderlich ist. Dieses Unterrichtungsverfahren kann bei jeder Industrie- und Handelskammer (IHK) abgelegt werden, die dieses Verfahren anbietet.

Das Unterrichtungsverfahren hat einen festgelegten Umfang von **40 Unterrichtsstunden (UE)**. Eine Unterrichtsstunde entspricht dabei 45 Minuten. Es sollen nicht mehr als 20 Personen gleichzeitig unterrichtet werden.

Das Unterrichtungsverfahren erfolgt mündlich und erfordert eine durchgehende Anwesenheit ohne Fehlstunden.

Vertiefte Kenntnisse der deutschen Sprache sind zwingend erforderlich, da diese zum Verständnis des Unterrichts und zur Ausübung der Tätigkeit notwendig sind. Der Teilnehmer hat auf Anforderung einen Nachweis zu erbringen, dass er über **Kenntnisse der deutschen Sprache** auf dem **Kompetenzniveau B1** des Gemeinsamen Europäischen Referenzrahmens[15] verfügt.

Themen des Unterrichtungsverfahrens sind die folgenden Sachgebiete (der <u>ungefähre</u> zeitliche Umfang wird in Klammern angegeben):

- Recht der öffentlichen Sicherheit und Ordnung einschließlich Gewerberecht und Datenschutzrecht (6 UE),
- Bürgerliches Gesetzbuch (6 UE),

---

[15] *Eine Person mit dem Kompetenzniveau B1 kann die wesentlichen Inhalte eines Gesprächs <u>verstehen</u>, wenn klare Standardsprache verwendet wird und sie mit dem Thema durch Arbeit, Hobby oder Schule vertraut ist. Sie kann insbesondere zu persönlichen und beruflichen Themen <u>in zusammenhängenden Sätzen sprechen</u>, über Erfahrungen und Ereignisse berichten. Außerdem setzt das Niveau B1 voraus, dass der Betroffene zu Plänen und Ansichten kurze <u>Begründungen oder Erklärungen</u> abgeben kann.*

- Straf- und Strafverfahrensrecht einschl. Umgang mit Waffen (6 UE),
- Unfallverhütungsvorschrift Wach- und Sicherheitsdienste (6 UE),
- Umgang mit Menschen, insbesondere Verhalten in Gefahrensituationen und Deeskalationstechniken in Konfliktsituationen sowie interkulturelle Kompetenz unter der besonderen Beachtung von Diversität und gesellschaftlicher Vielfalt (11 UE) und
- Grundzüge der Sicherheitstechnik (5 UE).

Die Lehrkraft stellt durch einen aktiven Dialog, etwa durch Zwischenfragen während des Unterrichtungsverfahrens fest, ob der Teilnehmer den Lehrstoff verstanden hat. Außerdem soll durch mündliche, aber auch durch schriftliche Verständnisfragen sichergestellt werden, dass nur solche Personen die Bescheinigung der erfolgten Unterrichtung erhalten, die nicht bloß körperlich anwesend waren, sondern den Lehrstoff verstanden haben und anwenden können. Die Verständnisfragen sollen dabei nach jedem der zuvor genannten Sachgebiete gestellt werden.

2.2.5.2. Sachkundeprüfung (§§ 9 bis 11 BewachV)

Bezüglich der Themen entspricht die Sachkundeprüfung dem Unterrichtungsverfahren. Allerdings wird sie nicht „aktiv ersessen", also durch Teilnahme an der Unterrichtung erworben und nachgewiesen, sondern durch eine schriftliche und mündliche Prüfung vor der Industrie- und Handelskammer abgelegt. Die vorherige Teilnahme an einem Lehrgang ist nicht vorgeschrieben, in den meisten Fällen aber sinnvoll – denn in Tiefe und Qualität erfordert eine Sachkundeprüfung umfangreichere Kenntnisse als den in einem Unterrichtungsverfahren vermittelten Lehrstoff.

In der nicht öffentlichen Prüfung muss zunächst ein Katalog von Fragen beantwortet werden. Diese Fragen nach dem multiple-choice- oder Ankreuz-Prinzip werden regelmäßig erneuert. Da eine alleinige Vorbereitung mit Testbögen im Multiple-Choice-Verfahren wenig hilfreich ist, sollten Prüflinge bei der Vorbereitung mehr Energie auf das Verständnis des Lernstoffes verwenden als auf das Ausfüllen von Bögen – denn sobald sich die Frage nur etwas von der Geübten unterscheidet, kommt man ohne fundierte Kenntnisse des Stoffes schnell ins Schleudern.

In der mündlichen Prüfung können bis zu fünf Prüflinge gleichzeitig von der Prüfungskommission befragt werden. Dabei sollen auf jeden Teilnehmer etwa 15 Minuten Prüfungszeit entfallen.

Schwerpunkte der schriftlichen Prüfung sind die Bereiche „Bürgerliches Recht", „Straf- und Strafprozessrecht" sowie „Umgang mit Menschen". Letztgenanntes Thema soll auch den Schwerpunkt in der **mündlichen Prüfung** bilden neben Fragen zum „Recht der öffentlichen Sicherheit und Ordnung" einschließlich des Gewerberechts (GewO, BewachV, Datenschutz).

2.2.5.3. Anerkennung anderer Nachweise (§§ 8, 12 BewachV)

Anstelle von Unterrichtung oder Sachkundeprüfung werden als Nachweis der geforderten Fähigkeiten auch bestimmte Berufsabschlüsse oder behördliche Laufbahnprüfungen anerkannt, z. B. als Polizei-, Bundespolizei-, Bundesgrenzschutz-, Justizvollzugs- oder Zollbeamter (mindestens Mittlerer Dienst), Feldjäger der Bundeswehr, die Werkschutzfachkraft, Werkschutzmeister, Fachkraft Schutz und Sicherheit oder geprüfte Schutz- und Sicherheitskraft.

Der Unterrichtung bedarf nicht, wer die Sachkundeprüfung abgelegt hat.

2.2.6. Haftpflichtversicherung (§§ 14, 15 BewachV)

Der Gewerbetreibende ist verpflichtet, eine Versicherung gemäß § 34a Abs. 1 Satz 3 Nummer 4 GewO abzuschließen und aufrechtzuerhalten.

Die Mindesthöhen je Schadenfall sind

- 1 Million Euro für Personenschäden und
- 250.000 Euro für Sachschäden.
- 15.000 Euro für das Abhandenkommen bewachter Sachen und
- 12.500 Euro für Vermögensschäden (Zufügung finanziellen Schadens).

Eine vertraglich vereinbarte **Haftungsbeschränkung** darf die genannten Summen nicht unterschreiten. Die Leistungen des Versicherungsunternehmens für alle innerhalb eines Versicherungsjahres verursachten Schäden können auf den doppelten Betrag der Mindestversicherungssumme begrenzt werden.

Erklärt sich der Auftraggeber mit einer Einschränkung der Versicherungspflicht auf **Personen- und Sachschäden** nachweislich einverstanden, darf der Unternehmer auch dann tätig werden, wenn seine Haftpflichtversicherung nur für Personen- und Sachschäden bis zu den genannten Beträgen je Schadenfall aufkommt, also nicht für das Abhandenkommen bewachter Sachen oder reine Vermögensschäden.

Zu beachten ist, dass die vorzulegende Bestätigung des Versicherungsunternehmens bei Beantragung der Gewerbeerlaubnis nicht älter sein darf als drei Monate. Das Versicherungsunternehmen ist darüber hinaus verpflichtet, die für die Erlaubniserteilung zuständige Behörde zu informieren bei

- Beendigung des Versicherungsvertrags, insbesondere infolge einer Kündigung durch den Versicherten, aber auch durch die Gesellschaft,
- Ausscheiden des Versicherten aus einer Gruppenversicherung oder
- Änderungen des Versicherungsvertrages, die dazu führen, dass die geforderten Versicherungsleistungen nicht mehr in Anspruch genommen werden könnten durch einen Geschädigten.

2.2.7. Dienstanweisung, Verpflichtungserklärung zum Datenschutz (§ 17 BewachV)

Die **Allgemeine Dienstanweisung** muss zwingend die nachfolgenden Hinweise des Gewerbetreibenden enthalten, um sicherzustellen, dass die Mitarbeiter diese Grundsätze des Bewachungsgewerbes bezüglich der Stellung des Gewerbes in der Gesellschaft beherzigen:

- Wachpersonen haben weder die Eigenschaften noch die Befugnisse eines Polizeibeamten, eines Hilfspolizeibeamten oder eines sonstigen Bediensteten einer Behörde.
- Wachpersonen dürfen während des Dienstes nur mit Zustimmung des Gewerbetreibenden Schusswaffen, Hieb- und Stoßwaffen sowie Reizstoffsprühgeräte führen und haben jeden Gebrauch dieser Waffen unverzüglich sowohl der örtlich zuständigen Polizei als auch dem Gewerbetreibenden anzuzeigen; als **Waffengebrauch** ist die Verwendung des Einsatzmittels anzusehen (Schuss, Schlag, Sprühstoß), nicht aber etwa das bloße Ziehen des Schlagstocks.

Die Dienstanweisung muss der Gewerbetreibende seinem Mitarbeiter aushändigen und sich deren Empfang schriftlich bestätigen lassen.

Vor Aufnahme der Bewachungstätigkeit muss der Gewerbetreibende Wachpersonen schriftlich zu **verpflichten**, auch nach Ausscheiden aus dem Unternehmen **Geschäfts- und Betriebsgeheimnisse**, die ihnen in Ausübung des Dienstes bekannt geworden sind, **nicht unbefugt an Dritte weiterzugeben**. Ausgenommen sind Aussagen vor Gericht oder staatlichen Stellen, die den Beschäftigten als Zeugen befragen (sogenannte „befugte Offenbarung").

Der Schutz persönlicher oder personenbezogener Daten, kurz gesagt der Datenschutz, ist in unserer mittlerweile Internet-basierten Gesellschaft ein wichtiges Thema. Der § 17 BewachV unterstreicht die besondere Verantwortung von Unternehmen im Bewachungsgewerbe – naturgemäß fallen bei dieser Tätigkeit viele Daten an, und um einen Missbrauch dieser Daten zu verhindern, müssen entsprechende Vorsichtsmaßnahmen getroffen werden.

Grundsatz des Datenschutzes: **Bester Datenschutz ist Datenvermeidung.** Dies bedeutet in der Praxis: Je weniger Daten erfasst und gespeichert werden, desto geringer ist die Wahrscheinlichkeit, dass bei einem Diebstahl von Daten oder unbefugtem Zugriff auf Daten Schaden entsteht.

Beachten Sie zum Thema „Datenschutz“ auch das gleichnamige Kapitel dieses Buches ab Seite 56.

2.2.8. Wahrung von Geschäftsgeheimnissen

Auch für Unternehmer und Beschäftigte im Bewachungsgewerbe gelten die Vorschriften des **Gesetzes zum Schutz von Geschäftsgeheimnissen** („Geschäftsgeheimnisgesetz“, GeschGehG). Diese im Jahre 2019 in Kraft getretene gesetzliche Regelung ist die nationale Umsetzung einer Richtlinie der Europäischen Union über den Schutz vertraulichen Know-hows und vertraulicher Geschäftsinformationen, kurz von Geschäftsgeheimnissen.

Unternehmer und Beschäftigte im Bewachungsgewerbe erlangen zwangsläufig Kenntnis von Geschäftsgeheimnissen, denn bereits die Besucherliste eines Unternehmens ist in der Regel vertraulich und darf Dritten nicht zur Kenntnis gebracht werden. **§ 23 GeschGehG** bestimmt Freiheitsstrafen oder Geldstrafen, wobei für Fälle mit Auslandsbezug bis zu fünf Jahre Freiheitsentzug drohen. Bereits der Versuch ist strafbar. In der Regel wird die Tat nur auf Antrag verfolgt.

Geschäftsgeheimnis ist gemäß **§ 2 GeschGehG** eine Information,

a) die weder insgesamt noch in der genauen Anordnung und Zusammensetzung ihrer Bestandteile den Personen in den Kreisen, die üblicherweise mit dieser Art von Informationen umgehen, allgemein bekannt oder ohne Weiteres zugänglich ist und daher von wirtschaftlichem Wert ist,

b) die Gegenstand von den Umständen nach angemessenen Geheimhaltungsmaßnahmen durch ihren rechtmäßigen Inhaber ist und

c) bei der ein berechtigtes Interesse an der Geheimhaltung besteht.

Nur wenn die vorgenannten Voraussetzungen insgesamt erfüllt sind, handelt es sich um ein Geschäftsgeheimnis.

Inhaber eines Geschäftsgeheimnisses ist jede natürliche oder juristische Person, die die rechtmäßige Kontrolle über ein Geschäftsgeheimnis hat.

Rechtsverletzer im Sinne dieses Gesetzes ist jede natürliche oder juristische Person, die entgegen der gesetzliche Handlungsverbote (siehe unten) ein Geschäftsgeheimnis rechtswidrig erlangt, nutzt oder offenlegt, es sei denn, die Person kann sich auf eine in diesem Gesetz geregelte Ausnahme berufen – dazu zählt nach § 5 GeschGehG beispielsweise **whistle blowing**[16] im Sinne eines Offenlegens solcher Informationen, die ein rechtswidriges Handeln oder ein Fehlverhalten belegen und das Offenlegen geeignet ist, dass allgemeine öffentliche Interesse zu schützen.

§ 4 GeschGehG enthält ausdrückliche **Handlungsverbote**. So ist es beispielsweise verboten, ein Geschäftsgeheimnis offenzulegen, wenn man mit dieser Handlung gegen eine Verpflichtung zur Beschränkung der Nutzung des Geschäftsgeheimnisses verstößt.

2.2.9. Ausweis, Schild (§ 18 BewachV)

Der Gewerbetreibende muss der Wachperson vor Aufnahme des Dienstes einen Dienstausweis aushändigen, der folgende Merkmale aufweisen muss:

- Familienname und Vorname der Wachperson,
- Name und Anschrift des Gewerbetreibenden sowie, wenn abweichend, Bezeichnung und Anschrift des Gewerbebetriebes,
- Unterschrift der Wachperson und des Gewerbetreibenden bzw. seines gesetzlichen Vertreters oder Bevollmächtigten,
- die Bewacherregisteridentifikationsnummern der Wachperson und des Bewachungsunternehmens.

Der Ausweis ist so zu gestalten, dass er sich **von amtlichen Ausweisen** (etwa Dienstausweis der Polizei) **deutlich unterscheidet**.

---

[16] *2023 trat das Hinweisgeberschutzgesetz (HinSchG) in Kraft, das es sogenannten Whistleblowern ermöglichen soll, einfacher und ohne Angst vor Repressalien auf Rechts- und Regelverstöße in Unternehmen und Behörden aufmerksam machen zu können. Es verpflichtet Unternehmen und Behörden zur Einrichtung von Meldestellen, an die sich Hinweisgeber wenden können, wenn sie zum Beispiel im Zusammenhang mit ihrer beruflichen Tätigkeit Informationen über Verstöße erlangt haben.*

Die Wachperson ist verpflichtet, den Ausweis im Dienst mitzuführen und den Beauftragten der Vollzugsbehörden (Ordnungsamt, Polizei, Zoll etc.) auf Verlangen vorzulegen; gegenüber anderen Personen besteht dagegen keine Ausweispflicht. Da der Dienstausweis nach geltender BewachV kein Lichtbild enthalten muss, ist das Mitführen eines amtlichen Dokuments mit einem Lichtbild zwingend erforderlich. Darum ist neben dem Dienstausweis auch das im Bewacherregister angegebene **Ausweisdokument** (zB Personalausweis, Reisepass, Passersatz, Ausweisersatz oder ein sonstiges amtliches Ausweis- oder Identifizierungsdokument der Bundesrepublik oder eines anderen EU-/EWR-Staat) mitzuführen, durch das die Wachperson zweifelsfrei identifiziert werden kann; gleiches gilt für ein im BWR angegebenes **Identifizierungsdokument**.

Bei Bewachungstätigkeiten, die eine Sachkundeprüfung erfordern, ausgenommen der Schutz vor Ladendieben (§ 34 a Abs. 1 Satz 1 Nr. 1 und 3 bis 5 GewO), muss die Wachperson zusätzlich zum Dienstausweis ein gut lesbares **Schild** mit dem Namen des Gewerbebetriebes und ihrem tatsächlichen Namen oder einer firmeninternen Kenn-Nummer tragen. Gleiches gilt für Wachpersonen, die Flüchtlingsunterkünfte oder zugangsgeschützte Großveranstaltungen bewachen. Die Ausstattung mit dem Schild muss durch den Gewerbetreibenden vor Aufnahme der Tätigkeit der Wachperson erfolgen.

2.2.10. Dienstkleidung (§ 19 BewachV)

Die Dienstkleidung (Uniform) oder das Dienstabzeichen einer Wachperson darf nicht den Eindruck erwecken, dass es sich bei dieser Person um einen Behördenmitarbeiter oder einen Angehörigen der Streitkräfte handelt – gleiches gilt im Prinzip auch für das Streifenfahrzeug. Beachten Sie in dem Zusammenhang den Straftatbestand der Amtsanmaßung auf Seite 101.

Eine **Uniformtragepflicht** gilt, wenn im Rahmen des Dienstes eine Wachperson ein eingefriedetes Besitztum betreten soll. Hintergrund ist die Möglichkeit für die Polizei, bei einem Einsatz die Mitarbeiter eines Wachdienstes erkennen zu können; gleiches gilt für Beobachter und Bewohner des Besitztums, die auf den ersten Blick erkennen können, dass es sich um eine Wachperson im Dienst handelt und nicht um einen Straftäter.

2.2.11. Behandlung der Waffen und Anzeigepflicht nach Waffengebrauch (§ 20 BewachV)

Verantwortlich für die sichere Aufbewahrung von Waffen und Munition ist der Gewerbetreibende. Er hat durch organisatorische Maßnahmen sicherzustellen, dass Schusswaffen und Munition nach Ende des jeweiligen Dienstes ordnungsgemäß zurückgegeben und der Aufbewahrung zugeführt werden. Zudem hat der Gewerbetreibende, wie schon die Wachperson bei der örtlich zuständigen Polizei, die Pflicht zur Anzeige eines **Waffengebrauchs**, allerdings bei der für die Genehmigung des Bewachungsgewerbes zuständigen Behörde.

Der Begriff „Waffe" gilt für jegliche Waffe im Sinne des Waffengesetzes, nicht nur für Schusswaffen. Wenn die Meldung bei der Polizei nicht durch die Wachperson erfolgt ist, hat der Gewerbetreibende dies zu tun – er ist somit ebenso verantwortlich für diese Meldung wie sein Mitarbeiter.

2.2.12. Buchführung und Aufbewahrung (§ 21 BewachV)

Der Gewerbetreibende hat umfangreiche Buchführungs- und Aufbewahrungspflichten für die verschiedensten Dokumente und Belege, darunter Muster des Dienstausweises, Informationen über seine Mitarbeiter, die Überlassung von Schusswaffen und Munition, Dienstanweisungen und Verpflichtungserklärungen sowie waffenrechtliche Dokumente und Anzeigen über den Gebrauch von Waffen. Die Frist endet am Ende des dritten Kalenderjahres, welches auf das Jahr folgt, in dem das Schriftstück entstand (Beispiel: Dienstanweisung vom 19. August 2021 muss bis einschließlich 31. Dezember 2024 aufbewahrt werden). **Ausnahmen** gelten für Versicherungs- und Bewachungsverträge sowie für Arbeitsverträge (Frist endet am Ende des dritten Kalenderjahres, welches auf das Jahr folgt, in dem der Vertrag beendet wurde).

2.2.13. Ordnungswidrigkeiten (§ 22 BewachV)

Verstöße gegen die BewachV können mit Geldbußen bis zu 3.000 Euro geahndet werden. Es können sowohl der Gewerbetreibende (bzw. gesetzliche Vertreter oder Bevollmächtigte) als auch der Mitarbeiter betroffen sein.

2.2.14. Übergangsvorschriften (§ 23 BewachV)

Von einer **Unterrichtung** nach § 4 BewachV ist **befreit**, wer **am 31. März 1996** (Stichtag) in einem Bewachungsunternehmen **beschäftigt** war. Die Tätigkeit ist durch den seinerzeit Gewerbetreibenden zu bescheinigen.

Ein weiterer Stichtag war der **1. Januar 2003** – wer an diesem Tag **seit mindestens drei Jahren** befugt und ohne Unterbrechung in den **Bereichen nach § 34a Abs. 1a** tätig gewesen ist, bedarf nicht der **Sachkundeprüfung** nach § 9 BewachV. Auch in diesem Falle ist das Vorliegen dieser Voraussetzung durch den seinerzeitigen Arbeitgeber zu bestätigen.

3. Datenschutzrecht

3.1. Einführung

Datenschutz ist für das Bewachungsgewerbe ein wichtiges Thema, insbesondere für Unternehmer. Die entsprechenden Gesetze und Verordnungen sollen die Persönlichkeitsrechte aller Bürger schützen.

In der Praxis geben immer mehr Menschen freiwillig persönliche Daten in großem Umfang in sogenannten „sozialen Netzwerken" im Internet bekannt. Während bei den politischen Beratungen zum „großen Lauschangriff" noch vehement die Privatsphäre ins Feld geführt wurde gegen die „Datensammelwut" des Staates, scheint es heute fast ein Grundbedürfnis zu sein, sich im weltumspannenden Datennetz für jeden zugänglich zu machen. Spezialisierte Suchmaschinen erledigen die Identifikation von Personen mittlerweile zuverlässig und für fast jedermann frei verfügbar.

Trotz dieser Entwicklung hat der Datenschutz einen hohen Stellenwert und muss im beruflichen Alltag stets beachtet werden. So ist schon die Frage, auf welche Weise Daten verarbeitet werden, eine wesentliche Voraussetzung für die Zulässigkeit einer Handlung.

Das neue **Bundesdatenschutzgesetz** (BDSG) ist als Konkretisierung und Ergänzung der europäischen **Datenschutzgrundverordnung** (DS-GVO) zu sehen. Darum ist neben dem Beachten der Regelungen der DS-GVO stets auch zu prüfen, ob das nationale Datenschutzrecht weitergehende Bestimmungen enthält. Dies gilt insbesondere für Strafbestimmungen, die auf europäischer Ebene nicht geregelt sind, da hier lediglich Bußgeldvorschriften erlassen werden können. Zudem haben die Bundesländer eigene **Landesdatenschutzgesetze** (LDSG) erlassen, die aber lediglich den Datenschutz für die Behörden und Einrichtungen der jeweiligen Länder regeln. Somit gilt: Das BDSG regelt Bereiche, die von der DS-GVO nicht abschließend behandelt werden. Das jeweilige LDSG füllt dann wiederum verbliebene Lücken. Die Ergänzungen dürfen aber grundsätzlich dem umfassenderen Recht nicht entgegenstehen.

Hinweis für die praktische Prüfungsvorbereitung: Der Lernstoff zum Thema Datenschutz ist durch die DS-GVO deutlich ausgeweitet worden. In diesem Buch erhalten Sie darum einen orientierenden Überblick zu den grundsätzlichen Regelungen. Dabei erfolgt die Auswahl der erklärten Begriffe und Zusammenhänge auf Grundlage des geltenden Rahmenplans. Für eine vertiefende Beschäftigung mit dem Thema Datenschutz wird darum empfohlen, den Text der DS-GVO im Original zu lesen.

3.2. Begriffe

Zur Anwendung der Datenschutzbestimmungen, insbesondere aber zur Vorbereitung auf die Sachkundeprüfung, ist das Erlernen der verschiedenen Begriffsbestimmungen wichtig. Insbesondere die nachfolgenden, in Artikel 4 DS-GVO definierten Begriffe sind Lernstoff (die weiteren Begriffe sollen zumindest inhaltlich bekannt und verstanden sein, weshalb Sie zur Vorbereitung auf die Prüfung den Artikel 4 DS-GVO durcharbeiten sollten).

Personenbezogene Daten (PbD) im Sinne der DS-GVO sind alle Informationen, die sich auf eine identifizierte oder identifizierbare natürliche Person (im Folgenden „betroffene Person") beziehen. Als identifizierbar wird eine natürliche Person angesehen, die direkt oder indirekt, insbesondere mittels Zuordnung zu einer Kennung wie einem Namen, zu einer Kennnummer, zu Standortdaten, zu einer Online-Kennung oder zu einem oder mehreren besonderen Merkmalen identifiziert werden kann, die Ausdruck der physischen, physiologischen, genetischen, psychischen, wirtschaftlichen, kulturellen oder sozialen Identität dieser natürlichen Person sind.

Die Verarbeitung **personenbezogener Daten besonderer Art**, aus denen die rassische und ethnische Herkunft, politische Meinungen, religiöse oder weltanschauliche Überzeugungen oder die Gewerkschaftszugehörigkeit hervorgehen, sowie die Verarbeitung von genetischen Daten, biometrischen Daten zur eindeutigen Identifizierung einer natürlichen Person, Gesundheitsdaten oder Daten zum Sexualleben oder der sexuellen Orientierung einer natürlichen Person ist gemäß Art. 9 DS-GVO **untersagt**, wenn nicht eine Ausnahme nach Art. 9 Abs. 2 DS-GVO vorliegt, beispielsweise die ausdrückliche Einwilligung des Betroffenen oder diese Daten zur Geltendmachung von Rechtsansprüchen erforderlich sind.

Als **Profiling** bezeichnet man eine automatisierte Verarbeitung personenbezogener Daten, insbesondere zur Analyse oder Prognose von Eigenschaften eines Menschen bezüglich

- Arbeitsleistung,
- wirtschaftlicher Lage,
- Gesundheit,
- persönliche Vorlieben oder Interessen,
- Zuverlässigkeit oder Verhalten,
- Aufenthaltsort oder Ortswechsel der betroffenen Person.

Der Begriff „**Verarbeitung**" bezeichnet jeden mit oder ohne Hilfe automatisierter Verfahren ausgeführten Vorgang oder jede solche Vorgangsreihe im

Zusammenhang mit personenbezogenen Daten wie das Erheben, das Erfassen, die Organisation, das Ordnen, die Speicherung, die Anpassung oder Veränderung von Daten, das Auslesen, das Abfragen, die Verwendung, die Offenlegung durch Übermittlung, Verbreitung oder eine andere Form der Bereitstellung, den Abgleich oder die Verknüpfung, die Einschränkung, das Löschen oder die Vernichtung.

Ein **Dateisystem** ist jede strukturierte Sammlung personenbezogener Daten, die nach bestimmten Kriterien zugänglich sind, unabhängig davon, ob diese Sammlung zentral, dezentral oder nach funktionalen oder geografischen Gesichtspunkten geordnet geführt wird.

3.3. Datenerhebung, -verarbeitung und –nutzung (Art. 5 DS-GVO) / Datenschutzbeauftragter

Der beste Datenschutz ist die Vermeidung von Daten, insbesondere der **sparsame Umgang mit Daten**. Dieser Satz folgt einer simplen Logik: Je weniger Daten erhoben werden, je genauer also definiert wird, welche Daten tatsächlich benötigt werden, um die Aufgabe zu erfüllen, desto geringer ist die Gefahr des Missbrauchs. **Nicht mehr benötigte Daten** sind zu **löschen** oder so zu **verändern**, dass ein **Missbrauch ausgeschlossen** werden kann.

Grundsätze der Verarbeitung sind

- Rechtmäßigkeit,
- Verarbeitung nach Treu und Glauben,
- Transparenz,
- Zweckbindung,
- Datenminimierung,
- Richtigkeit,
- Speicherbegrenzung,
- Integrität und Vertraulichkeit sowie
- Rechenschaftspflicht.

Personenbezogene Daten müssen auf rechtmäßige Weise, nach Treu und Glauben und in einer für die betroffene Person nachvollziehbaren Weise verarbeitet werden („Rechtmäßigkeit, Verarbeitung nach Treu und Glauben, Transparenz"). Die Datenerhebung ist nur erlaubt, wenn Art und Umfang festgelegt, nachvollziehbar und legitim ist. Auch die Weiterverarbeitung der erhobenen Daten muss diesen Grundsätzen entsprechen. Zu beachten ist immer die Zweckbindung der Datenerhebung, es sei denn, sie erfolgt für wissenschaftliche oder historische Forschungszwecke bzw. Statistik- oder Archivzwecke, die im öffentlichen Interesse liegen.

Daten müssen sachlich richtig und erforderlichenfalls auf dem neuesten Stand sein. Dazu sind alle angemessenen Maßnahmen zu treffen, damit unrichtige personenbezogene Daten unverzüglich gelöscht oder berichtigt werden („Richtigkeit").

Das sogenannte „Recht auf Vergessen" wird durch die DS-GVO umfassend berücksichtigt („Speicherbegrenzung"). Durch die Form der Speicherung soll sichergestellt werden, dass die Identifizierung der betroffenen Personen nur so lange möglich ist, wie es für die Zwecke, für die sie verarbeitet werden, erforderlich ist. Es gilt, dass personenbezogene Daten nicht länger gespeichert werden dürfen, als es notwendig ist. Auch hier gelten die Ausnahmen für statistische und ähnliche Zwecke, die im öffentlichen Interesse liegen.

Durch Maßnahmen nach dem Stand der Technik ist ein technischer und organisatorischer Datenschutz zu gewährleisten („Integrität und Vertraulichkeit"). Diese Maßnahmen können sowohl organisatorischer als auch technischer Art sein. Neben organisatorischen Maßnahmen wie Schutz des Datenbestandes durch Codeworte, Beschränkung der Zugriffsrechte durch Einstufung des Personals kommen als technische Maßnahmen Trennung der Speicher vom Internet, Abschirmung der Speichermedien in Sicherheitsräumen, Entfernen von USB-Schnittstellen oder Disk-Laufwerken und vieles mehr in Betracht. Dazu gehören physische Zutrittskontrollen zu Archiven oder PC-Arbeitsplätzen ebenso wie Firewalls in EDV-Anlagen oder die Verwendung von Aktenvernichtern („Reißwolf") bei der Entsorgung von Unterlagen.

Verantwortlich für die Einhaltung der Bestimmungen zum Datenschutz ist der jeweilige Unternehmer. Er ist die **verantwortliche Person** im Sinne der DS-GVO. Er muss die Einhaltung der Bestimmungen nachweisen können („Rechenschaftspflicht"). Verstöße können als Ordnungswidrigkeiten oder Straftaten geahndet werden. Er ist verpflichtet, einen Datenschutzbeauftragten zu benennen, wird dadurch aber nicht aus der Haftung entlassen.

Erhebung, Verarbeitung und Nutzung personenbezogener Daten sind nur zulässig, soweit die gesetzlichen Vorschriften dies **erlauben oder anordnen** oder der Betroffene **eingewilligt** hat. Bei gesetzlich geregelter Zulässigkeit bedarf es also keiner Zustimmung des Betroffenen.

Der **Datenschutzbeauftragte** eines Unternehmens hat in diesem Zusammenhang weitreichende Vollmachten. Das ist sinnvoll, denn er hat die wichtige Aufgabe, peinlichst genau zu prüfen, ob die Bestimmungen des BDSG oder

der DS-GVO auch eingehalten werden, auch im Interesse seines Arbeit- oder Auftraggebers.

Werden in einem Unternehmen **personenbezogene Daten** automatisiert verarbeitet, **muss ein Datenschutzbeauftragter bestimmt** werden. Diese Verpflichtung gilt auch dann, wenn diese Daten auf andere Weise (nicht automatisiert) erhoben, verarbeitet oder genutzt werden und in der Regel mindestens 20 Mitarbeiter damit beschäftigt sind oder befugt auf diese Daten zugreifen können.

Für kleinere Unternehmen (nicht-öffentliche Stellen) gilt eine Ausnahmeregelung, wenn in der Regel höchstens neun Personen Zugriff haben auf personenbezogene Daten, die automatisiert verarbeitet werden.

Der Datenschutzbeauftragte ist weisungsfrei und der Unternehmensleitung in der Regel direkt unterstellt. Bei seiner Tätigkeit muss er organisatorisch und materiell durch das Unternehmen gefördert werden, eine Behinderung seiner Arbeit ist nicht zulässig.

3.4. Datengeheimnis (Art. 32 DS-GVO)

Mitarbeiter, die im Rahmen ihrer Tätigkeit personenbezogene Daten erheben, erfassen oder nutzen, unterliegen dem Datengeheimnis. Damit ist es ihnen untersagt, Dritten gegenüber Angaben zu diesen Daten zu machen. Um sicherzustellen, dass ihnen diese Pflicht bekannt ist und sie im Falle einer Zuwiderhandlung hart bestraft werden können, sind diese Mitarbeiter bei Aufnahme ihrer Tätigkeit auf das Datengeheimnis nach § 5 BDSG zu verpflichten. Die Pflicht zur Verschwiegenheit gilt auch über das Ende der Dienstzeit hinaus.

3.5. Rechte des Betroffenen (Art. 12 ff. DS-GVO)

Betroffene haben das Recht auf transparente Informationen durch den Verarbeiter. Das bedeutet, dass diese Informationen in präziser, transparenter, verständlicher und leicht zugänglicher Form in einer klaren und einfachen Sprache zu übermitteln sind, die der Betroffene auch verstehen kann.

Die Informationspflichten des Verarbeiters unterscheiden sich danach, ob personenbezogene Daten direkt bei der betroffenen Person erhoben werden (Art. 13 DS-GVO) oder indirekt, beispielsweise aus einer anderen Informationsquelle (Art. 14 DS-GVO). Werden die personenbezogenen Daten bei der betroffenen Person erhoben, sollte dem Betroffenen nicht nur das Erheben der Daten selbst mitgeteilt werden, sondern auch, ob sie verpflichtet ist, die personenbezogenen Daten bereitzustellen. Außerdem sollte deutlich gemacht werden, welche Folgen eine Zurückhaltung der Daten nach sich ziehen würde.

Die betroffene Person hat nach Art. 15 DS-GVO das Recht, von dem Verantwortlichen eine Bestätigung darüber zu verlangen, ob personenbezogene Daten verarbeitet werden, die sie betreffen. In diesem Falle hat sie ein Recht auf Auskunft über diese personenbezogenen Daten und auf weitere Informationen, zum Beispiel den Zweck und die Dauer der Verarbeitung.

Dieses Recht kann nicht durch etwaige Klauseln in Verträgen ausgeschlossen oder beschränkt werden. Verstößt der Unternehmer gegen die Pflicht zur Befolgung eines derartigen Wunsches eines Betroffenen, kann er mit einem **Bußgeld** belegt werden. Verstöße gegen das BDSG können auch als **Straftat** eingestuft und entsprechend bestraft werden. Zuständig für eine Überprüfung und die etwaige Ahndung ist die **zuständige Aufsichtsbehörde**.

3.5.1. Auskunft (§ 34 BDSG)

Die verantwortliche Stelle hat dem Betroffenen **auf Verlangen** Auskunft zu erteilen über

1. **die zu seiner Person gespeicherten Daten**, auch soweit sie sich auf die Herkunft dieser Daten beziehen,

2. **den Empfänger** oder die Kategorien von Empfängern, **an die Daten weitergegeben werden**, und

3. **den Zweck der Speicherung**.

Um sicherzustellen, dass der Betroffene von der Speicherung der Daten weiß, ist der Unternehmer nach § 33 BDSG grundsätzlich **verpflichtet**, den Betroffenen **zu informieren**, wenn erstmals personenbezogene Daten ohne Kenntnis des Betroffenen gespeichert werden. Dies gilt nicht, wenn der Betroffene auf andere Weise Kenntnis von der Speicherung erlangt hat, beispielsweise durch die Hinweise auf einem Auftrags- oder Antragsformular – hier wird in der Regel die Kenntnisnahme der betreffenden Speicherung durch Unterschrift des Betroffenen bestätigt.

3.5.2. Berichtigung, Löschung oder Verarbeitungseinschränkung

Sind keine gesetzlichen, vertraglichen oder satzungsgemäßen Fristen einzuhalten, ist nach Art. 16 DS-GVO die **Löschung** personenbezogener Daten grundsätzlich möglich. Der Betroffene hat ein **„Recht auf**

Vergessenwerden". Sie müssen sogar gelöscht werden, wenn der Betroffene der Erhebung, Verarbeitung oder Nutzung widerspricht und seine schutzwürdigen Interessen vorrangig sind; gleiches gilt, wenn die Verarbeitung gegen Vorschriften des BDSG verstößt.

Eine **Berichtigung** von Daten hat nach Art. 17 DS-GVO grundsätzlich zu erfolgen, wenn ihre Unrichtigkeit festgestellt wird.

Die betroffene Person hat nach Art. 18 DS-GVO das Recht, von dem Verantwortlichen die **Einschränkung der Verarbeitung** zu verlangen, wenn bestimmte Voraussetzungen gegeben sind, etwa ein Widerspruch gegen die Verarbeitung unrichtig erfasster Daten, die unrechtmäßige Verarbeitung oder wegen Einlegen eines Einspruchs gegen die Verarbeitung.

Ist eine Löschung von Daten nur mit unverhältnismäßig großem Aufwand möglich und wurden die Daten rechtmäßig erhoben, ist nach § 35 BDSG anstelle einer Löschung die Einschränkung der Verarbeitung ausreichend.

3.6. Datenschutz-Folgenabschätzung und vorherige Konsultation

Schon vor dem tatsächlichen Verarbeiten personenbezogener Daten muss eine Folgenabschätzung für den Schutz personenbezogener Daten erfolgen, und zwar für den tatsächlichen Fall dieser Verarbeitung. Es reicht also nicht aus, nach der Verarbeitung eine Prüfung durchzuführen, sondern diese muss bereits im Vorfeld erfolgen. Das gilt, wenn aufgrund

- der Art,
- des Umfangs,
- der Umstände und
- der Zwecke dieser Verarbeitung

ein hohes Risiko für die Rechte und Freiheiten der davon betroffenen natürlichen Personen besteht. Ist ein Datenschutzbeauftragter benannt, ist dieser durch die verantwortliche Person in die Folgenabschätzung einzubeziehen.

Eine Datenschutz-Folgenabschätzung ist insbesondere dann vorzunehmen, wenn systematisch eine umfangreiche Überwachung öffentlich zugänglicher Bereiche erfolgen soll, etwa in einem Einkaufszentrum oder auf einem Bahnhof. Gleiches gilt, wenn eine systematische und umfassende Bewertung persönlicher Eigenschaften oder Kennzeichen von Menschen bewertet werden sollen und bei der automatisierten Verarbeitung oder einem *Profiling* als Ergebnis eine Entscheidungshilfe geschaffen wird, die entweder rechtliche

Folgen für den Betroffenen hat oder ihn in erheblicher Weise beeinträchtigt. Die Datenschutz-Folgenabschätzung ist außerdem zwingend vorgeschrieben in den Fällen einer eigentlich untersagten Verarbeitung von besonders schutzwürdigen Daten nach Art. 9 DS-GVO (siehe oben).

Die Folgenabschätzung ist an bestimmte inhaltliche Vorgaben gebunden. So muss sie mindestens folgende Angaben enthalten:

- systematische Beschreibung geplanter Verarbeitungsvorgänge einschließlich Verarbeitungszweck und Nennung der berechtigten Interessen,
- Bewertung von Notwendigkeit und Verhältnismäßigkeit bezogen auf den Zweck der Verarbeitung,
- Bewertung der Risiken für Rechte und Freiheit der Betroffenen sowie
- Benennung von Abhilfemaßnahmen zum Schutz personenbezogener Daten einschließlich Garantien, Sicherheitsvorkehrungen und -verfahren.

Wenn die Datenschutz-Folgenabschätzung ein hohes Risiko ergibt, muss der Verantwortliche die zuständige Aufsichtsbehörde kontaktieren. Diese entscheidet dann nach Art. 36 DS-GVO über erforderliche Maßnahmen.

3.7. Praktischer Datenschutz

Wie bereits dargestellt ist der beste Schutz personenbezogener Daten ihre sparsame Verwendung. Wenn Sie als Mitarbeiter im Bewachungsgewerbe Daten erheben, sollten Sie diese Daten vor dem Zugriff anderer schützen. So gehören **Besucherlisten** nicht gut sichtbar auf den Tresen des Pförtnerraumes, wo jeder Besucher sofort lesen könnte, wer denn heute schon auf dem Gelände war. Gleiches gilt für **Telefonlisten** oder **Alarmpläne** – hier sind alle Maßnahmen zu ergreifen, damit kein Unbefugter Einblick erhält.

3.8. Videoüberwachung öffentlich zugänglicher Räume (§ 4 BDSG)

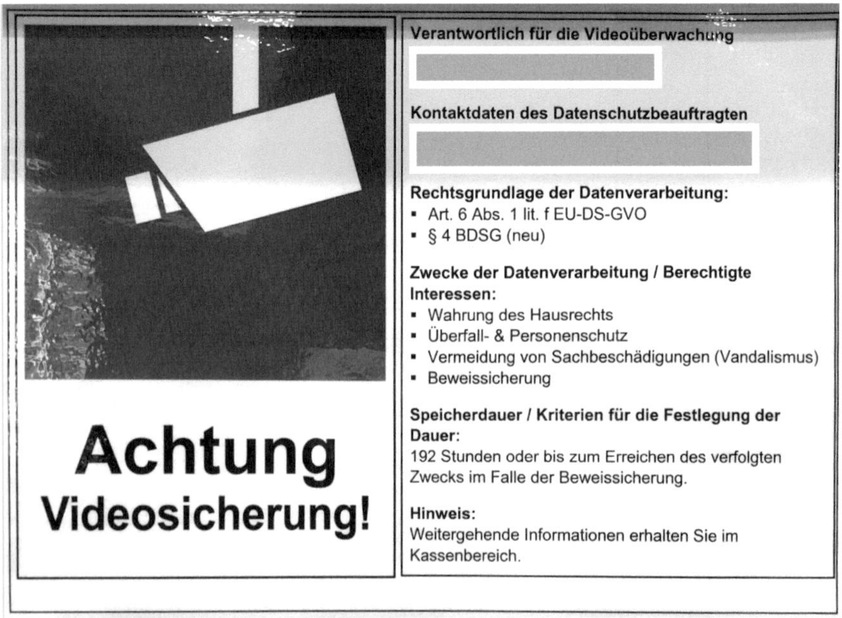

Beispielbild Videohinweis nach § 34 Abs. 2 BDSG im Shop einer Tankstelle

Der sperrige Begriff der opto-elektronischen Überwachung wird gemeinhin durch den Begriff „Videoüberwachung" ersetzt. Da es sich bei einer solchen Überwachung um einen Eingriff in die Privatsphäre handeln kann, knüpft das Bundesdatenschutzgesetz strenge Voraussetzungen an die Zulässigkeit einer derartigen Maßnahme.

Eine Videoüberwachung öffentlich zugänglicher Räume ist nur zulässig, wenn sie

- zur Aufgabenerfüllung öffentlicher Stellen,
- zur Wahrnehmung des Hausrechts oder
- zur Wahrnehmung berechtigter Interessen für konkret festgelegte Zwecke

erforderlich ist, und das schutzwürdige Interesse des Betroffenen, also der beobachteten Person, nicht als höherwertig anzusehen ist. Es muss also abgewogen werden, ob das Interesse des Überwachenden, beispielsweise die

Bekämpfung von Straftaten, höher einzustufen ist als das Interesse der von der Videoüberwachung erfassten Personen, nicht beobachtet zu werden.

Bei der Videoüberwachung von

- öffentlich zugänglichen großflächigen Anlagen oder Bereichen, zum Beispiel Sport-, Versammlungs- und Vergnügungsstätten, Einkaufszentren oder Parkplätzen, oder
- Fahrzeuge und öffentlich zugängliche großflächige Einrichtungen des öffentlichen Schienen-, Schiffs- und Busverkehrs

gilt der Schutz von Leben, Gesundheit oder Freiheit der Menschen, die sich dort aufhalten, als ein besonders wichtiges Interesse. Darum ist an den genannten Orten bzw. in den genannten Gebäuden und Fahrzeugen grundsätzlich eine Videoüberwachung als höherwertig gegenüber dem Interesse einer einzelnen Person anzusehen.

Eine Videoüberwachung darf nicht heimlich erfolgen, sondern muss erkennbar gemacht werden (siehe Beispielfoto zu Beginn des Kapitels).

Die Daten sind unverzüglich zu löschen, wenn sie zur Erreichung des Zwecks nicht mehr erforderlich sind oder schutzwürdige Interessen des Betroffenen einer weiteren Speicherung entgegenstehen.

3.9. Rechtsfolgen von Verstößen

Die Bestimmungen zur Gefährdungshaftung nach Art. 82 DS-GVO bedeuten für Verarbeiter von Daten ein hohes Risiko. Denn grundsätzlich hat jede Person, der wegen eines Verstoßes gegen diese Verordnung ein materieller oder immaterieller Schaden entstanden ist, **Anspruch auf Schadensersatz** gegen den Verantwortlichen oder gegen den Auftragsverarbeiter.

Die zu verhängenden **Geldbußen nach Art. 83 DS-GVO** werden in zwei Stufen zusammengefasst, die sich nach Art des Verstoßes und der Höhe der Geldbuße deutlich unterscheiden (lesen Sie bezüglich der Tatbestände den Text von Art. 83 DS-GVO im Original). Die Höhe der Geldbußen orientiert sich dabei am Unrechtsgehalt des Verstoßes - jede Aufsichtsbehörde hat bei Anwendung der Norm sicherzustellen, dass die **Verhängung von Geldbußen** in jedem Einzelfall **wirksam, verhältnismäßig und abschreckend** ist.

Je nach Verstoß und der Folgen, die sich daraus ergeben haben oder ergeben können, sind Geldbußen in Höhen von

- bis zu 10 Mio. € oder 2 % des globalen Konzernumsatzes im Vorjahr oder
- bis zu 20 Mio. € oder 4 % des globalen Konzernumsatzes im Vorjahr[17]

zu verhängen, wobei der jeweils höhere Betrag, also entweder die jeweilige Summe oder der prozentuale Anteil am Unternehmensumsatz, als Geldbuße zu zahlen ist. Hat also beispielsweise ein Unternehmen einen globalen konzernweiten Vorjahresumsatz von 300 Milliarden EUR, wäre mit einem Betrag von 12 Milliarden EUR dieser Betrag der höhere und die mögliche Höchstgeldbuße. Dagegen kann ein Unternehmer mit einem Vorjahresumsatz von 500.000 € mit einem Bußgeld von bis zu 10 Mio. € belegt werden, was sich aber in der Praxis am tatsächlichen Unrechtsgehalt seines Verstoßes orientieren würde.

In der Regel ziehen Verstöße gegen das **BDSG** als **Ordnungswidrigkeiten** eine **Geldbuße gemäß § 43 BDSG** nach sich. Zu beachten ist hier, dass aufgrund der Vorschriften der DS-GVO wesentliche Verstöße gegen die Datenschutzbestimmungen schon durch die Verordnung mit Geldbußen belegt werden und nun lediglich zwei Tatbestände nach § 30 BDSG mit Geldbußen bis zu 50.000 € geahndet werden, die Auskunftsverlangen und Unterrichtungspflichten betreffen.

Bestimmte Verstöße werden nach **§ 42 BDSG** als **Straftaten** verfolgt. Wer personenbezogene Daten, die nicht allgemein zugänglich sind, unberechtigt verarbeitet oder sich durch unrichtige Angaben erschleicht, wird mit **Freiheitsstrafe bis zu zwei Jahren** oder **Geldstrafe** bestraft, wenn er gegen Entgelt oder in der Absicht, sich oder einen anderen zu bereichern oder einen anderen zu schädigen, gehandelt hat. Ist eine **große Zahl von Personen** von dem Verstoß betroffen und handelt der Täter **gewerbsmäßig**, erhöht sich das Höchststrafmaß **auf drei Jahre Freiheitsentzug**, wenn er die Daten einem Dritten übermittelt oder auch eine andere Art und Weise zugänglich macht.

Daneben sind die Straftaten nach **§§ 201, 201a, 202 und 202a StGB** zu beachten (lesen Sie dazu den Gesetzestext im Wortlaut). Gleiches gilt für die Strafandrohungen für Verstöße gegen das **Gesetz zum Schutz von Geschäftsgeheimnissen** (GeschGehG), in diesem Buch erläutert in Kapitel 2.2.8.

---

[17] *Dies gilt auch bei Nichtbefolgung einer Anweisung der Aufsichtsbehörde.*

4. Strafrecht

4.1. Allgemeiner Teil des StGB: Grundbegriffe

Das **Strafrecht** ist Teil des **Öffentlichen Rechts**. Es regelt die Bestrafung von Verstößen gegen die Rechtsordnung. Es ist Richtschnur für das Verhalten der Bürger, indem es bestimmte Handlungen und Unterlassungen, sog. „kriminelles Unrecht", verbietet und mit Strafe droht.

Das **Ordnungswidrigkeitenrecht** gehört im weiteren Sinne zum Strafrecht. Während aber das Strafgesetz kriminelles Unrecht bestraft, soll das Ordnungswidrigkeitengesetz eher „kleinere Verfehlungen des Bürgers" ahnden. Spricht eine Norm von **Geld<u>strafe</u>**, handelt es sich bei diesem Delikt um eine **Straftat**. Bei **Geld<u>buße</u>** handelt es sich dagegen um eine **Ordnungswidrigkeit**.

Die nachfolgenden Erläuterungen vermitteln neben den Grundsätzen des deutschen Strafrechts auch Definitionen für Begriffe dieses Rechtsgebietes. Diese Grundbegriffe sind Prüfungsstoff und sollten in der mündlichen Prüfung sicher beherrscht werden.

<u>Hinweis:</u> Gesetzestexte *sind immer kursiv abgedruckt.*

4.1.1. Rückwirkungsverbot (§ 1 StGB)

„Keine Strafe ohne Gesetz" lautet der Grundsatz des deutschen Strafrechts. Zwar haben sich in den Jahren fast alle Arten kriminellen Handelns im Gesetz niedergeschlagen, doch sollte es zu einer Tat kommen, die zwar moralisch verabscheuungswürdig und verwerflich ist, aber nicht durch das Strafgesetzbuch unter Strafe gestellt wurde, bevor der Täter sie begangen hat, dann könnte diese Tat nicht bestraft werden. Wenn also beispielsweise in zehn Jahren jeder mit Hilfe einer Wunderdroge die Gedanken eines anderen Menschen lesen könnte, müsste ein besonderer Straftatbestand geschaffen werden, um das unerlaubte „Mitlesen fremder Gedanken" bestrafen zu können. Das „rechtswidrige Löschen von Daten" etwa ist erst seit 1986 im Strafgesetzbuch enthalten (§ 303a StGB) – ein Beispiel für die stetige Anpassung des Strafrechts an die Veränderungen der Gesellschaft.

4.1.2. Bestimmtheitsgrundsatz

Der Bestimmtheitsgrundsatz schützt die Bürger vor staatlicher Willkür. Denn erst durch die Bestimmtheit der Straftatbestände kann der Bürger sicher sein, nur dann wegen einer Straftat verurteilt zu werden, wenn ein durch das

Gesetz ausreichend bestimmtes Handeln oder Unterlassen mit Strafe bedroht ist.

Der Bürger kann ein Verbot nur dann beachten, wenn die Tathandlung im Gesetz nachvollziehbar beschrieben wird. Ohne Bestimmtheit kann der Gesetzgeber die Einhaltung der von ihm geschaffenen Regelungen nicht erwarten - grundsätzlich müssen darum der Umfang der gesetzlichen Regelung und der Gegenstand bzw. die Handlung, auf die sich das Verbot bezieht, deutlich erkennbar eingegrenzt („bestimmt") werden.

4.1.3. Prüfschema „Strafbarkeit einer Handlung"

Bei der Frage, ob ein Täter eine Straftat begangen hat und deswegen bestraft werden kann, hat sich in der juristischen Praxis ein Prüfschema durchgesetzt, das Sie zumindest im Überblick kennen und anwenden können sollten. Geprüft werden dabei in der angegebenen Reihenfolge:

1. **Tatbestand** (objektiver und subjektiver Tatbestand, **Kapitel 4.1.4**)
2. **Rechtswidrigkeit** (fehlende Rechtfertigungsgründe, **Kapitel 4.1.5**)
3. **Schuld** (Vorwerfbarkeit, **Kapitel 4.1.6**)

Nur wenn der Tatbestand erfüllt ist, keine Rechtfertigungsgründe vorliegen und die Tat auch vorwerfbar ist, weil der Täter keinen Entschuldigungsgrund vorbringen kann, kann der Täter bestraft werden. Durch die Verwirklichung des Tatbestandes allein wird aber die Straftat begangen, und diese ist wiederum Voraussetzung, um etwa eine *vorläufige Festnahme durch Jedermann* nach § 127 Abs. 1 StPO durchführen zu dürfen.

4.1.4. Tatbestand

Der Begriff des „Tatbestandes" umfasst zwei unterschiedliche Bereiche: Während der objektive Tatbestand alle **äußerlich erkennbaren Merkmale der Tatausführung** umfasst, fragt der subjektive Tatbestand **nach der Absicht** oder auch nach der Meinung **des Täters** um die Verwirklichung der Tat.

Beachten Sie, dass nicht nur aktives Handeln (**Tätigkeitsdelikt**), sondern auch das Nicht-Handeln unter Strafe gestellt sein kann, wenn von einem Bürger ein Tätigwerden erwartet wird, etwa tatenloses Zuschauen nach einem Unfall (**Unterlassungsdelikt**).

4.1.4.1. Objektiver Tatbestand

Um den Begriff des objektiven Tatbestandes zu erklären, lassen Sie uns kurz auf zwei Normen des Strafgesetzbuches vorgreifen. Stellen Sie sich vor, jemand setzt vorsätzlich einen Müllbehälter in Brand, der mitten auf einem Sandplatz steht, die Flammen also nicht auf andere Gegenstände oder gar auf Gebäude übergreifen können.

Sie denken an Brandstiftung, weil der Täter doch bewusst den Behälter bzw. dessen Inhalt anzündet? Lesen den Text von § 306 StGB:

§ 306 Brandstiftung

(1) Wer fremde

1. Gebäude oder Hütten,

2. Betriebsstätten oder technische Einrichtungen, namentlich Maschinen,

3. Warenlager oder -vorräte,

4. Kraftfahrzeuge, Schienen-, Luft- oder Wasserfahrzeuge,

5. Wälder, Heiden oder Moore oder

6. land-, ernährungs- oder forstwirtschaftliche Anlagen oder Erzeugnisse

in Brand setzt oder durch eine Brandlegung ganz oder teilweise zerstört, wird mit Freiheitsstrafe von einem Jahr bis zu zehn Jahren bestraft.

(2) In minder schweren Fällen ist die Strafe Freiheitsstrafe von sechs Monaten bis zu fünf Jahren.

Der Tatbestand der Brandstiftung setzt unter anderem voraus, dass bestimmte Gegenstände oder Bauwerke in Brand gesetzt oder durch eine Brandlegung zumindest teilweise zerstört werden. Handelt es sich bei dem Müllbehälter um einen der in der Norm genannten Gegenstände? Die Antwort lautet: Nein. Insofern kann der Täter nicht wegen Brandstiftung verurteilt werden. In Frage käme hier die Sachbeschädigung nach § 303 StGB, weil schon allein die Bezeichnung der Tat das umfasst, was der Täter getan hat: Er hat eine Sache beschädigt. Und wenn Sie nun den nachfolgenden Text lesen, er zitiert den § 303 StGB im Wortlaut, sollten Sie schon bei der ersten Lektüre überlegen, ob sich im **Täterhandeln** all jene Voraussetzungen wiederfinden, die im Gesetz als **Tatbestandsmerkmale** genannt werden – <u>alle</u> Tatbestandsmerkmale müssen erfüllt werden, um das Vorliegen einer strafbaren Handlung zu bejahen:

§ 303 Sachbeschädigung

(1) Wer rechtswidrig eine fremde Sache beschädigt oder zerstört, wird mit Freiheitsstrafe bis zu zwei Jahren oder mit Geldstrafe bestraft.

(2) Ebenso wird bestraft, wer unbefugt das Erscheinungsbild einer fremden Sache nicht nur unerheblich und nicht nur vorübergehend verändert.

(3) Der Versuch ist strafbar.

Tatbestandsmerkmale sind also:

- Rechtswidrigkeit der Handlung
- Fremde Sache
- Beschädigung oder Zerstörung
- Unbefugte Veränderung des Erscheinungsbildes, und zwar nicht unerheblich und nicht nur vorübergehend (sogenannte „Graffiti-Ergänzung der Sachbeschädigung – lackgesprühte, dauerhafte Schmierereien (Graffiti) erfüllen das Tatbestandsmerkmal, Kreidebilder dagegen nicht, weil der nächste Regen sie abwäscht)

Beachten Sie an dieser Stelle das erste Tatbestandsmerkmal – die Rechtswidrigkeit der Tat wird normalerweise (s. o.) als Stufe der Prüfung der Strafbarkeit einer Handlung gesondert geprüft. Da sie hier aber ausdrücklich im Gesetzestext genannt wird, ist sie als Tatbestandsmerkmal zu behandeln und in der Prüfung zu nennen.

Sollte also der Täter nicht Eigentümer des Müllbehälters sein und der Eigentümer ihm diese Handlung nicht erlaubt haben, der Müllbehälter durch das Feuer mindestens beschädigt werden, wäre der Tatbestand der Sachbeschädigung erfüllt. Und erst, wenn alle in der Norm geforderten Tatbestandsmerkmale erfüllt sind, ist eine Verurteilung möglich – und auch die Festnahme des Täters durch Sie. Und hier liegt die Wichtigkeit der Kenntnis der in der Praxis relevanten Strafrechtsnormen – Sie müssen in der Praxis innerhalb von Sekunden entscheiden, ob es sich um eine Straftat handelt, wenn Sie einem Täter gegenüberstehen. Tatbestandsmerkmale der wichtigsten Normen vollständig zu kennen ist daher Voraussetzung für Ihre berufliche Tätigkeit und damit auch relevant für Ihre IHK-Prüfung.

Bei den später in diesem Buch dargestellten Strafrechtsnormen sind die jeweils entscheidenden Tatbestandsmerkmale besonders hervorgehoben.

Um den objektiven Tatbestand zu prüfen, ist zunächst zu betrachten, ob in der Person des Täters die Voraussetzungen für die jeweilige Strafbarkeit vorliegen – **Straftaten im Amt** können beispielsweise nur von **Amtsträgern** begangen werden. Zudem muss zwischen dem **Handeln** des Täters und dem Handlungserfolg **ein direkter Zusammenhang** bestehen („Kausalität"). Hier käme etwa bei einer Brandstiftung die Frage in Betracht, ob allein das Wegwerfen der Zigarette Ursache für das Schadenfeuer gewesen ist – lässt sich hier ein Kausalzusammenhang nachweisen, würde man noch prüfen müssen, ob die Handlung auf **zurechenbar** ist. Als zurechenbar gilt jenes Verhalten, das einer Person als **tatbezogen** und **tatrelevant** vorgeworfen werden kann, zum Beispiel das Anzünden eines Hauses – der Verkäufer des Streichholzes wird aber nicht schon dadurch zum Unterstützer des Täters, bloß weil er diesem das Tatwerkzeug verkauft hat. Oder denken Sie an die Eltern eines Straftäters – ohne die Zeugung des Kindes wäre die Tat nie passiert. Die Überzogenheit dieses Beispiels soll verdeutlichen, wie weit die Bestrafung reichen würde, wenn nicht die Zurechenbarkeit einer Handlung geprüft werden müsste.

<u>Lernhinweis:</u> *Für Ihre Prüfungsvorbereitung ist es wichtig, dass Sie den Inhalt dieses Buches nicht bloß lesen, sondern auch <u>aufarbeiten</u> und <u>verstehen</u>. So können Sie etwa durch grafische Aufbereitung des Stoffes wesentlich einfacher Zusammenhänge verstehen – und das fällt Ihnen sicher leichter als das bloße Pauken von Fakten.*

Ein weiteres Beispiel, welches Sie auch später im Buch nachlesen können: In der mündlichen Sachkundeprüfung fordert Sie der Prüfer auf, den Unterschied von Diebstahl und Raub zu erklären, auch bezüglich der jeweiligen Rechtsfolgen der Tat. Da Sie in der Prüfung kein Gesetzbuch zur Verfügung haben, müssen Sie den Unterschied zuvor gelernt und sich diesen auch gemerkt haben – die Erklärung ist Aufgabe dieses Buches, das Abspeichern aber bleibt Ihre Lernaufgabe.

Um das Beispiel (siehe dazu auch Kapitel 4.2.2.1 mit Darstellung der Normen in textlicher Gegenüberstellung zum Vergleich) abzukürzen, ist der Unterschied zwischen Diebstahl und Raub, dass der Diebstahl quasi gewaltfrei erfolgt, während bei einem Raub der Täter die Sache mit Gewalt oder unter Androhung von Gewalt wegnimmt. Das im vorgenannten Beispiel gewählte System der textlichen Gegenüberstellung zeigt die inhaltliche Gleichheit und gleichzeitig den ausschlaggebenden Unterschied von Diebstahl und Raub.

Es könnte aber auch sein, dass Sie ein anderes System zum Lernen bevorzugen, etwa eine grafische Darstellung. Das ist unproblematisch, wenn Sie bereit sind, Arbeit in die Übersetzung von diesem Lehrbuch in Ihr „Merksystem" zu investieren. Das könnte dann wie folgt aussehen, und wie Sie leicht feststellen können, wird Ihnen der Unterschied zwischen den beiden Delikten „auf den ersten Blick" hin klar:

Tatbestandsmerkmale:

◈	fremde, bewegliche Sache
■	Wegnahme
□	rechtswidrige Handlung
◇	Zueignungsabsicht für sich oder einen Dritten
✸	mit Gewalt oder Androhung von Gewalt

Vergleich der Tatbestandselemente:

◈ + □ + ◇ + ■ = Diebstahl

◈ + □ + ◇ + ■ + ✸ = Raub

Hier wird also durch Gewalt/Drohung (✸) aus einem Diebstahl ein Raub.

Wenn die Wegnahme (■) fehlt, weil die fremde Sache bereits im Besitz des Täters ist (etwa Dienstkleidung oder Arbeitsgerät), kommt der Tatbestand der Unterschlagung in Betracht:

◈ + □ + ◇ = Unterschlagung

Möglicherweise kennen Sie noch eine weitere Methode, Wissen auf eine Weise aufzubereiten, die Ihnen hilft, den komplizierten Lernstoff leichter im Gedächtnis zu speichern. Wenden Sie diese Methode an, damit Sie die Prüfung meistern – schließlich ist das unser gemeinsames Ziel!

4.1.4.2. Subjektiver Tatbestand

Während es bei dem objektiven Tatbestand um äußerliche Merkmale einer Tat handelt, die ein Außenstehender sehen oder wissen kann, fragt der subjektive Tatbestand nach dem Willen des Täters. Und das führt in der Praxis zu einer Art „Hellseherei" – schließlich gilt es, die Gedanken und Motive eines Menschen nachvollziehbar darzulegen und ihm unter Umständen auch böse Absichten nachzuweisen.

Es wird **nur der Täter bestraft**, der mit **Vorsatz** handelt – von dieser Regelung (§ 15 StGB) ausgenommen sind nur solche Straftaten, die eine fahrlässige Handlung ausdrücklich unter Strafe stellen (z. B. Herbeiführen einer Brandgefahr § 306 Buchst. f StGB). Vorsatz wie auch Fahrlässigkeit werden als **subjektiver Tatbestand** geprüft.

4.1.4.3. Vorsatz

Als **Vorsatz** bezeichnet man das **Wissen und Wollen um die Verwirklichung des Tatbestandes**, oder einfacher ausgedrückt: Der Täter wusste, was er tat, und er wusste auch, welche Folgen dies hat oder haben kann.

Die Rechtswissenschaft unterscheidet in diesem Zusammenhang verschiedene Stufen des Vorsatzes – für die Vorbereitung auf die Sachkundeprüfung und Ihre spätere Tätigkeit genügt es, dass Sie sich die Formulierung „Wissen und Wollen um die Verwirklichung des Tatbestandes" merken.

Solange der Täter den Eintritt einer Tatfolge für möglich hält, sie aber hinnimmt, um seine Tat zu verwirklichen, können Sie von einem Vorsatz ausgehen.

Beispiel:

X ist hoffnungslos überschuldet und sieht nur einen Ausweg: Er setzt seine Wohnung in Brand, um Geld von der Hausratversicherung zu kassieren. Bei dem Feuer wird das gesamte Haus zerstört, in dem sich neben der Wohnung des X weitere Mietwohnungen befanden, die auch bewohnt waren.

Kann der X für den Tod eines anderen Hausbewohners, der bei diesem Feuer ums Leben kam, bestraft werden? Zunächst einmal war es nicht seine Absicht, einen Menschen zu töten, sondern „nur" einen Versicherungsbetrug zu begehen. Allerdings hat der X den Tod anderer Mieter billigend in Kauf genommen, indem er das Feuer legte. Schließlich musste er davon ausgehen, dass andere Mieter zur Tatzeit im Hause waren oder hätten sein können.

Wie aber stünde es um die Strafbarkeit des X, wenn es sich um eine unbewohnte Bauruine gehandelt hätte, die er „warm sanieren" wollte, und bei dem Feuer ein Obdachloser, der sich unbefugt und unentdeckt in der Ruine aufhält, ums Leben kommt?

4.1.4.4. Fahrlässigkeit

Bevor Sie die Antwort auf diese Frage lesen, folgt hier zunächst eine Definition der Fahrlässigkeit:

„Fahrlässig handelt, wer einen Tatbestand verwirklicht, ohne es zu wollen, indem er seine Sorgfaltspflicht verletzt."

Fahrlässiges Handeln setzt keinen Vorsatz voraus. Auch denkt der Täter, der eine fahrlässige Handlung begeht, nicht an die möglichen Folgen seiner Tat. Als Beispiel können Sie eine gedankenlos fortgeworfene, glühende Zigarette nehmen – hier geht der „Täter" nicht im Entferntesten davon aus, dass es gerade seine Zigarettenkippe sein wird, die ein Feuer auslösen wird.

Und wie ist es mit dem Fall des X, der seine Bauruine in Brand setzt? Er geht im Moment der Brandstiftung davon aus, dass sich niemand im Gebäude befindet. Allerdings muss sich der X, bevor er den Brand legt, auch davon **überzeugen**, dass seine Annahme stimmt – schließlich könnten zum Tatzeitpunkt Obdachlose die Ruine als Bleibe nutzen und durch das Feuer zu Schaden kommen.

Insofern würde es sich um einen Fall von fahrlässiger Tötung handeln, wenn X diese Kontrolle unterlässt und ein Mensch in den Flammen umkommt. Wenn man als Täter aber die **Möglichkeit** der Anwesenheit etwa eines Obdachlosen **grundsätzlich in Betracht zieht** und dennoch handelt, dann wäre dem X wiederum **vorsätzliches Handeln** vorzuwerfen.

Bei der Sorgfaltspflichtverletzung ist immer zu prüfen, ob die Tatfolgen auch **objektiv erkennbar** gewesen wären. Dabei müssen alle relevanten Fakten zur Bewertung herangezogen werden, auch die Umstände der Tat und die konkrete Situation, in der sich der fahrlässig handelnde Täter befunden hat. So wird man bei einem „Klassiker" wie dem Aufstoßen einer Tür, hinter der sich eine Person aufhält und diese Person von der Tür schmerzhaft getroffen wird, keine Fahrlässigkeit im Handeln nachweisen können, solange das Öffnen der Tür im Rahmen des normalen Gebrauchs und mit einer nicht unüblichen Intensität erfolgte.

Ebenfalls zu prüfen ist die **subjektive Voraussehbarkeit** der Folgen einer Handlung – der Täter muss in der Lage gewesen sein, die Folgen seiner Tat zu erkennen, nur dann kann er wegen Fahrlässigkeit belangt werden.

4.1.5. Rechtswidrigkeit (§ 11 Abs. 5 StGB)

Eine Handlung ist **rechtswidrig**, wenn diese Handlung durch die Regelungen des Strafgesetzbuches unter Strafe gestellt wird.

Wichtig ist es in diesem Zusammenhang, die Legaldefinition der „rechtswidrigen Tat" aus § 11 StGB zu verinnerlichen. Danach ist eine **rechtswidrige Tat nur** „eine **solche, die den Tatbestand** eines **Strafgesetzes** verwirklicht".

4.1.6. Schuld und Schuldfähigkeit (§§ 19, 20 StGB)

Schuld ist die **Verantwortung für die Folgen einer Straftat**. Die **Schuldfrage** bezieht sich immer auf den **Moment der Tatausführung**.

Schuldunfähig ist, wer aufgrund von Umständen, die in seiner Person liegen, nicht in der Lage ist, sich entsprechend der Rechtsordnung zu verhalten.

Das Strafgesetzbuch kennt unterschiedliche Voraussetzungen für die Schuldunfähigkeit.

So sind **Kinder** (Menschen bis zur Vollendung des 14. Lebensjahres) nach § 19 StGB **nicht schuldfähig**. Durch die Altersgrenze ist eine Prüfung der Einsichtsfähigkeit nicht notwendig oder zulässig – ist der Täter noch nicht 14 Jahre alt, ist darum eine Strafverfolgung nicht möglich.

Mit Vollendung des 14. Lebensjahres ist im **Einzelfall** zu prüfen, ob der Täter **zum Zeitpunkt der Tat schuldfähig** war. Wer bei Begehung der Tat wegen einer **krankhaften seelischen Störung**, einer tiefgreifenden Bewusstseinsstörung, wegen Schwachsinnigkeit oder einer anderen seelischen Abartigkeit **nicht fähig ist, das Unrecht einer Tat zu begreifen**, ist nach § 20 StGB nicht schuldfähig. Beachten Sie, dass dieser Fall der Schuldunfähigkeit nicht auf Erkrankungen beschränkt ist, sondern auch Fälle von Alkohol- und Drogenrausch umfasst – da dieser Zustand aber oft nicht offensichtlich (meist wird die Schuldunfähigkeit erst durch Gutachten festgestellt) und für den zivilrechtlich handelnden Besitzdiener (siehe im Kapitel BGB) nicht relevant ist, wenn es um die Sicherstellung gestohlener Ware geht, ist die Frage der Schuldfähigkeit aufgrund Rausch oder Erkrankung in der täglichen Arbeit des Bewachungsgewerbes eher ein theoretisches Thema.

4.1.7. Versuch (§§ 22, 23 StGB)

Der **Versuch** ist das **unmittelbare Ansetzen zur Tat**.

Ein objektiver Tatbestand muss bei dem Versuch einer Straftat nicht vollständig erfüllt sein. Hier ist vielmehr entscheidend, dass aus Sicht des Täters er selbst alles getan hat, um die Tat zu verwirklichen (subjektiver Tatbestand), er Tat, Tatumstände und Taterfolg kennt und unmittelbar zur Tat ansetzt.

Nehmen Sie als Beispiel den Versuch eines Attentats. Wenn der Täter abdrückt, dabei aber nicht weiß, dass die Waffe zuvor mit Platzpatronen geladen wurde, hat er aus seiner Sicht alles getan, um das Opfer umzubringen. Ob er tatsächlich (objektiver Tatbestand) dazu in der Lage gewesen wäre, ist zunächst nicht relevant. Auch offenkundige Mängel in der Tatvorbereitung schützen Täter nicht vor einer Strafe.

Der **Versuch** eines **Verbrechens** ist **grundsätzlich mit Strafe bedroht**. Bei einem **Vergehen** muss der Versuch dagegen **ausdrücklich vom Gesetz unter Strafe** gestellt werden (z. B. Diebstahl § 242 Abs. 2, siehe 4.2.2.1). Verbrechen und Vergehen unterscheiden sich nach § 12 Abs. 1, 2 StGB in der Höhe der Mindeststrafe – eine Tat ist dann ein **Verbrechen**, wenn das Gesetz als **Mindeststrafe eine Freiheitsstrafe von einem Jahr oder darüber** vorsieht; bei einer **geringeren Strafe** gilt die Tat als **Vergehen**.

Beispiel:

> X will F, den neuen Freund seiner Ex-Ehefrau, umbringen. Er legt sich mit seinem Gewehr auf die Lauer und schießt auf den F, als dieser am Morgen die Straße betritt. Doch der F überlebt unverletzt.
>
> Variante 1: X ist ein schlechter Schütze und verfehlt das Ziel.
>
> Variante 2: X drückt ab, hat aber vergessen, die Waffe zu laden.

Beide Varianten gelten als Versuch. In beiden Fällen hat X die Tat und auch den Taterfolg gewollt, er kannte die Tatumstände und hat aus seiner Sicht alles getan, um den F zu töten. Dass es in Variante 1 am Taterfolg mangelt, weil X schlecht zielt, ist ebenso unerheblich für die Strafbarkeit wie das untaugliche Tatwerkzeug in Variante 2 – hier war zwar eine Tötung des F objektiv unmöglich (während im anderen Fall mehr Glück im Spiel war), doch hat X aus seiner Sicht alles Notwendige getan, um F zu töten.

Ein anderes Beispiel aus dem Arbeitsfeld „Schutz vor Ladendieben“:

In einem Multimedia-Kaufhaus beobachtet ein Verkäufer, dass eine Person USB-Sticks im Umkarton eines Waffeleisens „bunkert“. Da er dieses

Vorgehen (hochwertige Artikel werden in einem Umkarton einer anderen Ware durch den Kassenbereich „geschmuggelt") kennt, verständigt er den Ladendetektiv. Der Ladendetektiv spricht den Täter mitten im Laden an und fordert ihn nachdrücklich auf, den Karton herauszugeben und „keine Zicken zu machen". Da der Angesprochene den Verdacht eines Diebstahls empört zurückweist und sich entfernen will, kommt es zu einem Handgemenge.

Hat sich der Ladendetektiv korrekt verhalten? Da wir nicht Zeuge der konkreten Situation waren, bleibt diese Frage zunächst offen. Doch aus strafrechtlicher Sicht ist zunächst fraglich, wie das Verhalten des Kunden einzuordnen ist. Da er die USB-Sticks nicht in seiner Kleidung verschwinden ließ (sogenannter Gewahrsamswechsel im „**Tabubereich**"), ist der Tatbestand des Diebstahls nicht verwirklicht. Und liegt hier der Versuch eines Diebstahls vor? Das Verbergen der Ware im Umkarton eines anderen Gegenstandes ist zwar eine Vorbereitungshandlung, aber kein unmittelbares Ansetzen zur Tat und somit kein Versuch. Strafrechtlich bliebe das Verhalten des Kunden also ohne Folgen – der Ladendetektiv aber könnte sich einer Freiheitsberaubung strafbar gemacht haben, da er (als Sachkundiger) hätte wissen müssen, dass erst mit Durchqueren der Kassenzone der Diebstahl verwirklicht wäre.

4.1.8. Rücktritt

Der **Rücktritt** vom **Versuch** führt zu **Straffreiheit**. Voraussetzung für einen Rücktritt ist, dass der Täter bereits mit der Tatausführung begonnen hat, die Tat aber noch nicht vollendet ist. Insofern muss bei der Frage nach der Wirksamkeit des Rücktritts immer die Gesamtsituation betrachtet werden.

Zwei **Merksätze** helfen Ihnen, die Rücktritts-Möglichkeiten des Täters auseinanderzuhalten.

Variante 1: Ich kann, aber ich will nicht.

Variante 2: Ich will, aber ich kann nicht.

Beide Varianten treffen nur dann zu, wenn die Tat noch nicht vollendet ist. Zugleich zeigt sie aber unterschiedliche Motive für den Rücktritt des Täters:

Motiv 1: Er überlegt es sich anders (freiwilliger Rücktritt).

Motiv 2: Er gibt auf, weil er keine Chance mehr sieht (unfreiwilliger Rücktritt).

Der Rücktritt befreit von der Strafbarkeit des Versuchs – welches Motiv dem Rücktritt zugrunde liegt, ist dabei unerheblich.

Wichtig: Hat der Täter alles getan, was aus seiner Sicht nötig war, um die Tat zu begehen, setzt ein Rücktritt voraus, dass er alles unternimmt, um den Taterfolg zu verhindern. So wird ein Täter, der eine Fallgrube ausgehoben hat, nicht allein dadurch straffrei, dass er sich von der Tat innerlich distanziert, sondern er muss aktiv („tätige Reue") helfen zu verhindern, dass jemand in die Grube stürzt.

4.1.9. Irrtum

Irrtümer sind **kein Prüfungsstoff**. Sie werden an dieser Stelle nur behandelt, um Interessierten grundlegende Informationen zum Thema zu vermitteln.

4.1.9.1. Verbotsirrtum

Weiß der Täter bei Begehung der Tat nicht, dass er gegen ein Verbot verstößt, oder fehlt ihm das Unrechtsbewusstsein, spricht man von Verbotsirrtum.

Zugleich gilt aber: „Unwissenheit schützt vor Strafe nicht."

Entscheidend ist, ob der Täter das Verbot hätte kennen müssen. Wenn der Verbotsirrtum nicht vermeidbar gewesen wäre, entfällt die Schuld.

Wann aber ist ein Verbotsirrtum vermeidbar? Zu betrachten ist hier die Persönlichkeit des Täters, insbesondere sein Bildungsstand. Müssten einem Menschen, der über dieselben Kenntnisse und Fähigkeiten wie der Täter verfügt, Zweifel an der Rechtmäßigkeit seines Handelns kommen, hätte dieser die erforderlichen Erkundigungen einholen müssen, um zu verhindern, dass er gegen geltendes Recht verstößt.

Beispiel:

Ein Student, der bislang keinen Kontakt mit Schusswaffen hatte, findet auf dem Dachboden seines Elternhauses eine Schusswaffe, die offenkundig seinem verstorbenen Vater gehört hat. Da er Alleinerbe ist, behält er die Waffe.

Kann er wegen Verstoßes gegen das Waffengesetz belangt werden, weil die Nichtanzeige eines Waffenfundes nach § 53 WaffG ordnungswidrig ist?

Ja, denn ein Erwachsener mit akademischer Bildung (Student) muss nach allgemeiner Lebenserfahrung wissen, dass der Umgang mit Schusswaffen nicht jedem gestattet ist. Er hätte bei der zuständigen Behörde oder zumindest bei einem Sachkundigen nachfragen müssen (z. B. Büchsenmacher). Insofern kann er sich in diesem Fall nicht auf einen Verbotsirrtum berufen. Zudem kommt, wenn es sich um eine erlaubnispflichtige Schusswaffe handelt, die Straftat des Besitzens ohne Erlaubnis nach § 52 WaffG in Betracht.

4.1.9.2. Erlaubnisirrtum

Wie der Verbotsirrtum ist auch der **Erlaubnisirrtum** zu behandeln. Bei einem Erlaubnisirrtum geht der Täter fälschlich davon aus, dass seine Tathandlung nicht strafbar und somit erlaubt ist. Die vorhergehenden Ausführungen zum Verbotsirrtum sind ansonsten auch auf den Erlaubnisirrtum anwendbar.

Verbotsirrtum und Erlaubnisirrtum werden geprüft, wenn es um Frage der Vorwerfbarkeit einer Handlung (Schuld) geht.

4.1.9.3. Tatbestandsirrtum

Der Tatbestandsirrtum ist bei der Frage nach dem Tatbestand zu prüfen. Kennt der Täter bei Begehung der Tat nicht die Folgen seiner vorsätzlichen Handlung, unterliegt er ebenso einem Tatbestandsirrtum wie in dem Fall, dass er zwar die Folge erkennt, aber nicht davon ausgeht, dass seine Handlung von einem Tatbestand des Strafgesetzes erfasst wird.

Beispiel:

X hat seine Lenkzeit überschritten. Damit das nicht auffällt, trägt er auf dem Schaublatt des Fahrtenschreibers in seinem LKW einen falschen Namen ein. Er handelt im Tatbestandsirrtum, wenn

1. er das Schaublatt irrtümlicherweise nicht für eine Urkunde und damit wesentliches Tatbestandsmerkmal des § 267 StGB hält oder

2. er zwar das Schaublatt als Urkunde betrachtet, aber im Eintragen eines falschen Namens keine Fälschungshandlung sieht.

Allerdings bezieht sich sein Tatbestandsirrtum nur auf den Tatbestand der Urkundenfälschung – ein Verstoß gegen die gesetzlichen Vorschriften über Lenk- und Ruhezeiten wäre nicht durch Tatbestandsirrtum strafbefreiend, weil der Fahrer durch seine Ausbildung weiß, dass er seinen Namen und nicht den eines anderen auf dem Schaublatt zu notieren hat.

4.1.10. Beteiligung an Straftaten

Das Strafrecht unterscheidet **Täterschaft** und **Teilnahme**, wobei die Teilnahme an einer Straftat entweder als **Anstiftung** oder als **Beihilfe** erfolgen kann.

Nachfolgend wird die jeweilige Tatbeteiligung anhand des X erklärt. X möchte dem Z einen goldenen Gartenzwerg stehlen. Dazu wird er entweder selbst aktiv oder bedient sich seines Freundes M.

4.1.10.1. Täterschaft

> X will dem Z einen Gartenzwerg aus purem Gold stehlen. Als der Z nicht in seinem Garten ist, greift der X über den Gartenzaun und nimmt den Gnom an sich.
>
> Hat sich der X strafbar gemacht?

X ist Täter – er hat sämtliche Tatbestandsmerkmale des Diebstahls nach § 242 StGB verwirklicht, indem er

- rechtswidrig
- eine fremde,
- bewegliche Sache
- einem anderen
- in der Absicht weggenommen hat, sich diese anzueignen.

Insofern ist X nach § 242 StGB zu bestrafen – beachten Sie zu den Tatbestandsmerkmalen des Diebstahls auch Kapitel 4.2.2.1.

Als Täter gilt, wer selbst alle Tatbestandsmerkmale verwirklicht oder sich einer anderen Person als Werkzeug zur Verwirklichung bedient.

Die Begehung der Tat durch eine andere Person darf nicht mit der Anstiftung zu einer Straftat verwechselt werden. Während bei einer Anstiftung (zum Begriff siehe 4.1.10.3) der Angestiftete noch selbst einen Vorsatz zur Verwirklichung der Straftat haben muss, also einen Tatentschluss fasst, ist ein Mensch, der „als Werkzeug missbraucht" wird, entweder im Irrtum über die Umstände seiner Handlung oder schuldunfähig mangels Einsichtsfähigkeit – kurz, er wird gesteuert und verübt die Straftat nicht aus eigenem Antrieb.

Insofern wäre etwa der X auch dann als Täter zu bestrafen, wenn er seinen Freund M auffordert, den goldenen Wichtel aus dem Garten des M zu holen und in den Schuppen des X zu bringen. Schließlich sei es sein eigener Gartenzwerg, den er dem Z nur geliehen habe, lügt X dem M vor, und er selbst könne wegen einer plötzlich aufgetretenen Schwäche den schweren Goldmann nicht selbst aus dem Garten des Z holen. M ist also im Irrtum über die wahren Eigentumsverhältnisse und darum ahnungsloses Werkzeug des X.

Festzuhalten ist als **Definition** des Begriffes „Täter": **Der Täter verwirklicht selbst alle Tatbestandsmerkmale oder bedient sich dazu einer anderen Person, die er als Werkzeug ohne eigenen Vorsatz benutzt.**

4.1.10.2. Mittäterschaft

X und M beschließen gemeinsam, dem Z die wertvolle Gartenzier (den goldenen Gartenzwerg) zu stehlen, weil sie den Wichtel bei einem Hehler für einen saftigen Betrag absetzen können, und heben ihn gemeinsam über den Zaun, um ihn im Schuppen zu verbergen.

Wer ist der Täter?

Wird eine Straftat gemeinschaftlich begangen, wird jeder, der an der Tat beteiligt ist, als Täter bestraft. Die Beteiligten müssen einen **gemeinsamen Willen** und eine **gemeinsame Tatherrschaft** haben.

Dabei muss der gemeinsame Wille nicht von Anfang an bestehen – auch ein Täter, der sich erst im Verlauf einer Tatvorbereitung an der Straftat beteiligt, wird zum Mittäter.

4.1.10.3. Anstiftung

X flüstert dem M zu, er solle den goldenen Gartenzwerg aus dem Garten des Z stehlen. Schließlich sei die Gelegenheit günstig, weil der Z gerade nicht im Garten sei und der M so doch auch endlich seine eigenen Schulden bei X begleichen könne. Der M findet die Idee außerordentlich gut und greift sich den Wichtel.

Hat sich X strafbar gemacht, indem er dem M vorschlug, den Gnom zu stehlen?

Es wäre ein grober Verstoß gegen die allgemein gültige Vorstellung von Gerechtigkeit, wenn der X in diesem Falle nicht bestraft würde. Und tatsächlich bezieht das Strafgesetzbuch den Anstifter in die Bestrafung eines Deliktes ein. § 26 StGB bestimmt, dass der Anstifter, der vorsätzlich einen anderen zu einer rechtswidrigen Tat aufstachelt, die dieser wiederum mit Vorsatz begeht, genauso zu bestrafen ist wie der Täter selbst. Im Beispielfall wird also auch der X wegen Diebstahls zu bestrafen sein, auch wenn er selbst den Gartenzwerg nicht bewegt hat.

4.1.10.4. Beihilfe

X will dem Z einen Gartenzwerg aus purem Gold stehlen. Weil aber der Gnom nicht nur sehr wertvoll, sondern auch sehr groß und schwer ist, geht der X zu seinem Freund M und leiht sich von ihm eine Sackkarre, um den Gartenzwerg abtransportieren zu können.

Hat sich der M strafbar gemacht, indem er dem X die Sackkarre zur Verfügung stellte?

Täter ist in diesem Fall zunächst der X – er plant die Tat und führt sie auch selbst aus.

M überlässt dem X allerdings das notwendige Hilfsmittel, um den Diebstahl zu begehen, er unterstützt ihn also bei der Ausführung der Tat. Wenn der X dem M gesagt hat, wozu er die Sackkarre benötigt, ist M als Gehilfe zu bestrafen – das Tun des Gehilfen selbst wird als Beihilfe bezeichnet. Dies wäre der Fall, wenn sich der M am Abtransport aktiv beteiligt. Wenn der X dagegen lediglich die Sackkarre ausgeliehen hat, ohne einen Grund zu nennen, kann M nicht wegen Beihilfe verfolgt werden.

4.1.11. Handeln für einen anderen (§ 14 StGB)

Insbesondere im Bereich der Wirtschaftskriminalität kann der Täter als Vertreter einer sogenannten „juristischen Person", beispielsweise eines Vereins oder eines Unternehmens, oder als gesetzlicher Vertreter eines Dritten handeln. In diesem Falle gilt, dass sich der Vertreter ebenso strafbar macht wie der von ihm Vertretene. Gleiches gilt für Personen, die durch den Inhaber eines Betriebes beauftragt oder mit Vollmachten ausgestattet wurde, und zwar auch dann, wenn die Strafbarkeit an besondere Eigenschaften der Person geknüpft ist, die eigentlich bestraft werden müsste, nämlich der Auftraggeber des Handelnden.

4.1.12. Handeln durch Unterlassen

Ebenso wie ein Handeln kann auch ein Unterlassen strafbar sein. Zu unterscheiden sind die echten und unechten **Unterlassungsdelikte**.

4.1.12.1. Echte Unterlassungsdelikte

Das bekannteste echte Unterlassungsdelikt ist die Unterlassene Hilfeleistung (§ 323c StGB, siehe auch Kapitel 4.2.30). Wer bei einem Unglück, einer allgemeinen Gefahr oder Notlage keine Hilfe leistet, obwohl ihm das **möglich** und auch **zumutbar** gewesen wäre, macht sich strafbar. Ein anderes echtes

Unterlassungsdelikt ist, schon der Bezeichnung nach, die „Nichtanzeige geplanter Straftaten" (§ 138 StGB) – hier fordert das Gesetz, dass jedermann die Behörden informiert, wenn bestimmte schwerwiegende Taten (Mord, Totschlag, Hochverrat) geplant werden und er Kenntnis davon erlangt. Täter ist also, wer eine vom Gesetz ausdrücklich geforderte Handlung nicht ausführt. **Hausfriedensbruch** (Begehungsart „rechtswidriges Verweilen") ist ein echtes Unterlassungsdelikt – hier hat der Täter es unterlassen, sich zu entfernen, obwohl er dazu vom Hausrechtsinhaber angewiesen wurde und das Gesetz es auch fordert, dass er sich nach der Weisung des Hausrechtsinhabers zu entfernen hat.

4.1.12.2. Unechte Unterlassungsdelikte

Die unechten Unterlassungsdelikte ergeben sich aus der **Garantenstellung**, die aus der Garantenpflicht einer Person entsteht. Diese **Garantenpflicht** kann sich ergeben aus Eid, Vertrag, Gefahrengesellschaft oder gesetzlicher Regelung. Der **Garant** hat dadurch die **Pflicht**, **durch sein Handeln alles Erforderliche dafür zu tun, dass ein bestimmter Taterfolg oder Schaden nicht eintritt**.

Ein Beispiel ist der **Türsteher** im Einlassbereich der gastgewerblichen Diskothek. Seine Aufgabe ist es, Gäste auf Gegenstände zu kontrollieren, die auf der Veranstaltung für Straftaten benutzt werden können. Wenn der Türsteher einen Gast nicht kontrolliert, dieser Gast aber in der Diskothek eine Rauchbombe zündet, durch die es zu einer Panik mit vielen Verletzten kommt, ist der Türsteher wegen eines Körperverletzungsdelikts zu bestrafen – aus seiner Garantenstellung ergab sich die Garantenpflicht, den Täter von seiner Tat abzuhalten, und das hat er versäumt, indem er die Kontrolle mangelhaft oder gar nicht ausführte. Der Garant macht sich in der Art strafbar wie der Täter, dessen Tat er durch sein Nicht-Handeln ermöglicht hat.

4.1.13. Strafverfolgung, Offizialdelikt und Antragsdelikt

Staatsanwaltschaftliche Ermittlungen sind objektiv und ohne Ansehen der Personen zu führen, die in den Kreis der Verdächtigen aufgenommen werden (§ 160 Abs. 2 StPO). Dabei sind nicht nur belastende, sondern auch entlastende Beweise zu sammeln sowie alle Tatumstände festzustellen, die in das Strafmaß am Ende eines Prozesses einfließen.

Wird Anzeige erstattet, ist die Staatsanwaltschaft zur Aufnahme von Ermittlungen verpflichtet (§ 160 Abs. 1 StPO). Gleiches gilt für Informationen, die beispielsweise im Rahmen anderer Ermittlungen der Staatsanwaltschaft zur Kenntnis gelangen.

Grundsätzlich ist jede Straftat durch die Staatsanwaltschaft zu verfolgen („**Legalitätsprinzip**“, § 152 Abs. 2 StPO). Damit müssen Ermittlungen aufgenommen werden, sobald Anhaltspunkte für eine Straftat vorliegen.

Im Ermittlungsverfahren erfolgt die **Einstellung** wegen

- **geringer Schuld** oder **Geringfügigkeit** nach §§ 153 ff. StPO **durch Beschluss** der Staatsanwaltschaft oder des Gerichts,
- aus **Mangel an Beweisen** nach § 170 Abs. 2 StPO.

Ein **Freispruch** erfolgt durch **Urteil** (§ 267 Abs. 5 StPO). Weiterführende Informationen können Sie dem Kapitel 7.1 dieses Buches entnehmen.

Diese grundsätzliche Regelung wird in bestimmten Fällen durchbrochen – bestimmte Delikte werden **nur auf Antrag verfolgt**, so zum Beispiel ***Hausfriedensbruch*** (§ 123 StGB). In diesem Zusammenhang spricht man von **Antragsdelikten** in Abgrenzung zu den **Offizialdelikten** (fehlt der Hinweis „wird nur auf Antrag verfolgt“ -> Offizialdelikt). **Verbrechen** sind immer Offizialdelikte.

Darüber hinaus gibt es Delikte, die zwar ebenfalls nur auf Antrag verfolgt werden, in denen aber die Staatsanwaltschaft bei Vorliegen eines **besonderen öffentlichen Interesses** Ermittlungen einleiten kann, ohne dass ein Geschädigter Anzeige erstattet – dazu zählen unter anderem ***Körperverletzung*** (§ 223 StGB) und ***Diebstahl und Unterschlagung geringwertiger Sachen*** (§ 248a StGB).

Der Diebstahl und die Unterschlagung geringwertiger Sachen werden in den Fällen der §§ 242 und 246 nur auf Antrag verfolgt, es sei denn, dass die Strafverfolgungsbehörde wegen des besonderen öffentlichen Interesses an der Strafverfolgung ein Einschreiten von Amts wegen für geboten hält.

Die Grenze für den Begriff „geringwertige Sache“ liegt in der Regel bei 50 €. Zeigt der Geschädigte die Tat an, muss die Polizei Ermittlungen aufnehmen – ob diese schlussendlich in einem Strafverfahren und einer Verurteilung münden, darf als fraglich angesehen werden.

Zugleich müssen Sie aber auch die gesamtgesellschaftliche Signalwirkung einer solchen Norm betrachten – allzu leicht könnte der Eindruck entstehen, dass man Sachen bis zu etwa 50 € Wert stehlen dürfte. Entscheidend ist der tatsächliche und nachweisbare Verkehrswert der Sache im Moment der Wegnahme (Diebstahl) oder Zueignung (Unterschlagung).

Merken Sie sich auch, dass das **öffentliche Interesse** an der Tat (meist aber mehr am Täter) dazu führen kann, dass die Strafverfolgungsbehörde trotz des geringen Wertes der Sache Ermittlungen aufnimmt, obwohl der Geschädigte auf eine Anzeige verzichtet.

Straftat und Strafbarkeit liegen auch im Falle der Antragsdelikte immer vor – lediglich die Strafverfolgung erfolgt nur auf Antrag.

4.1.14. Personenbegriffe

Das Recht kennt bezüglich der Anwendbarkeit von Normen große Unterschiede – zwar wird in der Regel ohne Ansehen der Person eine Tat verfolgt, doch kann es aufgrund der Beziehung zwischen Täter, Zeuge und Opfer Ausnahmen geben. Darum ist es wichtig, vor dem Erlernen der einzelnen Tatbestände auch die Bedeutung der Begriffe „Angehöriger" und „nahestehende Person" zu kennen.

Als **Angehörige** gelten verwandte und verschwägerte Personen gerader Linie, Pflegeeltern und -kinder, Ehegatten, Lebenspartner (aber nicht Lebensgefährte), Verlobte und Geschwister. Auch die Ehegatten oder Lebenspartner der Geschwister fallen unter den Begriff „Angehörige", ebenso wie die Geschwister der Ehegatten oder Lebenspartner (somit in jeglicher Konstellation). Auch nach einer Trennung oder Scheidung fallen die Betroffenen strafrechtlich unter diesen Begriff.

Die **nahestehende Person** ist dagegen ein auszulegender Begriff – hier sind weder Geburts- noch Heiratsurkunden ein Anhaltspunkt. Vielmehr ist von einer nahestehenden Person auszugehen, wenn eine Tat gegen diesen Menschen den Betroffenen unter einen hohen psychischen Druck setzen würde, der vergleichbar wäre mit dem Gefühl, was er für einen Verwandten entwickeln würde. Als nahestehende Personen gelten Verwandte, die nach vorheriger Definition keine Angehörigen sind, sowie Lebensgefährten sowie sehr enge Freunde eines Menschen und auch in demselben Haushalt lebende Mitbewohner.

4.2. Besonderer Teil des StGB: Straftaten

Bei Ihrer täglichen Arbeit ist es wichtig, relevante Straftaten und die Tatbestandsmerkmale der einzelnen Delikte sicher unterscheiden zu können. Nachfolgend werden nicht nur die Delikte selbst dargestellt, sondern auch zum Teil so gegenübergestellt, dass Sie die Unterscheidungsmerkmale leicht erfassen und lernen können. ***Gesetzestexte** sind immer kursiv abgedruckt.*

4.2.1. Deliktübersicht

Die nachfolgende Tabelle zeigt die **prüfungsrelevanten Straftaten nach dem Bundeseinheitlichen Rahmenplan** für die Sachkundeprüfung im Bewachungsgewerbe aus dem **Besonderen Teil des Strafgesetzbuches** in einer systematischen Übersicht. Dabei sind die besonders wichtigen Taten durch **Fettdruck** der Bezeichnung hervorgehoben.

*Legende: **Vb** Verbrechen; Vg Vergehen; VERSuch, FAHRlässigkeit strafbar (tw. mit Angabe der Norm); DELIkt Ad AntragsDelikt – Od OffizialDelikt*

Bezeichnung	§ StGB	Vb/Vg	VERS	FAHR	DELI
Hausfriedensbruch	123	Vg	Nein	Nein	Ad
Störung des öffentl. Friedens etc.	126	Vg	Nein	Nein	Od
Amtsanmaßung	132	Vg	Nein	Nein	Od
Missbrauch von Titeln etc.	132a	Vg	Nein	Nein	Od
Nichtanzeige geplanter Straftaten	138	Vg	Nein	Nein	Od
Missbrauch von Notrufen etc.	145	Vg	Nein	Nein	Od
Falsche uneidliche Aussage	153	Vg	Nein	Nein	Od
Meineid	154	**Vb**	Ja	§ 161	Od
Falsche Verdächtigung	164	Vg	Nein	Nein	Od
Beleidigung	185	Vg	Nein	Nein	Ad
Körperverletzung	223	Vg	Ja	§ 229	Ad
Gefährliche Körperverletzung	224	Vg	Ja	§ 229	Od
Schwere Körperverletzung	226	**Vb**	Ja	§ 229	Od

Bezeichnung	§ StGB	Vb/Vg	VERS	FAHR	DELI
Fahrlässige Körperverletzung	229	Vg	Nein	☒	Ad
Nachstellung (Stalking)	238	Vg	Nein	Nein	Ad
Freiheitsberaubung	239	Vg	Ja	Nein	Od
Nötigung	240	Vg	Ja	Nein	Od
Bedrohung	241	Vg	Nein	Nein	Od
Diebstahl	242	Vg	Ja	Nein	Od
Besonders schwerer Diebstahl	243	Vg	Ja	Nein	Od
Diebstahl mit Waffen etc.	244	Vg	Ja	Nein	Od
Unterschlagung	246	Vg	Ja	Nein	Od
Diebst./Unterschl. geringw. Sach.	248a	Vg	Ja	Nein	Ad
Raub	249	**Vb**	Ja	Nein	Od
Räuberischer Diebstahl	252	**Vb**	Ja	Nein	Od
Erpressung	253	Vg	Ja	Nein	Od
Räuberische Erpressung	255	**Vb**	Ja	Nein	Od
Begünstigung	257	Vg	Nein	Nein	Od
Strafvereitelung	258	Vg	Ja	Nein	Od
Hehlerei	259	Vg	Ja	Nein	Od
Betrug	263	Vg	Ja	Nein	Od
Computerbetrug	263a	Vg	Ja	Nein	Od
Erschleichen von Leistungen	265a	Vg	Ja	Nein	Od
Untreue	266	Vg	Nein	Nein	Od
Urkundenfälschung	267	Vg	Ja	Nein	Od
Sachbeschädigung	303	Vg	Ja	Nein	Ad
Brandstiftung	306	**Vb**	Ja	§ 306f	Od
Unterlassene Hilfeleistung	323c	Vg	☒	Nein	Od

4.2.2. Diebstahls- und Raubdelikte

T entreißt dem B dessen Aktentasche, als der B nach einem Sturz vom Fahrrad bewegungsunfähig auf der Fahrbahn liegt. B ist ohne Zutun des T gestürzt. Ist das nun ein Diebstahl? Oder ein Raub? Ein räuberischer Diebstahl? Oder gar ein anderer Straftatbestand? Um diese Fragen sicher zu beantworten, müssen Sie die **Tatbestandsmerkmale** Delikte kennen.

4.2.2.1. Diebstahl (§ 242 StGB)

(1) Wer eine ***fremde bewegliche Sache*** *einem anderen* ***in der Absicht*** *wegnimmt, die Sache sich oder einem Dritten* ***rechtswidrig zuzueignen****, wird mit Freiheitsstrafe bis zu fünf Jahren oder mit Geldstrafe bestraft.*

(2) Der ***Versuch*** *ist strafbar.*

„Diebstahl" setzt nach **Absatz 1** die folgenden Tatbestandsmerkmale voraus:

- **Wegnahme**: Darunter versteht man den Bruch eines fremden Gewahrsams und die Begründung neuen Gewahrsams. Gewahrsam steht hier für die tatsächliche Sachherrschaft. Ist etwa eine CD in einem Regal ausgestellt, unterliegt sie noch der Sachherrschaft des Verkäufers. Wenn der Kunde die CD an sich nimmt, hat er in diesem Moment zwar die tatsächliche Sachherrschaft, doch noch kein wirkliches Gewahrsam begründet.

- **Fremde, bewegliche Sache**: Unter diesen Begriff fallen Gegenstände, die tatsächlich beweglich sind und nicht im Alleineigentum des Täters stehen (möglich wäre ja auch Gemeinschaftseigentum, etwa an einem Auto), auch nicht herrenlos sind.
- **Rechtswidrigkeit** der Zueignung: Die Zueignung (Aufnahme in das eigene Vermögen) ist dann rechtswidrig, wenn sie im Widerspruch zur Rechtsordnung steht (so setzt der Eigentumsübergang immer auch eine Willenserklärung des bisherigen Eigentümers voraus).
- **Zueignungsabsicht für sich oder einen Dritten**: Es muss nachgewiesen werden, dass der Täter die Sache in sein Vermögen oder das eines anderen einbringen will, ohne dass er später den Gegenstand an den Eigentümer zurückgeben will.

Beachten Sie, dass auch der **Versuch** des Diebstahls durch **Absatz 2** unter Strafe gestellt ist. Bei dem Diebstahl handelt es sich aufgrund der fehlenden Mindeststrafe von einem Jahr um ein **Vergehen**. Da aber der Versuch eines

Vergehens nicht automatisch strafbar ist (anders als bei einem Verbrechen), wird der versuchte Diebstahl erst durch die Bestimmung in Absatz 2 strafbar.

4.2.2.2. Besonders schwerer Fall des Diebstahls (§ 243 StGB)

(1) In ***besonders schweren Fällen*** *wird der Diebstahl mit Freiheitsstrafe von drei Monaten bis zu zehn Jahren bestraft. Ein besonders schwerer Fall liegt in der Regel vor, wenn der Täter*

1. zur Ausführung der Tat in ein Gebäude, einen Dienst- oder Geschäftsraum oder in einen anderen umschlossenen Raum ***einbricht, einsteigt****, mit einem* ***falschen Schlüssel*** *oder einem anderen nicht zur ordnungsmäßigen Öffnung bestimmten* ***Werkzeug eindringt*** *oder sich* ***in dem Raum verborgen hält****,*

2. eine Sache stiehlt, die durch ein verschlossenes Behältnis oder eine andere Schutzvorrichtung ***gegen Wegnahme besonders gesichert*** *ist,*

3. ***gewerbsmäßig*** *stiehlt,*

4. aus einer ***Kirche*** *oder einem anderen* ***der Religionsausübung dienenden Gebäude oder Raum*** *eine Sache stiehlt, die dem* ***Gottesdienst*** *gewidmet ist oder der* ***religiösen Verehrung*** *dient,*

5. eine ***Sache von Bedeutung*** *für Wissenschaft, Kunst oder Geschichte oder für die technische Entwicklung stiehlt, die sich in einer* ***allgemein zugänglichen Sammlung befindet oder öffentlich ausgestellt*** *ist,*

6. stiehlt, indem er die ***Hilflosigkeit einer anderen Person, einen Unglücksfall oder eine gemeine Gefahr ausnutzt*** *oder*

7. eine Handfeuerwaffe, zu deren Erwerb es nach dem Waffengesetz der Erlaubnis bedarf, ein Maschinengewehr, eine Maschinenpistole, ein voll- oder halbautomatisches Gewehr oder eine Sprengstoff enthaltende Kriegswaffe im Sinne des Kriegswaffenkontrollgesetzes oder Sprengstoff stiehlt.

(2) In den Fällen des Absatzes 1 Satz 2 Nr. 1 bis 6 ist ein besonders schwerer Fall ausgeschlossen, wenn sich die Tat auf eine geringwertige Sache bezieht.

Die Merkmale dieses Tatbestandes, der härter bestraft werden soll als ein einfacher Diebstahl, weil er besonders verwerflich oder mit einer größeren „Portion" von krimineller Energie verübt wird, sind hier zum besseren Verständnis wieder durch **Fettdruck** hervorgehoben.

Hier zeigt sich auch wieder ein Beispiel für den beliebten Lehrsatz für Anfänger in der juristischen Ausbildung, der sich auch in der Berufspraxis nicht ändert: „Ein Blick ins Gesetz erleichtert die Rechtsfindung." Hier mit dem

Zusatz „Ein scharfer Blick!" – denn schnell kann man „auf die falsche Fährte" gelangen. Betrachten Sie Absatz 1 Ziffer 7 – wie steht es um den Tatbestand, wenn der Täter eine Schreckschusspistole stiehlt? Für das Führen einer solchen „Gaspistole" braucht man doch schließlich nach dem Waffengesetz einen Kleinen Waffenschein... Um diese Frage geht es nicht – allein jene Schusswaffen, für deren **Erwerb** es einer Erlaubnis nach dem Waffengesetz bedarf, sind von der Regelung des § 243 StGB erfasst. Schreckschuss- und Gaspistolen, fachlich als „SRS-Waffen" bezeichnet, sind aber bezüglich des Erwerbs von der Erlaubnispflicht ausgenommen – insofern ist der Tatbestand nicht erfüllt.

Anders verhält es sich allerdings, wenn der Täter bei Begehung des Diebstahls eine Waffe bei sich führte. Diesen Tatbestand beschreibt der nachfolgende § 244 StGB.

4.2.2.3. Diebstahl mit Waffen, Bandendiebstahl, Wohnungseinbruchdiebstahl (§ 244 StGB)

(1) Mit Freiheitsstrafe von sechs Monaten bis zu zehn Jahren wird bestraft, wer

1. einen ***Diebstahl*** *begeht, bei dem* ***er oder ein anderer*** *Beteiligter*

a) ***eine Waffe oder ein anderes gefährliches Werkzeug*** *bei sich führt,*

b) sonst ***ein Werkzeug oder Mittel bei sich führt, um den Widerstand einer anderen Person durch Gewalt oder Drohung mit Gewalt zu verhindern oder zu überwinden****,*

2. als Mitglied einer Bande, die sich zur fortgesetzten Begehung von Raub oder Diebstahl verbunden hat, unter Mitwirkung eines anderen Bandenmitglieds stiehlt oder

3. einen Diebstahl begeht, bei dem er zur Ausführung der Tat in eine Wohnung einbricht, einsteigt, mit einem falschen Schlüssel oder einem anderen nicht zur ordnungsmäßigen Öffnung bestimmten Werkzeug eindringt oder sich in der Wohnung verborgen hält.

(2) Der ***Versuch*** *ist strafbar.*

(3) In den Fällen des Absatzes 1 Nr. 2 sind die §§ 43a und 73d anzuwenden.

Beachten Sie: Einen **Einsatz** der Waffe, etwa zur Bedrohung, fordert die Norm nicht.

Ebenso wird, ähnlich wie im Waffengesetz, der Begriff der Waffe auch auf Werkzeuge oder Mittel erweitert, die zur Drohung mit Gewalt oder zur Anwendung dienen können, um den Widerstand eines Dritten zu verhindern oder zu überwinden.

Diese Betrachtungsweise enthält aber einen gravierenden Fehler, wenn man Waffen und sonstige Werkzeuge „in einen Topf wirft" – denn das Gesetz unterscheidet im Absatz 1 Ziffer 1 zwischen zwei Merkmalen. So reicht bei **Waffen oder anderen gefährlichen Werkzeugen** (dazu zählen etwa Schlagstöcke, Butterfly-Messer etc., aber auch Teppichmesser) das **bloße Mitführen** aus, um den Straftatbestand „Diebstahl mit Waffen" zu erfüllen – dagegen führt das Mitführen **sonstiger Werkzeuge oder Mittel** erst dann zu einer härteren Bestrafung, wenn ihr Einsatz gegen das Opfer geplant ist. Lesen Sie die Norm noch einmal aufmerksam und achten Sie auf diesen entscheidenden Unterschied.

4.2.2.4. Unterschlagung (§ 246 StGB)

(1) Wer eine fremde bewegliche Sache sich oder einem Dritten rechtswidrig zueignet, wird mit Freiheitsstrafe bis zu drei Jahren oder mit Geldstrafe bestraft, wenn die Tat nicht in anderen Vorschriften mit schwererer Strafe bedroht ist.

(2) Ist in den Fällen des Absatzes 1 die Sache dem Täter anvertraut, so ist die Strafe Freiheitsstrafe bis zu fünf Jahren oder Geldstrafe.

(3) Der Versuch ist strafbar.

Dieser Gesetzestext sollte Ihnen bereits (dem Klang nach) bekannt vorkommen. Die Begrifflichkeiten „fremde, bewegliche Sache" oder „zueignet" haben Sie bereits in den Ausführungen zu § 242 StGB, dem Diebstahl, gelesen. Die Unterschiede zwischen den Delikten können Sie anschaulich folgender Gegenüberstellung des Gesetzestextes entnehmen.

§ 242 (1) Diebstahl	**§ 246 (1) Unterschlagung**
Wer	Wer
eine fremde bewegliche Sache	eine fremde bewegliche Sache
einem anderen	
in der Absicht	
wegnimmt,	
die Sache	
sich oder einem Dritten	sich oder einem Dritten
rechtswidrig	rechtswidrig
zuzueignen,	zueignet,
wird mit Freiheitsstrafe bis zu fünf Jahren oder mit Geldstrafe bestraft.	wird mit Freiheitsstrafe bis zu drei Jahren oder mit Geldstrafe bestraft, wenn die Tat nicht in anderen Vorschriften mit schwererer Strafe bedroht ist.

Der direkte Vergleich verdeutlich den Unterschied – während der Täter beim Diebstahl die fremde Sache tatsächlich **wegnehmen** muss, hat er im Falle der Unterschlagung die Sache bereits in seinem Herrschaftsbereich, etwa als Besitzer oder Besitzdiener; als „Klassiker" seien hier die hochwertigen Arbeitsschuhe genannt, die dem Arbeitgeber als abhandengekommen oder gestohlen gemeldet werden, um sie ersetzt zu bekommen – und dann zu verkaufen.

Denken Sie über den Begriff der „Zueignung" nach, auch unter dem Aspekt „Eigentum" – Zueignung ist nämlich nicht das Erlangen der tatsächlichen Herrschaft über die Sache, sondern die Aufnahme in das Vermögen, somit etwa die damit verbundene Möglichkeit, Sachen zu verbrauchen (etwa Lebensmittel), zu veräußern oder auch zu verschenken.

Beachten Sie auch einen entscheidenden Unterschied bezüglich der Zueignung zwischen den Taten „Diebstahl" und „Unterschlagung": Während beim Diebstahl diese Zueignung nur **beabsichtigt** sein muss (sie wird nicht als vollendet vorausgesetzt!), muss sie bei der Unterschlagung **tatsächlich erfolgt** sein.

4.2.2.5. Diebstahl und Unterschlagung geringwertiger Sachen (§ 248a StGB)

Informationen zu dieser Norm finden Sie ab Seite 84.

4.2.2.6. Raub (§ 249 StGB)

(1) Wer mit Gewalt gegen eine Person oder unter Anwendung von Drohungen mit gegenwärtiger Gefahr für Leib oder Leben eine fremde bewegliche Sache einem anderen in der Absicht wegnimmt, die Sache sich oder einem Dritten rechtswidrig zuzueignen, wird mit Freiheitsstrafe nicht unter einem Jahr bestraft.

(2) In minder schweren Fällen ist die Strafe Freiheitsstrafe von sechs Monaten bis zu fünf Jahren.

Auch hier klingt der Text des Paragraphen bekannt – aber sehen Sie selbst:

§ 242 (1) Diebstahl	§ 249 (1) Raub
Wer	Wer
	mit Gewalt gegen eine Person oder unter Anwendung von Drohungen mit gegenwärtiger Gefahr für Leib oder Leben
eine fremde bewegliche Sache	eine fremde bewegliche Sache
einem anderen	einem anderen
in der Absicht	in der Absicht
wegnimmt,	wegnimmt,
die Sache	die Sache
sich oder einem Dritten	sich oder einem Dritten
rechtswidrig	rechtswidrig
zuzueignen,	zuzueignen,
wird mit Freiheitsstrafe **bis zu fünf Jahren** oder mit Geldstrafe bestraft	wird mit Freiheitsstrafe **nicht unter einem Jahr** bestraft.

Hier zeigt sich der „Unterschied" noch auffälliger als bei dem vorhergehenden Vergleich von Diebstahl und Unterschlagung – der Raub setzt Gewalt gegen eine Person oder Drohungen mit einer gegenwärtigen Gefahr für Leib und Leben voraus, die sonstigen Tatbestandsmerkmale stimmen bei Raub und Diebstahl überein. Somit ist insbesondere bei Prüfungsfragen stets darauf zu achten, ob es sich bei dem Diebstahl nicht doch um einen Raub handeln könnte – der Unterschied ist insbesondere bezüglich der Strafe nicht unerheblich: Raub ist ein Verbrechen, Diebstahl ein Vergehen. Und wie Sie bereits wissen, ist von der Frage „Verbrechen oder Vergehen?" abhängig, ob der Versuch der Tat unter Strafe steht - im Falle des Diebstahls ist dies allerdings per Gesetz (§ 242 Absatz 2 StGB) geregelt.

4.2.2.7. Schwerer Raub (§ 250 StGB)

(1) Auf Freiheitsstrafe nicht unter drei Jahren ist zu erkennen, wenn

1. der Täter oder ein anderer Beteiligter am Raub

a) eine ***Waffe*** *oder ein* ***anderes gefährliches Werkzeug*** *bei sich* ***führt****,*

b) sonst ein ***Werkzeug*** *oder* ***Mittel*** *bei sich führt, um den* ***Widerstand*** *einer anderen Person durch Gewalt oder Drohung mit Gewalt zu* ***verhindern*** *oder zu* ***überwinden****,*

c) eine andere Person durch die Tat in die Gefahr einer ***schweren Gesundheitsschädigung*** *bringt oder*

2. der Täter den Raub als ***Mitglied einer Bande****, die sich zur fortgesetzten Begehung von Raub oder Diebstahl verbunden hat, unter Mitwirkung eines anderen Bandenmitglieds begeht.*

(2) Auf Freiheitsstrafe nicht unter fünf Jahren ist zu erkennen, wenn der Täter oder ein anderer Beteiligter am Raub

1. bei der Tat eine ***Waffe*** *oder ein* ***anderes gefährliches Werkzeug verwendet****,*

2. in den Fällen des Absatzes 1 Nr. 2 eine Waffe bei sich führt oder

3. eine andere Person

a) bei der Tat ***körperlich schwer misshandelt*** *oder*

b) durch die Tat ***in die Gefahr des Todes*** *bringt.*

(3) In minder schweren Fällen der Absätze 1 und 2 ist die Strafe Freiheitsstrafe von einem Jahr bis zu zehn Jahren.

Wie im Falle von „Diebstahl" und „Diebstahl mit Waffen" ist diese Norm hinsichtlich der Tatmittel oder auch der Gegenstände, die der Täter bei sich führt, vom einfachen Raub abzugrenzen. Wie schon beim „Diebstahl mit Waffen" ist es hier (Absatz 1) nicht nötig, dass der Täter eine mitgeführte Waffe oder ein mitgeführtes gefährliches Werkzeug tatsächlich einsetzen will, das bloße „bei sich führen" ist ausreichend.

Beachten Sie die Strafverschärfung in Absatz 2 in Abhängigkeit von einzelnen Tatbestandsmerkmalen, etwa bei Verwendung (in Abgrenzung zum bloßen Mitführen in Absatz 1) einer Waffe!

4.2.2.8. Räuberischer Diebstahl (§ 252 StGB)

Wer, *bei einem Diebstahl auf frischer Tat betroffen*, gegen eine Person *Gewalt verübt oder Drohungen mit gegenwärtiger Gefahr für Leib oder Leben anwendet, um sich im Besitz des gestohlenen Gutes zu erhalten, ist gleich einem Räuber zu bestrafen.*

Lesen Sie diese Norm genau – der besondere Punkt hier ist die **Intensivierung durch den Tatverlauf**, das heißt, aus dem Dieb wird ein Räuber. Der **Diebstahl** einer Sache „lebt davon“, dass der Täter keine Gewalt gegen den Besitzer der Sache ausüben muss. Wird der Täter auf frischer Tat betroffen und an der weiteren Tatausführung gehindert, wird er **wie ein Räuber** zu bestrafen sein, wenn er **mit Gewalt oder Drohungen** versuchen sollte, im Besitz des Stehlgutes zu bleiben. Er nimmt also die Sache nicht von vornherein mit Gewalt oder Drohung weg (was ein Raub wäre), sondern wehrt sich gegen die Versuche des Besitzers oder Dritter, ihm das Stehlgut wegzunehmen.

4.2.2.9. Erpressung (§ 253 StGB)

(1) Wer einen Menschen rechtswidrig mit Gewalt oder durch Drohung mit einem empfindlichen Übel zu einer Handlung, Duldung oder Unterlassung nötigt und dadurch dem Vermögen des Genötigten oder eines anderen Nachteil zufügt, um sich oder einen Dritten zu Unrecht zu bereichern, wird mit Freiheitsstrafe bis zu fünf Jahren oder mit Geldstrafe bestraft.

(2) Rechtswidrig ist die Tat, wenn die Anwendung der Gewalt oder die Androhung des Übels zu dem angestrebten Zweck als verwerflich anzusehen ist.

(3) Der Versuch ist strafbar.

(4) In besonders schweren Fällen ist die Strafe Freiheitsstrafe nicht unter einem Jahr. Ein besonders schwerer Fall liegt in der Regel vor, wenn der Täter gewerbsmäßig oder als Mitglied einer Bande handelt, die sich zur fortgesetzten Begehung einer Erpressung verbunden hat.

Auch im Bereich der Erpressungsdelikte differenziert das Gesetz deutlich nach der Art der Einwirkung des Täters auf sein Opfer. Betrachten wir zunächst die „Erpressung“ – Absatz 1 der Norm zählt verschiedene Arten der

Einwirkung auf und nennt als gemeinsames Tatbestandsmerkmal die **Bereicherungsabsicht**.

Die in Absatz 2 genannte „**Verwerflichkeit** der Handlung" wird von der Rechtslehre als „**Sozialwidrigkeit** des Handelns" erklärt. Davon ist beispielsweise der Vermieter erfasst, der mittels Gewalt die ausstehenden Mietzinsen eines „Mietnomaden" beitreiben will. Gleiches gilt für das Abstellen der Strom- und Gasversorgung durch den Vermieter (anders liegt die Sache bei einem Energieversorger), um unerwünschte Mieter zum Auszug „zu bewegen" – solche Handlungen sind als verwerflich anzusehen. Entscheidend ist in der Praxis das Verstehen des Zusammenspiels von Absatz 1 und Absatz 2: Die Rechtswidrigkeit hängt von der Verwerflichkeit der Tathandlung unmittelbar ab – ohne Verwerflichkeit keine Rechtswidrigkeit und damit auch keine Bestrafung. Beachten Sie auch, dass die Verwerflichkeit als Voraussetzung der Rechtswidrigkeit nicht nur bei der Erpressung, sondern auch bei der **Nötigung** (siehe Kapitel 4.2.18) gefordert wird.

4.2.2.10. Räuberische Erpressung (§ 255 StGB)

Wird die Erpressung durch Gewalt gegen eine Person oder unter Anwendung von Drohungen mit gegenwärtiger Gefahr für Leib oder Leben begangen, so ist der Täter gleich einem Räuber zu bestrafen.

Die Rechtsfolge dieser Straftat zeigt die Parallelen zwischen den Deliktsformen „Raub" und „Erpressung". Merken Sie sich: **Raub** ist „mit Gewalt **wegnehmen**", **Erpressung** „mit Gewalt oder Drohung mit gegenwärtiger Gefahr **ein Geben** durch den Betroffenen zu erreichen".

Prüfungshinweis Diebstahl, Raub, Erpressung

*Bezüglich der Deliktsarten müssen Ihnen die **Grunddelikte** bekannt sein. Insbesondere in der mündlichen Prüfung müssen Sie die speziellen Tatbestandsmerkmale sicher und vollständig darstellen können – das gilt für die sichere **Aufzählung** und die **Bedeutung** der einzelnen Begriffe. Zum Beispiel bei der Thematik „Diebstahl" – oftmals fehlen in mündlichen Prüfungen die besonderen Merkmale, zB „beweglich" in Bezug auf die fremde Sache oder die „Zueignungsabsicht des Täters für sich oder einen Dritten". Da es aber auch in der Praxis darauf ankommt, bei Maßnahmen auf sicherer rechtlicher Grundlage zu handeln, kann eine unvollständige Antwort nicht als korrekte Antwort gewertet werden. Investieren Sie darum die notwendige Energie, um die Tatbestände „abzuspeichern" und auf diese Weise das erforderliche Wissen zum Bestehen Ihrer Prüfung auf Abruf bereit zu haben.*

4.2.3. Körperverletzungsdelikte

Was im vorangegangenen Kapitel zur Abstufung der einzelnen Normen aufgrund der unterschiedlichen Tatbestandsmerkmale gesagt wurde, ist auch auf die zweite wichtige Deliktgruppe anwendbar – denn auch bei den Körperverletzungsdelikten kommt es in der Praxis darauf an, die Delikte sicher beurteilen zu können.

4.2.3.1. Körperverletzung (§ 223 StGB)

(1) Wer eine andere Person körperlich misshandelt oder an der Gesundheit schädigt, wird mit Freiheitsstrafe bis zu fünf Jahren oder mit Geldstrafe bestraft.

(2) Der Versuch ist strafbar.

Es handelt sich bei der Körperverletzung in der Grundform um ein Vergehen, weil keine Mindeststrafe von einem Jahr droht, der Versuch ist allerdings strafbar, weil er durch den Absatz 2 ausdrücklich unter Strafe gestellt wird" – diese Formulierung wäre bei der Frage des Prüfers nach der Einordnung der Straftat korrekt und umfassend.

Zentrales Tatbestandsmerkmal ist die körperliche Misshandlung – darunter versteht man die üble, unangemessene Behandlung eines Menschen, die entweder das körperliche Wohlbefinden oder die körperliche Unversehrtheit beeinträchtigt. Es muss also weder eine sichtbare Verletzung noch eine stark blutende Wunde entstehen, um eine Körperverletzung zu begehen – sobald man das Wohlbefinden, also den „Wohlfühlstatus" des Gegenübers so beeinträchtigt, dass dieser sich eben nicht mehr „wohl fühlt", ist die Körperverletzung verwirklicht – allerdings darf diese Beeinträchtigung nicht bloß unerheblich sein. Der Schmerz nach einer Ohrfeige ist eine typische Beeinträchtigung des Wohlbefindens.

Bei Körperverletzung nach § 223 StGB handelt es sich um ein **Antragsdelikt**, das nur bei Bestehen eines öffentlichen Interesses von der Strafverfolgungsbehörde untersucht und verfolgt wird (§ 230 StGB).

4.2.3.2. Gefährliche Körperverletzung (§ 224 StGB)

(1) Wer die Körperverletzung

*1. durch **Beibringung von Gift** oder anderen gesundheitsschädlichen Stoffen,*

*2. mittels einer **Waffe** oder eines **anderen gefährlichen Werkzeugs**,*

*3. mittels eines **hinterlistigen Überfalls**,*

4. mit einem anderen Beteiligten ***gemeinschaftlich*** *oder*

5. mittels einer ***das Leben gefährdenden Behandlung***

begeht*, wird mit Freiheitsstrafe von sechs Monaten bis zu zehn Jahren, in minder schweren Fällen mit Freiheitsstrafe von drei Monaten bis zu fünf Jahren bestraft.*

(2) Der Versuch ist strafbar.

Diese Norm stellt hinsichtlich der Qualifizierung gegenüber der „einfachen" Körperverletzung **nicht** auf den **Taterfolg**, sondern auf die **Art der Tatbegehung** ab. In Absatz 1 werden verschiedene Tatbestandsmerkmale aufgezählt, die zu einer Bestrafung wegen gefährlicher Körperverletzung führen.

Als **Waffe** gelten im Strafrecht solche Gegenstände, die dazu gedacht sind, einen Menschen zu verletzen, also der klassische Schlagstock oder ein Kampfmesser, aber auch Schusswaffen oder Handgranaten. Der verwaltungsrechtliche **Waffenbegriff des Waffengesetzes** unterscheidet sich von dem des Strafrechts und darf daher nicht generell übernommen werden – denn der strafrechtliche Waffenbegriff ist weiter gefasst als der des Waffengesetzes. Unter den Begriff des **gefährlichen Werkzeugs** fallen beispielsweise Knüppel, Küchenmesser, Eisenstange oder auch der besonders schwere Arbeitsschuh, die allesamt nicht hergestellt wurden, um als Waffe zu dienen, gleichwohl aber aufgrund ihrer Beschaffenheit und durch die Nutzung zur Verletzung zu einem gefährlichen Werkzeug geworden sind.

Auch bei der gefährlichen Körperverletzung handelt es sich um ein Vergehen, der Versuch ist ausdrücklich mit Strafe bedroht.

4.2.3.3. Schwere Körperverletzung (§ 226 StGB)

(1) Hat die Körperverletzung ***zur Folge****, dass die verletzte Person*

1. das Sehvermögen auf einem Auge oder beiden Augen, das Gehör, das Sprechvermögen oder die Fortpflanzungsfähigkeit verliert,

2. ein wichtiges Glied des Körpers verliert oder dauernd nicht mehr gebrauchen kann oder

3. in erheblicher Weise dauernd entstellt wird oder in Siechtum, Lähmung oder geistige Krankheit oder Behinderung verfällt,

so ist die Strafe Freiheitsstrafe von einem Jahr bis zu zehn Jahren.

(2) Verursacht der Täter eine der in Absatz 1 bezeichneten Folgen absichtlich oder wissentlich, so ist die Strafe Freiheitsstrafe nicht unter drei Jahren.

(3) In minder schweren Fällen des Absatzes 1 ist auf Freiheitsstrafe von sechs Monaten bis zu fünf Jahren, in minder schweren Fällen des Absatzes 2 auf Freiheitsstrafe von einem Jahr bis zu zehn Jahren zu erkennen.

Die schwere Körperverletzung stellt, anders als die gefährliche Körperverletzung, auf den **Taterfolg** ab. Beachten Sie die Regelung in Absatz 2 – hier wird bei **gezielter Schädigung** der in Absatz 1 genannten Bereiche (etwa Säureangriff, um einen Menschen dauerhaft zu entstellen) die Strafe drastisch erhöht. In diesem Falle muss aber der Taterfolg ausdrücklich gewollt gewesen sein.

Schwere Körperverletzung ist ein Verbrechen (Mindeststrafe), der Versuch somit strafbar.

4.2.3.4. Fahrlässige Körperverletzung (§ 229 StGB)

Wer durch Fahrlässigkeit die Körperverletzung einer anderen Person verursacht, wird mit Freiheitsstrafe bis zu drei Jahren oder mit Geldstrafe bestraft.

Diese Norm fängt Fälle von fahrlässiger Begehung einer Körperverletzung im Sinne von § 223 StGB auf. Zum Begriff der Fahrlässigkeit lesen Sie bitte das entsprechende Kapitel des Lehrbuches.

Es ist ein **Vergehen**, der **Versuch** einer fahrlässigen Körperverletzung ist aufgrund mangelnden Vorsatzes prinzipiell **nicht möglich**.

Bei fahrlässiger Körperverletzung nach § 229 StGB handelt es sich um ein **Antragsdelikt**, das nur bei Bestehen eines öffentlichen Interesses von der Strafverfolgungsbehörde untersucht und verfolgt wird (§ 230 StGB) oder eben auf Antrag.

4.2.4. Hausfriedensbruch (§ 123 StGB)

(1) Wer in die Wohnung, in die Geschäftsräume oder in das befriedete Besitztum eines anderen oder in abgeschlossene Räume, welche zum öffentlichen Dienst oder Verkehr bestimmt sind, ***widerrechtlich eindringt****, oder wer, wenn er* ***ohne Befugnis darin verweilt****, auf die* ***Aufforderung des Berechtigten sich nicht entfernt****, wird mit Freiheitsstrafe bis zu einem Jahr oder mit Geldstrafe bestraft.*

(2) Die Tat wird ***nur auf Antrag*** *verfolgt.*

Der Tatbestand des Hausfriedensbruchs kann durch zwei gänzlich unterschiedliche Tatbestandsmerkmale erfüllt werden, entweder durch **widerrechtliches Eindringen** (Handlung) oder durch **unbefugtes Verweilen** trotz

Aufforderung zum Verlassen durch den Berechtigten (echtes Unterlassungsdelikt).

Geschützt durch § 123 StGB sind Wohnung einschließlich Nebenräumen (Keller, Bodenraum), Geschäftsraum (einschließlich Nebenräumen und Lagerflächen) und **befriedetes Besitztum**. Der geschützte Raum muss nicht durch Mauern oder Tore deutlich abgetrennt sein. Es gilt vielmehr, dass nach allgemeinen Maßstäben des Miteinanders erkennbar sein muss, dass es sich um ein befriedetes Besitztum und nicht mehr um öffentlichen Raum handelt und der Hausrechtsinhaber ein Betreten untersagt – schon eine niedrige Hecke als Grenze des Besitztums ist für jeden als Willensäußerung erkennbar. Ein spezielles Hinweisschild ist nicht erforderlich.

Die Aufforderung zum Verlassen muss durch den Inhaber des Hausrechts ausdrücklich erklärt werden. Der Mitarbeiter eines Sicherheitsdienstes steht hier als Besitzdiener (siehe auch Kapitel 5.1.3) dem Inhaber des Hausrechts gleich.

4.2.5. Störung des öffentlichen Friedens etc. (§ 126 StGB)

*(1) Wer in einer Weise, die **geeignet** ist, den öffentlichen Frieden zu stören,*

1. einen der in § 125a Satz 2 Nr. 1 bis 4 bezeichneten Fälle des Landfriedensbruchs,

2. einen Mord (§ 211), Totschlag (§ 212) oder Völkermord (§ 6 des Völkerstrafgesetzbuches) oder ein Verbrechen gegen die Menschlichkeit (§ 7 des Völkerstrafgesetzbuches) oder ein Kriegsverbrechen (§§ 8, 9, 10, 11 oder 12 des Völkerstrafgesetzbuches),

3. eine schwere Körperverletzung (§ 226),

4. eine Straftat gegen die persönliche Freiheit in den Fällen des § 232 Abs. 3, 4 oder Abs. 5, des § 233 Abs. 3, jeweils soweit es sich um Verbrechen handelt, der §§ 234, 234a, 239a oder 239b,

5. einen Raub oder eine räuberische Erpressung (§§ 249 bis 251 oder 255),

6. ein gemeingefährliches Verbrechen in den Fällen der §§ 306 bis 306c oder 307 Abs. 1 bis 3, des § 308 Abs. 1 bis 3, des § 309 Abs. 1 bis 4, der §§ 313, 314 oder 315 Abs. 3, des § 315b Abs. 3, des § 316a Abs. 1 oder 3, des § 316c Abs. 1 oder 3 oder des § 318 Abs. 3 oder 4 oder

7. ein gemeingefährliches Vergehen in den Fällen des § 309 Abs. 6, des § 311 Abs. 1, des § 316b Abs. 1, des § 317 Abs. 1 oder des § 318 Abs. 1

***androht**, wird mit Freiheitsstrafe bis zu drei Jahren oder mit Geldstrafe bestraft.*

(2) Ebenso wird bestraft, wer in einer Weise, die geeignet ist, den öffentlichen Frieden zu stören, wider besseres Wissen vortäuscht, die Verwirklichung einer der in Absatz 1 genannten rechtswidrigen Taten stehe bevor.

Es handelt sich im Falle des § 126 StGB nicht um ein Delikt, das sich an einem Taterfolg messen lässt. Schon die Androhung der genannten Delikte ist strafbar, wenn diese Androhung zumindest geeignet ist, den öffentlichen Frieden zu stören.

Als **Androhung** gilt die Mitteilung, dass eine der genannten Straftaten bevorstehe und der Täter darauf Einfluss nehmen könnte. Bei der Begehung nach Absatz 2 ist allein die Vortäuschungshandlung Voraussetzung für die Strafbarkeit.

Unter dem Begriff „**öffentlicher Frieden**" versteht der Gesetzgeber eine Stimmung in der Bevölkerung, wie sie typischerweise in Friedenszeiten vorherrscht, also sein Leben in Ruhe und Frieden zu führen.

4.2.6. Amtsanmaßung (§ 132 StGB)

Wer unbefugt sich mit der Ausübung eines öffentlichen Amtes befasst oder eine Handlung vornimmt, welche nur kraft eines öffentlichen Amtes vorgenommen werden darf, wird mit Freiheitsstrafe bis zu zwei Jahren oder mit Geldstrafe bestraft.

Die „unbefugte Ausübung eines öffentlichen Amtes" kann nur allzu leicht verwirklicht werden, indem der Täter durch sein Handeln vorgibt, eine Amtsperson zu sein, und sich dabei auch als Amtsperson ausgibt. Beachten Sie: Die bloße verbale Äußerung, man sei Polizeibeamter, ist ohne eine entsprechende Begleithandlung (Festnahme, Strafzettelerstellung etc.) noch keine Amtsanmaßung.

Beachten Sie auch die zweite Variante des Tatbestandes - die Vornahme einer Handlung, die nur kraft eines öffentlichen Amtes vorgenommen werden darf (Versenden angeblicher Behördenschreiben, Anbringen von Strafzetteln an fremden Fahrzeugen etc.). Darum enthält die BewachV in § 17 auch dazu eine entsprechende Vorschrift, die den Mitarbeiter regelmäßig daran erinnern soll, dass er nicht die Eigenschaften und Befugnisse eines Polizeibeamten, Hilfspolizeibeamten oder sonstigen Mitarbeiters einer Behörde besitzt. Der Tatbestand der „Ausübung eines öffentlichen Amtes" muss dabei **durch**

die Art der Handlung erkennbar sein, der Täter selbst muss sich nicht als „Amtsträger“ bezeichnen.

4.2.7. Missbrauch von Titeln etc. (§ 132a StGB)

(1) Wer ***unbefugt***

1. ***inländische oder ausländische Amts- oder Dienstbezeichnungen****, akademische Grade, Titel oder öffentliche Würden führt,*

...

2. ***inländische oder ausländische Uniformen, Amtskleidungen oder Amtsabzeichen*** *trägt,*

wird mit Freiheitsstrafe bis zu einem Jahr oder mit Geldstrafe bestraft.

(2) Den in Absatz 1 genannten Bezeichnungen, akademischen Graden, Titeln, Würden, Uniformen, Amtskleidungen oder Amtsabzeichen stehen solche gleich, die ihnen zum Verwechseln ähnlich sind.

(3) (4) ...

Nach § 132a StGB macht sich beispielsweise strafbar, wer inländische oder ausländische Uniformen, Amtskleidungen oder Amtsabzeichen trägt. Die Ihnen schon bekannte Vorschrift der Bewachungsverordnung zur Dienstkleidung (§ 19 BewachV) hat auch eine Schutzfunktion für Mitarbeiter von privaten Sicherheitsdiensten - der Unternehmer (Gewerbetreibender nach BewachV) hat dafür zu sorgen, dass seine Mitarbeiter nicht in die „Falle“ des § 132a StGB gehen. In der Praxis finden sich immer noch zahlreiche Beispiele, dass manche Unternehmen es mit dieser Unterscheidbarkeit bewusst nicht ernst nehmen, um für ihre Kunden (und möglicherweise auch für den Täter) „wie Polizei zu wirken“.

4.2.8. Nichtanzeige geplanter Straftaten (§ 138 StGB)

(1) Wer von dem Vorhaben oder der Ausführung

1. einer Vorbereitung eines Angriffskrieges (§ 80),

2. eines Hochverrats in den Fällen der §§ 81 bis 83 Abs. 1,

3. eines Landesverrats oder einer Gefährdung der äußeren Sicherheit in den Fällen der §§ 94 bis 96, 97a oder 100,

4. einer Geld- oder Wertpapierfälschung in den Fällen der §§ 146, 151, 152 oder einer Fälschung von Zahlungskarten mit Garantiefunktion und Vordrucken für Euroschecks in den Fällen des § 152b Abs. 1 bis 3,

5. eines Mordes (§ 211) oder Totschlags (§ 212) oder eines Völkermordes (§ 6 des Völkerstrafgesetzbuches) oder eines Verbrechens gegen die Menschlichkeit (§ 7 des Völkerstrafgesetzbuches) oder eines Kriegsverbrechens (§§ 8, 9, 10, 11 oder 12 des Völkerstrafgesetzbuches),

6. einer Straftat gegen die persönliche Freiheit in den Fällen des § 232 Abs. 3, 4 oder Abs. 5, des § 233 Abs. 3, jeweils soweit es sich um Verbrechen handelt, der §§ 234, 234a, 239a oder 239b,

7. eines Raubes oder einer räuberischen Erpressung (§§ 249 bis 251 oder 255) oder

8. einer gemeingefährlichen Straftat in den Fällen der §§ 306 bis 306c oder 307 Abs. 1 bis 3, des § 308 Abs. 1 bis 4, des § 309 Abs. 1 bis 5, der §§ 310, 313, 314 oder 315 Abs. 3, des § 315b Abs. 3 oder der §§ 316a oder 316c

***zu einer Zeit, zu der die Ausführung oder der Erfolg noch abgewendet werden kann**, glaubhaft erfährt und es unterlässt, der Behörde oder dem Bedrohten rechtzeitig Anzeige zu machen, wird mit Freiheitsstrafe bis zu fünf Jahren oder mit Geldstrafe bestraft.*

(2) Ebenso wird bestraft, wer von der Ausführung einer Straftat nach § 89a oder von dem Vorhaben oder der Ausführung einer Straftat nach § 129a, auch in Verbindung mit § 129b Abs. 1 Satz 1 und 2, zu einer Zeit, zu der die Ausführung noch abgewendet werden kann, glaubhaft erfährt und es unterlässt, der Behörde unverzüglich Anzeige zu erstatten. § 129b Abs. 1 Satz 3 bis 5 gilt im Fall der Nummer 2 entsprechend.

(3) Wer die Anzeige leichtfertig unterlässt, obwohl er von dem Vorhaben oder der Ausführung der rechtswidrigen Tat glaubhaft erfahren hat, wird mit Freiheitsstrafe bis zu einem Jahr oder mit Geldstrafe bestraft.

Der Wortlaut der Vorschrift ist unmissverständlich. Wesentlich ist, dass **nicht jede Straftat** angezeigt werden muss, sondern **nur besonders gefährliche und verwerfliche Taten** wie beispielsweise Mord oder Menschenraub.

4.2.9. Missbrauch von Notrufen und Beeinträchtigung von Unfallverhütungs- und Nothilfemitteln (§ 145 StGB)

*(1) Wer **absichtlich** oder **wissentlich***

*1. Notrufe oder Notzeichen **missbraucht** oder*

*2. **vortäuscht**, dass wegen eines Unglücksfalles oder wegen gemeiner Gefahr oder Not **die Hilfe anderer erforderlich** sei,* *wird mit Freiheitsstrafe bis zu einem Jahr oder mit Geldstrafe bestraft.*

(2) Wer ***absichtlich*** *oder* ***wissentlich***

1. die zur Verhütung von Unglücksfällen oder gemeiner Gefahr dienenden ***Warn- oder Verbotszeichen beseitigt, unkenntlich macht oder in ihrem Sinn entstellt*** *oder*

2. die zur Verhütung von Unglücksfällen oder gemeiner Gefahr dienenden ***Schutzvorrichtungen oder die zur Hilfeleistung bei Unglücksfällen oder gemeiner Gefahr bestimmten Rettungsgeräte oder anderen Sachen beseitigt, verändert oder unbrauchbar*** *macht,*

wird mit Freiheitsstrafe bis zu zwei Jahren oder mit Geldstrafe bestraft, wenn die Tat nicht in § 303 oder § 304 mit Strafe bedroht ist.

Die durch **Fettdruck** hervorgehobenen Tatbestandsmerkmale werden insbesondere durch „Spaßvögel" oder betrunkene Personen nicht selten verwirklicht, etwa durch **Betätigung der Notbremse** in einem Zug. Aber auch das Abschießen einer roten Leuchtkugel an der Küste zum Silvesterfest verwirklicht den Tatbestand, da eine rote Leuchtkugel ein international bekanntes Seenotsignal ist, das grundsätzlich Seenotretter auf den Plan ruft.

4.2.10. Falsche uneidliche Aussage (§ 153 StGB)

Wer vor Gericht oder vor einer anderen zur eidlichen Vernehmung von Zeugen oder Sachverständigen zuständigen Stelle als Zeuge oder Sachverständiger uneidlich falsch ***aussagt****, wird mit Freiheitsstrafe von drei Monaten bis zu fünf Jahren bestraft.* **(Erklärung siehe folgend: Meineid)**

4.2.11. Meineid (§ 154 StGB)

(1) Wer vor Gericht oder vor einer anderen zur Abnahme von Eiden zuständigen Stelle falsch ***schwört****, wird mit Freiheitsstrafe nicht unter einem Jahr bestraft.*

(2) In minder schweren Fällen ist die Strafe Freiheitsstrafe von sechs Monaten bis zu fünf Jahren.

Diese Straftaten werden nicht nur durch eine falsche Aussage vor Gericht verwirklicht, sondern auch durch falsche Aussagen gegenüber einer sogenannten „zuständigen Stelle" (zum Beispiel gegenüber einem Rechtspfleger), entweder **falsch aussagt** (§ 153 StGB) oder **falsch schwört**, also unter Eid (§154 StGB). Dabei ist nicht allein die Falschaussage als eine bewusste Verfälschung von Tatsachen erfasst, sondern auch das Verschweigen besonderer Umstände.

*Beachten Sie auch den Themenkreis „**Strafprozessrecht**" ab Seite 139.*

4.2.12. Falsche Verdächtigung (§ 164 StGB)

*(1) Wer einen anderen **bei einer Behörde** oder **einem zur Entgegennahme von Anzeigen zuständigen Amtsträger** oder militärischen Vorgesetzten **oder öffentlich wider besseres Wissen** einer rechtswidrigen Tat oder der Verletzung einer Dienstpflicht **in der Absicht** verdächtigt, **ein behördliches Verfahren oder andere behördliche Maßnahmen gegen ihn herbeizuführen oder fortdauern zu lassen**, wird mit Freiheitsstrafe bis zu fünf Jahren oder mit Geldstrafe bestraft.*

(2) Ebenso wird bestraft, wer in gleicher Absicht bei einer der in Absatz 1 bezeichneten Stellen oder öffentlich über einen anderen wider besseres Wissen eine sonstige Behauptung tatsächlicher Art aufstellt, die geeignet ist, ein behördliches Verfahren oder andere behördliche Maßnahmen gegen ihn herbeizuführen oder fortdauern zu lassen.

(3) Mit Freiheitsstrafe von sechs Monaten bis zu zehn Jahren wird bestraft, wer die falsche Verdächtigung begeht, um eine Strafmilderung oder ein Absehen von Strafe nach § 46b dieses Gesetzes oder § 31 des Betäubungsmittelgesetzes zu erlangen. In minder schweren Fällen ist die Strafe Freiheitsstrafe von drei Monaten bis zu fünf Jahren.

Unsere freie Gesellschaft baut auf Vertrauen auf, das beispielsweise auch in die Aussagen von Personen gesetzt wird, wenn diese beispielsweise gegenüber einer Behörde über Straftaten eines Dritten berichten. Wenn eine solche Verdächtigung in der Absicht erfolgt, den Betroffenen den besonderen Strapazen auszusetzen, die behördliche Ermittlungen in der Regel mit sich bringen (Aussagen, Anwaltstermine und –kosten, aber auch körperliche bzw. seelische Schäden durch Stress), obwohl dem Täter bekannt ist, dass der Verdächtigte keine Straftat begangen hat, gebietet es die Funktion des Strafgesetzes, einen solchen **Missbrauch der Behörden** zum Zwecke der Belästigung eines Dritten **hart zu bestrafen**. Die Art der Straftat, derer der Betroffene falsch verdächtigt wird, ist bezüglich der Strafbarkeit unerheblich!

4.2.13. Beleidigung (§ 185 StGB)

Die Beleidigung wird mit Freiheitsstrafe bis zu einem Jahr oder mit Geldstrafe und, wenn die Beleidigung mittels einer Tätlichkeit begangen wird, mit Freiheitsstrafe bis zu zwei Jahren oder mit Geldstrafe bestraft.

Die Vorschriften des Strafgesetzbuches zur Beleidigung schützen die Ehre, also einen zu bestimmenden Begriff, der je nach Sichtweise und kulturellem Hintergrund durchaus unterschiedlich aufgefasst werden kann.

Unter dem Begriff „Ehre“ ist juristisch ein personenbezogenes Rechtsgut jedes einzelnen Menschen zu sehen, das von Dritten durch abfällige oder missachtende Äußerungen nicht verletzt werden darf. Denken Sie zurück an die „Würde des Menschen“ – auch dieser uns eigentlich vertraute, aber so schwer fassbare Begriff ist durch die Gesetze geschützt.

Ebenso schwer wie eine Definition des Begriffs „Ehre“ ist die Frage zu beantworten, was unter einer **Beleidigung** zu verstehen ist. Sie kann härter bestraft werden, wenn sie mittels einer **Tätlichkeit** wie Anspucken etc. begangen wird. **Tathandlung der Beleidigung ist zunächst eine Äußerung über den Betroffenen, ob mit Worten, Gesten oder sogar Bildern.** Diese Äußerung muss **geeignet** sein, die Ehre des anderen zu verletzen. Wichtig ist, dass die Beleidigung einen Adressaten verlangt – das kann der Betroffene sein, aber auch ein Dritter.

4.2.14. Üble Nachrede (§ 186 StGB)

*Wer in Beziehung auf einen anderen eine **Tatsache behauptet oder verbreitet**, welche denselben **verächtlich** zu machen oder **in der öffentlichen Meinung herabzuwürdigen geeignet** ist, wird, **wenn nicht diese Tatsache erweislich wahr ist**, mit Freiheitsstrafe bis zu einem Jahr oder mit Geldstrafe und, wenn die Tat öffentlich oder durch Verbreiten von Schriften (§ 11 Abs. 3) begangen ist, mit Freiheitsstrafe bis zu zwei Jahren oder mit Geldstrafe bestraft.*

Im Unterschied zur **Beleidigung** wird wegen **übler Nachrede** bestraft, wer Tatsachen über einen anderen behauptet oder verbreitet, die geeignet sind, den anderen verächtlich zu machen oder in der öffentlichen Meinung herabzuwürdigen, wenn er seine Behauptungen nicht beweisen kann. Hier ist es also nicht nur das Behaupten, sondern auch das Verbreiten von Tatsachen. Es geht bei der üblen Nachrede nicht um den Inhalt der Botschaft, sondern den Akt des Behauptens oder Verbreitens unwahrer Tatsachen.

4.2.15. Verleumdung (§ 187 StGB)

*Wer wider besseres Wissen in Beziehung auf einen anderen eine **unwahre Tatsache behauptet oder verbreitet**, welche denselben **verächtlich** zu machen oder **in der öffentlichen Meinung herabzuwürdigen** oder dessen **Kredit zu gefährden geeignet** ist, wird mit Freiheitsstrafe bis zu zwei Jahren oder* *mit Geldstrafe und, wenn die Tat öffentlich, in einer Versammlung oder durch Verbreiten von Schriften (§ 11 Abs. 3) begangen ist, mit Freiheitsstrafe bis zu fünf Jahren oder mit Geldstrafe bestraft.*

Verleumdung schließlich, als drittes der Beleidigungsdelikte, ist das Behaupten oder Verbreiten unwahrer Tatsachen wider besseres eigenes Wissen.

4.2.16. Nachstellung, Stalking (§ 238 StGB)

*(1) Wer einem Menschen **unbefugt** nachstellt, indem er beharrlich*

*1. seine **räumliche Nähe aufsucht,***

*2. unter **Verwendung von Telekommunikationsmitteln** oder sonstigen Mitteln der Kommunikation **oder über Dritte Kontakt zu ihm herzustellen** versucht,*

*3. unter missbräuchlicher Verwendung von dessen personenbezogenen Daten **Bestellungen von Waren oder Dienstleistungen für ihn aufgibt oder Dritte veranlasst, mit diesem Kontakt aufzunehmen,***

4. ihn mit der Verletzung von Leben, körperlicher Unversehrtheit, Gesundheit oder Freiheit seiner selbst oder einer ihm nahe stehenden Person bedroht oder

5. eine andere vergleichbare Handlung vornimmt

und dadurch seine Lebensgestaltung schwerwiegend beeinträchtigt, wird mit Freiheitsstrafe bis zu drei Jahren oder mit Geldstrafe bestraft.

(2) Auf Freiheitsstrafe von drei Monaten bis zu fünf Jahren ist zu erkennen, wenn der Täter das Opfer, einen Angehörigen des Opfers oder eine andere dem Opfer nahe stehende Person durch die Tat in die Gefahr des Todes oder einer schweren Gesundheitsschädigung bringt.

(3) Verursacht der Täter durch die Tat den Tod des Opfers, eines Angehörigen des Opfers oder einer anderen dem Opfer nahe stehenden Person, so ist die Strafe Freiheitsstrafe von einem Jahr bis zu zehn Jahren.

(4) In den Fällen des Absatzes 1 wird die Tat nur auf Antrag verfolgt, es sei denn, dass die Strafverfolgungsbehörde wegen des besonderen öffentlichen Interesses an der Strafverfolgung ein Einschreiten von Amts wegen für geboten hält.

Dieser Tatbestand ist besser unter dem Begriff „**Stalking**“ bekannt. Klassisch verfolgt ein Stalker sein Opfer wahrnehmbar, terrorisiert es mit Anrufen, Briefen, eMails oder durch Bestellung von Waren auf Namen und Rechnung des

Betroffenen. Bestraft wird beispielsweise auch das Aufgeben einer Todesanzeige auf den Namen der oder auch des Betroffenen – denn nicht nur Frauen, auch Männer können Stalking-Opfer sein. Auch das Aufgeben falscher Anzeigen, die ein besonders begehrtes Produkt ungewöhnlich preiswert anbieten und dazu führen, dass das Telefon des Opfers förmlich nicht mehr stillsteht, ist Nachstellung im Sinne des Strafgesetzes.

Um den Tatbestand der Nachstellung zu erfüllen, ist dem Täter eine Beharrlichkeit seines Handelns nachzuweisen. Zudem muss er seinem Opfer unbefugt nachstellen. **Unbefugt** handelt der Täter dann, wenn er **gegen den Willen des Opfers** handelt und **keine Befugnis** aufgrund eines Amtes oder einer besonderen Erlaubnis gegeben ist, etwa als Vormund.

Es handelt sich um ein Antragsdelikt, das bei Vorliegen eines besonderen öffentlichen Interesses allerdings auch von Amts wegen verfolgt werden kann.

4.2.17. Freiheitsberaubung (§ 239 StGB)

*(1) Wer einen Menschen **einsperrt** oder **auf andere Weise der Freiheit beraubt**, wird mit Freiheitsstrafe bis zu fünf Jahren oder mit Geldstrafe bestraft.*

(2) Der Versuch ist strafbar.

(3) Auf Freiheitsstrafe von einem Jahr bis zu zehn Jahren ist zu erkennen, wenn der Täter

1. das Opfer länger als eine Woche der Freiheit beraubt oder

2. durch die Tat oder eine während der Tat begangene Handlung eine schwere Gesundheitsschädigung des Opfers verursacht.

(4) Verursacht der Täter durch die Tat oder eine während der Tat begangene Handlung den Tod des Opfers, so ist die Strafe Freiheitsstrafe nicht unter drei Jahren.

(5) In minder schweren Fällen des Absatzes 3 ist auf Freiheitsstrafe von sechs Monaten bis zu fünf Jahren, in minder schweren Fällen des Absatzes 4 auf Freiheitsstrafe von einem Jahr bis zu zehn Jahren zu erkennen.

„Einsperren" ist das Festhalten einer Person in einem vollständig umschlossenen Raum oder Gelände, aus dem oder von dem sich der Betroffene nicht entfernen kann, weil er durch Hindernisse (verschlossene Tür, Mauer, Zaun) daran gehindert wird. Der Begriff „Freiheit" bezeichnet die Fortbewegungsfreiheit und meint damit die „Freiheit zur Ortsveränderung".

Wird also eine Person gegen ihren Willen an einem Ort festgehalten (etwa im Detektivbüro eines Warenhauses), handelt es sich tatbestandsmäßig um eine Freiheitsberaubung. Sie kann gerechtfertigt sein, etwa im Falle eines Diebes, der sich nicht ausweisen kann oder will. Das Blockieren des Ausgangs eines Gebäudes erfüllt den Tatbestand der Freiheitsberaubung. Keine Freiheitsberaubung ist dagegen das kurze Festhalten eines Gegners im Verlaufe einer Schlägerei.

4.2.18. Nötigung (§ 240 StGB)

(1) Wer einen Menschen ***rechtswidrig*** *mit Gewalt oder durch Drohung mit einem empfindlichen Übel zu einer Handlung, Duldung oder Unterlassung nötigt, wird mit Freiheitsstrafe bis zu drei Jahren oder mit Geldstrafe bestraft.*

(2) Rechtswidrig ist die Tat, wenn die Anwendung der Gewalt oder die Androhung des Übels zu dem angestrebten Zweck als verwerflich anzusehen ist.

(3) Der Versuch ist strafbar.

(4) In besonders schweren Fällen ist die Strafe Freiheitsstrafe von sechs Monaten bis zu fünf Jahren. Ein besonders schwerer Fall liegt in der Regel vor, wenn der Täter

1. eine andere Person zu einer sexuellen Handlung oder zur Eingehung der Ehe nötigt,

2. eine Schwangere zum Schwangerschaftsabbruch nötigt oder

3. seine Befugnisse oder seine Stellung als Amtsträger missbraucht.

Während die Freiheitsberaubung nach § 239 StGB die Freiheit zur *Ortsveränderung* einschränken muss, setzt der Tatbestand der Nötigung keine solche Ortsgebundenheit voraus, sondern eine Einwirkung auf den Willen oder die Ausführung einer Handlung. Bezüglich der Tatbestandsmerkmale, insbesondere zur **Verwerflichkeit der Handlung**, lesen Sie bitte die Anmerkungen zur Erpressung (§ 253 StGB) in Kapitel 4.2.2.9. Beachten Sie: Nur wenn die Verwerflichkeit der Handlung gegeben ist, ist die Tat auch rechtswidrig.

Als „Gewalt" sind körperliche Zwangshandlungen zu verstehen, die den geleisteten oder zu erwartenden Widerstand einer Person brechen sollen – dazu zählen beispielsweise Handfesseln.

Zu beachten ist bei § 240 StGB die Strafverschärfung für **Amtsträger** in Absatz 4 – unter den Begriff Amtsträger fallen regelmäßig nicht die Unternehmer oder Beschäftigten im Bewachungsgewerbe.

4.2.19. Bedrohung (§ 241 StGB)

(1) Wer einen Menschen mit der Begehung eines gegen ihn oder eine ihm nahestehende Person gerichteten ***Verbrechens*** *bedroht, wird mit Freiheitsstrafe bis zu einem Jahr oder mit Geldstrafe bestraft.*

(2) Ebenso wird bestraft, wer wider besseres Wissen einem Menschen vortäuscht, dass die Verwirklichung eines gegen ihn oder eine ihm nahestehende Person gerichteten Verbrechens bevorstehe.

Die strafrechtlich bewehrte Bedrohung setzt immer voraus, dass ein Verbrechen angedroht oder als bevorstehend vorgetäuscht wird – somit ist die Bedrohung mit einer Körperverletzung (Vergehen) nicht ausreichend; erst die Drohung mit einer schweren Körperverletzung (Verbrechen, Mindestfreiheitsstrafe ein Jahr) würde den Tatbestand erfüllen.

In der Praxis kommt neben der Frage der angedrohten Tat auch der Ernsthaftigkeit der Situation eine Bedeutung zu. Dabei kommt es nicht darauf an, ob dem Täter das angedrohte Verbrechen wirklich möglich wäre. Auch ist es belanglos, ob das Opfer die Bedrohung in diesem Moment ernst nimmt. Wenn es sich dagegen um typische „Balzrituale“ von Jugendlichen oder alkoholisierten Personen handelt oder es aufgrund der Situation „zum guten Ton“ gehört, einem anderen ein „Alter, ich bring' Dich um!“ entgegenzuschreien, wird eine Strafanzeige wegen Bedrohung mangels Ernsthaftigkeit des „Täters“ lediglich zu Verwaltungsaufwand, nicht aber zu einer Verurteilung führen.

4.2.20. Begünstigung (§ 257 StGB)

(1) Wer einem anderen, der eine rechtswidrige Tat begangen hat, in der Absicht Hilfe leistet, ihm die Vorteile der Tat zu sichern, wird mit Freiheitsstrafe bis zu fünf Jahren oder mit Geldstrafe bestraft.

(2) Die Strafe darf nicht schwerer sein als die für die Vortat angedrohte Strafe.

(3) Wegen Begünstigung wird nicht bestraft, wer wegen Beteiligung an der Vortat strafbar ist. Dies gilt nicht für denjenigen, der einen an der Vortat Unbeteiligten zur Begünstigung anstiftet.

(4) Die Begünstigung wird nur auf Antrag, mit Ermächtigung oder auf Strafverlangen verfolgt, wenn der Begünstiger als Täter oder Teilnehmer der Vortat nur auf Antrag, mit Ermächtigung oder auf Strafverlangen verfolgt werden könnte. § 248a gilt sinngemäß.

Informationen zu diesem Delikt entnehmen sie bitte dem folgenden Kapitel.

4.2.21. Strafvereitelung (§ 258 StGB)

(1) Wer absichtlich oder wissentlich ganz oder zum Teil vereitelt, dass ein anderer dem Strafgesetz gemäß wegen einer rechtswidrigen Tat bestraft oder einer Maßnahme (§ 11 Abs. 1 Nr. 8) unterworfen wird, wird mit Freiheitsstrafe bis zu fünf Jahren oder mit Geldstrafe bestraft.

(2) Ebenso wird bestraft, wer absichtlich oder wissentlich die Vollstreckung einer gegen einen anderen verhängten Strafe oder Maßnahme ganz oder zum Teil vereitelt.

(3) Die Strafe darf nicht schwerer sein als die für die Vortat angedrohte Strafe.

(4) Der Versuch ist strafbar.

(5) Wegen Strafvereitelung wird nicht bestraft, wer durch die Tat zugleich ganz oder zum Teil vereiteln will, dass er selbst bestraft oder einer Maßnahme unterworfen wird oder dass eine gegen ihn verhängte Strafe oder Maßnahme vollstreckt wird.

(6) Wer die Tat zugunsten eines Angehörigen begeht, ist straffrei.

Die Tatbestände „Begünstigung" und „Strafvereitelung" werden durch direkte Gegenüberstellung wesentlicher Tatbestandsmerkmale leichter klar – lesen Sie dazu die abgedruckten Gesetzestexte beider Tatbestände noch einmal aufmerksam und vergleichen Sie diese miteinander.

Betrachten wir zunächst den Erfolg der Tat, so fällt auf, dass eine **Begünstigung unabhängig von einem Erfolg** der Tat zu bestrafen ist, während der Tatbestand der **Strafvereitelung** erst dann erfüllt ist, wenn der eigentliche **Täter nicht bestraft** wird.

Wer einen Täter **begünstigt**, schützt ihn vor dem Zugriff des Geschädigten oder der staatlichen Organe der Rechtspflege. Insofern ist es nicht notwendig, etwa einen Polizeibeamten zu täuschen – auch Handlungen, die den Geschädigten oder dessen Besitzdiener an der Verfolgung des Täters hindern, erfüllen den Tatbestand der Begünstigung.

Die zugrundeliegende Tat muss rechtswidrig sein. Dazu kann, je nach Delikt, bereits der Versuch ausreichen. Beachten Sie hier die Abgrenzung zur Beihilfe - § 257 Abs. 3 StGB besagt, das derjenige nicht wegen Begünstigung bestraft wird, der wegen Beteiligung an der Vortat ohnehin strafbar ist. Er hat naturgemäß ein Interesse daran, dass die Vorteile der Tat gesichert werden und würde sonst doppelt bestraft werden.

Strafvereitelung bedeutet, dass der Handelnde den Täter vor staatlicher Bestrafung schützt, und zwar in dem vollen Umfang, in dem er zu verurteilen wäre. Eine teilweise Strafvereitelung, etwa durch Unterdrückung von Beweismitteln, die das Strafmaß verringern, könnte als Strafvereitelung verfolgt werden.

Auch für die Strafvereitelung gilt, dass die Tat **durch Unterlassen begangen** werden kann, wenn eine **Garantenstellung** gegeben ist – dies ist bei Mitarbeitern im Bewachungsgewerbe, zu deren Aufgaben der Schutz der Ansprüche des Auftraggebers gegen einen Täter zählt, grundsätzlich gegeben. Bitte lesen Sie dazu noch einmal Kapitel 4.1.11..

Die Vorschriften zur **Strafvereitelung im Amt** (§ 258a StGB) sind auf Mitarbeiter im Bewachungsgewerbe mangels Amtes nicht anwendbar.

4.2.22. Hehlerei (§ 259 StGB)

(1) Wer eine Sache, die ein anderer gestohlen oder sonst durch eine gegen fremdes Vermögen gerichtete rechtswidrige Tat erlangt hat, ankauft oder sonst sich oder einem Dritten verschafft, sie absetzt oder absetzen hilft, um sich oder einen Dritten zu bereichern, wird mit Freiheitsstrafe bis zu fünf Jahren oder mit Geldstrafe bestraft.

(2) Die §§ 247 und 248a gelten sinngemäß.

(3) Der Versuch ist strafbar.

Die besondere Gefahr, die für das Vermögen eines Opfers durch die Tätigkeit eines Hehlers ausgeht, wird durch den Strafrahmen deutlich. Das Stehlgut wird dem Zugriff des Geschädigten (auch räumlich) weiter entzogen. Außerdem erhöht der Hehler schon durch seine Bereitschaft, das unrechtmäßig erlangte Gut abzunehmen und ihm dafür einen anderen Vorteil (in der Regel einen Geldbetrag) zu verschaffen, den Anreiz für Dieb oder Räuber. In der Praxis ist zu prüfen, ob der Hehler (Täter) nicht bereits an der vorangegangenen (Wegnahme-) Tat beteiligt war – in diesem Falle kann er nicht als Hehler bestraft werden, wohl aber wegen Beteiligung an dem Diebstahlsdelikt.

Beachten Sie den Verweis auf § 248a StGB, wonach **bei geringwertigen Sachen die Hehlerei nur auf Antrag verfolgt** wird.

4.2.23. Betrug (§ 263 StGB)

*(1) Wer in der **Absicht**, **sich oder einem Dritten** einen **rechtswidrigen Vermögensvorteil zu verschaffen**, das **Vermögen eines anderen** dadurch **beschädigt**, dass er **durch Vorspiegelung falscher oder durch Entstellung oder***

Unterdrückung wahrer Tatsachen einen Irrtum erregt *oder* ***unterhält****, wird mit Freiheitsstrafe bis zu fünf Jahren oder mit Geldstrafe bestraft.*

(2) Der Versuch ist strafbar.

(3) – (7) ...

Der Tatbestand des Betruges nennt gleich **zwei wesentliche Forderungen**, die durch den Täter erfüllt sein müssen. So reicht es nicht allein aus, das **Vermögen eines anderen zu beschädigen**, sondern es muss die **Absicht** vorhanden sein, dass der Täter **sich oder einem Dritten** einen **rechtswidrigen Vermögensvorteil** verschafft. Eine fahrlässige Begehung scheidet aufgrund der Absichts-Bedingung aus.

4.2.24. Computerbetrug (§ 263a StGB)

(1) Wer in der Absicht, sich oder einem Dritten einen rechtswidrigen Vermögensvorteil zu verschaffen, das Vermögen eines anderen dadurch beschädigt, dass ***er das Ergebnis eines Datenverarbeitungsvorgangs durch unrichtige Gestaltung des Programms, durch Verwendung unrichtiger oder unvollständiger Daten, durch unbefugte Verwendung von Daten oder sonst durch unbefugte Einwirkung auf den Ablauf beeinflusst****, wird mit Freiheitsstrafe bis zu fünf Jahren oder mit Geldstrafe bestraft.*

(2) § 263 Abs. 2 ... gilt entsprechend.

(3) Wer eine Straftat nach Absatz 1 vorbereitet, indem er Computerprogramme, deren Zweck die Begehung einer solchen Tat ist, herstellt, sich oder einem anderen verschafft, feilhält, verwahrt oder einem anderen überlässt, wird mit Freiheitsstrafe bis zu drei Jahren oder mit Geldstrafe bestraft.

(4) ...

In Ergänzung zum Betrug (§ 263 StGB) hat der Gesetzgeber den Tatbestand des Computerbetrugs geschaffen – aus der Not heraus, weil es bei der Verfolgung von Straftaten nicht selten aufgrund einer Gesetzeslücke nicht zur Verurteilung der Täter kam. So konnte etwa bei der Manipulation von Daten auf einem fremden Computer oder Übermitteln verfälschter Daten das Tatbestandsmerkmal des „Irrtum erregen" nicht erfüllt werden, weil nicht ein Mensch, sondern eine Maschine „betrogen" wurde – und Computer können bekanntlich nicht irren. Durch die Abstellung auf Manipulation von Daten, Programmen oder des Ablaufs von EDV-Anlagen und den Verzicht auf die Tathandlung „Irrtum erregen oder unterhalten" wird nach Schaffung von § 263a StGB bei gleichem Strafrahmen auch diese junge Form des Betruges bestraft werden können.

4.2.25. Erschleichen von Leistungen (§ 265a StGB)

*(1) Wer die Leistung eines **Automaten** oder eines **öffentlichen Zwecken dienenden Telekommunikationsnetzes**, die **Beförderung durch ein Verkehrsmittel** oder den **Zutritt zu einer Veranstaltung oder einer Einrichtung** in der **Absicht** erschleicht, **das Entgelt nicht zu entrichten**, wird mit Freiheitsstrafe bis zu einem Jahr oder mit Geldstrafe bestraft, wenn die Tat nicht in anderen Vorschriften mit schwererer Strafe bedroht ist.*

(2) Der Versuch ist strafbar.

(3) Die §§ 247 und 248a gelten entsprechend.

Das Erschleichen von Leistungen **ergänzt als Auffangtatbestand den Betrug** nach § 263 StGB. Wie schon der Computerbetrug nach § 263a StGB fällt auch die Manipulation von Fahrkartenautomaten oder elektronischen Einlasskontrollen **mangels eines getäuschten Menschen** nicht unter den Tatbestand des Betruges. Durch § 265a StGB werden auch die vier in der Norm genannten Begehungsarten strafbar. Voraussetzung ist die Absicht, das Entgelt nicht zu entrichten, welches normalerweise oder im konkreten Falle für das Erbringen der Leistung (Personenbeförderung, Telefongespräch oder auch Konzertdarbietung) durch den Leistungserbringer gefordert wird.

4.2.26. Untreue (§ 266 StGB)

*(1) Wer die ihm durch Gesetz, behördlichen Auftrag oder Rechtsgeschäft **eingeräumte Befugnis**, über **fremdes Vermögen zu verfügen oder einen anderen zu verpflichten**, **missbraucht** oder die ihm kraft Gesetzes, behördlichen Auftrags, Rechtsgeschäfts oder eines Treueverhältnisses obliegende **Pflicht, fremde Vermögensinteressen wahrzunehmen, verletzt** und dadurch dem, dessen Vermögensinteressen er zu betreuen hat, **Nachteil zufügt**, wird mit Freiheitsstrafe bis zu fünf Jahren oder mit Geldstrafe bestraft.*

(2) § 243 Abs. 2 und die §§ 247, 248a und 263 Abs. 3 gelten entsprechend.

Während die zwischenmenschliche Untreue strafrechtlich nicht verfolgt wird, führt ein Verstoß gegen Treuepflichten aus Vertrag oder Gesetz in der Regel zu einer Bestrafung. Der zu erfüllende Tatbestand kann auf zwei Arten erfüllt werden. Der Täter muss entweder eine ihm **eingeräumte Befugnis** (meist finanzielle Vollmacht) **missbrauchen** oder seine **Pflicht zur Wahrung der finanziellen Interessen** eines Dritten **verletzen**. In jedem Fall muss aber ein **Vermögensschaden** eintreten, damit der Tatbestand vollständig erfüllt wird.

4.2.27. Urkundenfälschung (§ 267 StGB)

Die **Urkunde** als Rechtsbegriff wurde bereits im Kapitel 4.1.9.3 im Zusammenhang mit dem Tatbestandsirrtum angesprochen. Als Mitarbeiter im Bewachungsgewerbe könnten Sie beispielsweise im Einlassbereich einer Veranstaltung auf einen Jugendlichen stoßen, der seinen Schülerausweis verändert hat, um Sie über sein Alter zu täuschen und so Einlass zu einer Veranstaltung zu erhalten. Wäre dies eine Urkundenfälschung?

Oder nehmen Sie den Täter, der in einem Elektro-Supermarkt die Preisetiketten von einem billigen und einem teuren Artikel tauscht – was hat er strafrechtlich bewertbar getan?

Um beide Fragen zu beantworten, hilft der Blick ins Gesetz:

(1) Wer zur Täuschung im Rechtsverkehr eine unechte Urkunde herstellt, eine echte Urkunde verfälscht oder eine unechte oder verfälschte Urkunde gebraucht, wird mit Freiheitsstrafe bis zu fünf Jahren oder mit Geldstrafe bestraft.

(2) Der Versuch ist strafbar.

(3) und (4) (nicht abgedruckt)

Es ist also zunächst zu prüfen, was eine Urkunde ist. Urkunden dienen als Gedankenerklärung, die geeignet und dazu bestimmt sind, im Rechtsverkehr Beweis zu erbringen und den Aussteller der Urkunde erkennen lässt.

Als **Urkunde** gelten Preisschilder an Waren („zusammengesetzte Urkunde" aus Etikett und Ware), Eichzeichen, Prägezeichen, Kennzeichen von Kraftfahrzeugen (nur mit Dienststempel der Zulassungsbehörde), Fahrgestellnummer des KFZ sowie Ausweispapiere (auch nicht-staatliche Ausweise, sofern die „Beweisrichtung" der Urkunde verändert wird).

So gelten das **Austauschen der geklebten Preisschilder** (Täuschung des Kassenpersonals) wie auch das **Verändern des Schülerausweises** (Täuschung des zur Altersprüfung verpflichteten Kontrolleurs) als **strafbare Urkundenfälschungen** im Sinne des StGB.

Die Urkunden**fälschung** kann auf drei Handlungsarten begangen werden:

- **unechte** Urkunde **herstellen**
- **echte** Urkunde **verfälschen**
- **unechte** oder **verfälschte** Urkunde **gebrauchen**

Es bedarf also nicht der Fälschungshandlung an einer echten Urkunde oder der Herstellung einer unechten Urkunde – auch der Gebrauch einer unechten oder verfälschten Urkunde erfüllt den Tatbestand der Urkundenfälschung. Die **fahrlässige Begehung scheidet aus**, da eine Täuschung **beabsichtigt** sein muss. Beachten Sie, dass der **Versuch** strafbar ist.

4.2.28. Sachbeschädigung (§ 303 StGB)

Das Delikt wird auf Seite 70 dieses Buches dargestellt.

4.2.29. Brandstiftung (§ 306 StGB)

Das Delikt wird auf Seite 69 dieses Buches dargestellt.

4.2.30. Unterlassene Hilfeleistung (§ 323c StGB)

Wer bei Unglücksfällen oder gemeiner Gefahr oder Not nicht Hilfe leistet, obwohl dies erforderlich und ihm den Umständen nach zuzumuten, insbesondere ohne erhebliche eigene Gefahr und ohne Verletzung anderer wichtiger Pflichten möglich ist, wird mit Freiheitsstrafe bis zu einem Jahr oder mit Geldstrafe bestraft.

§ 323c StGB ist ein **Echtes Unterlassungsdelikt** (dazu Kapitel 4.1.11).

Die Strafbarkeit einer Unterlassenen Hilfeleistung, die dem Täter (besser: Unterlasser) zumutbar gewesen wäre, ist Ausdruck der gesellschaftlich geforderten und allgemein anerkannten **Solidarpflicht**, Menschen in einer Notlage Hilfe zu leisten. Dabei sind aber, ebenfalls angelehnt an den anerkannten Drang zur Selbsterhaltung, nur Hilfeleistungen zu fordern, die den Handelnden nicht seinerseits einer erheblichen Gefahr aussetzen.

Unter einem **Unglücksfall** ist ein unerwartet eintretendes Ereignis zu verstehen. Eine **gemeine Gefahr** oder **Not** ist eine tatsächlich vorhandene Gefahr für eine größere Zahl von Menschen oder bedeutende Sachwerte.

Voraussetzung für eine Bestrafung ist die **Erforderlichkeit** des Handelns. Hier ist auf die Erwartung des Durchschnittsmenschen abzustellen, auf die erkennbaren Umstände und die allgemeine Lebenserfahrung. Erforderlich ist die Handlung dann, wenn sie geeignet und notwendig ist, um die drohende Gefahr abzuwenden oder zumindest zu mildern. Dabei kommt naturgemäß auch dem **Zeitpunkt des Eingreifens** eine große Bedeutung zu – der Eingreifende darf nicht unnötig zögern und dadurch das Opfer gefährden.

Eine weitere Voraussetzung für eine Bestrafung wegen Unterlassener Hilfeleistung ist die **Zumutbarkeit** der notwendigen Hilfeleistung. Niemand kann beispielsweise verlangen, dass sich ein Nichtschwimmer in einen reißenden Fluss stürzt, um einen Rettungsversuch für einen Ertrinkenden zu starten.

Unzumutbar ist die Hilfeleistung dann, wenn sich der Täter selbst durch die Hilfeleistung einer **erheblichen eigenen Gefahr aussetzen würde** oder er **andere wichtige Pflichten** verletzen würde („**Pflichtenkollision**").

Solche „anderen wichtigen Pflichten" müssen ein mindestens gleichrangiges Rechtsgut schützen, dass durch eine Hilfeleistung seinerseits in Gefahr geriete. Besteht also beispielsweise durch die Hilfeleistung eines Kurierfahrers an einer Unfallstelle die Gefahr, dass er eine Paketsendung nicht rechtzeitig abliefern könnte, wenn er anhält und die Unfallstelle absichert, wird er sich angesichts der möglichen Todesgefahr für eine verunglückte Person nicht mit einer „Pflicht zur Erfüllung eines Auftrages" herausreden können.

4.2.31. Umgang mit Betäubungsmitteln (§§ 29, 30 BtMG)

Betäubungsmittel (BtM) im Sinne des Betäubungsmittelgesetzes (BtMG) sind die darin aufgeführten Stoffe sowie Zubereitungen aus diesen Stoffen. **Verstöße**, insbesondere der Handel, aber auch der Anbau und der Besitz von Stoffen und Zubereitungen im Sinne des Gesetzes sind, werden mit **Freiheitsstrafe bis zu fünf Jahren oder Geldstrafe** bestraft (§ 29 BtMG). Allerdings ist der Besitz nur dann strafbar, wenn der Betroffene nicht zugleich eine schriftliche Erlaubnis für den Erwerb dieses Betäubungsmittels hat. Der **gewerbsmäßige Handel** wird als **besonders schwerer Fall** mit Freiheitsstrafe nicht unter einem Jahr bestraft.

Mit **Freiheitsstrafe nicht unter zwei Jahren** wird bestraft, wer BTM unerlaubt anbaut, herstellt oder mit ihnen handelt **als Mitglied einer Bande**, gewerbsmäßig BTM als Person über 21 Jahren **an Minderjährige abgibt**, mit **nicht geringen Mengen von BTM handelt** oder durch sein Handeln **leichtfertig den Tod eines anderen** verursacht (§ 30 BtMG). Besonders verwerfliche Tatkonstellationen werden nach § 30a BtMG mit Freiheitsstrafe nicht unter fünf Jahren bestraft, darunter der unerlaubte Handel mit nicht geringen Mengen von BtM unter Mitführen einer Schusswaffe oder sonstiger Gegenstände, die zur Verletzung von Personen geeignet und bestimmt sind.

Für den Umgang mit **Cannabis** gelten seit dem Inkrafttreten des „Gesetzes zum kontrollierten Umgang mit Cannabis und zur Änderung weiterer Vorschriften" (Cannabisgesetz, CanG) besondere Vorschriften.

4.3. Rechtfertigungsgründe des StGB

Im Kapitel „**Bürgerliches Recht**" werden Sie Rechtfertigungsgründe für widerrechtliche Handlungen kennenlernen, die verhindern, dass Sie einem Geschädigten **Schadensersatz** zahlen müssen. Im **StGB** verhindern die

Rechtfertigungsgründe, dass Sie aufgrund einer an sich strafbaren Handlung auch tatsächlich **bestraft** werden. Merken Sie sich diesen Unterschied – die Fähigkeit zur Trennung zwischen BGB und StGB ist prüfungsrelevant. Beachten Sie, dass auch das **Ordnungswidrigkeitengesetz** (OWiG) die Begriffe Notwehr, Notwehrexzess und Rechtfertigender Notstand kennt (§§ 15, 16 OWiG).

*Hinweis: Der Begriff „**Jedermannsrechte**" bezieht sich auf Grundrechte, die jedem Menschen zustehen („Menschenrechte") in Abgrenzung zu jenen Grundrechten, die nur „jeder Deutsche" geltend machen kann. Die Verwendung im Bereich der Rechte auf Notwehr oder Selbsthilfe sollte daher vermieden werden; vielmehr sollte von „Rechten auf Notwehr, Notstand und Selbsthilfe" oder verallgemeinernd von „**Ausnahmerechten**" gesprochen werden.*

Die **Aufgabe der Rechtfertigung** ist damit bereits erklärt – Sie selbst handeln an sich strafbar, können sich aber rechtfertigen und werden darum nicht bestraft. *Tipp: Schlagen Sie das strafrechtliche Prüfschema Kapitel 4.1.3 nach.*

Die **Notwehr** als solche ist also **nicht** die **Straftat**, die Sie begehen, **sondern** der **Rechtfertigungsgrund**. Machen Sie sich diesen Zusammenhang unbedingt klar und verinnerlichen Sie das schon erwähnte Prüfschema.

Zu unterscheiden sind im Strafrecht die Rechtfertigungsgründe **Notwehr** und **Rechtfertigender Notstand**. Sie stellen eine Ausnahme vom **Gewaltmonopol des Staates** dar. Kein Rechtfertigungsgrund, sondern Entschuldigungsgrund, ist der **Entschuldigende Notstand**.

Die **Vorläufige Festnahme** ist eine strafprozessuale Maßnahme und damit keine Strafrechtsnorm (siehe Kapitel 7). Beachten Sie zur Abgrenzung der Notwehr- und Selbsthilferechte aus BGB und StGB Kapitel 6 in diesem Buch.

4.3.1. Notwehr (§ 32 StGB)

Der Gesetzestext beschreibt umfassend Voraussetzungen und auch die Rechtsfolge der Notwehr:

*(1) Wer eine Tat begeht, die durch Notwehr **geboten** ist, handelt **nicht rechtswidrig**.*

*(2) Notwehr ist die **Verteidigung**, die **erforderlich** ist, um einen **gegenwärtigen rechtswidrigen Angriff** von **sich oder einem anderen** abzuwenden.*

Wie Sie sehen, sind fast alle Begriffe dieser Norm als wesentliche Merkmale durch Fettdruck hervorgehoben.

Betrachten wir zunächst Absatz 2 der Norm. Hier wird definiert, was Notwehr ist (die **Definition der Notwehr** ist **Lernstoff**). Die Merkmale sind hervorgehoben – wichtig für Sie ist, die Bedeutung der einzelnen Begriffe zu verstehen und damit eine Abwehrhandlung einordnen zu können.

Die **Verteidigung** ist eine **willentlich ausgeführte Abwehrhandlung**.

Erforderlich ist die Verteidigung, wenn sie

- geeignet ist, den Angriff zu beenden, und gleichzeitig
- unter gleich sicheren Mitteln zur Abwehr das mildeste ist.

Wichtig: Die **Erforderlichkeit** setzt **keine Güterabwägung** voraus; der durch die Verteidigung angerichtete Schaden beim Täter muss also hinsichtlich des bedrohten Rechtsguts nicht geringer oder gleich sein. „Verhältnismäßigkeit der Mittel" ist hier nicht zu prüfen!

Gegenwärtig ist der Angriff, wenn er

- unmittelbar bevorsteht,
- begonnen hat oder
- fortdauert.

Rechtswidrig ist der Angriff, wenn er gegen geltendes Recht verstößt.

Angriff ist eine menschliche Handlung, die ein Rechtsgut bedroht oder verletzt.

Damit kennen Sie die Bedeutung der Merkmale, die gegeben sein müssen, um sich auf Notwehr berufen zu können. Ein wesentlicher Punkt ist aber noch nicht geprüft – bis jetzt wissen Sie nämlich nur, was Notwehr ist. Ob aber die Notwehr geboten war, entscheidet letztendlich über eine Bestrafung desjenigen, der sich auf Notwehr beruft. § 32 Absatz 1 StGB legt nämlich fest, dass eine Tat nicht rechtswidrig ist, wenn sie durch Notwehr geboten war.

Geboten ist die Notwehr nicht, wenn sie einen **Rechtsmissbrauch** darstellen würde. Dies ist grundsätzlich der Fall, wenn der zu erwartende Schaden durch den Angriff in einem **krassen Missverhältnis** zum Schaden durch die Verteidigungshandlung steht. Ein Beispiel dafür wäre das Erschießen eines Ladendiebes. Ebenfalls nicht geboten ist eine Abwehr von Bagatelldelikten, etwa einer Ruhestörung. Allerdings gilt auch der Grundsatz: Das Recht muss dem Unrecht nicht weichen.

Bei Angriffen von schuldlos Handelnden (Geisteskranke, Kinder, Betrunkene) oder Irrenden muss man zwar nicht auf eine Abwehr verzichten – doch ist hier zu beachten, dass der Verteidiger zunächst **durch Ausweichen** versuchen muss, dem Angriff zu entkommen; erst wenn dies nicht gelingt oder eine ernste Gefahr für Leib und Leben zu befürchten ist, darf sich der Angegriffene verteidigen. Dabei gilt: **Schutzwehr vor Trutzwehr**, es sind also zunächst mildere Mittel einzusetzen, bevor eine Verteidigung erfolgt, die dem Angreifer einen Schaden zufügt.

Als **Schutzwehr** gilt das **passive Verhalten** des Angegriffenen, also das Abwehren von Schlägen durch Schützen des Kopfes. Die **Trutzwehr** ist das **aktive Verteidigen**, also auch unter Einschluss von Schlägen oder Stößen zur Beendigung des Angriffs.

Die Einschränkung des Notwehrrechts gilt auch, wenn der Verteidiger den Angriff durch sein Handeln **provoziert** hat (etwa abfällige Äußerungen über den Täter) – hier gilt ebenfalls: Schutzwehr vor Trutzwehr.

Eher akademisch ist die Forderung nach einem **Verteidigungswillen** bei der Prüfung der Notwehrsituation – von diesem Willen müssen Sie in der Praxis zunächst ausgehen.

4.3.2. Putativnotwehr

Mit dem Begriff „Putativnotwehr" (von lateinisch „putare": glauben, vermuten) wird ein Unterfall des **Erlaubnistatbestandsirrtums** bezeichnet. Hierbei handelt es sich aus Sicht des Angegriffenen um einen Irrtum über das Vorliegen der Voraussetzungen für eine gerechtfertigte Abwehr. Der Irrtum liegt meist in der Frage, ob es sich um eine tatsächliche Bedrohung handelt, zu deren Abwehr sich der Verteidiger entschließt. Klassiker ist in diesem Zusammenhang die im Dunkeln täuschend echt wirkende Wasserpistole, die ein Polizist für eine scharfe Waffe hält und den Wasserpistolenmann erschießt.

Wenn der Irrtum vermeidbar war, so die Rechtsprechung des Bundesgerichtshofes (BGH), und die Tat des Verteidigers auch bei fahrlässiger Begehung mit Strafe bedroht ist (etwa Fahrlässige Körperverletzung), kann dieser wegen dieser fahrlässig begangenen Tat bestraft werden. War der Irrtum unvermeidbar, scheidet eine Bestrafung aus.

4.3.3. Rechtfertigender Notstand (§ 34 StGB)

*Wer in einer **gegenwärtigen, nicht anders abwendbaren Gefahr** für **Leben, Leib, Freiheit, Ehre, Eigentum oder ein anderes Rechtsgut** eine Tat begeht,* *um die Gefahr **von sich oder einem anderen abzuwenden**, handelt nicht rechtswidrig, wenn bei **Abwägung der widerstreitenden Interessen**, namentlich der betroffenen Rechtsgüter und des Grades der ihnen drohenden Gefahren, das geschützte Interesse das beeinträchtigte wesentlich überwiegt. Dies gilt jedoch nur, soweit die Tat ein **angemessenes Mittel** ist, die Gefahr abzuwenden.*

Es gelten die Aussagen zur Notwehr nach § 32 StGB, die bezüglich des eingesetzten Mittels, seiner Angemessenheit und der Abwägung der Interessen bereits im Gesetzestext deutlich greifbarer sind. Auch hier werden alle Rechtsinteressen des Betroffenen geschützt – der **Unterschied zur Notwehr** ist, dass kein Angriff vorliegt, sondern der Betroffene eine Rettungshandlung gegen eine Gefahr vornimmt. Als **Gefahr** gilt ein **Zustand, der zu einem schädigenden Ereignis führt**.

4.4. Entschuldigungsgründe des StGB

Anders als Notwehr und Notstand nach §§ 32, 34 StGB sind die Entschuldigungsgründe des StGB keine Rechtfertigung für die Straftat, die der Verteidiger begeht, um sich vor dem Angriff eines anderen oder einer Gefahr zu schützen. Entschuldigungsgründe werden in Stufe 3 des Prüfschemas (Kapitel 4.1.3) geprüft, wenn keine Rechtfertigung festgestellt werden konnte.

Die Entschuldigungsgründe basieren auf der Überlegung, dass ein Mensch in eine Situation kommen kann, in der es nicht zumutbar ist, die Gefahr und den Eintritt eines Schadens zu dulden.

Der Täter kann sein Verhalten zwar nicht rechtfertigen, doch unter dem Aspekt der Vorwerfbarkeit betrachtet „hätte jeder so gehandelt" – die Tat kann also unter dem Aspekt der „Lebenswirklichkeit" und der gesetzgeberischen Pflicht, die Strafverfolgung nicht über den Selbsterhaltungstrieb oder den unbedingten Kampf für das eigene Kind oder die Familie zu stellen, nicht bestraft werden.

Denken Sie an das Zeugnisverweigerungsrecht für Angehörige – es wäre ein Ausdruck einer unmenschlichen Gesetzgebung, wenn Verwandte zu Zeugenaussagen etwa gegen ihre eigenen Eltern gezwungen werden könnten. Hier wie auch beim Grundsatz „Im Zweifel für den Angeklagten" zeigt sich eine vermeintliche Schwäche einer freien Gesellschaft, die insgesamt betrachtet aber eine Stärke ist, die wir niemals geringschätzen oder in Frage stellen sollten.

4.4.1. Entschuldigender Notstand (§ 35 StGB)

(1) Wer in einer gegenwärtigen, nicht anders abwendbaren ***Gefahr für Leben, Leib oder Freiheit*** *eine rechtswidrige Tat begeht, um die Gefahr* ***von sich, einem Angehörigen oder einer anderen ihm nahestehenden Person*** *abzuwenden, handelt ohne Schuld. Dies gilt nicht, soweit dem Täter nach den Umständen, namentlich weil er die Gefahr selbst verursacht hat oder weil er in einem besonderen Rechtsverhältnis stand, zugemutet werden konnte, die Gefahr hinzunehmen; jedoch kann die Strafe nach § 49 Abs. 1 gemildert werden, wenn der Täter nicht mit Rücksicht auf ein besonderes Rechtsverhältnis die Gefahr hinzunehmen hatte.*

(2) Nimmt der Täter bei Begehung der Tat irrig Umstände an, welche ihn nach Absatz 1 entschuldigen würden, so wird er nur dann bestraft, wenn er den Irrtum vermeiden konnte. Die Strafe ist nach § 49 Abs. 1 zu mildern.

Betrachtet man zunächst die Überschrift des Paragraphen, dann fällt auf, dass nicht von Rechtfertigung die Rede ist, sondern von Entschuldigung. Bei der Betrachtung einer strafbaren Handlung wird die Schuld (siehe dazu auch Kapitel 4.1.3 und 4.1.6) erst nach dem Tatbestand und der Rechtswidrigkeit geprüft. Wird also die Schuldfrage gestellt, steht fest, dass der Täter nicht gerechtfertigt gehandelt hat, sich also weder auf Notwehr (§ 32 StGB) noch auf Rechtfertigenden Notstand (§ 34 StGB) berufen kann.

Aber muss er dann nicht bestraft werden? Er hat doch offenbar gegen geltende Gesetze verstoßen und kann sich nicht rechtfertigen. Also ist er zu bestrafen. – Denken Sie kurz über den vorigen Satz nach und fragen Sie sich, ob es nicht Situationen geben kann, in denen man Gesetze übertritt, weil man einfach nicht anders kann, etwa in einer besonderen Notsituation für sich selbst oder das eigene Kind. Und genau diese Tat **entschuldigt** der § 35 StGB.

Die **Anwendbarkeit** des § 35 StGB wird **beschränkt** durch

- Art des geschützten Rechtsguts (nur Leben, Leib, Freiheit) und
- die bedrohte Person („*von sich, einem Angehörigen oder einer anderen ihm nahestehenden Person*").

Droht ein Schaden für Personen außerhalb des genannten Kreises, scheidet ein Entschuldigender Notstand aus; hier wäre dann ein **Übergesetzlicher Notstand** zu prüfen (siehe dazu Kapitel 4.4.3).

4.4.2. Notwehrexzess (§ 33 StGB)

Überschreitet der Täter die Grenzen der Notwehr aus Verwirrung, Furcht oder Schrecken, so wird er nicht bestraft.

Dem Text des § 33 StGB muss zur Erklärung der Voraussetzungen für eine Straffreiheit des Verteidigers bei einer **Überschreitung der Notwehr** nichts hinzugefügt werden. Die Grenzen der Notwehr sind durch die zu § 32 StGB dargestellten Voraussetzungen klar, die drei Ursachen für die Überschreitung ebenfalls.

Zu beachten ist allerdings, dass im Falle des Notwehrexzesses der Angeklagte nachweisen muss, dass er in Verwirrung, Furcht oder Schrecken gehandelt hat. Bei der Notwehr ist es dagegen die **Anklage**, die nachweisen muss, dass es sich bei der Abwehrhandlung nicht um Notwehr gehandelt hat – hier ist der Angeklagte im Zweifel freizusprechen („in dubio pro reo", lateinisch für „im Zweifel für den Angeklagten"). Wichtig: Im **Zivilprozess** liegt die Beweislast für das Vorliegen einer Notwehr beim Kläger!

4.4.3. Übergesetzlicher Notstand

Der Übergesetzliche Notstand ist, wie es die Bezeichnung schon vermuten lässt, nicht gesetzlich geregelt. Wenn die §§ 34, 35 StGB eine Bestrafung des „Täters" nicht verhindern, muss das Gericht prüfen, ob die zu bewertende Handlung unter ethisch-moralischen Gesichtspunkten der einzige Weg gewesen ist, um noch größeres Unheil zu vermeiden. In der Regel handelt es sich um Extremsituationen oder Konfliktsituationen, in denen sich die Gefahr nicht gegen den Handelnden, seine Angehörigen oder ihm nahestehende Personen richtet.

Klassisches Beispiel ist der Bahnwärter, der sieht, dass der voll besetzte Zug auf eine zerstörte Eisenbahnbrücke und seine Insassen damit auf den sicheren Tod zurasen. Er hat nur eine Möglichkeit, das Unglück zu verhindern: Er muss den Zug durch eine Weiche in den Tunnel neben der Brücke umleiten und rettet das Leben von 200 Menschen. Hier aber kommen durch seine Weichenstellung zehn Arbeiter eines Bautrupps ums Leben.

Leben gegen Leben, keine Verwandten im Zug - die §§ 34 und 35 StGB schützen den Bahnwärter nicht vor Bestrafung. Allerdings wird durch den Übergesetzlichen Notstand das ethisch und menschlich nachvollziehbare Verhalten des Mannes auch strafrechtlich entschuldigt, der Mensch für seine Handlung in dieser unlösbaren Konfliktsituation also nicht bestraft.

5. Bürgerliches Recht

Das **Bürgerliche Gesetzbuch** (BGB) regelt als **Teil des Privaten Rechts** die Rechte und Pflichten unter Gleichen, die als Käufer, Verkäufer, Vermittler, Auftragnehmer und Auftraggeber, als Erben oder Erblasser, Mieter und Vermieter, Eigentümer und Besitzer in rechtliche Beziehung zueinander treten. Oft handelt es sich um „Schuldverhältnisse", so dass zivilrechtliche Auseinandersetzungen beispielsweise um die Pflicht zur Zahlung eines Kaufpreises oder Schadensersatzforderungen wegen schlechter Ware oder auch aus sogenannter „unerlaubter Handlung" geführt werden.

Und eben der letztgenannte Fall, der Schadensersatz aus unerlaubter Handlung, ist für den Mitarbeiter im Bewachungsgewerbe von Bedeutung, wenn es um die Rechtfertigungsgründe geht. Denn es ist gut möglich, dass der Eigentümer einer Sache, die Sie bei der Abwehr eines Angreifers zerstört haben, von Ihnen Schadensersatz fordert – das kann der Angreifer selbst sein, dem Sie beispielsweise die Jacke zerrissen haben, als er sich mit dem Stehlgut schnell aus dem Staub machen wollte.

Damit aus dem Guten nicht plötzlich der Böse wird, der dem Täter auch noch die Reparatur seiner Kleidung bezahlen muss, kennt das BGB wie schon das Strafgesetzbuch die Rechtsfertigungsgründe Notwehr und Notstand, zu denen Sie im Kapitel 5.2 die wichtigsten Informationen finden.

Zunächst ist aber zu klären, was das Eigentum vom Besitz unterscheidet. Sie werden den Begriff des Besitzdieners und auch die Selbsthilferechte des BGB kennenlernen.

Beachten Sie, dass es die Notwehr und den Notstand sowohl im BGB wie auch im StGB gibt und sich der Unterschied auf die Rechts<u>folge</u> der Handlung bezieht – dazu lesen Sie später mehr im Kapitel 6.

5.1. Grundbegriffe

5.1.1. Eigentum (§ 903 BGB)

Dass „Eigentum verpflichtet", ist im Grundgesetz in Artikel 14 als ein Grundsatz unserer Rechtsordnung festgelegt. Doch was genau ist das Eigentum?

Eigentum bezieht sich immer auf eine Sache und ist das **umfassendste Herrschaftsrecht** an einer Sache. **Eigentümer ist, wer die rechtliche Verfügungsgewalt über diese Sache hat.** Der Eigentümer muss also nicht unbedingt auch Besitzer der Sache sein, sie also nicht tatsächlich in Händen halten, „auf ihr sitzen" oder sie in seinem Lager eingeschlossen haben.

Der Eigentümer kann mit seinem Eigentum **nach Belieben verfahren** und **die Einwirkung Dritter** auf sein Eigentum **unterbinden**. Letztere, sogenannte „negative Wirkung" des Eigentumsrechts, ist letztlich die Grundlage für jegliche Schutzhandlung im Zusammenhang mit der Abwehr eines Angriffs auf das Eigentum.

Wie schon der Hausfriedensbruch (§ 123 StGB) ist das Eigentum an einem Grundstück oder einer Wohnung eine Anspruchsgrundlage gegenüber einem Dritten, wenn dieser vom Eigentümer aufgefordert wird, Grundstück oder Wohnung zu verlassen. Doch Vorsicht – der Eigentümer kann in seinem Herrschaftsrecht eingeschränkt sein, oft sogar aus eigener Handlung: Denn ist das Grundstück vermietet, geht das Verfügungsrecht (oftmals bis zum Betretungsrecht) vom Eigentümer auf den Mieter über. In zahlreichen Fernsehberichten sind solche Fälle, ob „Mietnomade" oder „Messi-Wohnung", bereits oft dargestellt worden. Ein solcher zivilrechtlicher Streit muss dann vor Gericht entschieden werden, die spätere Durchsetzung des Rechts ist dann allein einem Gerichtsvollzieher erlaubt – bedenken Sie immer, dass es in Deutschland kein „Faustrecht" zur Durchsetzung von Ansprüchen gibt!

5.1.2. Besitz (§ 854 BGB)

Besitz an einer Sache erlangt, wer die tatsächliche Gewalt über diese Sache erwirbt. **Besitzer** ist somit, wer die **tatsächliche Gewalt** über die Sache **ausübt**.

Zu unterscheiden sind die **Besitzarten**:

- **Eigenbesitz** – der Eigentümer übt selbst die tatsächliche Gewalt über sein Eigentum aus.
- **Fremdbesitz** – der Besitzer übt die Gewalt über eine Sache aus, die nicht sein Eigentum ist.
- **Unmittelbarer Besitz** – der Besitzer übt direkt die Gewalt über die Sache aus.
- **Mittelbarer Besitz** – der Besitzer übt nicht direkt die Gewalt über die Sache aus, steuert aber die Gewaltausübung durch einen Dritten, der seinen Weisungen unterliegt.

Zum Besitzer einer Sache wird man beispielsweise, indem man im Supermarkt einen Artikel aus dem Regal nimmt und ihn in seinen Einkaufswagen legt (sog. „Festigkeit“ der Sachherrschaft) mit der Absicht, ihn mit nach Hause zu nehmen (Dauerhaftigkeit des Besitzes, Besitzbegründungswillen). Es handelt sich um Fremdbesitz, und erst nach dem Bezahlen des Kaufpreises, wenn also ein Rechtsgeschäft zustande kommt, geht auch das Eigentum an dem Artikel auf den Kunden über. Wichtig ist, dass es sich bei der Frage des Besitzes nicht um eine Frage der Rechtmäßigkeit handelt – ob Käufer oder Dieb, in dem Moment, in dem sich eine Person die tatsächliche Gewalt über eine Sache verschafft, wird sie zum Besitzer.

5.1.3. Besitzdiener (§ 855 BGB)

Der Begriff „Besitzdiener“ ist den meisten Menschen unbekannt, für den Mitarbeiter im Bewachungsgewerbe aber von absolut entscheidender Bedeutung. Denn er wird, soweit es der Auftrag oder die Dienstanweisung vorsehen, als Besitzdiener die Rechte des Besitzers wahrnehmen, wenn ein Dritter versucht, beispielsweise durch einen Diebstahl diesen rechtmäßigen Besitz zu stören.

Voraussetzung für die Einordnung einer Person als Besitzdiener sind die folgenden Eigenschaften (die vollständig vorliegen müssen):

- **Ausüben der tatsächlichen Gewalt**
    - für einen anderen
    - in dessen Haushalt oder Erwerbsgeschäft oder aufgrund eines Bewachungsauftrages
- **Verpflichtung zur Befolgung von Anweisungen** beim Umgang mit der Sache (**Dienstanweisung** überträgt Aufgaben)
- **Soziale Abhängigkeit** (Lohnempfänger)

Der Besitzdiener wird nicht zum Besitzer, auch wenn es zu seinen Aufgaben gehört, die tatsächliche Gewalt über eine Sache auszuüben.

Im konkreten Fall wäre beispielsweise der Marktleiter einer Discounterfiliale der Besitzer, der im Auftrag des Eigentümers (Handelskonzern) über die Waren im Ladengeschäft die tatsächliche Gewalt ausübt. Der Mitarbeiter im Verkaufsraum, aber auch der durch Dienstanweisung verpflichtete Ladendetektiv, wären dann die Besitzdiener – sie sortieren (Mitarbeiter) und schützen (Detektiv) die Ware, erledigen aber nur ihren jeweiligen Auftrag.

5.1.4. Beendigung des Besitzes (§ 856 BGB)

Wie man durch Erlangen der tatsächlichen Gewalt in den Besitz einer Sache kommt, kann man ihn auch wieder verlieren – ganz einfach, indem man nicht mehr die tatsächliche Gewalt ausübt, also nicht direkt auf die Sache einwirken kann.

Diese Regelung ist verständlicherweise nur dann wirksam, wenn der Besitz nicht nur vorübergehend aufgegeben wird. Sonst würde der Besitzer eines Autos, dessen Eigentümer die finanzierende Bank, schon dadurch nicht mehr Besitzer sein, weil er das Fahrzeug verlässt und sich auf einen Einkaufsbummel begibt. Auch verliert die Besitzerin einer Handtasche nicht nur dadurch ihren Besitz und die damit verbundenen Rechte, weil ihr ein Straftäter die Handtasche gewaltsam entreißt.

Entscheidend ist, ob die Besitzaufgabe erkennbar vorübergehend sein soll (im Falle des Raubes der Handtasche oder des Abstellens des Fahrzeuges unstrittig). Allerdings ist ein Aufgeben der Herrschaft immer dann anzunehmen, wenn es eine sogenannte „sozial adäquate Handlung" ist, bei der man bei Würdigung aller Umstände als unbeteiligter Beobachter davon ausgehen muss, dass der Besitz aufgegeben werden soll – beispielsweise beim Abstellen von alten Möbeln mit einem daran befestigten Schild „zu verschenken".

Bei der Verfolgung eines Straftäters, etwa im Falle des oben geschilderten Handtaschenraubs, kann sich der Besitzer also auch weiterhin auf seine Besitzrechte stützen und als Besitzer seine Selbsthilferechte (siehe Informationen ab Seite 133) wahrnehmen.

5.1.5. Besitzstörung

Schon die Unbestimmtheit des Begriffs „**Störung**" zeigt, wie vielfältig die Arten der Besitzstörung sein können. Denn stören kann man durch Lärm, durch das Versperren einer Zuwegung, auch durch Kappen von elektrischen Leitungen – und durch Wegnahme einer Sache oder das Verweilen auf einem Grundstück oder in einem Ladengeschäft, obwohl der Besitzer oder Eigentümer zum Verlassen aufgefordert hat.

Die Besitzstörung ist ein Fall der **Verbotenen Eigenmacht** (§ 858 BGB). Diese Norm stellt die Besitzstörung und andere Formen verbotener Eigenmacht zwar nicht unter Strafe (es handelt sich nicht um eine Norm des Strafgesetzbuches), stuft die Handlung aber als **widerrechtlich** ein – mit der Folge, dass sich Eigentümer, Besitzer und Besitzdiener dieser Handlung erwehren dürfen.

Vom Begriff der verbotenen Eigenmacht erfasst sind sowohl die **Störung des Besitzes** als auch der **Besitzentzug**, meist in Form von Diebstahl oder auch Unterschlagung. Voraussetzung ist immer, dass der Handelnde ohne oder gegen den Willen des Besitzers handelt und das Gesetz nicht die betreffende Handlung erlaubt (etwa die **Pfändung durch den Vermieter** nach § 562 BGB in Verbindung mit § 562 b BGB „Selbsthilferecht des Vermieters").

Besondere Bedeutung hat der Absatz 2 von § 858 BGB. Danach ist der **durch verbotene Eigenmacht erlangte Besitz fehlerhaft**. Das bedeutet, dass sich der Dieb einer Sache nicht auf die dem Besitzer zustehenden besonderen Rechte eines Besitzers berufen darf. Er begründet also weder Besitz noch darf er wie ein rechtmäßiger Besitzer mit der Sache umgehen.

5.1.6. Hausrecht

Ist eine Taschenkontrolle in einem Supermarkt zulässig?

Zunächst hat jeder Mensch das Recht auf Selbstbestimmung und auch das Recht auf Privatsphäre – was sich also in der Handtasche, im Einkaufsbeutel oder im Rucksack befindet, muss niemandem dargelegt werden, der nicht gesetzlich dazu ermächtigt ist (wie etwa die Polizei oder der Zoll). Trotzdem finden sich in Supermärkten Hinweisschilder, auf denen darauf aufmerksam gemacht wird, dass man bei mitgebrachten Taschen einen Blick hineinwerfen wolle. Hier könnte man denken: „Kein Problem, ich habe nichts zu verbergen." Doch vergessen Sie nicht, dass es sich um einen starken Eingriff in die Persönlichkeitsrechte handelt, den Sie hier zuließen.

Dass ein solcher Eingriff dennoch rechtmäßig sein kann, hängt mit der Vertragsfreiheit zusammen. Niemand wird gezwungen, einen Supermarkt zu betreten. Wer dies tut, erkennt auch die Regeln an, die der **Inhaber des Hausrechts** deutlich sichtbar vor dem Betreten zur Kenntnis gibt – und dort heißt es etwa gut lesbar: „Mit dem Betreten des Marktes erklären Sie sich mit einer Kontrolle mitgebrachter Taschen einverstanden." Indem Sie den Markt betreten, stimmen Sie dem zu – man spricht hier von „schlüssigem" oder auch „konkludentem" Handeln, dass eine Unterschrift ersetzt.

Ausübung des Hausrechts ist es auch, eine Person von seinem Grundstück oder aus seinem Gebäude zu entfernen. Zunächst durch Aufforderung, bei „fruchtlosem Verlauf" später auch durch sanftes Abdrängen. Zu beachten ist hier die Verhältnismäßigkeit – der Einsatz des Schlagstocks wäre hier durch einen Sicherheitsdienst nicht statthaft, wenn die störende Person nicht selbst angreift; in einem solchen Falle wäre die Polizei zu rufen.

Als **Hausrecht** bezeichnet man alle rechtlich geschützten Befugnisse, über eine Wohnung, über Geschäftsräume und sonstiges befriedetes Besitztum frei zu verfügen, also andere am widerrechtlichen Eindringen zu hindern und Personen, die unbefugt darin verweilen, zum Verlassen zu zwingen. Hausrecht kann (per <u>spezieller</u> Dienstanweisung) einem **Besitzdiener** übertragen werden.

Und ist die Taschenkontrolle nun zulässig? Nur bei konkretem Tatverdacht, wenn also ein Mitarbeiter oder der Ladendetektiv selbst das Einstecken des Gegenstandes gesehen hat, ist ein Blick oder Griff in die Tasche des „Täters" zulässig – eine zufällige oder stichprobenartige „Durchsuchung", etwa an der Kasse, muss sich dagegen kein Kunde gefallen lassen, auch dann nicht, wenn der Inhaber des Hausrechts dies auf einem Schild bekanntgibt. Auch begründet die Weigerung, einen Blick in die Tasche zu gestatten, nicht den Verdacht, dass eine Straftat vorliegt.

5.1.7. Schikaneverbot (§ 226 BGB)

Nach § 226 BGB ist die Ausübung eines Rechts unzulässig, wenn sie nur den Zweck hat, einem anderen Schaden zuzufügen. Systematisch zählt das Schikaneverbot zum gleichen Kapitel wie die Vorschriften zur Selbstverteidigung und Selbsthilfe im BGB.

Von **Schikane** ist dann auszugehen, wenn die Rechtsausübung dem Berechtigten tatsächlich, unabhängig von der persönlichen Wertung, keinen Vorteil bringt oder bringen kann und einzig und allein dazu führt, dass dem Betroffenen ein irgendwie gearteter Schaden zugefügt wird. Dieser Schaden muss sich nicht in Geld beziffern lassen. Auch das Versperren der Durchfahrt über ein Privatgrundstück, die sonst jedermann erlaubt wird und nur einem bestimmten Benutzer untersagt wird, ist eine Schikane, gegen die sich der Betroffene zur Wehr setzen kann.

Für das Bewachungsgewerbe ist der Fall der **Personalkontrolle** in der Ausbildung häufig anzutreffen. Wenn ein Wachmann, der die Mitarbeiter beim Verlassen des Werksgeländes stichprobenartig auf Mitnahme von Betriebseigentum überprüfen soll, jeden Tag ein und denselben Mitarbeiter überprüft, obwohl es dafür keinen objektiv nachvollziehbaren Grund gibt (also keine Vorkommnisse in der Vergangenheit diese Maßnahme rechtfertigen könnten), ist von Schikane auszugehen. Wenn der Betroffene durch diese Maßnahme beispielsweise täglich seinen Bus verpasst und eine Stunde Wartezeit in Kauf nehmen muss, ist das der zugefügte Schaden.

5.1.8. Schadensersatz aus unerlaubter Handlung (§ 823 BGB)

Immer wieder hört oder liest man vom Schadensersatz, und das nicht nur im Zusammenhang mit Straftaten, sondern auch mit Verträgen, Unfällen oder schlechter Behandlung durch einen Arzt. Die Rechtsgrundlage für eine Schadensersatzforderung, meist in Form von Geld, ist § 823 Absatz 1 BGB. Er bestimmt, dass eine Person, die vorsätzlich oder fahrlässig Leben, Körper, Gesundheit, Freiheit, Eigentum oder ein sonstiges Recht eines anderen widerrechtlich verletzt, zum Ersatz des Schadens verpflichtet ist, den der Betroffene durch dieses Handeln (oder auch Unterlassen bei Garanten) erleidet.

Wesentliche Voraussetzung für einen Schadensersatz ist, dass der Verursacher des Schadens widerrechtlich und zumindest fahrlässig handelt. § 823 BGB ist eine universelle Anspruchsgrundlage, auch für Schadensersatz als Opfer einer Straftat wie etwa Hausfriedensbruch oder Beleidigung.

§ 823 Absatz 2 BGB bestimmt, dass auch derjenige, der gegen ein Gesetz verstößt, das den anderen schützen soll, zum Schadensersatz verpflichtet ist, soweit der Verstoß schuldhaft begangen wird. Ein Schaden muss also nicht konkret eingetreten sein, es reicht allein die Verletzung einer Schutzvorschrift. Verstöße gegen das Datenschutzrecht wären ein Beispiel für eine solche Schutznorm – hier wird das Recht auf informelle Selbstbestimmung verletzt.

§ 823 BGB ist auch eine **Anspruchsgrundlage** nach Körperverletzung oder Sachbeschädigung. Hier könnte der ertappte und flüchtende Dieb, dessen Kleidung beim Festhalten durch den Hausdetektiv beschädigt wurde, auf Schadensersatz wegen Sachbeschädigung klagen. Die Abwehr solcher, aus § 823 BGB entstehender zivilrechtlicher Klagen ist Aufgabe der nachfolgend dargestellten Rechtfertigungsgründe.

5.1.9. Begriff der Sache (§ 90 BGB) und der Tiere (§ 90a BGB)

Der schon zuvor mehrfach verwendete Begriff „Sache" beschreibt körperliche Gegenstände, die im Raum abgrenzbar sind. Die uns umgebende Luft gilt vor dem Gesetz ebenso wenig als Sache wie fließende Gewässer oder das Meer. Dagegen ist das aus einem Bach entnommene Wasser eine Sache, da es nach der Entnahme abgrenzbar ist, etwa durch die Maße des Kanisters, in dem es sich befindet.

Tiere sind gemäß § 90a BGB keine Sachen, werden im Zivilrecht aber wie Sachen behandelt, solange das Gesetz keine besonderen Regelungen für Tiere vorsieht, wie etwa beim Finderlohn. Damit hat, wie die Literatur anmerkt, diese ausdrückliche Unterscheidung zwischen Sachen und Tieren mehr eine emotionale als eine tatsächlich wirksame Bedeutung für die Praxis.

5.1.10. Haftung des Tierhalters (§ 833 BGB)

Durch die **Gefährdungshaftung** wird der Tierhalter verpflichtet, einen Schaden, der durch das Tier verursacht wurde, zu ersetzen. Diese Pflicht zum Schadensersatz tritt allerdings dann nicht ein, wenn es sich um ein Haustier handelt, das zur Berufsausübung (oder Erwerbstätigkeit) oder zum Unterhalt des Halters dient, und der Tierhalter seine Sorgfaltspflicht erfüllt hat. Gleiches gilt auch für den Fall, dass der Tierhalter zwar nicht aufmerksam war, aber der Schaden auch bei Anwendung der erforderlichen Sorgfalt entstanden wäre. Die Norm schützt durch diese Einschränkungen die Halter von Tieren, da auch bei äußerster Sorgfalt durch die Unberechenbarkeit von Tieren immer ein Restrisiko besteht. Die finanziellen Folgen sollen nicht dem Tierhalter allein auferlegt werden können, wenn er das betreffende Tier nicht zum Vergnügen hält, sondern zum Broterwerb.

5.1.11. Fund (§§ 965 ff. BGB)

Fundsachen sind verlorene Sachen, die zwar im Moment des Auffindens besitzlos sind (weil niemand die tatsächliche Gewalt über sie ausübt), aber Eigentum eines Dritten, also nicht herrenlos. Der Finder unterliegt der **Anzeigepflicht** (§ 965 BGB) – er muss die Fundsache dem Verlierer, dem Eigentümer oder einer sonstigen Person, die zur Entgegennahme berechtigt ist, anzeigen und gegebenenfalls übergeben.

Kennt der Finder keine der zuvor genannten Personen, muss er den Fund der zuständigen Behörde anzeigen – das ist die Gemeinde, auf deren Gebiet der

Fund gemacht wurde. Das gilt nicht, wenn der Wert der Fundsache zehn Euro nicht übersteigt. Die **Ablieferungspflicht** (§ 967 BGB) begründet sowohl das Recht als auch die Pflicht, die Fundsache an die zuständige Behörde zu übergeben.

Der **Finderlohn** (§ 971 BGB) bemisst sich nach dem Wert der Sache – bis zu 500 Euro sind es fünf Prozent, darüber hinaus drei Prozent. Bei Fundtieren beträgt der Finderlohn grundsätzlich drei Prozent ihres Wertes.

Hat sich nach Ablauf von sechs Monaten kein Empfangsberechtigter bei der Behörde oder auch beim Finder gemeldet, geht das **Eigentum an der Fundsache** vollumfänglich auf den Finder über (§ 973 BGB).

Die **Fundunterschlagung** ist nach § 246 Abs. 1 StGB **strafbar**.

5.1.12. Fund in Behörde oder Verkehrsanstalt (§ 978 BGB)

Eine Besonderheit stellt der Fund in zwei Bereichen dar, nämlich in den Geschäftsräumen von öffentlichen Behörden einschließlich Treppenhäusern, Fluren oder Höfen dieser Dienststellen, oder in Beförderungsmitteln von Verkehrsunternehmen, die dem öffentlichen Verkehr dienen. Gaststätten, Warenhäuser oder andere Betriebsstätten fallen nicht unter die Regelung des § 978 BGB, ebenso nicht Taxen oder Mietwagen, es sei denn, sie werden als Ersatzverkehr für den regulären Betrieb eingesetzt.

Hier ist der Finder nicht nur verpflichtet, die Fundsache unverzüglich bei der jeweiligen Behörde oder bei dem Verkehrsunternehmen abzugeben, sondern hat erst ab einem Wert der Fundsache von 50 Euro einen Anspruch auf Finderlohn. **Bedienstete** der Behörde oder des Unternehmens, somit auch **Mitarbeiter von Reinigungs- oder Bewachungsunternehmen**, die für diese Institutionen tätig sind, haben **keinen Anspruch auf Finderlohn**.

Ein Eigentumserwerb nach Ablauf von sechs Monaten ist bei Fund in öffentlichen Behörden oder Verkehrsanstalten nicht vorgesehen. Somit steht dem Finder auch nicht der Erlös einer Versteigerung einer Fundsache zu.

5.2. Rechtfertigungsgründe des BGB

5.2.1. Selbsthilfe (§ 229 BGB)

Im Falle einer **Besitzstörung durch verbotene Eigenmacht** darf sich der Eigentümer, Besitzer oder Besitzdiener selbst helfen, wenn obrigkeitliche Hilfe in Form von Polizei, Gerichtsvollzieher o. ä. nicht rechtzeitig zu erlangen ist (also nicht vor Ort) und die Gefahr besteht, dass ohne sein Eingreifen seine Ansprüche entweder nicht mehr durchsetzbar sind oder diese Durchsetzung wesentlich erschwert wird. Das **Selbsthilferecht** ist **auf eigene Rechte beschränkt**. Für Dritte, denen gegenüber keine Pflicht im Sinne einer Besitzdienerschaft besteht, kann sie also nicht geltend gemacht werden.

Zwei Voraussetzungen sind also zwingend notwendig, wenn man sich bei einer Handlung auf Selbsthilfe berufen will:

- Keine obrigkeitliche Hilfe rechtzeitig vor Ort
- Erschwernis der Anspruchsdurchsetzung bei Untätigkeit

Die Selbsthilfe beschränkt sich dabei nicht nur auf ein Entfernen eines Störers von einem Grundstück oder das Entreißen des Diebesguts. Die Selbsthilfe kann vielmehr folgende Handlungen umfassen:

- Wegnahme einer Sache, auch mit Gewalt
- Zerstörung oder Beschädigung einer Sache
- Festnahme eines der Flucht Verdächtigen
- Gewaltsames Brechen des Widerstands des Täters

Beachten Sie unbedingt: Die Festnahme ist an die Voraussetzungen des zivilprozessualen **Sicherheitsarrests** nach § 918 ZPO gebunden – dieser ist nur dann gegeben, wenn der Arrest erforderlich ist, um eine gefährdete Zwangsvollstreckung (im Sinne von Schadensersatz) in das Vermögen des Schuldners zu sichern. Das ist regelmäßig gegeben, wenn sich der Täter nicht ausweisen kann – der Geschädigte könnte also ohne eine Festnahme seine Ansprüche auf Schadensersatz nicht gerichtlich durchsetzen, weil er nicht wüsste, wen er verklagen soll.

5.2.2. Grenzen der Selbsthilfe (§ 230 BGB)

Die Selbsthilfe nach BGB ist ein mächtiges Instrument – darum unterliegt ihre Ausübung auch Grenzen.

So darf die Selbsthilfe nicht weiter gehen, als das zur Abwendung der Gefahr erforderlich ist. So wird bei einer Festnahme der Täter nach Vorlage seines gültigen Personalausweises auf freien Fuß zu setzen sein, da seine Identität damit nachgewiesen wurde und der Geschädigte seine Ansprüche gegen ihn durchsetzen kann.

Die **Anwendung von Gewalt gegen Kinder** oder andere geschäftsunfähige Personen zum Zwecke der **Besitzkehr** und **Besitzwehr** (zu den Begriffen siehe folgendes Kapitel) ist **zulässig**. Das **Festhalten** des Täters kann zur Durchsetzung von etwaigen Schadensersatzansprüchen gerechtfertigt sein, wenn die Identität nicht feststellbar ist. Die Polizei ist in diesem Falle zur Feststellung der Personalien herbeizurufen. Bei Personen unter 14 Jahren wäre hingegen eine **Festnahme** nach § 127 Abs. 1 StPO ausgeschlossen.

Grundsätzlich ist die Erforderlichkeit der eingesetzten Mittel zu prüfen. Die Beachtung der Verhältnismäßigkeit zwischen der Intensität des Angriffs und der Abwehr ist dabei nicht notwendig – die **missbräuchliche Rechtsausübung** setzt hier allerdings eine **Grenze für die Intensität der Abwehrhandlung**, wenn ein krasses Missverhältnis besteht. Beispiel: Ein offenbar demenzkranker älterer Mann weigert sich, das Grundstück zu verlassen – hier ist gewaltsames Vorgehen nicht zulässig, da es einen Rechtsmissbrauch gegenüber einem schuldlos Irrenden darstellen würde.

5.2.3. Selbsthilfe des Besitzers (§ 859 BGB)

Die Spezialvorschrift zur Selbsthilfe des Besitzers verdeutlicht die Stärke dieses rechtlichen Instruments zur Durchsetzung zivilrechtlicher Ansprüche. So darf sich der Besitzer nicht nur gegen einen Räuber zur Wehr setzen (**Besitzwehr**), sondern dem Täter die Sache auch mit Gewalt entreißen (**Besitzkehr**), unabhängig davon, ob der Täter auf frischer Tat betroffen oder verfolgt wird. Als „**frische Tat**“ gilt der Zeitraum bis zu 30 Minuten nach Tatausführung – allerdings ist die Verfolgung nicht auf diesen kurzen Zeitraum begrenzt, sondern darf auch wesentlich länger andauern. Auch darf der Verfolger in die Wohnung des Täters eindringen, um seine Ansprüche zu sichern.

Hat der Täter auf der Flucht die Sache einem Dritten übergeben, darf der Besitzer auch gegenüber diesem sein Selbsthilferecht ausüben, selbst dann, wenn der Dritte die Sache vom Täter „gekauft hat“.

5.2.4. Selbsthilfe des Besitzdieners (§ 860 BGB)

Der Begriff des Besitzdieners ist Ihnen bereits bekannt. Auch dem Besitzdiener steht ein Selbsthilferecht zu, und zwar in dem gleichen Umfang wie dem Besitzer der Sache.

Voraussetzung dafür ist, dass der Besitzdiener befugt den Besitz über die betroffene Sache ausübt. Für Mitarbeiter im Bewachungsgewerbe setzt das regelmäßig einen entsprechenden Auftrag in Form einer Dienstanweisung als Übertragung der Besitzdienerschaft voraus – der Auftraggeber des Bewachungsunternehmens macht die Mitarbeiter durch den entsprechenden Auftrag zu Besitzdienern.

5.2.5. Notwehr (§ 227 BGB)

Die Notwehr ist, wenn man sich an der Reihenfolge der Normen im BGB orientiert, ein allgemeiner anwendbares Recht als die Selbsthilfe – gleichwohl ist sie, wie auch die Notwehr im Strafgesetzbuch, ein notwendiges Element, um den Verteidiger eigener Rechtsgüter vor ungerechtfertigten Ansprüchen auf Schadensersatz zu schützen. Anders als im StGB ist eine Prüfung der Verhältnismäßigkeit aber nicht erforderlich - lediglich die **missbräuchliche Rechtsausübung** setzt hier eine **Grenze für die Intensität der Abwehrhandlung**, wenn ein krasses Missverhältnis besteht (siehe dazu auch Selbsthilfe im vorhergehenden gleichnamigen Kapitel). Gegenüber Kindern oder anderen nicht Geschäftsfähigen kann das Recht auf Notwehr darum eingeschränkt sein.

Hinsichtlich des Normtextes unterscheidet sich die BGB-Notwehr in nur einem Element von der StGB-Notwehr – es wird bei gebotener Notwehr die Tat des Verteidigers nicht als „nicht rechtswidrig", sondern als „nicht widerrechtlich" eingestuft. In erster Linie geht es aber auch hier um Angriffe auf Rechtsgüter wie Besitz, Leben oder Freiheit – der Unterschied ist das **Abwehrziel**, also nicht **Schutz vor** Strafe, sondern vor **Schadensersatzansprüchen** nach § 823 BGB.

Was zivilrechtlich unter einen Angriff fällt, muss im Einzelfall betrachtet werden. Auf keinen Fall darf aber die Notwehr als Mittel zur außergerichtlichen Durchsetzung von Ansprüchen missbraucht werden – bei einer Streiterei, etwa Herausgabe eines <u>geliehenen</u> Handys, wäre Gewaltanwendung strafbar und nicht durch Notwehr gedeckt. Auch das gewaltsame „Entfernen" eines säumigen Mietschuldners aus der vermieteten Wohnung unter Zuhilfenahme „kräftiger Freunde" wäre eindeutig eine Mischung aus

Körperverletzung, Hausfriedensbruch und vielem mehr, aber in keinem Falle ein Fall von Notwehr.

5.2.6. Notstand

Erinnern Sie sich an die strafrechtliche Unterscheidung zwischen Notwehr und Notstand? Wesentliches **Unterscheidungsmerkmal** war die **Art der Bedrohung** – bei Angriffen war bei der Rechtfertigung auf Not<u>wehr</u> (§ 32 StGB) zu prüfen, im Falle von Gefahren auf Rechtfertigenden No<u>tstand</u> (§ 34 StGB).

Auch das BGB unterscheidet zwischen Notwehr und Notstand, konstruiert aber gleich zwei Arten des Notstandes, nämlich den verteidigenden oder defensiven Notstand (§ 228 BGB) und den angreifenden oder aggressiven Notstand (§ 904 BGB). Beiden gemein ist das Einwirken des Verteidigers auf eine Sache, die dabei beschädigt oder zerstört wird.

5.2.6.1. Defensiver (verteidigender) Notstand (§ 228 BGB)

Der defensive Notstand erlaubt das Zerstören oder Beschädigen einer fremden Sache, wenn von ihr eine konkrete Gefahr ausgeht – die reine Möglichkeit, dass etwas passieren könnte, reicht hier nicht aus, es muss nach allgemeiner Lebenserfahrung wahrscheinlich sein, dass ein Schaden eintritt, wenn die Sache nicht unschädlich gemacht wird.

Es gelten hier die schon bekannten Regelungen zur Erforderlichkeit und zum Maßhaltungsgebot – ist die Gefahr durch ein milderes Mittel abwendbar, ist dieses zu nutzen. So wird das Einschlagen einer Autoscheibe, um einen vor dem Hitzetod stehenden Hund aus dem Wageninnern zu befreien, nicht notwendig sein, wenn etwa die Autotüren nicht verschlossen sind – hier würde das Öffnen der Tür die Rettung des Hundes ermöglichen.

Auch darf der Schaden an der Sache, den der Verteidiger anrichtet, nicht in einem krassen Missverhältnis zu der drohenden Gefahr stehen.

Eine weitere Einschränkung: Hat der Handelnde die Gefahr selbst verschuldet, ist er dem Eigentümer zum Schadensersatz verpflichtet!

5.2.6.2. Aggressiver (angreifender) Notstand (§ 904 BGB)

Wie schon der defensive regelt auch der aggressive Notstand die Rechtsfolgen der Zerstörung einer Sache – mit einem grundlegenden Unterschied: Hier wird nicht die fremde Sache beschädigt, von der die Gefahr ausgeht, sondern eine fremde Sache, von der keine Gefahr ausgeht, die aber als Hilfsmittel zur Abwehr genutzt wird. Die Norm bestimmt, dass der Eigentümer oder Besitzer der Sache diesen Eingriff in seine Rechte dulden muss – gleichwohl ist der Verteidiger aber zum Ersatz des Schadens verpflichtet! Diesen Schadensersatz könnte er dann wiederum bei demjenigen einklagen, der für die tatsächliche Gefahr verantwortlich ist.

5.2.6.3. Der Lattenzaun – Unterrichts-Klassiker zum Verständnis

Der Unterschied zwischen defensivem und aggressivem Notstand wird durch den Klassiker „Lattenzaun" deutlich.

M wird im Wald von einem freilaufenden Hund angegriffen. Er greift zu einem Ast, der am Wegesrand liegt, und als sich der Hund auf ihn stürzt, erschlägt er den Hund.

Ein Fall von defensivem Notstand – die drohende Gefahr wird durch „Zerstörung der Sache" abgewendet. Wenn M die Gefahr nicht selbst ausgelöst hat, beispielsweise durch Öffnen eines fremden Zwingers, ist er nicht zum Schadensersatz verpflichtet.

M wird auf der Straße von einem freilaufenden Hund angegriffen. In seiner Not bricht er aus einem Lattenzaun eines fremden Grundstückes eine Latte heraus, und als sich der Hund auf ihn stürzt, erschlägt er den Hund.

Haben Sie den Unterschied entdeckt? M greift „in seiner Not" zu einem Hilfsmittel, diesmal aber nicht zu einem herrenlosen Ast, sondern er beschädigt eine fremde Sache (Lattenzaun), um sich auf diese Weise gegen den Angriff zu schützen. Die Gefahr ging nicht von dem Lattenzaun aus, und trotzdem dürfte der Eigentümer des Zaunes den M nicht an seinem Tun hindern. Aber beachten Sie: M muss dem Geschädigten den Schaden an dessen Zaun ersetzen – allerdings kann er sich diesen Schaden wieder vom Besitzer des Hundes ersetzen lassen.

5.2.7. Bienenrecht (§ 962 BGB)

Ein weiteres Selbsthilferecht *(dabei handelt es sich ausdrücklich nicht um Prüfungsstoff gemäß Rahmenplan)* findet sich im „Bienenrecht" ab § 961 BGB. Der Text des Gesetzes ist selbsterklärend: „Der Eigentümer des Bienenschwarms darf bei der Verfolgung fremde Grundstücke betreten. Ist der Schwarm in eine fremde, nicht besetzte Bienenwohnung eingezogen, so darf der Eigentümer des Schwarmes zum Zwecke des Einfangens die Wohnung öffnen und die Waben herausnehmen oder herausbrechen. Er hat den entstehenden Schaden zu ersetzen."

6. Abgrenzung von BGB, StGB und OWiG

	StGB	BGB	OWiG
Rechtsart	Öffentl. Recht	Privates Recht	Öffentl. Recht
Beteiligte	Staat <> Bürger	Bürger <> Bürger	Staat <> Bürger
Bezeichnung	rechtswidrig	widerrechtlich	ordnungswidrig
Rechtsfolge	Strafe (Geld/Haft)	Schadensersatz	Buße (Geld)

Beide Rechtsgebiete, das Öffentliche wie das Private Recht, stellen einem Geschädigten das Instrument der Notwehr und der Notstandshandlung zur Verfügung, um bei Abwesenheit von Trägern hoheitlicher Rechte (Polizei, Staatsanwalt) in einer Notsituation sein Recht selbst durchzusetzen. Dieses Recht ist im Falle des **Strafrechts** die Verteidigung jeglicher Rechte einer Person, die durch eine Straftat in Gefahr kommen, im Falle des **Zivilrechts** die Verteidigung des Besitzes bzw. Eigentums gegen unerlaubte Wegnahme oder Beschädigung beziehungsweise zur Sicherung von Ansprüchen.

Während im Strafrecht im Falle der Notwehr und des Notstands der Handelnde auch als Nothelfer für einen Dritten tätig werden kann, ist dies im BGB sowohl dem Besitzdiener als auch einem unbeteiligten Dritten möglich.

Bedenken Sie stets, dass Sie bei der Entscheidung „Festnahme“ (Straftat) oder „Festhalten“ (zivilrechtlicher Verstoß) eine sichere Rechtsgrundlage benötigen. Darum sind alle Fakten, die einer Person die Täterschaft nachweisen, zu sichern. Zugleich müssen Sie aber auch eine Tat sicher einem Rechtsgebiet zuordnen können, um die angemessene und zulässige Abwehrhandlung vorzunehmen, ohne sich selbst strafbar und damit möglicherweise auch schadensersatzpflichtig zu machen.

Straftaten und **Ordnungswidrigkeiten** unterscheiden sich durch das Ziel der Verfolgung durch den Staat. Während das **Strafrecht kriminelles Unrecht** ahndet, zielen die Vorschriften des Ordnungswidrigkeitengesetzes (**OWiG**) auf **Verstöße gegen ordnungs- und verwaltungsrechtliche Regelungen**.

7. Strafprozessrecht

Die Vorschriften des Strafprozessrechts sind für Mitarbeiter im Bewachungsgewerbe in zweierlei Hinsicht von Bedeutung – zum einen als **Rechtsgrundlage** für die Durchführung einer **vorläufigen Festnahme**, zum anderen bezüglich ihrer **Rechte und Pflichten** im Rahmen eines Strafverfahrens, sei es **als Geschädigter oder als Zeuge**.

Auch hier gilt, wie bei der Unterscheidung von BGB und StGB, eine Trennung zwischen Zivilprozess und Strafprozess. Während bei einem Zivilprozess ein Gericht ein Urteil über eine zivilrechtliche Streitigkeit zu fällen hat, beispielsweise über Schadensersatz nach Auslaufen einer Waschmaschine und die sich daraus ergebenden Wasserschäden in der darunter befindlichen Nachbarwohnung, sind Strafprozesse grundsätzlich eine Entscheidung über die Bestrafung einer Person wegen einer Straftat, etwa nach einer Körperverletzung. Beachten Sie, dass aus einer einzigen Tat durchaus zwei Prozesse geführt werden können – einerseits der Strafprozess „Staat gegen Täter" mit dem Ziel einer Bestrafung, andererseits der Zivilprozess „Opfer gegen Täter", in dem das Opfer den Täter auf Schadensersatz verklagt.

Die **Strafprozessordnung** (StPO) regelt nicht nur den Ablauf des Verfahrens vor Gericht, sondern auch die Maßnahmen der Staatsanwälte und der Hilfsbeamte der Staatsanwaltschaft (Polizei, Zollfahndung etc.). Das Gegenstück im Zivilrecht ist die **Zivilprozessordnung** (ZPO).

Sollten Sie **Opfer einer Straftat** werden, ist es immer sinnvoll, dass Sie anwaltliche Hilfe zur Durchsetzung Ihrer zivilrechtlichen Ansprüche auf Ersatz des Schadens in Anspruch nehmen, der Ihnen entstanden ist oder noch entstehen könnte. Oftmals lassen sich Geschädigte durch Zahlungen verhältnismäßig geringer Schadensersatzsummen „abspeisen", die nicht zukünftige Beschwernisse durch die erlittene Straftat erfassen. Wird dabei noch unbedacht eine Verzichtserklärung unterzeichnet, können dem Geschädigten enorme finanzielle Verluste entstehen.

Werden Sie einer Straftat <u>beschuldigt</u>, sollten Sie ebenfalls sofort einen spezialisierten Rechtsanwalt mit der Wahrnehmung Ihrer Interessen beauftragen – und bis zu dessen Eintreffen nur Angaben zu Ihrer Identität machen.

7.1. Staatsanwaltschaft (§ 152 StPO)

Aufgabe der Staatsanwaltschaft ist die Verfolgung und Anklage <u>aller</u> verfolgbaren Straftaten, solange es Anhaltspunkte gibt, dass es sich tatsächlich um eine Straftat handelt und im Falle der Klageerhebung hinreichende Beweise für eine Straftat gesichert wurden.

Die Staatsanwaltschaft unterliegt bei Ihrer Tätigkeit drei Prinzipien: Offizialprinzip, Legalitätsprinzip und Opportunitätsprinzip.

Das **Offizialprinzip** beschränkt die Aufgabe der Strafverfolgung ausschließlich auf den Staat (sozusagen ein **Anklagemonopol**, ähnlich dem Gewaltmonopol).

Das **Legalitätsprinzip** zwingt die Staatsanwaltschaft zur **Verfolgung aller Straftaten**, die ihr bekannt werden. Es ist also keine „Laune" oder abhängig von der Person des Opfers oder Täters, ob die Staatsanwaltschaft tätig wird – Ermittlungen und auch Klage müssen erhoben werden. Hier spiegelt sich auch Artikel 3 GG, der die Gleichbehandlung aller Bürger garantiert.

Das **Opportunitätsprinzip** ermöglicht es dagegen der Behörde, **von einer Strafverfolgung abzusehen**, wenn dies entweder durch das Gesetz vorgesehen ist („... wird nur auf Antrag verfolgt", siehe dazu auch Kapitel 4.1.13) oder wegen erwiesener geringer Schuld oder geringer Bedeutung des Schadens nicht nötig ist, Klage zu erheben.

Erfolgt eine **Einstellung des Ermittlungsverfahrens**, ist es wichtig, die Rechtsgrundlage zu prüfen. Eine **Einstellung nach § 153 Abs. 1 StPO** erfolgt aufgrund geringer Schuld und ist somit kein Freispruch von den erhobenen Vorwürfen, sondern lediglich eine Einstellung wegen Geringfügigkeit – eine strafbare Handlung war also gegeben, ebenso bei Einstellung nach Erfüllung von Auflagen, bei Absehen von Strafe (§§ 153a, 153b StPO) oder bei Mehrfachtätern (§ 154 StPO). Allein die **Einstellung nach § 170 Abs. 2 StPO** ist geeignet, etwaige Ansprüche auf Schadensersatz im Zivilprozess abzuwenden – denn bei dieser Art der Einstellung haben die Ermittlungen keinen Anlass zur Klageerhebung und somit keine Strafbarkeit des Handelns ergeben.

7.2. Polizei (§ 163 StPO)

Polizeibeamte sind **Hilfsbeamte der Staatsanwaltschaft**. Neben vielfältigen Aufgaben im Bereich der Überwachung des fließenden Verkehrs, der Beseitigung von Ruhestörungen, der Prävention im Schulbereich und zahlreichen anderen Aufgaben sind Polizeibeamte verpflichtet, Straftaten zu erforschen und dafür zu sorgen, dass keine Beweismittel vernichtet werden oder sich ein Täter dem Zugriff des Staates durch Flucht entzieht.

Herr des **Ermittlungsverfahrens** ist die Staatsanwaltschaft. Sie muss von der Polizei unverzüglich über ihre Ermittlungen in Kenntnis gesetzt werden; eines Auftrages zur Verfolgung einer Straftat bedarf es dazu nicht.

Wie die Staatsanwaltschaft ist auch die Polizei zu Ermittlungen verpflichtet, sobald sie Kenntnis von einer Straftat erhält; sie unterliegt damit ebenfalls dem **Legalitätsprinzip**.

Anders verhält es sich mit dem **Opportunitätsprinzip** – die Polizei darf nicht aus eigenem Ermessen, sondern ausschließlich mit Zustimmung der zuständigen Staatsanwaltschaft ihre Ermittlungen einstellen.

Bevor das Ermittlungsverfahren abgeschlossen und an die zuständige Staatsanwaltschaft abgegeben werden darf, muss der Beschuldigte zur Sache vernommen werden (§ 163a StPO). Dies gilt nicht, wenn das Ermittlungsverfahren zur Einstellung führt. Zu Beginn der ersten Vernehmung (nach Feststellung der Personalien und der Belehrung zum Aussageverweigerungsrecht) muss dem Beschuldigten von der Polizei eröffnet werden, welche Straftat ihm zur Last gelegt wird (§ 136 Abs. 1 Satz 1 StPO).

Polizei ist im öffentlichen Bereich **zuständig**, es sei denn, dass im Hausrechtsbereich Straftaten begangen werden und **Gefahr im Verzuge** ist. Diese Formel (kurz „**GiV**") beschreibt die Situation, dass ein Verzögern des Einschreitens (Warten auf richterlichen Beschluss zur Durchsuchung etc.) die Gefahr in sich trägt, dass die Tat nicht mehr verfolgt werden kann (etwa durch Vernichtung von Beweismitteln).

7.3. Vernehmung im Ermittlungsverfahren

Der Betroffene ist als **Beschuldigter**, **Angeschuldigte**r und **Angeklagter verpflichtet**, einer **Vorladung zur Vernehmung durch die Staatsanwaltschaft** Folge zu leisten (§ 163a Abs. 3 StPO) – dies gilt nicht für eine Vorladung zu einer polizeilichen Vernehmung, hier trifft die Pflicht zum Erscheinen allein den **Zeugen** (§ 163 Abs. 3 StPO neue Fassung 2017). Der Polizeibeamte ist dabei Ermittlungsperson der Staatsanwaltschaft und muss in deren ausdrücklichem Auftrag in dieser Sache tätig werden.

Beachten Sie die Unterschiede in den Bezeichnungen – der Betroffene wird

- **Beschuldigter** ab Beginn des Ermittlungsverfahrens
- **Angeschuldigter** ab Anklageerhebung bei Gericht
- **Angeklagter** nach Eröffnung des Hauptverfahrens

Zur Vereinfachung wird als Sammelbegriff für alle Instanzen und auch im folgenden Text nur der Begriff „Beschuldigter“ benutzt.

In welcher Eigenschaft er vernommen wird (ob als Beschuldigter oder als Zeuge), ist dem Betroffenen schon mit der Vorladung, spätestens aber vor Beginn der ersten polizeilichen Vernehmung darzulegen.

Im Rahmen des Ermittlungsverfahrens hat der **Beschuldigte** ein **Recht auf Aussageverweigerung** (Ausnahme: Angaben zur Identität) und Rücksprache mit einem von ihm gewählten **Rechtsbeistand**.

Anders als im Fernsehkrimi hat der **Anwalt** aber **kein Recht auf Anwesenheit** während der polizeilichen Vernehmung. Erst bei einer Vernehmung durch einen Staatsanwalt oder einen Richter müssen nach §§ 163a Abs. 3 und 168c Abs. 1 StPO die Ermittler dem Anwalt des Beschuldigten die Anwesenheit gestatten.

Zeugen müssen nicht nur zu ihrer Identität, sondern auch zur Sache wahrheitsgemäß und in vollem Umfang aussagen. Ein **Zeugnisverweigerungsrecht** (§ 52 StPO) steht den Angehörigen des Betroffenen zu. Ein Auskunftsverweigerungsrecht haben Zeugen in dem Fall, wo sie durch ihre Aussage **sich selbst oder einen Familienangehörigen** (dazu zählen nicht „Lebensgefährten“) der **Gefahr einer Strafverfolgung** aussetzen würden. Beachten Sie: In diesem Falle muss der Zeuge zwar nicht aussagen, unterliegt aber weiterhin der Pflicht, die Wahrheit zu sagen; darauf wird auch im Rahmen der Zeugenbelehrung nach § 57 StPO hingewiesen, die vor Beginn jeder Vernehmung erfolgen muss.

Der **Beschuldigte** in einem Strafverfahren ist nicht verpflichtet, die Wahrheit zu sagen. Anders der **Zeuge** – er wird, wenn er wissentlich die Unwahrheit sagt, bestraft.

Die **Grundsätze der Rechtsstaatlichkeit** sind einzuhalten.

Die Menschenwürde (Art. 1 GG) und die nachfolgenden Grundrechte sind zu achten. Daraus folgen als **Grundsätze des Verfahrens**

- rechtliches Gehör,
- ein Verbot des Willenszwangs und
- das Verbot unverhältnismäßiger Anwendung von staatlichen Zwangsmitteln.

Dem Beschuldigten ist **rechtliches Gehör** zu geben (Art. 103 Abs.1 GG). Das bedeutet, dass ihm sowohl im Ermittlungsverfahren wie auch vor Gericht ausreichend Gelegenheit zur persönlichen Äußerung zu den Tatvorwürfen gegeben werden muss.

Ein **Willenszwang** (§ 136a StPO) wie Folter, Schlafentzug oder Drohung mit Gewalt oder Tötung im Falle einer Aussageverweigerung, aber auch Hypnose oder Täuschung ist verboten.

Art. 20 GG verbietet durch das Gebot der Rechtsstaatlichkeit die **unverhältnismäßige Anwendung staatlicher Zwangsmaßnahmen**. Die staatliche Maßnahme muss begründet sein – so entfällt mangels Fluchtgefahr beispielsweise die Inhaftierung im Vorfeld des Prozesses, weil sie nicht erforderlich ist. Gleiches gilt für ein Verbot nicht notwendiger körperlicher Untersuchungen, die gegen Willen des Beschuldigten durchgeführt werden sollen.

7.4. Vor Gericht

Die **Hauptverhandlung** muss **öffentlich** und **mündlich** erfolgen. Hinsichtlich der Rechte und Pflichten von Angeklagten und Zeugen gelten die Regeln des Ermittlungsverfahrens.

7.5. Festnahme durch Jedermann (§ 127 StPO)

(1) Wird jemand auf frischer Tat betroffen oder verfolgt, so ist, wenn er der Flucht verdächtig ist oder seine Identität nicht sofort festgestellt werden kann, jedermann befugt, ihn auch ohne richterliche Anordnung vorläufig festzunehmen. (...)

Das Recht zur Strafverfolgung liegt allein beim Staat (wie zuvor bereits dargestellt, „Offizialprinzip"). Dieses Anklagemonopol unterliegt, wie auch schon das Gewaltmonopol durch die Rechtfertigungsgründe Notwehr und Notstand, einer Ausnahme – der **Festnahme durch Jedermann** nach § 127 Abs. 1 StPO. Es handelt sich um ein Pendant zu den Notwehr- und Selbsthilferechten des BGB und StGB.

Voraussetzungen für eine „Festnahme durch Jedermann" sind

- **Offensichtliche Täterschaft**
    - Betreffen oder Verfolgen der Person **auf frischer Tat**
- **Bestehende Verdunkelungsgefahr**
    - Person ist **der Flucht verdächtig** oder
    - **nicht sofort zu identifizieren**

Es ist nicht notwendig, dass der Festnehmende auch durch den Täter geschädigt wurde – anders als bei der Selbsthilfe des BGB geht es bei der Festnahme nach § 127 Abs. 1 StPO um die Durchsetzung eines Anspruchs des Staates, nämlich auf Bestrafung des Täters, nicht um etwaige Ansprüche auf Schadensersatz. Der Festnehmende tritt hier also für den Staat im Sinne der Gemeinschaft aller Bürger ein und verhilft dem Recht zur Geltung – einzige **Aufgabe dieser Festnahme ist es, ein Strafverfahren zu ermöglichen**. Eine Festnahme, die zu einem anderen Zwecke erfolgt, beispielsweise „um den Kerl zur Rede zu stellen", wäre also nicht durch diese Norm gerechtfertigt.

Der Festnehmende muss den Täter entweder „auf frischer Tat" stellen oder den vom Tatort Geflüchteten verfolgen.

Der Terminus „auf frischer Tat betroffen" bezeichnet die Situation, dass eine Person bei Begehung oder Versuch **einer rechtswidrigen Tat** oder direkt danach **am Tatort** oder **in dessen Nähe** von einem Dritten angetroffen wird.

„Verfolgt" bedeutet, dass der Festnehmende den Täter, auf den sichere Anhaltspunkte wie zB Tatspuren hinweisen, im Anschluss an die Tat **zum Zwecke der Ergreifung** sucht. Der Zeitraum und auch die maximale Distanz zum Tatort sind nicht beschränkt, auch nicht die Dauer der Verfolgung – sie ist zeitlich unbegrenzt, der Flüchtende muss nicht in Sichtweite bleiben.

Ein **Wegfall des Rechts zur Festnahme** durch Jedermann lässt sich aus dem Text des § 127 Abs. 1 StPO nicht ableiten, wohl aber aus seiner Funktion – da das Anklagemonopol beim Staat und dessen Strafverfolgungsbehörden liegt, entfällt das Festnahmerecht durch Jedermann **bei Anwesenheit von Polizeibeamten**.

Fehlt mindestens eines der beiden Hauptmerkmale, darf die Person nicht festgehalten werden, da sich der Festnehmende sonst selbst einer Nötigung strafbar macht.

Bei der Festnahme darf **Zwang in Form von körperlicher Gewalt** ausgeübt werden – der Grundsatz der Verhältnismäßigkeit ist zu beachten (wie bei dem Verbot unverhältnismäßiger Anwendung von staatlichen Zwangsmitteln, siehe „Grundsätze des Strafverfahrens"). Dazu zählt neben einem festen Griff an den Arm auch das **Anlegen von Handfesseln**, wenn diese Maßnahme aufgrund der Gegenwehr des Täters und der Schwere der Tat angemessen ist.

Da Ziel der Festnahme die Ermöglichung der Strafverfolgung ist, wäre die **Festnahme** einer nicht strafmündigen Person, insbesondere **von Kindern, nicht zulässig**. Möglich wäre allerdings unter Umständen **ein Festhalten** zur **Durchsetzung zivilrechtlicher Ansprüche** im Rahmen der **Selbsthilfe**.

7.6. Strafanzeige (§ 158 StPO)

Voraussetzung für Ermittlungen des Staates ist, dass eine Straftat den Ermittlungsbehörden zur Kenntnis gebracht wird. Das erfolgt, wenn der Täter nicht von der Polizei bei Begehung der Tat ergriffen wird, in der Regel durch eine Strafanzeige des Geschädigten.

Bei **Offizialdelikten** kann der Geschädigte die **Strafanzeige** oder den **Strafantrag** bei

- der **Staatsanwaltschaft**,
- der **Polizei** oder
- dem **Amtsgericht**

mündlich oder schriftlich erstatten, bei **Antragsdelikten** bei der Polizei nur schriftlich, sonst auch zu Protokoll.

Zu unterscheiden sind Strafanzeige und Strafantrag. Die **Strafanzeige** ruft Behörden zur Prüfung der Strafbarkeit einer Handlung auf. Sie setzt nicht voraus, dass der Anzeigende Geschädigter ist oder einen Auftrag zur Anzeige hat; er muss von der Behörde geprüft werden. Die Strafanzeige kann mit einem **Antrag auf Strafverfolgung** verbunden werden – auch hier bedarf es nicht einer Schädigung des Anzeigenden. Anders der **Strafantrag** - er kann bei Antragsdelikten **nur von dem Geschädigten** gestellt werden (§ 77 StGB).

Zu beachten ist die **Befristung** nach § 77b StGB – **Antragsdelikte** werden nur verfolgt, wenn der Antragsberechtigte binnen drei Monaten nach der Tat den Strafantrag stellt. Für Offizialdelikte gelten dagegen die Regeln zur **Verjährung** nach § 78 StGB.

8. Umgang mit Waffen und Messern

Dieses Kapitel ist inhaltlich dem Lehrbuch „Waffensachkunde für Mitarbeiter im Bewachungsgewerbe“ von André Busche entnommen. Das Buch zur Vorbereitung auf das dienstliche Führen einer Schusswaffe und die ***Waffensachkundeprüfung*** *für Bewacher ist im Buchhandel erhältlich.*

Mehr Informationen zu diesem und anderen Büchern des Verfassers zum Waffenrecht unter ***http://www.juristischer-fachverlag.de***

Alle Angaben zu gesetzlichen Vorschriften in diesem Kapitel beziehen sich, wenn nicht anders angegeben, auf das Waffengesetz.

8.1. Waffenrechtliche Grundlagen

8.1.1. Waffe (§ 1 Abs. 2 WaffG)

Neben **Schusswaffen** und den ihnen **gleichgestellten Gegenständen** (Schreckschuss-, Reizstoff-, Signalwaffen, Schalldämpfer, wesentliche Teile) können **tragbare Gegenstände**, die **geeignet** sind, die Angriffs- oder Abwehrfähigkeit von Menschen zu beseitigen oder herabzusetzen, eine Waffe sein. Das gilt zum einen für solche tragbaren **Gegenstände**, die **ihrem Wesen nach dazu bestimmt** sind, eine **Waffe zu sein** (zum Beispiel Hieb- und Stoßwaffen wie Schlagstock, Kampfmesser oder Tonfa). Zum anderen fallen unter den Waffenbegriff **auch tragbare Gegenstände**, die zwar nach dem Willen des Herstellers **nicht als Waffe hergestellt** worden sind, aber durch ihre Beschaffenheit, Handhabung oder Wirkungsweise **als Waffe dienen können**, vorausgesetzt, sie werden **im Waffengesetz ausdrücklich genannt** (etwa das **Faustmesser** des Kürschners). Der Waffenbegriff des Waffengesetzes unterscheidet sich von dem des **Strafrechts**, der deutlich mehr Gegenstände als strafrechtlich relevante Waffen einstuft.

8.1.2. Schusswaffe, gleichgestellte Gegenstände (Anlage 1)

Schusswaffen sind Gegenstände, die zum **Angriff** oder zur **Verteidigung**, zur **Signalgebung**, zur **Jagd**, zur **Distanzinjektion**, zur **Markierung**, zum **Sport** oder zum **Spiel** bestimmt sind und bei denen **Geschosse** durch einen **Lauf** getrieben werden. Es müssen keine „heißen Gase“ sein, die das Geschoss „durch den Lauf treiben“ – es fallen also auch Federdruck- oder Druckluftwaffen unter den Begriff der Schusswaffe, womit wiederum klar wird, dass auch Druckluftgewehre und ähnliches, insbesondere Paintball/Gotcha- und

Softair-Waffen, unter die Regelungen des Waffengesetzes fallen, **Werkzeuge** dagegen nicht, weil sie nicht den im Gesetz genannten Zwecken dienen.

Schusswaffen gleichgestellt sind die wesentlichen Teile dieser Schusswaffen (etwa Lauf, Verschluss) und Schalldämpfer, aber auch Schreckschuss-, Reizstoff- und Signalwaffen (SRS-Waffen), Armbrüste und Pfeilabschussgeräte.

Mit dem Begriff „**Handfeuerwaffen**" bezeichnet man sowohl Lang- als auch Kurzwaffen. **Handfeuerwaffen** sind alle **tragbaren Schusswaffen**.

Ist fraglich, wie eine Waffe rechtlich einzuordnen ist, entscheidet das **Bundeskriminalamt**. Dabei ist allerdings zu beachten, dass die Entscheidungen des BKA keinen Gesetzesrang haben, sondern lediglich zur Klärung von Zweifelsfällen dienen sollen. Eine durch das Waffengesetz bestimmte Regelung kann also nicht durch das BKA aufgehoben oder verändert werden. Ebenso ist zu beachten, dass sich solche Entscheidungen in der Regel auf einen konkreten Einzelfall beziehen müssen.

Die Entscheidungen des BKA ergehen in Form von **Feststellungsbescheiden**, die öffentlich bekannt gemacht werden.

8.1.3. Anscheinswaffe (Anlage 1)

Zusammen mit Hieb- und Stoßwaffen sowie bestimmten Messern unterliegen Anscheinswaffen einem grundsätzlichen und ortsunabhängigen Verbot des Führens (§ 42a WaffG). Dabei beschränkt sich der Begriff der Anscheinswaffe nicht allein auf Schusswaffen, sondern umfasst auch solche Gegenstände, die nicht als Schusswaffen hergestellt wurden, aber einer Schusswaffe nachgebildet wurden, und unbrauchbar gemachte Dekorationswaffen. Ausdrücklich ausgenommen aus der Definition „Anscheinswaffe" sind solche Schusswaffen, die nur mit einem Waffenschein nach § 10 Abs. 4 WaffG geführt werden dürfen, also „scharfe" Schusswaffen ebenso wie Signal-, Reizstoff- und Schreckschusswaffen mit dem Kennzeichen PTB im Kreis", aber auch „freie" Luftgewehre mit Kennzeichen „F im Fünfeck" oder Salutwaffen (umgebaute Langwaffen, mit denen nur Kartuschenmunition (Platzpatronen) abgeschossen werden können). Auch erkennbar zum Spiel bestimmte Gegenstände, die deutlich kleiner oder größer sind als das Original oder grell gefärbt, fallen nicht unter das Verbot des § 42a WaffG.

8.1.4. Umgang (§ 1 Abs. 3 WaffG)

„Umgang" mit einer Waffe oder Munition hat, wer diese erwirbt, besitzt, überlässt, führt, verbringt, mitnimmt, damit schießt, diese herstellt, bearbeitet, instand setzt oder damit Handel treibt.

Betrachten wir die im Alltag relevanten **Umgangsarten** im Sinne des Waffengesetzes – zur Vereinfachung beschränkt auf „Waffen".

„**Tatsächliche Gewalt**" bedeutet, dass der Inhaber der tatsächlichen Gewalt nach seinem Willen über die Waffe verfügen kann.

Erwerb: Es erwirbt, wer die tatsächliche Gewalt über eine Waffe erlangt, sie also an sich nimmt oder auch findet. Der **Kauf** einer Waffe ist dagegen **kein Erwerb**, da die Zahlung des Kaufpreises nur das Eigentumsrecht überträgt, nicht aber die tatsächliche Gewalt!

Besitz: Es besitzt, wer die tatsächliche Gewalt über die Waffe ausübt, sie beispielsweise bei sich trägt oder im Safe aufbewahrt.

Überlassen: Es überlässt, wer anderen die tatsächliche Gewalt über die Waffe einräumt, sie also schlicht weitergibt.

Führen ist das Ausüben der tatsächlichen Gewalt außerhalb der eigenen Wohnung, der eigenen Geschäftsräume des eigenen befriedeten Besitztums oder einer Schießstätte. Anlage 1 Abschnitt 2 definiert den Begriff des Führens im Sinne des Waffengesetzes. Zu beachten ist das **erlaubnisfreie Führen** nach § 12 Abs. 2 WaffG, auch „Transport" genannt. Beachten Sie die Hinweise zum Führen von Anscheinswaffen auf Seite 157.

Schießen werden Sie, wenn Sie mit einer Schusswaffe Geschosse aus einem Lauf verschießen, Kartuschenmunition verschießen oder Wirkstoffe (z. B. Tränengas) mit Patronen- oder Kartuschenmunition verschießen.

Nur Personen, die das 18. Lebensjahr vollendet haben, dürfen nach § 2 Umgang mit Waffen und Munition haben. Für **Kinder und Jugendliche** eröffnet § 3 Ausnahmemöglichkeiten, beispielsweise Jugendlichen für den Umgang mit Waffen oder Munition im Rahmen der beruflichen Ausbildung oder beruflichen Tätigkeit unter Aufsicht eines weisungsberechtigten Waffenberechtigten. Im **privaten Bereich** gilt für Kinder und Jugendliche ein **absolutes Umgangsverbot mit Waffen und Munition**. **Ausnahmen** gibt es für das **Schießen unter Aufsicht** nach § 27 Abs. 3 bis Abs. 6 auf Schießstätten (auf bestimmte Kaliber beschränkt), an „Schießbuden" oder in der Jagdausbildung.

8.1.5. Voraussetzungen für den Umgang (§ 4 WaffG)

Die **Erlaubnis zum Erwerb und Besitz** von **Waffen** wird durch eine **Waffenbesitzkarte** (**WBK**, Farbe grün) erteilt.

Die Erlaubnis zum Erwerb und Besitz von **Munition** wird durch **Eintragung in die WBK** oder durch die Ausstellung eines **Munitionserwerbsscheins**

(Farbe hellbraun) erteilt. Außerdem kann Munition **auch ohne behördliche Erlaubnis** zum sofortigen Verbrauch auf der Schießstätte erworben werden.

Die **Erlaubnis zum Führen** einer **Waffe** wird durch den **Waffenschein** erteilt.

Für die Erteilung einer **Waffenbesitzkarte** sind erforderlich

- **Mindestalter**; Antragsteller hat das 18. Lebensjahr vollendet
- Nachweis von **Bedürfnis** und **Waffensachkunde**
- **Zuverlässigkeit** und **persönliche Eignung**
- **Nachweis der sicheren Aufbewahrung** (§ 36 WaffG)

Bei Beantragung eines **Waffenscheines** oder einer **Schießerlaubnis** wird zudem der Nachweis einer **Haftpflichtversicherung** für Personen- und Sachschäden in Höhe von einer Million Euro gefordert.

Die **Prüfung der Zuverlässigkeit und der persönlichen Eignung** soll nach mindestens **drei Jahren** von der Behörde wiederholt werden, danach in vergleichbaren Zeitabständen **(Regelüberprüfung)**. Gleiches gilt für das Bestehen der Haftpflichtversicherung für Inhaber eines Waffenscheines oder einer Schießerlaubnis. Die zuständige Behörde kann den Erlaubnisinhaber mit den **Kosten** der Regelüberprüfung belasten.[18]

Das **Fortbestehen des Bedürfnisses** ist regelmäßig **alle fünf Jahre** durch die Waffenbehörde zu **prüfen**. Dazu ist durch den Bewachungsunternehmer, der der Inhaber einer Waffenbesitzkarte ist, nachzuweisen, das Aufträge bestehen, die einen Umgang mit Schusswaffen weiterhin erforderlich machen.

Zentrale Forderung des Gesetzes ist, dass die Belange der öffentlichen Sicherheit und Ordnung bei Erteilung einer waffenrechtlichen Erlaubnis als schützenswertes Gut berücksichtigt werden. Es erfolgt eine Abwägung zwischen dem Interesse des Einzelnen an der Erlaubnis zum Umgang mit Waffen und dem Bedürfnis der Allgemeinheit nach Schutz vor Gewalt. Um diesen Schutz zu erreichen, scheint es angesichts der Veränderungen der waffenrechtlichen Gesetzgebung über die Jahrzehnte aus Sicht des Staates offenbar geboten, die Hindernisse für den legalen Erwerb und Besitz von Schusswaffen und Munition immer höher und unüberwindbarer zu gestalten. Angesichts einer großen Zahl von Waffen in illegalem Besitz, die naturgemäß keiner Kontrolle unterliegen, ist dies aber ein nicht zielführender Ansatz.

---

[18] *BVerwG 6 C 30.08, Urteil vom 01. September 2009*

8.1.6. Bedürfnis (§ 8 WaffG)

In waffenrechtlicher Hinsicht handelt es sich beim Bedürfnis um den **Nachweis** des Antragstellers, dass er die beantragte Waffe oder Munition **benötigt**. Die Erlaubnisbehörde muss abwägen, ob dem Interesse des Antragstellers das Interesse der Bevölkerung entgegensteht, die Zahl der Waffen in privater Hand gering zu halten. Das Bedürfnis kann sowohl privater, also persönlicher, als auch wirtschaftlicher Art sein, etwa als Bewachungsunternehmer oder als gefährdete Person. Es ist alle fünf Jahre behördlich zu überprüfen.

So muss etwa eine gefährdete Person eine **konkrete und erhebliche Gefahr** benennen, die durch eine waffenrechtliche Erlaubnis **verringert** werden kann. Ein Bewachungsunternehmen muss nachweisen, dass konkrete Aufträge vorliegen. Zudem muss die beantragte Waffe oder Munition **geeignet** und **erforderlich** sein, den **Zweck** des Bedürfnisses zu **erfüllen**.

Entfällt das Bedürfnis, ist auch die erteilte Erlaubnis zu widerrufen.

Die Bedürfnisprüfung wird bei Beantragung eines Waffenscheines sehr streng erfolgen. Das Bedürfnis wurde beispielsweise bei einem Arzt angenommen, der bei nächtlichen Krankenbesuchen mehrfach mit Waffen bedroht worden war, nicht aber bei einem Waffenhändler, der sich auf eine besondere Gefahr beim Transport von Waffen in großer Stückzahl berief.

8.1.7. Waffensachkunde (§ 7 WaffG)

Umfang und Inhalt der **Waffensachkundeprüfung** sind in § 1 der Allgemeinen Waffengesetz-Verordnung (AWaffV) geregelt. Die in der Prüfung nachzuweisende Waffensachkunde umfasst danach **<u>ausreichende</u> Kenntnisse**

- **über** die beim Umgang mit Waffen und Munition zu beachtenden **Rechtsvorschriften** des Waffenrechts, des Beschussrechts sowie der Notwehr und des Notstands,
- **auf waffentechnischem Gebiet** über Schusswaffen (Langwaffen, Kurzwaffen und Munition) hinsichtlich Funktionsweise, sowie Innen- und Außenballistik, Reichweite und Wirkungsweise des Geschosses, bei verbotenen Gegenständen, die keine Schusswaffen sind, über die Funktions- und Wirkungsweise sowie die Reichweite,
- über die **sichere Handhabung** von Waffen oder Munition einschließlich ausreichender Fertigkeiten im Schießen mit Schusswaffen.

Beachten Sie, dass einzelne Waffensachkundenachweise nur **für bestimmte Waffen- oder Munitionsarten** ausgestellt werden, beispielsweise beschränkt auf den Umgang mit Pistole und Revolver. Insofern ist bei Beantragung einer Schusswaffe zu prüfen, ob die Waffensachkunde für die beantragte Waffen- bzw. Munitionsart nachgewiesen werden kann.

Die Anforderungen an die Waffensachkunde unterscheiden sich auch nach dem Profil des Antragstellers. So ist eine von einem **Sportschützen** erworbene Waffensachkunde nicht ausreichend, um als Nachweis der Waffensachkunde für Mitarbeiter im Bewachungsgewerbe durch die zuständige Behörde anerkannt zu werden. Entsprechende Auflagen werden schon mit der Erteilung der Erlaubnis für Ausbildungsträger erteilt, um etwa eine Mindeststundenzahl für die Ausbildung festzulegen.

8.1.8. Zuverlässigkeit (§ 5 WaffG)

Bezüglich der **Zuverlässigkeit** des Waffenbesitzers gibt es einen ganzen Kanon von Versagungsgründen, die sich in § 5 finden – bitte lesen Sie die Vorschrift im Gesetz nach.

Absatz 1 zählt die Gründe auf, die **in jedem Falle** der Erteilung einer waffenrechtlichen Erlaubnis entgegenstehen oder zu einem Widerruf bereits erteilter Erlaubnisse führen. Dazu zählen sowohl rechtskräftige Verurteilungen als auch *„Tatsachen, die die Annahme rechtfertigen"*, dass die erforderliche Zuverlässigkeit nicht vorliegt, somit ist eine behördliche **Prognose** zu stellen.

Absatz 2 regelt eine Regelunzuverlässigkeit (**„in der Regel"**) – die Behörde muss bei Vorliegen von Erkenntnissen prüfen, ob eine **Ausnahme von der Regelvermutung der Unzuverlässigkeit** vorliegt und dazu Hintergründe (etwa von Straftaten) erforschen und ihre Entscheidung begründen. Drei Arten von Handlungen sind zu unterscheiden:

- Vorsätzliche Straftaten (Deliktart unerheblich)
- Fahrlässige Straftaten (mit Waffen, Munition oder explosionsgefährlichen Stoffen, gemeingefährliche Delikte)
- Straftaten nach dem Waffengesetz, Kriegswaffenkontrollgesetz, Sprengstoffgesetz oder Bundesjagdgesetz

Entscheidend ist hier, dass eine Freiheitsstrafe, Jugendstrafe, Geldstrafe von mindestens 60 Tagessätzen oder mindestens zweimal eine geringere Geldstrafe rechtskräftig geworden ist.

Schon der **Verlust einer Schusswaffe** kann ausreichend für die Annahme der Unzuverlässigkeit durch die zuständige Waffenbehörde sein – bereits ein einmaliges Fehlverhalten dieser Art führt zu einer negativen Prognose und rechtfertigt den Widerruf einer waffenrechtlichen Erlaubnis, da von Waffen und Munition eine große Gefahr für Leib und Leben Dritter und damit für höherrangige Rechtsgüter ausgeht, wenn diese in die Hände Unbefugter kommen. Gleiches gilt für **missbräuchlichen oder leichtfertigen Umgang mit Schusswaffen** oder Munition, etwa durch einen Schuss mit dem Schrotgewehr in die Luft, um damit auf den Lärm einer Party in der Nachbarschaft „zu antworten", oder durch **Befestigen einer Lampe** an einer Jagdwaffe (dabei auch: Verstoß gegen Transportvorschriften). Insbesondere Delikte, die Dritte gefährden, sind bei einer Überprüfung zu beachten – so kann eine Verurteilung wegen **Trunkenheit im Straßenverkehr** ein Anhaltspunkt für eine Regelunzuverlässigkeit im Umgang mit Waffen sein. Erhält die Behörde im Zuge der Regelüberprüfung Kenntnis von einer Verurteilung wegen Trunkenheit („typische Trunkenheitsfahrt", Vermutung einer „hohen Alkoholtoleranz"), kann sie auf eine mangelnde Zuverlässigkeit schließen und Erlaubnisse widerrufen. Auch ein „**weinrechtlicher Verstoß**" mit einer Verurteilung zu 90 Tagessätzen rechtfertigt den sofortigen Widerruf waffen- und jagdrechtlicher Erlaubnisse. Der Zeitpunkt der Verurteilung, ob vor Inkrafttreten des WaffG im Jahr 2003 oder danach, ist nicht relevant.

8.1.9. Persönliche Eignung (§ 6 WaffG)

Die erforderliche **persönliche Eignung** besitzen nach § 6 Personen nicht, die geschäftsunfähig sind oder abhängig von Alkohol oder anderen Rauschmitteln, die psychisch krank oder debil sind. Auch Zweifel an der Fähigkeit, sorgfältig mit Waffen und Munition umzugehen, stehen der Erteilung einer Erlaubnis entgegen bzw. begründen den Widerruf der Erlaubnis und auch die Sicherstellung von Waffen. Um den Antragsteller zu überprüfen, kann die Ordnungsbehörde die örtliche Polizei über Erkenntnisse zum Antragsteller befragen – auch der subjektive Eindruck beim Kontakt mit dem Antragsteller kann Zweifel an dessen persönlicher Eignung aufkommen lassen.

Die persönliche Eignung bezieht sich nicht nur auf geistige, sondern auch auf körperliche Eigenschaften des Antragstellers.

Schon wenn Tatsachen die Annahme rechtfertigen, dass der Antragsteller beispielsweise alkoholabhängig ist, hat die Behörde die Möglichkeit, den Antragsteller zur Vorlage eines amts- oder fachärztlichen oder fachpsychologischen Gutachtens nach § 4 AWaffV zu verpflichten. Diese Forderung kann nicht angefochten werden und ist durch den Antragsteller zu erfüllen. Weigert sich der Antragsteller, darf die Behörde nach § 4 Abs. 6 AWaffV auf **Nichteignung** schließen.

Der Antragsteller hat die **Kosten** des Gutachtens zu tragen (§ 6 Abs. 2 WaffG). Er hat die Behörde darüber zu **informieren**, wen er mit dem Gutachten beauftragt hat (§ 4 Abs. 3 AWaffV) – damit soll verhindert werden, dass im Falle eines negativen Gutachtens ein weiterer Gutachter beauftragt wird („Gutachter-Hopping").

Antragsteller unter 25 Jahren haben vor Erteilung ihrer ersten waffenrechtlichen Erlaubnis ein Gutachten über ihre geistige Eignung vorzulegen. Als **Gutachter** kommen nach § 4 Abs. 2 AWaffV in Betracht Amtsärzte, Psychiater, approbierte Psychotherapeuten, Fachärzte für psychotherapeutische Medizin und Fachpsychologen. **Zwischen** dem **Gutachter** und dem **Antragsteller** darf in den fünf Jahren vor Begutachtung **kein Behandlungsverhältnis** bestanden haben. Dies hat der Gutachter zu bestätigen. Er darf allerdings Kontakt mit dem behandelnden Arzt (also Hausarzt oder Facharzt) des Antragstellers aufnehmen, um sich ein umfassendes Bild zu verschaffen.

Zentrale Frage des Gutachtens ist, ob der Antragsteller die **nötige geistige und emotionale Reife** besitzt, um **verantwortungsvoll** mit Schusswaffen umzugehen. Sieht der Gutachter diese Anforderung nicht vollständig erfüllt, ist es möglich, dass die Waffenbehörde weitergehende Untersuchungen des Antragstellers anordnet.

8.1.10. Aufbewahrung (§ 36 WaffG)

An Behältnisse für die Aufbewahrung von erlaubnispflichtigen Waffen und Munition stellt § 36 WaffG in Verbindung mit § 13 AWaffV besondere Anforderungen. Diese Bedingungen unbedingt zu erfüllen ist die Pflicht des Waffenbesitzers – die Überwachung obliegt der zuständigen Behörde.

Erlaubnisfreie Waffen, etwa Schlagstöcke oder Reizstoffsprühgeräte, müssen gegen Wegnahme gesichert aufbewahrt werden. Die Nutzung eines Behältnisses ist gesetzlich nicht vorgeschrieben. Anders die von der Erlaubnis freigestellten Waffen wie Luftgewehr oder Gaspistole mit „PTB-Kennzeichen" – sie können ohne Erlaubnis erworben und besessen werden, müssen aber in einem verschlossenen Behältnis aufbewahrt werden (hier wird allerdings durch den Gesetzgeber keine besondere Behälterqualität gefordert).

Für **erlaubnispflichtige** Waffen und verbotene Waffen (etwa in der Hand von Gutachtern) sieht § 36 WaffG die Aufbewahrung in besonders klassifizierten Behältnissen, sogenannten **Waffenschränken**, oder Räumen vor.[19]

---

[19] *Übersicht unter **http://www.sv-busche.de**, Suchbegriff **„Aufbewahrung"***

Drei Stufen von Sicherheitsbehältnissen werden als Mindestvoraussetzung für die Aufbewahrung erlaubnispflichtiger Waffen und Munition genannt:

- **Widerstandsgrad (WG) 0 (Null)** nach EN 1143-1, mit einem Behältergewicht[20] unter 200 kg: Bis zu fünf Kurzwaffen oder bestimmte verbotene Waffen, Langwaffen ohne zahlenmäßige Begrenzung; Munition darf gemeinsam mit den Waffen aufbewahrt werden;

- **WG 0 (Null)** nach EN 1143-1, mit einem Behältergewicht von mindestens 200 kg: Bis zu zehn Kurzwaffen oder bestimmte verbotene Waffen, Langwaffen ohne zahlenmäßige Begrenzung; Munition darf gemeinsam mit den Waffen aufbewahrt werden;

- **WG I** nach EN 1143-1, Behältergewicht unerheblich: Aufbewahrung einer unbegrenzten Zahl von Lang- und Kurzwaffen sowie Munition.

Für die separate Lagerung von **Munition** ist keine Sicherheitsstufe vorgeschrieben. Sie muss aber gegen unbefugten Zugriff geschützt aufbewahrt werden, mindestens in einem **Stahlblechbehältnis** mit **Schwenkriegelschloss**, zum Beispiel in einer Geldkassette, oder mit gleichwertiger Verschlussvorrichtung bzw. in einem gleichwertigen Behältnis.

Ein **Schwenkriegelschloss** ist ein Metallriegel oder Haken, der am Schließzylinder befestigt ist und um dessen Achse gedreht wird.

Inhaber einer waffenrechtlichen Erlaubnis dürfen Waffenschränke älterer Bauart auch weiterhin nutzen, wenn diese zum Zeitpunkt des Inkrafttretens des Gesetzes am 7. Juli 2017 bereits von ihnen selbst zur Aufbewahrung erlaubnispflichtiger Schusswaffen verwendet worden waren (Altbesitz).[21]

---

[20] *Beachten Sie, dass für Behälter, die nach dem 6. Juli 2017 erworben wurden, eine künstliche Gewichtserhöhung durch Verankerung („Abrisslast") gesetzlich nicht mehr vorgesehen ist.*

[21] *Es handelt sich dabei vornehmlich um Behältnisse der Stufen A und B nach VDMA 24992; beachten Sie: nur Altbesitzer dürfen Schränke dieser Sicherheitsstufen verwenden!*

*Der **„A-Schrank"** – Behältnis der Sicherheitsstufe A nach VDMA 24992 – darf zur Aufbewahrung von **bis zu zehn Langwaffen** eingesetzt werden. **Munition**, die aus diesen Waffen verschossen werden kann, darf in diesem Waffenschrank **nur in einem verschließbaren Innenfach** aufbewahrt werden (hier wird keine Klassifikation verlangt). Munition, die nicht aus den*

Die **Aufbewahrung geladener Schusswaffen** verstößt gegen die allgemein anerkannten Regeln des sicheren Umgangs mit Schusswaffen, was zur **Unzuverlässigkeit** und damit zum **Widerruf von WBK und Waffenschein** führt.

Werden Waffen und Munition im **Bewachungsgewerbe** aufbewahrt, sind nach § 22 der DGUV Vorschrift 23 Waffe und Munition grundsätzlich getrennt voneinander aufzubewahren, also nicht gemeinsam in einem Schließfach. Die Vorschriften des WaffG gelten aber grundsätzlich auch hier, unabhängig davon, dass § 22 der DGUV Vorschrift 23 nur Stahlblechbehältnisse fordert. Beachten Sie die Informationen zur Aufbewahrung auf Seite 217.

Werden **Schlüssel** zum Verschluss der Behältnisse benutzt, gilt: In einem Schrank dürfen Schlüssel anderer Schränke aufbewahrt werden, solange die Zahl der Waffen in jenen Schränken zusammen nicht größer ist als die Zahl der Waffen, die in diesem einen Schrank aufbewahrt werden darf. Zu empfehlen ist allerdings die Verwendung elektronischer Zahlenkombinationsschlösser oder biometrischer Schlosslösungen (vertiefend Kapitel 10.1.6).

Für die Aufbewahrung von Waffen, deren Erwerb von der **Erlaubnispflicht freigestellt** ist, ist zu beachten, dass verhindert muss, dass diese Gegenstände abhandenkommen oder Dritte sie unbefugt an sich nehmen. Die Aufbewahrung in Sicherheitsbehältnissen, beispielsweise für eine Schreckschusspistole oder ein von Erwachsenen frei erwerbbares Luftgewehr, in einem Sicherheitsbehältnis der Stufe B nach VDMA 24992 Stand Mai 1995 wird vom Gesetz nicht gefordert. Für die Aufbewahrung von Waffen, die von der Erlaubnispflicht freigestellt sind, genügt der Einschluss in einem einfachen Stahlblechbehältnis oder in einem stabilen Holzfach mit einer geeigneten (in der Regel innenliegenden) Verschlusseinrichtung.

---

aufbewahrten Waffen verschossen werden kann, darf zusammen mit den Waffen aufbewahrt werden (zum Beispiel am Boden des Schranks).

*In einem A-Schrank mit Innen**schrank** der Sicherheitsstufe B (sog. „**Jägerschrank**“) ist die Lagerung von bis zu zehn Langwaffen sowie von **bis zu fünf Kurzwaffen im Innenschrank** gestattet sowie passender Munition für die Lang- und Kurzwaffen im Innenschrank.*

*Der **„B-Schrank“** – Behältnis der Sicherheitsstufe B nach VDMA 24992 – darf zur Aufbewahrung einer **unbegrenzten Zahl von Langwaffen** und **bis zu zehn Kurzwaffen** (Schrank-Eigengewicht unter 200 kg: bis zu fünf **Kurzwaffen**) eingesetzt werden, allerdings **ohne die dazu passende Munition**. Verfügt der Schrank über ein separates, verschließbares Innenfach, darf hier die Munition gelagert werden.*

8.1.11. Verbotene Waffen (Anlage 2)

Zu den verbotenen Waffen zählen beispielsweise

- vollautomatische Waffen
- sehr kurze Pumpguns oder solche mit Kurzwaffengriff
- Magazine hoher Kapazität
- getarnte Hieb- und Stoßwaffen (zB Stockdegen)
- Stahlruten, Totschläger, Schlagringe, Wurfsterne
- Molotow-Cocktails
- Präzisionsschleudern mit Armstütze
- Drosselgeräte, zum Beispiel Nunchakus (auch aus Schaumstoff!)
- Spring- (Ausnahme in Anlage 2 Abschnitt 1 beachten) / Fallmesser
- Faustmesser (Ausnahme: Jäger und Pelz- / Leder-Handwerk)
- Butterfly-Messer
- Distanz-Elektroimpulsgeräte (Taser), bei denen mittels Flüssigkeitsstrahl oder Leitungsdraht elektrische Ladungen übertragen werden

8.1.12. Führverbote Waffen und Messer (§§ 42, 42a, 42b WaffG)

Für **öffentliche Veranstaltungen** wie Messen, Volksfeste, Märkte, kurz, für Orte, an denen sich anlässlich einer Veranstaltung viele Menschen aufhalten, gilt nach § 42 WaffG ein allgemeines **Verbot für Teilnehmer an diesen Veranstaltungen, Waffen oder Messer zu führen**. Erfasst werden neben sämtlichen Arten von Messern einschließlich Multitools mit Klingen nicht nur Schusswaffen, sondern alle Waffen und tragbaren Gegenstände, die nach § 1 Abs. 2 WaffG unter den Waffenbegriff fallen, somit Schusswaffen und ihnen gleichgestellte Gegenstände sowie tragbare Gegenstände, insbesondere Hieb- und Stoßwaffen, die die **Angriffs- oder Abwehrfähigkeit** von **Menschen** beseitigen oder herabsetzen können und in der Anlage 1 des Waffengesetzes genannt sind. Dies gilt auch, wenn für die Teilnahme ein Eintrittsgeld zu entrichten ist, sowie für Theater-, Kino-, und Diskothekenbesuche und für Tanzveranstaltungen.[22]

---

[22] *§ 42 Abs. 1 Satz 2 WaffG*

Veranstaltungen sind planmäßige, zeitlich eingegrenzte, aus dem Alltag herausgehobene Ereignisse. Der Betrieb einer Gaststätte, sofern dort zum Zeitpunkt der Betrachtung ein <u>üblicher</u> **Gaststättenbetrieb** stattfindet, ist **keine Veranstaltung** in diesem Sinne. Gleiches gilt für Restaurants.

Teilnehmer sind Veranstalter oder deren Mitarbeiter, zB aber auch als Gast oder Messebesucher anwesende Personen. Der Wille zur und das Wissen um die Beteiligung (*innere Zweckbindung*) sind die Abgrenzungsmerkmale zwischen schlichtem Anwesendsein, das zufällig oder notgedrungen geschieht, und der nach § 42 Abs. 1, 4a WaffG tatbestandlichen Teilnahme.

Das Verbot erstreckt sich nach § 42b WaffG auch auf den **öffentlichen Personenfernverkehr**, im Schwerpunkt Züge und Gleisanlagen der Deutschen Bahn. Das Verbot gilt auch in Einrichtungen des öffentlichen Personenfernverkehrs mit Kraftfahrzeugen oder Schiffen, die seitlich umschlossen sind, das heißt insbesondere in Gebäuden und Haltepunkten einschließlich der Bahnsteige sowie Unterführungen. Offene Haltestellen fallen hingegen nicht unter das Verbot, da die örtliche Reichweite des Verbots in diesen Fällen nicht rechtssicher für jedermann erkennbar ist.[23]

Das **Transportieren von Waffen** in einem verschlossenen Behältnis **durch <u>Teilnehmer</u> einer Veranstaltung** ist **Führen** und damit nach Abs. 1 **verboten**. Passanten, die nicht Teilnehmer sind, unterfallen dagegen dem Verbot nicht.

Der Inhaber eines Waffenscheins oder eines Kleinen Waffenscheins muss, will er seine Waffe auf einer öffentlichen Veranstaltung führen, eine Genehmigung der zuständigen Behörde vorweisen können. Diese darf nur erteilt werden, wenn der Antragsteller nachweislich nicht auf seine Waffe verzichten kann und eine Gefährdung Dritter auszuschließen ist. Sollte eine Gefahr von dem Führen einer Schusswaffe ausgehen, ist das Interesse des nicht staatlich beschäftigten Waffenträgers an diesem Führen grundsätzlich als nachrangig anzusehen, das Interesse der Bevölkerung an einem Schutz von Leben und Gesundheit stets als vorrangig und auch als höherwertiges Interesse.

Gegenstände, die ihrem Wesen nach <u>nicht</u> dazu bestimmt sind, als Waffe zu dienen, müssen allerdings ausdrücklich im Gesetz genannt sein, um unter den Begriff der „Waffe" nach § 1 Abs. 2 WaffG zu fallen.

Grundsätzlich verboten ist nach § 42a WaffG das **Führen** von **Anscheinswaffen, Hieb- und Stoßwaffen, Einhandmessern und Messern mit einer Klingenlänge über 12 cm**, also der Besitz außerhalb der <u>eigenen</u> Wohnung oder

---

[23] *BT-Drs. 20/12805, S. 37, zur Begründung des § 42b WaffG*

Geschäftsräume, des eigenen befriedeten Besitztums oder einer Schießstätte. Damit ist auch das **Führen** dieser Objekte im fremden Wohnraum, Geschäft oder befriedeten Besitztum, etwa der Wohnung eines Freundes oder Spielkameraden, **verboten**.[24] Zu beachten sind weitreichende Ausnahmen von diesem Verbot, die allerdings für Anscheinswaffen nur beschränkt gelten

Ausnahmen finden sich §§ 42 Abs. 2, 4, 4a, 5, 42a Abs. 2 und 3 WaffG. Das Verbot des Führens von Waffen im Sinne des § 1 Abs. 2 WaffG ist für Teilnehmer an **Theateraufführungen** aufgehoben, wenn es sich um ungeladene oder nur mit Kartuschenmunition geladene Schusswaffen oder Waffen im Sinne von § 1 Abs. 2 Nr. 2 WaffG handelt. Auch auf das Schießen in Schießstätten, das Ausstellen auf Messen sowie bei Vorliegen einer Schießerlaubnis nach § 10 Abs. 5 WaffG findet das Führverbot keine Anwendung.

Ausgenommen vom Führverbot des § 42a Abs. 1 WaffG ist der Transport von Anscheinswaffen, Hieb- oder Stoßwaffen in einem verschlossenen Behältnis (§ 42a Abs. 2 Nr. 2 WaffG). Dies ist insbesondere von Sportlern zu beachten, die derartige Gegenstände (z.B. Tonfa, Schwert, aber auch Spielzeugpistolen für das SV-Training) zu ihrer Trainingshalle transportieren. Auch die Verwendung für Filmaufnahmen oder Theateraufführungen ist ausgenommen.

Werden die in § 42a Abs. 1 Nr. 2 und 3 WaffG genannten Waffen im Zusammenhang mit der Berufsausübung, zur Brauchtumspflege, zum Sport oder einem allgemein anerkannten Zweck geführt, ist dies ebenfalls nicht verboten. Ein solch anerkannter Zweck ist beispielsweise die Jagd. Diese Ausnahme gilt aber ausdrücklich nicht für Anscheinswaffen.

Ausnahmen vom anlass- bzw. ortsbezogenen **Führverbot von Messern aller Art** beziehen sich vornehmlich auf das Führen im Zusammenhang mit der meist anlass- oder ortsbezogenen beruflichen oder besonders anzuerkennenden Notwendigkeit des Führens, zum Beispiel im Zusammenhang mit der Jagd, dem Brauchtum oder dem Sport, aber auch im beruflichen Kontext, etwa als Handwerker, Rettungs- und Einsatzkräfte im Zivil- und Katastrophenschutz im Zusammenhang mit ihrer Tätigkeit sowie Gastronomen und deren Gäste.

---

[24] *Zur Begründung: § 12 Abs. 3 Nr. 1 WaffG führt abschließend Tatbestände auf, die eine Erlaubnis zum Führen, also einen Waffenschein nach § 10 Abs. 4 WaffG, nicht erfordern. § 12 Abs. 3 Nr. 1 WaffG kann aber auf Anscheinswaffen nicht angewandt werden, weil die von dieser Norm erfassten Waffen vom Anscheinswaffenbegriff ausgenommen sind und eine Erlaubnis zum Führen von Anscheinswaffen im Gesetz nicht vorgesehen ist.*

8.1.13. Erlaubnisfreies Führen / Transport (§ 12 Abs. 3 WaffG)

Auch der Transport einer Waffe von der eigenen Wohnung zum Schießstand ist Führen im Sinne des WaffG. Allerdings besagt § 12 Abs. 3 Nr. 2 WaffG, dass einer Erlaubnis zum Führen von Waffen nicht bedarf, wer die Waffe **nicht schussbereit** und **nicht zugriffsbereit**, etwa in einem **verschlossenen Behältnis**, von einem Ort zu einem anderen Ort befördert, **wenn** dieser Transport **vom Bedürfnis gedeckt** ist und **im Zusammenhang damit** erfolgt, etwa durch einen Sportschützen von zu Hause zur Schießstätte und zurück.

In der Regel werden diese Anforderungen durch Transport der Schusswaffe in einem Waffenkoffer mit Zahlen- oder Vorhängeschloss erfüllt, womit die Waffe „nicht zugriffsbereit“ ist. Nach Anlage 1 A1 Nr. 13 WaffG ist eine Waffe dann **zugriffsbereit**, wenn sie unmittelbar in Anschlag gebracht werden kann; dagegen ist sie insbesondere dann **nicht zugriffsbereit**, wenn sie in einem verschlossenen Behältnis mitgeführt wird.

Bei Transport eines Waffenkoffers in einem PKW sollte der Koffer möglichst so gelagert werden, dass er von außen nicht erkennbar ist, um bei potentiellen Dieben keine Begehrlichkeiten zu wecken. Insbesondere bei einer notwendigen Fahrtunterbrechung, etwa einer Pause an einer Raststätte und Verlassen des Fahrzeuges, sollte durch geeignete Maßnahmen einer schnellen Wegnahme des Koffers vorgebeugt werden – beispielsweise durch eine feste Laderaumabdeckung oder Anschließen des Waffenkoffers im Laderaum.

Bei Mitnahme von Munition muss diese getrennt von der Schusswaffe, aus der sie verschossen werden kann, transportiert werden, um die Forderung „**nicht schussbereit**“ zu erfüllen. Anlage 1 A2 Nr. 12 WaffG definiert „schussbereit“ als „geladen“; die Trommel des Revolvers, das befüllte und in die Waffe eingeschobene Magazin sowie eine Patrone oder ein Geschoss im Patronen– oder Geschosslager bedeuten „geladen“. Ist die **Munition** also außerhalb der Waffe, etwa in einer Munitionsschachtel im gleichen Transportbehältnis, ist die Forderung des Gesetzes erfüllt.

Die „**Beförderung** von einem Ort zum anderen“ meint hier den direkten Weg von der eigenen Wohnung zum Schießstand, da das Schießen mit der Waffe im Zusammenhang mit dem Bedürfnis des Schützen erfolgt. Es ist also nicht erlaubt, die Waffe morgens im Waffenkoffer einzupacken und erst einmal ins Büro zu fahren, um sich dann nach Dienstschluss zum Schießstand zu begeben. Allerdings stellt eine kurze Unterbrechung der Fahrt zum Schießstand, beispielsweise der Halt an einem Gasthof oder ein Tankstop, keinen Verstoß gegen das Waffengesetz dar, solange die Waffen beaufsichtigt werden oder die erforderlichen Maßnahmen zum Schutz gegen eine unbefugte Wegnahme ergriffen werden. **Grundsätzlich** gilt, dass auch dieses Führen der Waffe **im Zusammenhang mit dem Bedürfnis** stehen muss.

Von gesetzlichen Führverboten nach § 42 oder § 42b WaffG, die unter anderem ein **Führen von Schusswaffen im Nah- und Fernverkehr von Bus oder Bahn** verbieten und damit auch den Transport in einem Behältnis, sind **Personen befreit, die eine Waffe nicht zugriffsbereit von einem Ort zu einem anderen befördern** oder **Inhaber waffenrechtlicher Erlaubnisse** mit Ausnahme des Kleinen Waffenscheins sind. Dies gilt nach § 42b WaffG im öffentlichen Personenfernverkehr, durch Verordnungen auf Länderebene nach § 42 Abs. 5 WaffG aber auch im öffentlichen Personennahverkehr.

8.1.14. Ausweispflichten (§ 38 Abs. 1 WaffG)

Wird eine Waffe geführt, hat der Besitzer einen Personalausweis oder Reisepass bei sich zu tragen, um sich gegenüber Kontrollberechtigten (Polizei, Bundespolizei, Zoll) ausweisen zu können. Zudem muss er, wenn für den Erwerb der Waffe eine Erlaubnis erforderlich ist, die WBK mitführen oder ein Dokument, aus dem hervorgeht, dass er zum Umgang mit dieser Waffe berechtigt ist (Leihbestätigung etc.). Ist das Führen der Waffe im Moment der Kontrolle erlaubnispflichtig (die Waffe ist schuss- und/oder zugriffsbereit, somit kein erlaubnisfreies Führen wie beim Transport im Behältnis zum Schießstand), ist anstelle der WBK ein Waffenschein vorzulegen.

Im Falle des Führens der Waffe durch **Mitarbeiter eines Bewachungsunternehmens** ist ein Beleg mit dem Namen des Überlassers, dessen Besitzberechtigung und des Zeitpunkts (Datums) der Überlassung mitzuführen. Wird die Waffe **schuss- oder zugriffsbereit** geführt, ist die behördliche Erlaubnis zum Führen erforderlich. Diese wird in der Regel durch Eintragung der Person in den Waffenschein erfolgen, der auf den Bewachungsunternehmer ausgestellt wurde, bei größeren Unternehmen aber auch durch Ausstellung einer behördlichen Bescheinigung, die auf die Erlaubnis verweist, die dem Unternehmer erteilt wurde, und die damit verbundenen Schusswaffen.

8.1.15. Ausbildung im Verteidigungsschießen

Die Teilnahme an Übungen im Verteidigungsschießen ist nach § 23 Abs. 1 AWaffV in der Regel nur **Inhabern eines Waffenscheines** gestattet (ebenfalls zugelassen: Berechtigte nach § 55 Abs. 1 und 2 WaffG). Auf Antrag kann die zuständige Behörde auch Inhabern einer WBK, in der Kurzwaffen eingetragen sind, und Inhabern eines Jagdscheins die Teilnahme gestatten; Voraussetzung dafür ist allerdings, dass es sich um gefährdete Personen im Sinne von § 19 WaffG handelt. Dafür müssen konkrete Anhaltspunkte vorliegen, eine bloß vermeintliche Gefährdung reicht nicht aus.

Der Veranstalter einer solchen Ausbildung muss der zuständigen Behörde nach § 22 Abs. 2 bis 4 AWaffV die Durchführung spätestens zwei Wochen vor Beginn anzeigen – einer Genehmigung bedarf es nicht. Dabei ist neben der Qualifikation der durchführenden Ausbilder und Aufsichten auch eine Liste der Teilnehmer einzureichen. Die verantwortliche Aufsichtsperson ist verpflichtet, sich vor Beginn des Schießens davon zu überzeugen, dass die Teilnehmer im Sinne von § 23 Abs. 1 AWaffV zur Teilnahme berechtigt sind.

Soll eine Schießstätte zur Ausbildung im Verteidigungsschießen genutzt werden, muss eine derartige Nutzung zuvor von der zuständigen Behörde erlaubt werden, wenn sie nicht bereits genehmigt worden ist.

8.1.16. SRS-Waffen, Reizstoffsprühgeräte

SRS-Waffen (Schreckschuss-, Reizstoff- und Signalwaffen) mit Zeichen „PTB im Kreis" oder einer anderen zulässigen Kennzeichnung sowie für sie bestimmte Munition) sind den Schusswaffen gleichgestellte Gegenstände und damit Waffen (nicht Schusswaffen) im Sinne des WaffG. Als bauartzugelassene Waffen („PTB im Kreis") unterliegen sie grundsätzlich der Mindestalter-Erfordernis (18 Jahre), zudem ist das Führen nur zulässig, wenn durch die zuständige Behörde in „Kleiner Waffenschein" ausgestellt wurde.[25]

Zu beachten ist, dass der Umgang mit geprüften[26] **Reizstoffsprühgeräten** grundsätzlich erlaubnisfrei ist, da es sich bei diesen Gegenständen zwar um Waffen, nicht aber um Schusswaffen handelt (anders: Reizstoffwaffen zum Verschießen von Reiz- oder anderen Wirkstoffen – diese sind Schusswaffen im Sinne des WaffG). Zudem ist der Umgang mit Reizstoffsprühgeräten ab 14 Jahren erlaubt; das sonst für den Umgang mit Waffen erforderliche Mindestalter ist für Reizstoffsprühgeräte abgesenkt.

Tierabwehrsprays (Pfefferspray etc.) unterliegen nicht dem Waffengesetz, weil sie nicht zur Abwehr von Menschen bestimmt sind und auch nicht durch Nennung im Gesetz als Waffe eingestuft werden. Dafür ist es allerdings zwingend erforderlich, dass der Behälter mit einem entsprechenden Hinweis „Nur zur Tierabwehr" oder ähnlichem gekennzeichnet ist.

---

[25] *Zum **Kleinen Waffenschein** vertiefend Kapitel 8.4; beachten Sie zum Begriff der SRS-Waffe die **Bildtafel** ab Seite 178*

[26] *Anlage 2 A1 Ziff. 1.3.5, Zeichen „PTB R im Trapez"*

8.1.17. Vom Gesetz ausgenommene Waffen und Gegenstände

Ausgenommen von den Vorschriften des Waffengesetzes sind **Spielzeugwaffen** und **zum Spiel bestimmte Schusswaffen**, die nicht mehr als 0,5 Joule Bewegungsenergie erzeugen – zum Beispiel die sogenannten „Erbsenpistolen" – und bei denen technisch sichergestellt ist, dass sich das Spielzeug nicht mit einfachem Werkzeug so verändern lässt, dass höhere Energiemengen erzeugt werden (z. B. durch Tausch der Feder). Erweckt der Gegenstand den **Anschein** einer echten Schusswaffe, gilt das Führverbot nach § 42a WaffG. Ausgenommen von der Definition „Anscheinswaffe" sind dabei nur solche „zum Spiel bestimmten Nachbildungen", die deutlich kleiner oder größer sind als das Original (+/- 50 Prozent) oder grell gefärbt, deren Drohpotential also gering ist. Hier greift das Verbot des § 42a WaffG nicht.

Ein **Bogen** unterfällt nicht dem WaffG, wenn er nicht hergestellt wurde, die Angriffs- oder Abwehrfähigkeit von Menschen herabzusetzen.

8.1.18. Softair

Für **Softair-Waffen** gelten die Vorschriften des Waffengesetzes. Um als **zum Spiel bestimmte Schusswaffe** zu gelten, darf die Bewegungsenergie des Geschosses 0,5 Joule (J) nicht überschreiten. Bei Überschreitung des Grenzwertes muss eine solche Softair-Waffe das Kennzeichen „F im Fünfeck" tragen. Hier wäre auch ein Mindestalter von 18 Jahren für den Erwerb notwendig, das Führen der Waffe wäre ohne Waffenschein verboten. Fehlt das Kennzeichen, ist für Erwerb und Besitz eine WBK erforderlich.

8.1.19. Fund und Sicherstellung (§ 37c WaffG)

Findet eine Person erlaubnispflichtige Waffen oder Munition, ist dieser Fund nach § 37c WaffG unverzüglich der zuständigen Behörde anzuzeigen. Der Behörde steht es dann frei, den Fund sicherzustellen, also die umgehende Abgabe in der Dienststelle zu verlangen, oder im Besitz des Finders zu belassen, bis über das weitere Verfahren entschieden wird. Handelt es sich bei dem Finder um einen Berechtigten im Sinne des Waffengesetzes, ist ein Belassen in seinem Besitz nicht zu beanstanden und praktikabel. Die Behörde kann anordnen, dass die Waffen einem Berechtigten, etwa einem Büchsenmacher, überlassen werden. In diesem Falle verliert der Finder zwar seinen Besitz, nicht aber sein Eigentumsrecht als Finder. Die Vorschriften für den Finder sind auch anzuwenden auf Zwangs- und Insolvenzverwalter, Gerichtsvollzieher oder Personen, die in ähnlicher Weise in den Besitz von Waffen gelangt sind, beispielsweise Gläubiger, die eine Waffe als Pfand sichergestellt haben.

8.2. WBK (Waffenbesitzkarte, § 10 Abs. 1 WaffG)

Waffenbesitzkarte

Nr. ____________

Herr/Frau ____________

geboren am ____________

in ____________

wird hiermit die Erlaubnis erteilt, die von der Behörde auf Seite 2 bezeichneten Schusswaffen zu erwerben und zu besitzen. Die Erlaubnis gilt auch für die auf Seite 6 genannten Personen.

____________ ____________
(Ort) (Datum)

Dienstsiegel

____
(Behörde)

____
(Unterschrift)

Artikel Nr. 3101404

Bundesdruckerei 2011

8.2.1. Überblick

Die Berechtigung zum Besitz von Schusswaffen und Munition wird durch die Waffenbesitzkarte („WBK") dokumentiert. Zu diesem Zweck muss das Dokument zur Aktualisierung binnen zwei Wochen der zuständigen Behörde vorgelegt werden, wenn Waffen erworben oder überlassen wurden. In der Regel dient die WBK auch als Erwerbsberechtigung, indem die zuständige Behörde einen **Voreintrag** in der Karte vermerkt. Er ist ein Jahr gültig und berechtigt zum Erwerb und Besitz einer Waffe einer bestimmten Art und eines bestimmten Kalibers. Der Voreintrag verfällt nach einem Jahr. Der Erwerb einer Waffe ist binnen zwei Wochen in der WBK behördlich dokumentieren zu lassen. **Der Voreintrag besteht somit aus den Angaben „Art der Waffe", „Kaliber" und dem Datum, bis zu dem der Erwerb erlaubt ist.** Er erlangt **Gültigkeit** durch Siegelung (Stempelung) der WBK.

Besteht die Erwerbsberechtigung auch ohne Voreintrag (wie im Falle des Erwerbs von Langwaffen durch den Inhaber eines gültigen Jahresjagdscheins), dient die WBK nur zum Eintrag des Erwerbs. Auch hier gilt die Eintragungspflicht binnen zwei Wochen.

Der **Verlust** der Waffenbesitzkarte (Diebstahl, Feuer etc.) ist unverzüglich der zuständigen Behörde anzeigen.

Die Erlaubnis zum **Munitionserwerb und -besitz** für die betreffende Schusswaffe ist gesondert zu beantragen. Das Bedürfnis ist durch eine vorhandene Erlaubnis zum Erwerb und Besitz von Schusswaffen des beantragten Kalibers bei Sportschützen, gefährdeten Personen, Bewachungsunternehmen und Jägern sowie Sachverständigen als gegeben anzusehen, ebenso das Vorliegen der erforderlichen Voraussetzungen. Die **Erlaubnis** wird durch **Siegelung** des Feldes in Spalte 7 erteilt.

8.2.2. Allgemeine Voraussetzungen für die Antragstellung

Der Antragsteller muss das 18. Lebensjahr vollendet haben. Dies gilt nicht für Sportschützen – diese Bedürfnisgruppe unterliegt besonderen Regelungen zur Alterserfordernis, unter anderem grundsätzlich einem Mindestalter von 21 Jahren.

Mit Ausnahme der Jäger fordert der Gesetzgeber bei Antragstellern unter 25 Jahren eine medizinisch-psychologische Untersuchung (MPU).

Ist der Antragsteller **Dienstwaffenträger**, etwa Polizeivollzugs- oder Zollbeamter, **entfällt** bei Personen unter 25 Jahren die **Begutachtung**. Voraussetzung dafür ist eine Bescheinigung des Dienstherrn des Antragstellers, dass eine Begutachtung der geistigen Eignung bereits stattgefunden hat, etwa im Rahmen der Ausbildung. Zudem muss aus der Bescheinigung hervorgehen, dass der Antragsteller ohne Einschränkung zum Umgang mit Dienstwaffen berechtigt ist.

8.2.3. Bedürfnisgruppe Bewachungsunternehmen

Neben dem Waffengesetz enthalten die Gewerbeordnung (GewO) und die „Verordnung über das Bewachungsgewerbe" (BewachV) maßgebliche Vorschriften für die Ausstattung von Bewachungsunternehmen mit Waffen und Munition sowie für den Umgang.

Bewachungsunternehmen im Sinne von § 34a GewO können Inhaber einer WBK oder eines Waffenscheines sein. Bewachungsunternehmen gleichgestellt sind Fachabteilungen von Unternehmungen wie Banken oder Konzernen, die eigene Sicherheitskräfte beschäftigen.

§ 28 Abs. 1 WaffG regelt grundsätzlich sowohl die Erlaubnis für den Erwerb und Besitz (WBK) als auch für das Führen (Waffenschein) von Waffen und Munition. Im Gegensatz zu § 19 Abs. 1 WaffG, der Schusswaffen lediglich zum Schutz von Leib oder Leben des Antragstellers erlaubt, kann Bewachungsunternehmen auch zum Schutz besonders gefährdeter Objekte eine waffenrechtliche Erlaubnis erteilt werden.

Nach § 20 BewachV ist der Unternehmer oder die von ihm verantwortlich beauftragte Person für die sichere Aufbewahrung der Waffen und der Munition verantwortlich. Zudem ist die ordnungsgemäße Rückgabe der Schusswaffen und der Munition nach Beendigung des Wachdienstes sicherzustellen. Die Vorgaben des Waffengesetzes bezüglich der zu verwendenden Sicherheitsbehältnisse sind einzuhalten und nachzuweisen.

Beschäftigt der Unternehmer, der Inhaber der waffenrechtlichen Erlaubnis ist, Mitarbeiter, so gelten die Voraussetzungen des § 4 Abs. 1 WaffG mit Ausnahme des erforderlichen Versicherungsumfanges auch für diese Mitarbeiter und sind seitens der Behörde zu prüfen. Insofern muss der Unternehmer zunächst den betroffenen Mitarbeiter, der zum Führen einer Schusswaffe ermächtigt werden soll, der Waffenbehörde melden, die ihrerseits dessen Ermächtigung genehmigen muss. Der eben angesprochene Versicherungsschutz ist in diesem Zusammenhang durch den Unternehmer nachzuweisen, genauer, es ist nachzuweisen, dass die abgeschlossene Versicherung auch das Führen von Waffen durch Mitarbeiter des Unternehmers einschließt. Beachten Sie in diesem Zusammenhang auch die Ausführungen zum „Waffenschein" im Kapitel 8.3.

Voraussetzung für die Erteilung der Erlaubnis ist der Nachweis eines Auftrages zur Bewachung solcher Personen oder Objekte, die eines bewaffneten Schutzes bedürfen. Die Prüfung des Schutzbedürfnisses orientiert sich hier an den Maßstäben, die bei der Prüfung von Anträgen gefährdeter Personen nach § 19 Abs. 1 WaffG angelegt werden.

Die Erlaubnis zum Führen wird in Form eines Waffenscheines erteilt, wenn die beantragten Schusswaffen in der Öffentlichkeit geführt werden sollen, etwa im Umfeld eines Schutzobjektes oder zum Schutz einer Person.

8.3. Waffenschein (§ 10 Abs. 4 WaffG)

Die **Erteilung eines Waffenscheines** ist an bestimmte **Voraussetzungen** geknüpft, die sich in der Regel auf eine **besondere Gefährdung** des Antragstellers reduzieren lassen, zum Beispiel exponierte Wirtschaftsführer und ihre Begleiter oder Diamantenhändler. Diese Personengruppen erfüllen die gesetzliche Forderung für die Genehmigung des Erwerbs und des Besitzes von Schusswaffen und Munition durch Erteilung einer Standard-**Waffenbesitzkarte**, da sie wesentlich mehr als die Allgemeinheit durch Angriffe auf Leib und Leben gefährdet sind und der Erwerb von Schusswaffe und Munition geeignet und erforderlich ist, diese Gefahr zu mindern. Es wird grundsätzlich zu prüfen sein, ob die Erteilung der WBK tatsächlich die Gefährdung mindern könnte – eine Ermessensfrage, die üblicherweise sehr eng ausgelegt wird. Die Waffenbesitzkarte berechtigt ihren Inhaber nur zum Erwerb und zum Besitz der darin vermerkten Waffen. Auch hat der Erlaubnisinhaber das Recht, die Waffe in seinen Wohn- und Geschäftsräumen, auf seinem befriedeten Besitztum oder auf einer Schießstätte ohne eine weitere Erlaubnis bei sich zu tragen – dabei handelt es sich nicht um ein Führen im Sinne des WaffG. Unter „**Führen**" versteht der Gesetzgeber, dass eine Person die tatsächliche Gewalt über eine Waffe außerhalb seiner Wohn- und Geschäftsräume oder seines befriedeten Besitztums sowie außerhalb einer Schießstätte ausübt. Es ist zwischen erlaubnisfreiem und erlaubnispflichtigem Führen zu unterscheiden.

Die Erteilung der Erlaubnis zum Führen einer Schusswaffe unterliegt einer noch schärferen Prüfung. Der Antragsteller muss nachweisen, dass außerhalb seiner Wohn- und Geschäftsräume oder seines befriedeten Besitztums die vorher genannten Gefahren vorliegen. Erst dann wird ein Waffenschein ausgestellt, ansonsten eine Waffenbesitzkarte, die lediglich zum Erwerb und Besitz von Schusswaffe und Munition berechtigt. Nach § 4 Abs. 1 Nr. 5 WaffG ist für die Erteilung des Waffenscheins das Bestehen einer sachlich geeigneten Haftpflichtversicherung mit einer Deckungssumme in Höhe von einer Million Euro pauschal für Sach- und Personenschäden nachzuweisen. Die Erlaubnis wird für einen Zeitraum von höchstens drei Jahren erteilt, eine zweimalige Verlängerung um höchstens je drei Jahre ist möglich. Danach ist es notwendig, einen neuen Waffenschein zu beantragen – für die Erteilung der Erlaubnis erfolgt regelmäßig bei Antragstellung die Überprüfung, ob die bedürfnisbegründende Gefährdung noch besteht.

Bewachungsunternehmer müssen nach § 28 Abs. 1 WaffG bei Beantragung eines Waffenscheines glaubhaft machen, dass **Bewachungsaufträge wahrgenommen werden** oder werden sollen, die aus Gründen der Sicherung einer gefährdeten Person im Sinne des § 19 WaffG oder eines gefährdeten Objektes **Schusswaffen erfordern**. Das gilt entsprechend für Wachdienste als Teil wirtschaftlicher Unternehmungen.

Die beantragte Schusswaffe muss geeignet und erforderlich sein, um den Bedürfniszweck zu erfüllen. Sie ist **geeignet**, wenn durch sie in einer für die Verhältnisse des Antragstellers typischen Verteidigungssituation eine erfolgreiche Abwehr der Gefahr zu erwarten ist. **Erforderlich** ist die Waffe, wenn die Gefährdung nicht auf andere zumutbare Weise verhindert werden kann.

Nach § 28 Abs. 2 WaffG darf eine **Schusswaffe nur im Rahmen eines Auftrages geführt** werden, der aus Gründen der Sicherung Schusswaffen erforderlich macht. Seitens des Unternehmens ist sicherzustellen, beispielsweise durch entsprechende Gestaltung des Dienstplanes und Sicherheitsprotokolle innerhalb des Unternehmens, dass Schusswaffen nicht über diesen engen Rahmen hinaus geführt werden. Bewacht etwa ein Unternehmen eine kerntechnische Anlage, zu deren Schutz regelmäßig eine Bewaffnung des Sicherheitspersonals zu befürworten ist, darf der Wachmann nicht etwa einen nahegelegenen Supermarkt kontrollieren, während er seine Dienstwaffe führt (fehlendes Bedürfnis).

Beschäftigt der Unternehmer, der Inhaber der waffenrechtlichen Erlaubnis ist, Mitarbeiter, so gelten die Voraussetzungen des § 4 Abs. 1 WaffG auch für diese Mitarbeiter und sind seitens der Behörde zu prüfen. Insofern muss der Unternehmer zunächst den betroffenen Mitarbeiter, der zum Führen einer Schusswaffe ermächtigt werden soll, der Waffenbehörde melden, die ihrerseits dessen Ermächtigung genehmigen muss. Auch der Versicherungsschutz ist in diesem Zusammenhang durch den Unternehmer nachzuweisen, genauer, es ist nachzuweisen, dass die abgeschlossene Versicherung auch das Führen von Waffen durch Mitarbeiter des Unternehmers einschließt.

Voraussetzung für die Erteilung der Erlaubnis ist der Nachweis eines Auftrages zur Bewachung solcher Personen oder Objekte, die eines bewaffneten

Schutzes bedürfen. Die Prüfung des Schutzbedürfnisses orientiert sich hier an den Maßstäben, die bei der Prüfung von Anträgen gefährdeter Personen nach § 19 Abs. 1 WaffG angelegt werden.

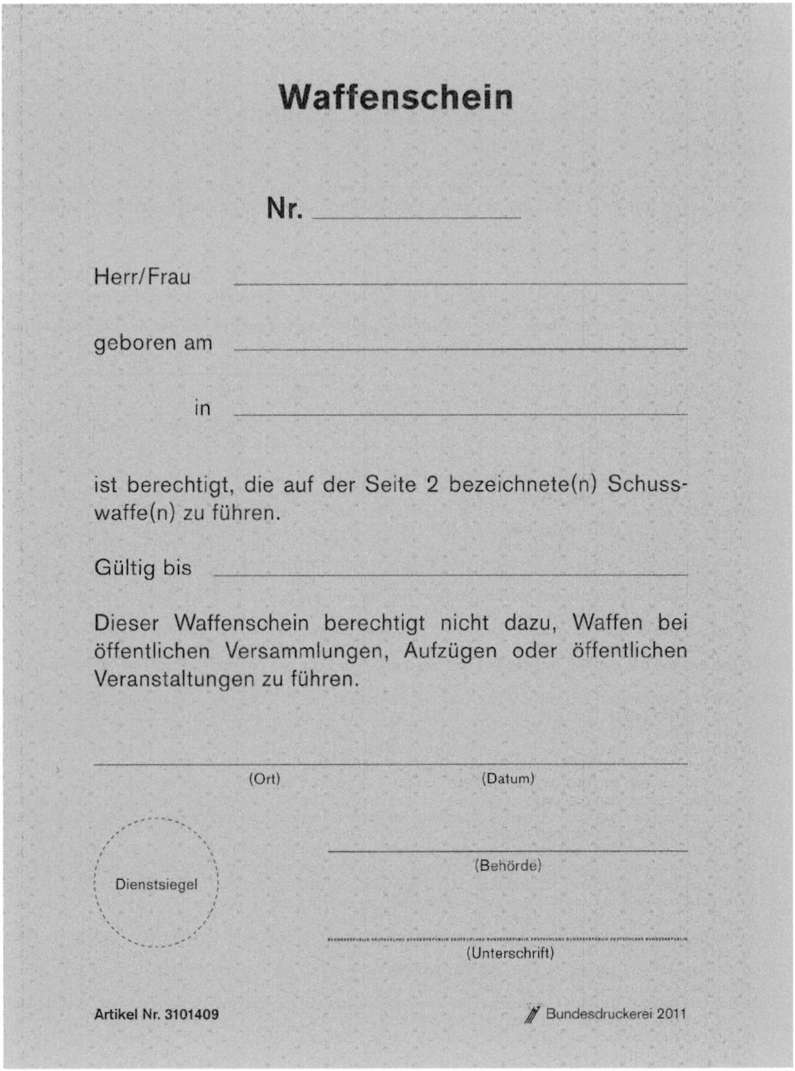

Waffenschein

Nr. ____________

Herr/Frau ____________

geboren am ____________

in ____________

ist berechtigt, die auf der Seite 2 bezeichnete(n) Schusswaffe(n) zu führen.

Gültig bis ____________

Dieser Waffenschein berechtigt nicht dazu, Waffen bei öffentlichen Versammlungen, Aufzügen oder öffentlichen Veranstaltungen zu führen.

____
(Ort) (Datum)

Dienstsiegel

____
(Behörde)

____
(Unterschrift)

Artikel Nr. 3101409

Bundesdruckerei 2011

8.4. „Kleiner Waffenschein“ (§ 10 Abs. 4 WaffG)

Der „Kleine Waffenschein“ berechtigt zum Führen von SRS-Waffen. **SRS** steht für **S**chreckschuss-, **R**eizstoff- und **S**ignalwaffen. Die Gefahr, die von einer solchen Waffe ausgeht, ist unter Umständen erheblich – ein aufgesetzter Schuss mit einer Kartusche kann zu schwersten Verletzungen führen.

Unternehmern und Mitarbeitern im Bewachungsgewerbe ist das Führen von SRS-Waffen durch die DGUV Vorschrift 23 ausdrücklich untersagt!

Vor Erteilung der Erlaubnis sind lediglich das Vorliegen des Mindestalters von 18 Jahren, die Zuverlässigkeit und die persönliche Eignung zu prüfen.

Der „Kleine Waffenschein“ wird **unbefristet** als Berechtigung zum Führen von SRS-Waffen als **Waffenart** erteilt, die das **Prüfzeichen „PTB im Kreis“** oder eine andere zulässige Kennzeichnung tragen – der Erwerb und Besitz dieser Waffen ist erlaubnisfrei ab 18 Jahren. Beachten Sie die **Bildtafel ab Seite 178**.

Der „Kleine Waffenschein“ berechtigt nicht zum uneingeschränkten Führen von SRS-Waffen. Auch hier gelten die Führverbote nach §§ 42, 42b WaffG einschließlich möglicher Genehmigungen von Ausnahmen im Einzelfall und die Sonderregelungen für die Mitwirkenden an Theateraufführungen oder das gewerbliche Ausstellen auf Messen.

8.5. Regelungen der BewachV und der DGUV Vorschrift 23 mit Waffenbezug

Beachten Sie, dass für Mitarbeiter und Unternehmer neben den Regelungen des Waffengesetzes auch die einschlägigen Vorschriften der BewachV[27] sowie der DGUV Vorschrift 23[28] zu beachten sind.

8.6. Praktischer Umgang mit Verteidigungswaffen

8.6.1. Holster

Moderne Holster haben mit den einfachen Tragevorrichtungen, die man in alten Krimis sieht oder am Gürtel der Westernhelden, nicht mehr viel zu tun. Ein Holster dient zum Führen der Waffe – im engsten waffenrechtlichen

[27] *Dokumentationspflichten; siehe Kapitel 2.2.11*

[28] *Aufbewahrung, Ausgabe, Anzeige; dargestellt ab Seite 215*

Sinne, denn die Waffe soll zugriffsbereit sein, also direkt in Anschlag gebracht werden können. Zugleich soll verhindert werden, dass die Waffe aus der Tragevorrichtung fällt oder von einem Dritten aus dem Holster gezogen werden kann.

Zu unterscheiden sind hier Holster für eine verdeckte Trageweise und Dienstholster für die offene Trageweise. Bei der **verdeckten Trageweise** ist der Aspekt der Entwendungssicherheit nachrangig, denn es soll durch die Trageweise unter der Oberbekleidung gar nicht sichtbar sein, dass eine Waffe geführt wird. Hier steht mehr die sichere Aufbewahrung im Vordergrund, außerdem ein Design, das die Waffe so an den Körper ihres Trägers anpasst, dass sie verborgen wird. Bei der **offenen Trageweise** muss die Möglichkeit des Fremdzugriffs oder Verlusts ausgeschlossen werden, während der Waffenträger ohne Verzögerung seine Waffe in Anschlag bringen kann.

Ein **Paddleholster** wird in Gürtel oder Hosenbund eingesteckt und verhindert durch seine Form ein Abzeichnen der Waffe unter der Jacke („Auftragen"). Die Riemen früherer Modelle, die zum Schutz gegen den Verlust der Waffe um den Griff gelegt werden mussten und ein schnelles Ziehen behinderten, werden hier durch einen Hebel ersetzt, der die Waffe im Holster sichert und beim Ziehen einfach zur Seite gedrückt wird.

Die Frage „**Leder** oder **Kunststoff**" muss der jeweilige Waffenträger für sich entscheiden. Beide Materialien haben ihre Vorzüge – es kommt hier, wie so oft im Leben, immer auf die jeweiligen Bedürfnisse an.

Für die verdeckte Trageweise sind **Schulterholster** die erste Wahl. Durch die Verteilung des Gewichts von Waffe und Munition (im Ersatzmagazin) auf beide Körperseiten und den Einsatz weicher Leder- oder Kunststoff-Riemen nimmt der Träger keine Belastung wahr. Dagegen ist ein Gürtelholster, das die Hose herabzieht, nach längerer Zeit mehr als nur ein Ärgernis. Abgesehen davon tragen Schulterholster deutlich weniger auf als Gürtelholster.

Offen getragene **Dienstholster** wecken Begehrlichkeiten beim Gegenüber – darum muss beim Design der Holster neben der Ergonomie die Entwendungssicherheit beachtet werden. Praktiker bringen es mit einiger Übung auf eine erstaunliche Schnelligkeit beim Ziehen der Waffe – darum sollten Waffenbesitzer, die die Erlaubnis zum Führen der Waffe haben, Zeit und Ehrgeiz auf das perfekte Ziehen der Waffe verwenden. Nur so kann im Ernstfall die Waffe zum wirksamen Instrument der Verteidigung werden.

8.6.2. Hieb- und Stoßwaffen

Auch ein Schlagstock muss, wenn er im Dienst geführt wird, in einer geeigneten Trageeinrichtung gegen Verlust oder Wegnahme gesichert sein. Dabei stellt aufgrund der Größe eines Schlagstocks oder eines Tonfas aber auch der Tragekomfort ein Problem dar. Insbesondere beim Besteigen eines PKW oder beim Platznehmen auf einem Stuhl ist der Schlagstock im Weg.

Aber noch ein weiteres Problem ist zu beachten. Das sichtbare Führen eines Schlagstocks wird von Unbeteiligten nicht selten als Provokation wahrgenommen und kann unter Umständen zu Aggressionen führen. Auch ist es beispielsweise in einem Einkaufszentrum nicht angebracht, als Mitarbeiter der Center-Sicherheit mit Schlagstock, Reizstoffsprühgerät und Handfesseltasche am Gürtel seinen Rundgang durchzuführen – einerseits wirkt ein solches Präsentieren auf abgeklärte Kunden eher lächerlich, andererseits werden Kunden unter Umständen auch abgeschreckt durch diesen Anblick und meiden möglicherweise zukünftig dieses Einkaufszentrum. Hier kann dann weniger mehr sein – ein verdeckt geführter Teleskopschlagstock ist im Bedarfsfalle schnell zur Hand und problemlos unsichtbar am Körper zu tragen.

8.7. Messer im Kontext des WaffG

8.7.1. Übersicht

Das Waffengesetz verwendet den Begriff „Messer“, eine Definition wie für den Begriff „Schusswaffe“ enthält es aber nicht. Hilfsweise könnte man von einem tragbaren Gegenstand sprechen, der mit mindestens einer Klinge ausgestattet ist, die so geformt bzw. geschliffen ist, dass mit dieser Klinge geschnitten, unter Umständen aber auch gestochen werden kann. Material und Ausformung der Klinge sind grundsätzlich unerheblich für die Einordnung als Messer, ebenso die Art der Klingenmechanik, womit jegliche Gegenstände mit feststehender, feststellbarer oder ausstellbarer Klinge vom Gattungsbegriff „Messer“ erfasst werden.

Beachten Sie stets diese Grundsätze: **Nicht alle Messer sind Waffen. Alle Messer** unterfallen aber den **Führverboten nach § 42 und § 42b WaffG**.

Messer werden im Gesetz namentlich genannt und zum Teil definiert in

- § 42a Abs. 1 Nr. 3 WaffG (Einhandmesser, feststehendes Messer)
- Anlage 1 A1 UA2 Nr. 2.1 WaffG
- Anlage 2 A1 Nr. 1.4.1 bis 1.4.3 WaffG

oder können aufgrund ihrer Eigenschaften oder generell erfasst sein von

- § 1 Abs. 2 Nr. 2 iVm Anlage 1 A1 UA2 Nr. 1.1 WaffG
- § 42 Abs. 1 (Waffen), Abs. 4a (alle Messer) WaffG
- § 42 Abs. 5 WaffG (alle Messer, Verbotszonen nach Landesrecht)
- § 42a Abs. 1 Nr. 2 WaffG (Hieb- und Stoßwaffe)
- § 42b Abs. 1 WaffG (alle Messer, öffentlicher Personenfernverkehr)
- § 42c WaffG (Kontrollbefugnisse)
- Anlage 1 A1 UA2 Nr. 1.1 WaffG (Begriff der Hieb-/Stoßwaffe)

Zentrale Bedeutung hat das **Führverbot nach § 42a WaffG**, das das Führen, also den Besitz eines Messers *außerhalb des eigenen Hausrechtsbereichs*[29], generell verbietet, sofern kein **berechtigtes Interesse** vorliegt. Ein berechtigtes Interesse besteht zB für das Mitführen bei der Jagdausübung oder im Zusammenhang damit, etwa auf dem Weg ins Revier und zurück.

Beachten Sie zu den Führverboten für Messer auch die umfassende Darstellung der Thematik im Kapitel 8.1.12.

Waffenrechtlich ist bei der Bewertung einer Situation nicht nur zu prüfen, ob es sich um eine durch das Waffengesetz geregelte **Umgangsart** handelt, sondern ob es sich um die von der Regelung erfasste **Messerart** handelt.

Grundsätzlich gilt, dass ein **Messer** dann **nicht zugriffsbereit** ist, wenn es nur mit **mehr als drei Handgriffen** erreicht werden kann.[30] Der Begriff „erreicht" beschreibt dabei nicht erst ein schon stoßbereites Halten des Messers, sondern lediglich das erste Ergreifen des Messergriffs.

Ein **Einhandmesser**[31] unterfällt gemäß § 42a WaffG dem generellen Führverbot, ist aber nicht in jedem Falle „Waffe" im Sinne des WaffG. Waffe wäre zB ein solches Einhandmesser, das dazu bestimmt ist, als Hieb- und Stoßwaffe zu dienen, also die Angriffs- oder Abwehrfähigkeit eines Menschen herabzusetzen oder zu beseitigen. Gleiches gilt für Spring- oder Fallmesser,

---

[29] *Vereinfachte Formel; korrekt ist Führen das „Ausüben der tatsächlichen Gewalt außerhalb der eigenen Wohnung oder Geschäftsräume, des eigenen befriedeten Besitztums oder einer Schießstätte".*

[30] *Anlage 1 A2 Nr. 13 WaffG*

[31] *Zum Begriff und zur Thematik ausführlich Kapitel 8.7.3*

die durch die Nennung im Gesetz Waffen sind, aber aufgrund ihrer einhändigen Bedienung und Klingenfeststellbarkeit auch Einhandmesser.

Ebenfalls nicht zwangsläufig Waffe im Sinne des WaffG sind die in § 42a WaffG genannten „feststehenden Messer". Sie unterfallen ab einer Klingenlänge über 12 cm der Regelung des § 42a Abs. 1 Nr. 3 WaffG.

Zusammenklappbare Messer unterfallen nicht den Regelungen des Führverbotes nach § 42a WaffG, solange sie nicht einhändig feststellbar sind. Eine Bewerbung dieses Messers als „klassische Verteidigungswaffe" durch den Hersteller in einem Verkaufsprospekt würde aber zur Einstufung als Hieb- und Stoßwaffe im Sinne des WaffG führen, womit dieses Messer wiederum dem Führverbot nach § 42a Abs. 1 Nr. 2 WaffG unterfallen würde.

Für eine erste Einschätzung von Messern hilft dieses Prüfschema:

- **Besitz** verboten (da Verbot des Umgangs), wenn
  - Springmesser (Abbildung, Definition, Ausnahme S. 192)
  - Fallmesser (Abbildung und Definition S. 193)
  - Faustmesser (Abbildung und Definition S. 194, Ausnahme nach § 40 WaffG für Jäger und Pelzverarbeitung beachten)
  - Faltmesser, Butterfly (Abbildung und Definition S. 195)
  - Waffe im Sinne des WaffG und
    - Besitzer nicht volljährig oder
    - Waffenbesitzverbot nach § 41 WaffG
- Wenn Besitz erlaubt, **Führen**[32] verboten gemäß
  - §§ 42 Abs. 1, 4a und 5, 42b WaffG auf öffentl. Veranstaltungen und im Bereich des öffentl. Personenfernverkehrs und in Verbotszonen, insbesondere im Bereich des öffentl. Personennahverkehrs nach landesrechtlicher Regelung:
    - Jegliche Waffe im Sinne des WaffG
    - Messer jeglicher Art, unabhängig von Klingenlänge/-art
  - § 42a WaffG als ortsunabhängiges Verbot des Führens von
    - Hieb- und Stoßwaffen gem. Anlage 1 (zB Kampfmesser),
    - Einhandmessern unabhängig von der Klingenlänge (dazu vertiefend Kapitel 8.7.3) oder
    - feststehenden Messern mit Klingenlänge über 12 cm

---

[32] *Zum Begriff des Führens im Sinne des WaffG siehe Kapitel 8.1.4*

Die **Klingenlänge** wird in der waffenrechtlichen Praxis von der Spitze der Klinge bis zur Parierstange des Messers gemessen. Bei fehlender Parierstange ist von der Spitze der Klinge bis zu dem Punkt zu messen, der bei Verwendung des Messers als Stoßwaffe nicht in den Körper eindringt. Die Länge der Schneide bzw. des geschliffenen Teils der Klinge ist in diesem Zusammenhang unerheblich.

8.7.2. Messer, die Waffe im Sinne des WaffG sind

Abzustellen ist bei der Frage, ob ein Messer **Hieb- oder Stoßwaffe** (genauer Stichwaffe) ist, zunächst auf seine originäre **Bestimmung durch den Hersteller**. Ist es dazu bestimmt und geeignet, die Angriffs- oder Abwehrfähigkeit eines Menschen herabzusetzen oder zu beseitigen, ist die Definition nach § 1 Abs. 2 Nr. 2 Buchst. a WaffG in Verbindung mit Anlage 1 A1 UA 2 Nr. 1.1 WaffG erfüllt – in diesem Falle ist es eine **Waffe im Sinne des WaffG**. Hinweise sind typische Konstruktionsmerkmale der Messer, die dazu bestimmt sind, Menschen zu verletzen, etwa militärische **Kampfmesser**.[33]

Handelt es sich dagegen um ein **Springmesser**, **Fallmesser**, **Faustmesser** oder **Faltmesser** (Butterfly), ist die Einstufung als Waffe auch dann gegeben, wenn der Hersteller das jeweilige Messermodell nicht ausdrücklich dazu bestimmt hat, die Angriffs- oder Abwehrfähigkeit eines Menschen herabzusetzen oder zu beseitigen – diese vier Messerarten werden aufgrund ihrer Eignung zum Einsatz gegen Menschen und die **Nennung im Gesetz** zu **Waffen**[34] im Sinne des WaffG.

8.7.3. Einhandmesser

Modelle verschiedener Messerarten fallen durch ihre Bedienbarkeit unter den Gattungsbegriff „Einhandmesser". Da § 1 Abs. 2 Nr. 2 lit. b WaffG von einer „Nennung im Gesetz" spricht, die Grundlage für eine Einordnung als „Waffe" ist, könnte auch das in § 42a Abs. 1 Nr. 3 erste Alternative WaffG genannte und definierte **Einhandmesser** Waffe im Sinne des WaffG sein.[35] Die Begründung zu den Änderungen in dem WaffG 2008 weist

[33] *zB das Fairbairn-Sykes-Kampfmesser, dessen Klinge (sehr schlank, beidseitig geschliffen, Klingenlänge fast 20 cm) auch aus sehr dicken Stoffen gearbeitete Armeekleidung leicht durchstoßen konnte, ebenso die Rippenzwischenräume, um schwere Verletzungen an inneren Organen zu erzeugen.*

[34] *§ 1 Abs. 2 Nr. 2 Buchst. b WaffG in Verbindung mit Anlage 1 WaffG*

[35] *Nicht in Anlage 1 A1 UA2 Nr. 2 WaffG aufgenommen*

ausdrücklich[36] darauf hin, dass Einhandmesser nicht grundsätzlich Waffen im Sinne von § 1 WaffG sind, wenn sie nicht, zB als Spring- oder Fallmesser oder als andere Messerart Waffe im Sinne des WaffG sind. Die Eigenschaft „Einhandmesser" allein reicht nicht zur Einstufung als Waffe aus.

Die Beschränkung auf die „Nennung im Gesetz" in § 1 Abs. 2 Nr. 2 lit. b WaffG, die sich stets nur auf eine Regelung bzw. Nennung in der Anlage 1 WaffG bezieht, umfasst nicht die Einhandmesser. Zur Waffe im Sinne des WaffG erklärt, weil „im Gesetz genannt", ohne dass es eine ausdrückliche Herstellerbestimmung gibt, sind nur Spring-, Fall-, Falt- und Faustmesser, die in Anlage 1 A1 UA2 Nr. 2.1 WaffG abschließend aufgezählt werden.

Einhandmesser sind **Messer**, deren **Klinge einhändig feststellbar ist**, wovon auszugehen ist, wenn die Klinge durch einhändige Bedienung aus einer die Schneide vor Zugriff schützenden Lage in eine Position bewegt werden kann[37] (durch Schub aus einer Umhüllung oder durch Schwenken um eine Drehachse), aus der diese Klinge erst nach Aufheben einer mechanischen Blockierung zurückbewegt werden kann, die nicht allein durch eine Kraft in Schwenk- oder Schubbewegungsrichtung der Klinge überwunden wird, sondern nur durch ein bewusstes und aktiv bewirktes Lösen der Feststellvorrichtung. Auf die **Klingenlänge** stellt § 42a Abs. 1 Nr. 3 WaffG nicht ab, das Führverbot für Einhandmesser gilt unabhängig von ihrer Klingenlänge.[38]

Taschenmesser-artige Messervarianten, deren Klinge einhändig ausgeschoben oder ausgeschwenkt werden kann, zählen nur dann nicht zu den Einhandmessern, wenn die Klinge in geöffnetem Zustand des Messers aus ihrer Endposition ohne Lösen einer Sperrvorrichtung[39] allein durch Druck auf die Klinge gegen die Ausschwenkbahn zurückbewegt werden kann, zB gegen Federdruck („slip joint" als am weitesten verbreitete „Verschlussform" von Taschenmessern, etwa das „Schweizer Offiziersmesser") oder magnetisches Halten. Erforderlich für die klare Einordnung als Einhandmesser ist stets das aktive Lösen einer mechanischen Sperrvorrichtung. Typische **Taschenmesser** mit Nagelhau (Kerbe für das Öffnen mit dem Fingernagel) einschließlich der sogenannten „**Schweizer Offiziersmesser**", deren Klingen nicht durch eine

---

[36] *BT-Drs. 16/8224, S. 17-18*

[37] *auch ohne dazu bestimmt zu sein: BKA-FB SO11-5164.01-Z-269*

[38] *BT-Drs. 16/8224, S. 17,; gilt nur für Messer mit feststehender Klinge*

[39] *BKA-Feststellungsbescheid SO 23-5164.01-Z-458 vom 2. Juli 2019*

aktiv zu lösende Feststellvorrichtung am Einklappen gehindert werden, gelten nicht als Messer mit einer feststellbaren Klinge.

Neben den im Handel als Einhandmessern explizit beworbenen Modellen zählen nach der genannten Definition auch die insbesondere im Bereich des Trockenbaus verwendeten **Cuttermesser** (meist mit herausschiebbaren, automatisch nach Loslassen des Schubstückes arretierenden Klingen, die nach Abnutzung stückweise abgebrochen werden und dann wieder vorgeschoben werden) zu den Einhandmessern. Auch sog. **Multitools**[40] können unter die Definition fallen, wenn es dem Träger möglich ist, mit lediglich einer Hand eine Klinge des Multitools im Sinne der vorgenannten Definition für ein Einhandmesser festzustellen und aus der Arretierung zu lösen.

Einhändig bedienbare Messer, deren Klinge durch einhändige Bedienung aus dem Griff ausgeschoben und nach Loslassen der Ausschubvorrichtung durch einen Mechanismus ohne aktives Tun eines Menschen wieder in den Griff zurückgezogen wird (so beispielsweise als „Sicherheitsmesser" zum Öffnen von Umverpackungen im Lagerbereich gebräuchlich), sind keine Einhandmesser, da die Klinge nicht feststellbar ist. Sie gleichen äußerlich und in der Bedienung Cuttermessern, die Klinge ist aber außerhalb des Griffs nicht feststellbar und wird nach Loslassen des Schubknopfes oder Ablegen des Messers in den Griff gezogen, so dass keine Gefahr für Menschen durch ein mit offener Klinge abgelegtes Arbeitsmittel besteht.

Zu beachten ist, dass **auch Fall- und Springmesser** als **Einhandmesser** anzusehen sind, wenn sie dessen Definition erfüllen. Dagegen erfüllen **Butterfly-Messer** (Faltmesser) in der Regel nicht die Definition, da die Klinge zwar einhändig aus den umhüllenden Griffteilen hervorkommt, aber nicht festgestellt wird im Sinne einer technischen Arretierung, sondern die Klinge lediglich so lange feststeht, wie die Griffe in der Hand gehalten werden.[41]

Einhandmesser, die nicht Spring- oder Fallmesser oder als andere Messerart Waffe sind, sind keine Waffen im Sinne des WaffG und **keinen Vorschriften für die Aufbewahrung** oder **zum Mindestalter** unterworfen. Sie unterfallen in jeder Ausführung den Führverboten nach § 42 Abs. 4a (öffentliche Veranstaltungen), Abs. 5 (Verbotszonen) und § 42b WaffG (öffentlicher Personenfernverkehr). Zu beachten sind zudem landesrechtliche Vorschriften im öffentlichen Personennahverkehr. Beachten Sie zur Thematik Kapitel 8.1.12.

---

[40] *Zur Thematik der Multitools ergänzend Kapitel 8.7.5*

[41] *Können die Griffteile des Faltmessers mittels eines Überwurfs o.ä. einhändig arretiert und festgestellt werden, wäre dies ein Einhandmesser.*

8.7.4. Sonstige Messer, insbesondere Jagdmesser

Eindeutig als Werkzeug oder Alltagsgegenstand bestimmte Messer wie etwa **Küchenmesser**, **Machete** (Buschmesser, Haumesser) oder **Filettiermesser** eines Anglers werden als feststehende Messer von dem Führverbot des § 42a WaffG erfasst, wenn die Klingenlänge 12 cm überschreitet. In diesem Falle würde etwa das Führen gemäß § 42a Abs. 2 WaffG nur erlaubt sein, wenn das Messer in einem verschlossenen Behältnis oder einer verschlossenen, mindestens die Klinge fest umschließenden Verkaufsverpackung mitgeführt wird oder für das Führen ein **berechtigtes Interesse** vorliegt.

Messer unterfallen den Führverboten nach § 42 Abs. 4a (öffentliche Veranstaltungen), Abs. 5 (Verbotszonen), § 42a und § 42b WaffG (öffentlicher Personenfernverkehr). Zu beachten sind auch landesrechtliche Vorschriften im öffentlichen Personennahverkehr. Beachten Sie ergänzend Kapitel 8.1.12.

8.7.5. Multitools

Multitools mit Messerklingen fallen unabhängig von einer einhändigen Bedienbarkeit, der Art der Feststellung der Klinge oder der Klingenlänge unter das Führverbot nach § 42 Abs. 4a (öffentliche Veranstaltungen), Abs. 5 (Verbotszonen) und § 42b WaffG (öffentlicher Personenfernverkehr). Zu beachten sind zudem landesrechtliche Vorschriften im öffentlichen Personennahverkehr. Beachten Sie zur Thematik Kapitel 8.1.12. Multitools, die eine einhändig feststellbare Klinge haben, fallen zudem unter das Führverbot des § 42a WaffG für Einhandmesser.

8.8. Bestimmungstafeln

Bei der Klärung der Frage, ob es sich bei einem Gegenstand um eine Waffe im Sinne des WaffG handelt, ist zunächst (Stufe 1 der Klärung) zu prüfen, ob es sich um eine **Schusswaffe oder einen ihr gleichgestellten Gegenstand** handelt. Trifft dies nicht zu, ist die **Bestimmung** (Stufe 2), danach die **Erwähnung im Gesetz und Eignung** (Stufe 3) zur Herabsetzung oder Beseitigung der Angriffs- oder Abwehrfähigkeit eines Menschen zu prüfen. Nehmen wir als Beispiel das **Blasrohr** – es unterfällt dem Schusswaffenbegriff, somit wären Ausnahmen, in diesem Falle § 2 Abs. 4 WaffG iVm Anlage 2 A3 UA2 Nr. 2 WaffG, zu prüfen. Unterfällt ein Gegenstand keiner der genannten drei Stufen, handelt es sich nicht um eine Waffe im Sinne des WaffG. Gleichwohl könnte der Gegenstand Regelungen des WaffG unterfallen, wie es etwa beim Einhandmesser oder bestimmten Messern mit feststehender Klinge der Fall ist, somit ist auch dies stets zu prüfen.

Bezeichnung	**SRS-Waffe**
Kategorie	Waffe, den Schusswaffen gleichgestellt
Definition	Tragbare Gegenstände, die zum Abschießen von Munition zum Angriff oder zur Verteidigung, zur Signalgebung, zur Jagd, zur Distanzinjektion, zur Markierung, zum Sport oder zum Spiel bestimmt sind
Synonym	Schreckschusswaffe, Gasrevolver, Gaspistole
Waffe nach ...	§ 1 Abs. 2 Nr. 1 WaffG
Norm Begriff	Anlage 1 A1 UA1 Nr. 1.2.1
Möglicher Verstoß	§§ 41 (Waffenverbot), 42, 42b WaffG (Führverbote), § 2 Abs. 1 (Mindestalter)

Das Kürzel SRS steht für die Anfangsbuchstaben der ausführlichen Bezeichnung Schreckschuss-, Reizstoff- und Signalwaffe.

In SRS-Waffen wird, anders als in Schusswaffen, anstelle eines Laufes ein Gaslauf verwendet, der Verbrennungsgase und Reizstoffe ableitet. Er ist durch seine Gestaltung oder durch Sperren (siehe nebenstehende obere Abbildung, Mündungsbereich einer GECO P35) nicht geeignet, um Geschosse hindurchzuführen. Laufsperren sind in der Regel von vorn sichtbar, bei Revolvern auch laufseitige Einengungen der Trommelkammern.

Neben einem gültigen Beschusszeichen (auch SRS-Waffen unterliegen der Pflicht zum Einzelbeschuss) müssen SRS-Waffen wie nebenstehend unten abgebildet das Zeichen „PTB im Kreis" oder eine andere gesetzliche erforderliche Kennzeichnung nach Anlage 2 A2 UA2 Nr. 1.3 WaffG tragen, um erlaubnisfrei erworben und besessen werden zu dürfen. Zum Führen ist eine Erlaubnis in Form des sogenannten „Kleinen Waffenscheins" erforderlich.

SRS-Waffen sind keine Anscheinswaffen, da es zum Führen einer Erlaubnis bedarf (Ausnahme für die Einstufung als Anscheinswaffe nach Anlage 1 A1 UA 1 Nr. 1.6 WaffG). Die Erfolgsaussichten, durch Drohung mit einer anscheinend „scharfen" Schusswaffe einen Angriff abzuwehren, sind zumindest fraglich. Gleichwohl sind SRS-Waffen in der Regel sehr vorbildgetreu gestaltet und für den unkundigen Beobachter, insbesondere im Zwielicht, kaum von ihren Vorbildern zu unterscheiden.

P35
PTB
456
MADE IN WEST GERMANY

Bezeichnung	**Reizstoffsprühgerät (RSG)**
Kategorie	Waffe
Definition	Tragbare Gegenstände, aus denen Reizstoffe versprüht oder ausgestoßen werden, die eine Reichweite bis zu 2 m haben
Synonym	CS-Gas, CN-Gas, Tränengas, Abwehrspray
Waffe nach ...	§ 1 Abs. 2 Nr. 2 Buchstabe a WaffG
Norm Begriff	Anlage 1 A1 UA2 Nr. 1.2.2 WaffG
Norm Verbot	§§ 41 (Waffenverbot), 42, 42b WaffG (Führverbot); ohne Prüfzeichen: Verbotene Waffe nach § 2 Abs. 3 WaffG iVm. Anlage 2 A1 Nr. 1.3.5

Anders als Tierabwehrspray, das mangels Bestimmung zur Abwehr menschlicher Angriffe nicht unter das Waffengesetz fällt, ist ein Reizstoffsprühgerät eine Waffe nach § 1 Abs. 2 Nr. 2 Buchstabe a WaffG, da es dazu bestimmt ist, die Angriffs- oder Abwehrfähigkeit von Menschen zu beseitigen oder herabzusetzen.

Der Begriff „Reizstoffsprühgerät" wird durch Anlage 1 A1 UA2 Nr. 1.2.2 WaffG auf solche Geräte beschränkt, die eine Reichweite bis zu 2 m haben. Bei größerer Reichweite unterfällt der Gegenstand der Definition nach Anlage 1 A1 UA2 Nr. 1.2.3 Buchst. a WaffG. Trotz dieser Unterscheidung werden beide Gegenstandsarten durch die Nennung in der Anlage 1 Waffen im Sinne des WaffG.

Das **Mindestalter** für den Umgang mit geprüften Reizstoffsprühgeräten ist durch § 3 Abs. 2 WaffG auf **14 Jahre** herabgesetzt.

Nach Anlage 2 A1 Nr. 1.3.5 WaffG ist der Umgang mit Reizstoffsprühgeräten verboten, es sei denn, sie sind in ihrer Reichweite und Sprühdauer begrenzt und der Reizstoff als gesundheitlich unbedenklich eingestuft worden.

Ein amtliches Zulassungszeichen nach Bauartprüfung nach § 9 Abs. 2 Nr. 3 BeschG (siehe Abbildung rechts), das Nachweis der beiden genannten Voraussetzungen für eine Ausnahme von dem Umgangsverbot ist, muss auf dem Reizstoffsprühgerät angebracht sein.

PTB
R . . . .

Hinweis: Zulassungen nach §§ 7 bis 11 BeschG, die vor Inkrafttreten des Gesetzes erteilt wurden, sind weiterhin gültig, diesbezüglich anerkannte oder erteilte Prüfzeichen (siehe Detailaufnahme „BKA-Raute" auf folgender Seite) gelten als Prüfzeichen im Sinne des geltenden Rechts (§ 22 Abs. 1, 2 BeschG).

(Produktbilder TW 1000 mit freundlicher Genehmigung der CARL HOERNECKE CHEM. FABRIK GMBH & CO. KG, Oberstenfeld)

Auf **Kombinationen** aus RSG und Schlagstock (siehe rechts) sind sowohl Vorschriften für Hieb- und Stoßwaffen als auch für Reizstoff-Sprühgeräte anzuwenden.

Nebenstehende Abbildung mit freundlicher Genehmigung (Copyright) „Soldier of Fortune GmbH"

Bezeichnung	**Tierabwehrspray**
Kategorie	Keine Waffe im Sinne des WaffG
Definition	-
Synonym	Pfefferspray, Hundeabwehrspray, Pfeffergas, Pepper Fog (auch Foam, Gel, Powder), Abwehrspray, Gas, Nebel
Waffe nach ...	-
Norm Begriff	-
Norm Verbot	-

Mangels Bestimmung zum Einsatz gegen Menschen und fehlende Nennung im Gesetz unterliegen Tierabwehrsprays nicht dem Waffengesetz.

Bekanntmachungen von Waffenverbotszonen, in denen der Besitz solcher Gegenstände untersagt wird, müssen somit ausdrücklich diese zur Tierabwehr bestimmten Geräte erfassen - die bloße Eignung zur Abwehr menschlicher Angriffe allein ist nicht ausreichend, um diese Geräte als Waffen im Sinne des WaffG einzuordnen.

Die nebenstehende Abbildung zeigt neben einem komplett montierten Tierabwehrspray das zur Wartung zerlegte Gerät (ohne Kopf). Der nachfolgende Hinweistext, durch den die Bestimmung ausgedrückt wird, ist auf dem Gehäuse sichtbar angebracht (mit freundlicher Genehmigung von DEF-TEC Defense Technology GmbH, Frankfurt am Main).

FIRST DEFENSE®

RED PEPPER SPRAY MK-6

Spray auf Augen oder Schleimhäute richten. Reichweite bis 6 Meter. Nicht unter einem Meter Entfernung anwenden. Wirkt unmittelbar und stoppt praktisch sofort jeden Angriff. Unerwünschte Nebenwirkungen sind nicht bekannt. Erste-Hilfe-Maßnahmen: Betroffene Stelle mit viel Wasser spülen und Frischluft zuführen, ggf. Arzt aufsuchen. Pepperspray ist nicht brennbar. Verfall: siehe Dosenboden. Dieses Reizstoffsprühgerät enthält den natürlichen Wirkstoff OC (Oleoresin Capsicum). Es darf in der BRD von Privatpersonen nur zur Tierabwehr eingesetzt werden (**Tierabwehrspray**). Bei diesem Verwendungszweck unterliegt es nicht dem deutschen Waffengesetz und dessen Prüfvorschriften.

RED PEPPER SPRAY MK-6
FIRST DEFENSE
FIRST DEFENSE
RED PEPPER SPRAY
MK-6
NACHFÜLLPATRONE
4 039342 600001

Bezeichnung	**Getarnte Schusswaffe**
Kategorie	Schusswaffe, (meist) Einzellader
Definition	Ihrer Form nach geeignet, einen anderen Gegenstand vorzutäuschen oder die mit Gegenständen des täglichen Gebrauchs verkleidet sind
Synonym	Schießkugelschreiber, Stockgewehr, Koppelschlossgewehr, Taschenlampenpistole
Waffe nach ...	§ 1 Abs. 2 Ziff. 1 WaffG
Norm Begriff	Anlage 1 A1 UA1 Ziff. 1.1 in Verbindung mit Anlage 2 A1 Ziff. 1.2.2
Norm Verbot	§ 2 Abs. 3 WaffG in Verbindung mit Anlage 2 A1 Ziff. 1.2.2
Die besondere Gefährlichkeit einer getarnten Schusswaffe liegt einerseits in der Möglichkeit, eine Waffe unbemerkt für eine Straftat zu verwenden, andererseits in der Gefahr der Verwendung durch andere Personen, die nicht um die Gefährlichkeit des Gegenstandes wissen.	

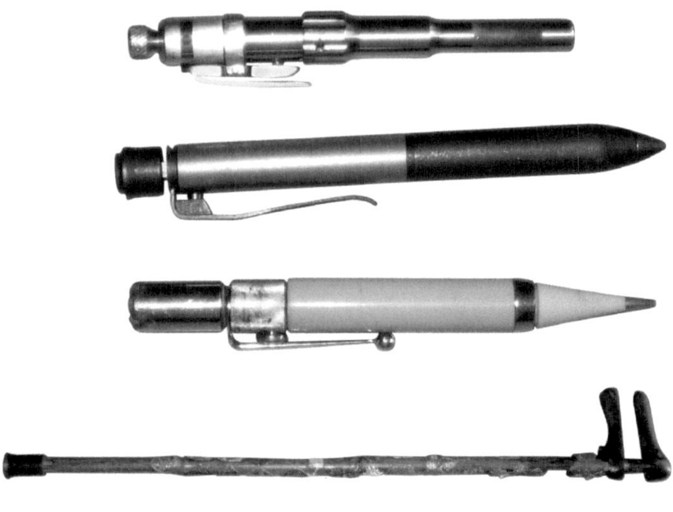

Bezeichnung	**Schlagstock**
Kategorie	Hieb- und Stoßwaffe
Definition	Gegenstände, die ihrem Wesen nach dazu bestimmt sind, unter unmittelbarer Ausnutzung der Muskelkraft durch Hieb, Stoß, Stich, **Schlag** oder Wurf Verletzungen beizubringen
Synonym	Baton
Waffe nach ...	§ 1 Abs. 2 Ziff. 2 Buchst. a WaffG
Norm Begriff	Anlage 1 A1 UA2 Ziff. 1.1
Norm Verbot	§§ 42, 42a, 42b WaffG (Führverbote)
Bemerkungen	Bei Prüfung einer Ausnahmegenehmigung für beruflich bedingtes Führen wird der Nachweis der Befähigung zum sicheren Umgang empfohlen (Lehrgang mit medizinischen Inhalten o. ä.).

Bezeichnung	**Teleskopschlagstock**
Kategorie	Hieb- und Stoßwaffe
Definition	Gegenstände, die ihrem Wesen nach dazu bestimmt sind, unter unmittelbarer Ausnutzung der Muskelkraft durch Hieb, Stoß, Stich, **Schlag** oder Wurf Verletzungen beizubringen
Synonym	ASP, Stahlteleskop
Waffe nach ...	§ 1 Abs. 2 Ziff. 2 Buchst. a WaffG
Norm Begriff	Anlage 1 A1 UA2 Ziff. 1.1
Norm Verbot	§§ 42, 42a, 42b WaffG (Führverbote)
Bemerkungen	Abgrenzung zur Stahlrute, weil nicht flexibel; bei Prüfung einer Ausnahmegenehmigung für beruflich bedingtes Führen wird der Nachweis der Befähigung zum sicheren Umgang empfohlen (Lehrgang mit medizinischen Inhalten o. ä.)

unten: Vergrößerte Darstellung des vorderen Teiles

Bezeichnung	**Stahlrute**
Kategorie	Hieb- und Stoßwaffe
Definition	Gegenstände, die ihrem Wesen nach dazu bestimmt sind, unter unmittelbarer Ausnutzung der Muskelkraft durch Hieb, Stoß, Stich, **Schlag** oder Wurf Verletzungen beizubringen
Synonym	-
Waffe nach ...	§ 1 Abs. 2 Ziff. 2 Buchst. a WaffG
Norm Begriff	Anlage 1 A1 UA2 Ziff. 1.1
Norm Verbot	§ 2 Abs. 3 WaffG in Verbindung mit Anlage 2 A1 Ziff. 1.3.2 (Verbotene Waffe)
Bemerkungen	Häufig verwechselt mit Teleskopschlagstock

unten: Vergrößerte Darstellung des vorderen Teiles

Bezeichnung	**Totschläger**
Kategorie	Hieb- und Stoßwaffe
Definition	Gegenstände, die ihrem Wesen nach dazu bestimmt sind, unter unmittelbarer Ausnutzung der Muskelkraft durch Hieb, Stoß, Stich, **Schlag** oder Wurf Verletzungen beizubringen
Synonym	-
Waffe nach ...	§ 1 Abs. 2 Ziff. 2 Buchst. a WaffG
Norm Begriff	Anlage 1 A1 UA2 Ziff. 1.1
Norm Verbot	§ 2 Abs. 3 WaffG in Verbindung mit Anlage 2 A1 Ziff. 1.3.2 (Verbotene Waffe)
Bemerkungen	Meist aus Leder angefertigt, um ein Durchschwingen (Peitscheneffekt) zu ermöglichen; in der Spitze mit einer Kugel aus Eisen oder Blei beschwert

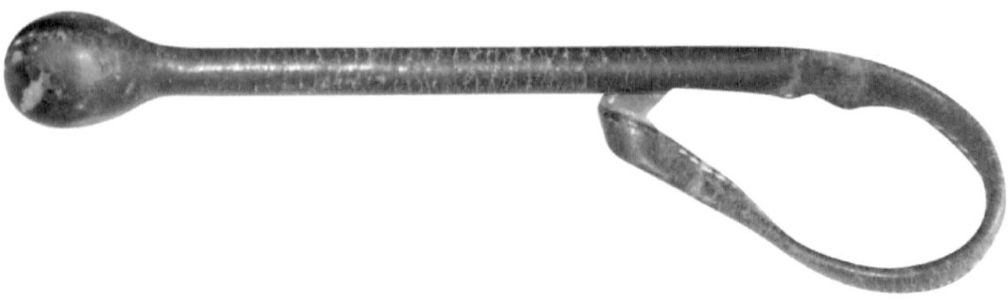

Bezeichnung	**Wurfstern**
Kategorie	Hieb- und Stoßwaffe
Definition	Gegenstände, die ihrem Wesen nach dazu bestimmt sind, unter unmittelbarer Ausnutzung der Muskelkraft durch Hieb, Stoß, Stich, Schlag oder **Wurf** Verletzungen beizubringen
Synonym	Shuriken, Shaken
Waffe nach ...	§ 1 Abs. 2 Ziff. 2 Buchst. a WaffG
Norm Begriff	Anlage 1 A1 UA2 Ziff. 1.1
Norm Verbot	§ 2 Abs. 3 WaffG in Verbindung mit Anlage 2 A1 Ziff. 1.3.3 (Verbotene Waffe)
Bemerkungen	Auch im nicht angeschliffenen Zustand kann diese Waffe tödliche Verletzungen beibringen. Es ist daher keine Voraussetzung für ein Verbot, dass der Gegenstand angeschliffen ist.

Bezeichnung	**Nunchaku**
Kategorie	a) Hieb- und Stoßwaffe b) Gegenstand, der nach seiner Beschaffenheit und Handhabung dazu bestimmt ist, durch Drosseln die Gesundheit zu schädigen
Definition	a) Gegenstände, die ihrem Wesen nach dazu bestimmt sind, unter unmittelbarer Ausnutzung der Muskelkraft durch Hieb, Stoß, Stich, **Schlag** oder Wurf Verletzungen beizubringen b) siehe oben (Kategorie)
Synonym	Tschaku, Würgeholz
Waffe nach ...	§ 1 Abs. 2 Ziff. 2 Buchst. a WaffG
Norm Begriff	a) Anlage 1 A1 UA2 Ziff. 1.1 b) Anlage 1 A1 UA2 Ziff. 1.2.6
Norm Verbot	§ 2 Abs. 3 WaffG in Verbindung mit Anlage 2 A1 Ziff. 1.3.8 (Verbotene Waffe)
Bemerkungen	Die Nutzung des Nunchaku als Würgeholz tritt in der Praxis hinter die enorme Schlagwirkung zurück; das Verbot von Soft-Nunchakus aus Schaumstoff (Feststellungsbescheid BKA KT 21/ZV 25 – 5164.01 – Z – 23/2004 vom 05. 05. Februar 2004) ist nicht nachvollziehbar, aber dadurch wird klargestellt, dass die Kombination aus zwei Elementen, die flexibel verbunden sind, unabhängig vom Material immer verboten ist; offen bleibt, ob auch traditionelle Nunchakus aus drei Hölzern erfasst werden.

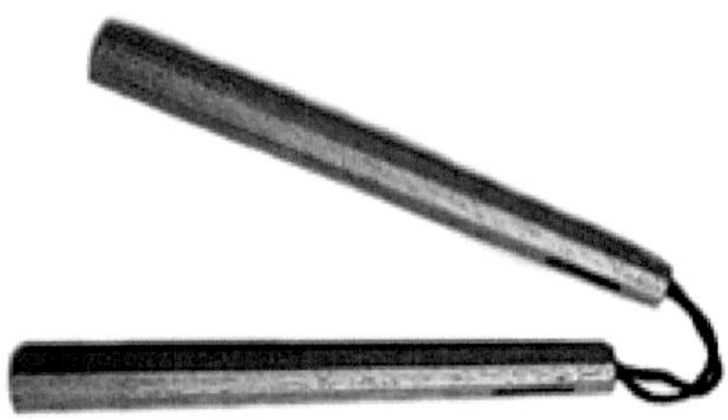

Bezeichnung	**Präzisionsschleuder**
Kategorie	Schleuder
Definition	Schleudern, die zur Erreichung einer höchstmöglichen Bewegungsenergie eine **Armstütze oder eine vergleichbare Vorrichtung** besitzen oder für eine solche Vorrichtung eingerichtet sind (Präzisionsschleudern) **sowie Armstützen und vergleichbare Vorrichtungen** für die vorbezeichneten Gegenstände
Synonym	Zwille
Waffe nach ...	§ 1 Abs. 2 Ziff. 2 Buchst. a WaffG
Norm Begriff	Anlage 1 A1 UA2 Ziff. 1.3
Norm Verbot	§ 2 Abs. 3 WaffG in Verbindung mit Anlage 2 A1 Ziff. 1.3.7 (Verbotene Waffe)
Bemerkungen	Begriff und Verbot beziehen sich nicht allein auf die Schleuder, sondern auch auf die **Armstütze** als separates Teil; schon das Vorhandensein einer Aufnahmevorrichtung (Öse) für die Armstütze erfüllt das Verbotsmerkmal! *Hinweis: Abbildung zeigt fast zusammengelegte Waffe.*

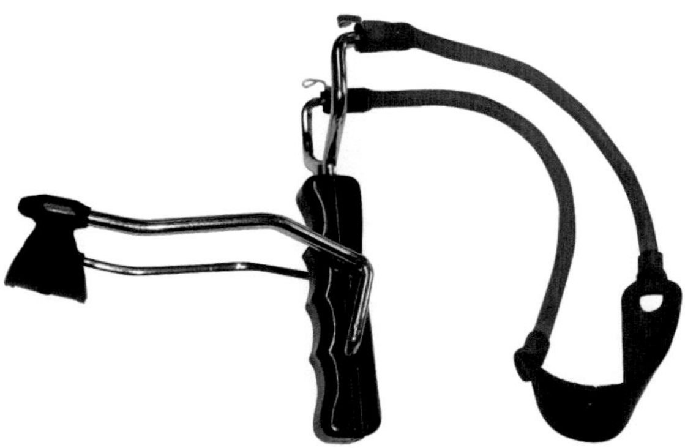

Bezeichnung	**Springmesser**
Kategorie	Messer
Definition	Messer, deren Klingen auf Knopf- oder Hebeldruck hervorschnellen und hierdurch oder beim Loslassen der Sperrvorrichtung festgestellt werden können
Synonym	Stellmesser, Springer
Waffe nach ...	§ 1 Abs. 2 Nr. 2 Buchst. b WaffG
Norm Begriff	Anlage 1 A1 UA2 Nr. 2.1.1 WaffG
Möglicher Verstoß	§ 2 Abs. 3 WaffG in Verbindung mit Anlage 2 A1 Nr. 1.4.1 WaffG (**Verbotene Waffe**); im Falle der Freistellung von dem Verbot **Führverbote** nach §§ 42, 42a, 42b WaffG beachten!
Bemerkungen	**Nicht verboten (Ausnahme** vom Umgangsverbot), wenn a) die Klinge seitlich aus dem Griff springt und der Klingenteil außerhalb des Griffs höchstens 85 mm lang ist und die Klinge nicht zweiseitig geschliffen ist sowie b) eine einhändige Nutzung für ein berechtigtes Interesse erforderlich ist oder der Umgang im Zusammenhang mit der Berufsausübung erfolgt. **Keine Waffe** gemäß § 1 Abs. 2 Nr. 2 Buchst. b WaffG (BKA-Feststellungsbescheid KT21/SO 11-5164.01-Z-76), wenn die Klinge bis 41 mm lang und bis 10 mm breit ist („Kleinstmesser"); gleichwohl unterfallen Kleinstmesser den Vorschriften der §§ 42, 42b. Bei **defekter Feder** entfällt die verbotsbegründende Eigenschaft und damit die Einordnung als verbotener Gegenstand, denkbar wäre aber die Einstufung als (ebenso) verbotenes Fallmesser (BGH 1 StR 35/17).

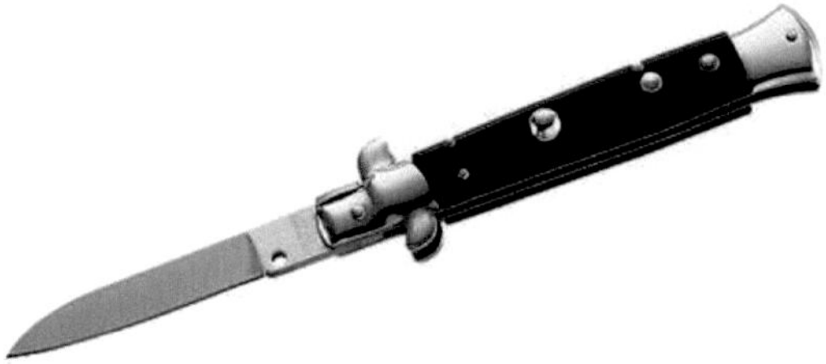

Bezeichnung	**Fallmesser**
Kategorie	Messer
Definition	Messer, deren Klingen beim Lösen einer Sperrvorrichtung durch ihre Schwerkraft oder durch eine Schleuderbewegung aus dem Griff hervorschnellen und selbsttätig oder beim Loslassen der Sperrvorrichtung festgestellt werden
Synonym	Fallschirmjägermesser
Waffe nach ...	§ 1 Abs. 2 Ziff. 2 Buchst. b WaffG
Norm Begriff	Anlage 1 A1 UA2 Ziff. 2.1.2
Norm Verbot	§ 2 Abs. 3 WaffG in Verbindung mit Anlage 2 A1 Ziff. 1.4.1 (Verbotene Waffe)
Bemerkungen **(gelten auch für das o. g. Springmesser)**	**Freistellung** sog. „Rettungsmesser" oder „Rescue-Tools" durch BKA-Feststellungsbescheid KT21/ZV25-5164.01-Z-20/2003; **Berechtigte nach dem Bundesversorgungsgesetz** (Kriegsopfer etc.), die ein solches Messer vor dem 30. Juni 2003 durch die Versorgungsbehörden der Länder erhalten haben, dürfen nach BKA-Ausnahmegenehmigung, ZV 25-2-5166.00-489/03 vom 10. November 2003, dürfen es sowohl **besitzen** als auch **führen**.

Bezeichnung	**Faustmesser**
Kategorie	Messer
Definition	Messer, mit einem quer zur feststehenden oder feststellbaren Klinge verlaufenden Griff, die bestimmungsgemäß in der geschlossenen Faust geführt oder eingesetzt werden
Synonym	Skinner, Stoßdolch, Kürschnermesser
Waffe nach ...	§ 1 Abs. 2 Ziff. 2 Buchst. b WaffG
Norm Begriff	Anlage 1 A1 UA2 Ziff. 2.1.3
Norm Verbot	§ 2 Abs. 3 WaffG in Verbindung mit Anlage 2 A1 Ziff. 1.4.2 (Verbotene Waffe)
Bemerkungen	**Ausnahme** vom Umgangsverbot nach § 40 Abs. 3 WaffG für Inhaber einer jagdrechtlichen Erlaubnis und Angehörige Leder-und Pelz-verarbeitender Berufe, soweit das Messer zur Ausübung der Tätigkeit erforderlich ist; hier wären im Falle der Ausnahme zu beachten § 41 (Waffenverbot), §§ 42, 42a, 42b WaffG (Führverbote), § 2 Abs. 1 (Mindestalter).

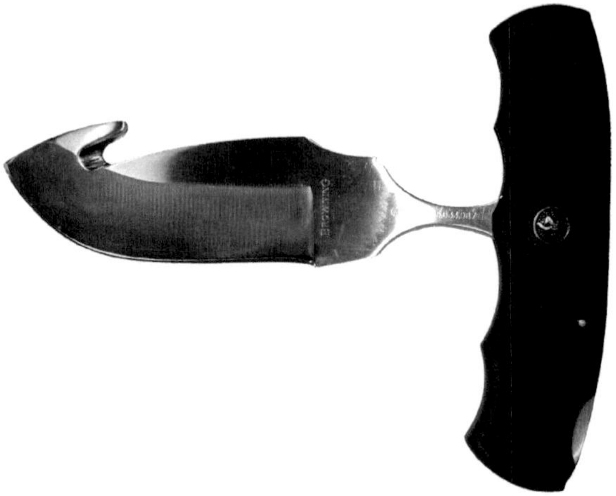

Bezeichnung	**Butterflymesser**
Kategorie	Messer
Definition	Faltmesser mit zweigeteilten, schwenkbaren Griffen
Synonym	Balisong, Butterfly, Faltmesser
Waffe nach ...	§ 1 Abs. 2 Ziff. 2 Buchst. b WaffG
Norm Begriff	Anlage 1 A1 UA2 Ziff. 2.1.4
Norm Verbot	§ 2 Abs. 3 WaffG in Verbindung mit Anlage 2 A1 Ziff. 1.4.3 (Verbotene Waffe)
Bemerkungen	Gemäß § 1 Abs. 2 Ziff. 2 Buchst. b WaffG nach BKA-Feststellungsbescheid KT21/SO 11-5164.01-Z-76 handelt es sich nicht um eine Waffe, wenn die Klinge bis zu 41 mm lang und bis zu 10 mm breit ist („Kleinstmesser"); somit würde das Umgangsverbot nicht greifen, allerdings sind in diesem Falle die Führverbote nach §§ 42, 42b zu beachten.

Bezeichnung	**Einhandmesser**
Kategorie	Messer
Definition	Messer mit einhändig feststellbarer Klinge
Synonym	Teppichmesser
Waffe nach ...	-
Norm Begriff	§ 42a Abs. 1 Ziff. 3 WaffG
Norm Verbot	§§ 42, 42a, 42b WaffG (Führverbot)
Bemerkungen	Das Feststellen der Klinge kann über einen Pin (Knopf) an der Klinge, eine Bohrung oder Vertiefung in der Klinge oder eine Nase (Flipper) auf dem Klingenrücken erfolgen; zur Einordnung kann das „Neumünsteraner Modell" dienen: „Ich setze mich auf eine Hand – kann ich die Klinge mit der anderen Hand feststellen, ist es ein Einhandmesser."

Bezeichnung	**Feststehende Messer über 12 cm Klingenlänge**
Kategorie	Messer
Definition	s.o.
Synonym	Hirschfänger, Machete, Haumesser
Waffe nach ...	-
Norm Begriff	§ 42a Abs. 1 Ziff. 3 WaffG
Norm Verbot	§§ 42, 42a, 42b WaffG (Führverbot)
Bemerkungen	Durch das bloße Abstellen auf eine Klinge mit mehr als 12 cm Länge werden durch § 42a WaffG neben Macheten und Hirschfängern auch Haushaltsmesser (Küchenmesser) und Filettiermesser erfasst; ein Schwert, eine Streitaxt oder eine Hellebarde wären Hiebwaffen und damit Waffe im Sinne von § 1 Abs. 2 Ziff. 2 Buchst. a WaffG iVm. Anlage 1 A1 UA2 Ziff. 1.1

Bezeichnung	**Karambit**
Kategorie	Hieb- und Stoßwaffe
Definition	Gegenstände, die ihrem Wesen nach dazu bestimmt sind, unter unmittelbarer Ausnutzung der Muskelkraft durch **Hieb**, Stoß, **Stich**, Schlag oder Wurf Verletzungen beizubringen
Synonym	Krallenmesser, Sichelmesser
Waffe nach ...	§ 1 Abs. 2 Nr. 2 Buchst. a WaffG
Norm Begriff	Anlage 1 A1 UA2 Nr. 1.1
Möglicher Verstoß	§ 41 (Waffenverbot), §§ 42, 42a, 42b WaffG (Führverbote), § 2 Abs. 1 (Mindestalter)
Bemerkungen	Bei einem Karambit handelt es sich ursprünglich um ein **Erntemesser**; die Form entspricht einem Bogen, der aus einer Klinge und einem oft mit Fingermulden versehenen Griff besteht; am Ende des Griffs befindet sich ein Ring; es handelt sich meist um eine einseitig geschliffene Klinge; das Karambit wird mittels des Rings am Griffende am kleinen Finger „eingehängt"; es sind Karambits mit nicht feststehender Klinge erhältlich, insbesondere als Spring- oder Einhandmesser; Karambits werden durch das BKA regelmäßig als Hieb- und Stoßwaffe eingestuft; je nach Stellung des Griffs zur Klinge <u>kann</u> ein Karambit als **Faustmesser** eingestuft werden, siehe BKA-FB SO 23-5164.01-Z-481 „Ka-Bar: Last Ditch".

Abb. mit frdl. Genehmigung von Haller Stahlwarenhaus GmbH, Michelbach/Bilz

Bezeichnung	**Kampfmesser**
Kategorie	Hieb- und Stoßwaffe
Definition	Gegenstände, die ihrem Wesen nach dazu bestimmt sind, unter unmittelbarer Ausnutzung der Muskelkraft durch **Hieb**, Stoß, **Stich**, Schlag oder Wurf Verletzungen beizubringen
Synonym	-
Waffe nach ...	§ 1 Abs. 2 Nr. 2 Buchst. a WaffG
Norm Begriff	Anlage 1 A1 UA2 Nr. 1.1
Möglicher Verstoß	§ 41 (Waffenverbot), §§ 42, 42a, 42b WaffG (Führverbote), § 2 Abs. 1 (Mindestalter)
Bemerkungen	Kampfmesser weisen besondere Merkmale wie Parierstange, geschwärzte Klinge oder hohes Gewicht auf; die Werbung eines Herstellers oder Händlers kann Hinweise enthalten; nicht selten wird es als „**Survivalmesser**" (untere Abbildung) bezeichnet, womit es nicht unbedingt Waffe wäre.

Bezeichnung	**Bajonett**
Kategorie	Hieb- und Stoßwaffe
Definition	Gegenstände, die ihrem Wesen nach dazu bestimmt sind, unter unmittelbarer Ausnutzung der Muskelkraft durch **Hieb**, Stoß, **Stich**, Schlag oder Wurf Verletzungen beizubringen
Synonym	Seiten(ge)wehr
Waffe nach ...	§ 1 Abs. 2 Nr. 2 Buchst. a WaffG
Norm Begriff	Anlage 1 A1 UA2 Nr. 1.1
Möglicher Verstoß	§ 41 (Waffenverbot), §§ 42, 42a, 42b WaffG (Führverbote), § 2 Abs. 1 (Mindestalter)
Bemerkungen	Auch als Zubehörteil einer Kriegswaffe fällt das Bajonett nicht unter das KrWaffKontrG; der Unterschied zum Kampfmesser ist die typische, oftmals ringförmige Aufnahme für den Lauf der Schusswaffe, an dem das Bajonett befestigt wird; zur Befestigung können auch Schienen verwendet werden, deren Gegenstücke an der Waffe sich im Bereich der Laufmündung finden.

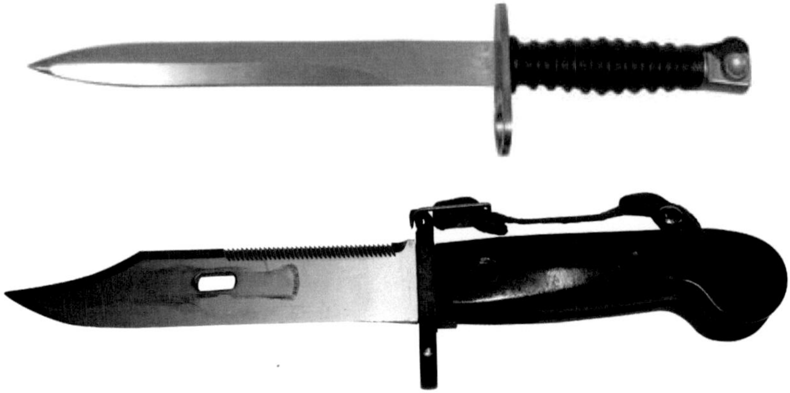

Bezeichnung	**Kubotan**
Kategorie	-
Definition	-
Synonym	Kubaton, Fightingstick, Palmstick
Waffe nach ...	-
Norm Begriff	-
Möglicher Verstoß	-
Bemerkungen	Nach Feststellungsbescheid AZ SO11- 5164.01-Z-170 des BKA vom 5. März 2008 handelt es sich bei einem Kubotan **weder um eine Hieb- und Stoßwaffe noch um eine verbotene Waffe** **Wichtig**: Beurteilt wurde durch das BKA nur ein einfacher Kubotan; bei anderer Ausstattung (etwa mit besonderem Handschutz, Teleskopteil o.ä.) könnte es sich um eine Hieb- und Stoßwaffe handeln, so etwa bejaht im Falle des „Kubotee“, Feststellungsbescheid SO 23- 5164.01-Z-479.

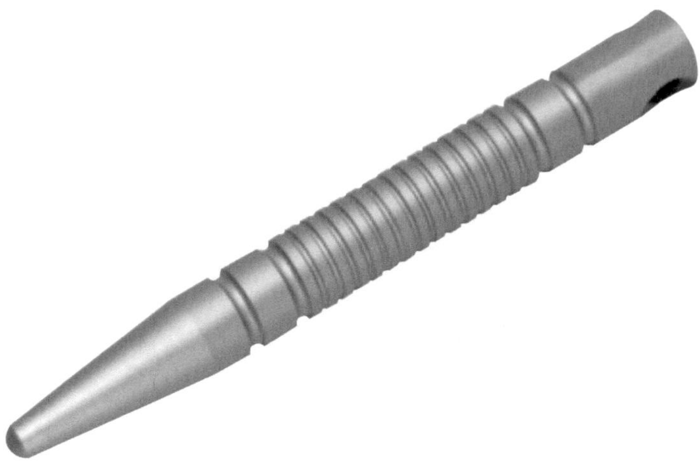

Bezeichnung	**Schlagring**
Kategorie	Hieb- und Stoßwaffe
Definition	Gegenstände, die ihrem Wesen nach dazu bestimmt sind, unter unmittelbarer Ausnutzung der Muskelkraft durch Hieb, **Stoß**, Stich, **Schlag** oder Wurf Verletzungen beizubringen
Synonym	„Zahnfee"
Waffe nach ...	§ 1 Abs. 2 Nr. 2 Buchst. a WaffG
Norm Begriff	-
Möglicher Verstoß	§ 2 Abs. 3 WaffG in Verbindung mit Anlage 2 A1 Nr. 1.3.2 (Verbotene Waffe)
Bemerkungen	Ein Schlagring muss nicht zwingend aus Metall gefertigt sein, entscheidend ist die Erhöhung der Schlagwirkung. Bearbeitete und dadurch umbestimmte (im Sinne einer neuen Bestimmung, die von jener des ursprünglichen Herstellers abweicht) Gegenstände wie das unten links abgebildete <u>bearbeitete</u> Ventilrad, die die Funktion eines Schlagrings erfüllen und wie ein solcher eingesetzt werden sollen, unterfallen dem Verbot.

Bezeichnung	**Alltagsgegenstand, zur Waffe umbestimmt**
Kategorie	beispielhaft in diesem Falle: Hieb- und Stoßwaffe
Definition	Tragbare Gegenstände, die zwar ursprünglich ihrem Wesen nach und nach dem Willen des Herstellers nicht dazu bestimmt sind, unter unmittelbarer Ausnutzung der Muskelkraft durch Hieb, Stoß, Stich, Schlag oder Wurf Verletzungen beizubringen, aber **durch den Besitzer durch Umarbeitung dazu bestimmt** sind, die Angriffs- oder Abwehrfähigkeit eines Menschen herabzusetzen, also Waffe im Sinne des WaffG zu sein.
Waffe nach ...	§ 1 Abs. 2 Nr. 2 Buchst. a WaffG
Norm Begriff	Anlage 1 A1 UA2 Nr. 1.1
Möglicher Verstoß	§ 41 (Waffenverbot), §§ 42, 42a, 42b WaffG (Führverbote), § 2 Abs. 1 (Mindestalter)
Bemerkungen	Der nachfolgend abgebildete Abschnitt eines **Starkstromkabels**, der mit ca. 40 cm Länge effektiv als Schlagstock eingesetzt werden könnte, bleibt ein Stromkabel und wird nicht Waffe im Sinne des WaffG, da er nicht technisch verändert wurde.

Bezeichnung	**Getarnte Hieb- oder Stoßwaffen**
Kategorie	Hieb- und Stoßwaffe
Definition	Gegenstände, die ihrem Wesen nach dazu bestimmt sind, unter unmittelbarer Ausnutzung der Muskelkraft durch Hieb, Stoß, Stich, Schlag oder Wurf Verletzungen beizubringen und ihrer Form nach geeignet sind, einen anderen Gegenstand vorzutäuschen oder die mit Gegenständen des täglichen Gebrauchs verkleidet sind.
Synonym	Stockdegen, Stockmesser, Schirmdegen
Waffe nach ...	§ 1 Abs. 2 Nr. 2 Buchst. a WaffG
Norm Begriff	Anl. 1 A1 UA2 Nr. 1.1 iVm Anl. 2 A1 Nr. 1.3.1
Möglicher Verstoß	§ 2 Abs. 3 WaffG in Verbindung mit Anlage 2 A1 Nr. 1.3.1 (Verbotene Waffe)
Bemerkungen	Entscheidend ist die Waffeneigenschaft des Gegenstandes, der verkleidet ist, oder die Verwendbarkeit als Waffe, obwohl der Gegenstand vortäuscht, ein harmloser Gegenstand zu sein, der den Waffenbegriff nicht erfüllt. Dies ist insbesondere bei Stockmessern zu prüfen, da nicht jede Klinge Waffe im Sinne des WaffG ist. **Handschuhen mit Füllung** (Blei- oder Stahlstaub oder –granulat, Quarzsand oder Sand), „tactical gloves“, fehlt es an der Zweckbestimmung zur Hieb- und Stoßwaffe, und die Verletzungsgefahr wird durch die Füllung nicht signifikant erhöht (BKA KT 21 / SO 11-5164.01 – Z-41); sie unterfallen nicht dem Verbot aus Anlage 2 A1 Nr. 1.3.1 WaffG

Stichwaffe, als Reitgerte getarnt; der Lederkörper der Gerte dient als (Transport-) Scheide und verdeckt als Tarnvorrichtung die Klinge.

In die Kante einer EC-Karte eingelassene Rasierklinge; ***nicht erfasst*** *vom Begriff der getarnten Hieb- und Stoßwaffe, weil die Rasierklinge selbst keine Waffe ist, die mit der Karte verkleidet wird; aufgrund der geringen Schnitttiefe wäre zudem zu prüfen, ob eine Eignung der Konstruktion als Waffe im Sinne des WaffG überhaupt vorliegt.*

Als Feuerzeug getarntes Einhandmesser; da ***Einhandmesser keine Waffen*** *sind,* ***entfällt*** *wie oben auch in diesem Falle das* ***Verbot****.*

Bezeichnung	**Delta-Dart**
Kategorie	Hieb- und Stoßwaffe
Beschreibung	Kunststoffmesser mit Bajonettklinge, auch anzutreffen mit Kunststoffscheide und Kette
Synonym	Stoßdolch
Waffe nach ...	§ 1 Abs. 2 Nr. 2 Buchst. a WaffG
Norm Begriff	Anlage 1 A1 UA2 Nr. 1.1
Möglicher Verstoß	§ 2 Abs. 3 WaffG in Verbindung mit Anlage 2 A1 Nr. 1.3.1 (Verbotene Waffe), wenn sich der Delta-Dart in der Scheide befindet; bei Mitführen ohne Scheide, somit als Waffe erkennbar, unterfällt der Delta-Dart als Hieb- und Stoßwaffe den Führverboten nach §§ 42, 42a, 42b WaffG und dem Mindestalter nach § 2 WaffG.
Bemerkungen	Gemäß § 1 Abs. 2 Nr. 2 Buchst. a WaffG in Verbindung mit Anlage 1 A1 UA2 Nr. 1.1 nach BKA-Feststellungsbescheid KT21/SO 11-5164.01-Z-222 eine Hieb- und Stoßwaffe im Sinne des WaffG; wird der Delta-Dart in die Kunststoffscheide gesteckt und beispielsweise am Hals getragen, täuscht er dagegen einen Alltagsgegenstand vor (Kugelschreiber in großer Steckhülle) und ist <u>in diesem Zustand</u> eine verbotene Waffe.

8.9. Aufbau automatischer Pistolen

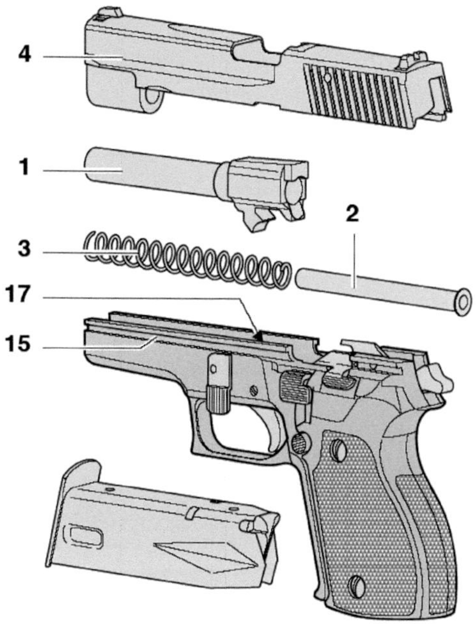

Elemente einer Pistole:

Lauf (1) mit Patronenlager

Federführungsstange (2)

Schließfeder

Verschluss (4), Schlitten

Griffstück (15) mit Verriegelungsblock (17)

Magazin (liegend)

Abzug: auch **Züngel** genannt, Hebel zur Auslösung des Schusses.

Patronenlager: Teil des Laufes, in dem die Patrone gezündet wird.

Stoßboden: Teil des Verschlusses, der den Boden der Patrone berührt, wenn diese im Patronenlager liegt.

Schlagbolzen: im Verschluss beweglich gelagerter, gehärteter Stift, der durch eine Feder oder durch das Schlagstück beschleunigt wird und in das Zündhütchen der Patronen schlägt.

Schlagstück: auch **Hahn** genannt, meist außenliegendes Bauteil, schlägt durch Federspannung nach Betätigung des Abzugs auf den Schlagbolzen und treibt diesen nach vorn.

Beachten Sie zum Thema Schusswaffen auch das in gleicher Ausstattung erschienene Fachbuch „**Waffensachkunde: Bewachungsgewerbe**" von André Busche, erhältlich in jeder Buchhandlung.

9. Unfallverhütungsvorschriften

Die für das Bewachungsgewerbe maßgeblichen **UVV** (geläufige Abkürzung für „**U**nfall**V**erhütungs**V**orschriften") werden von der **Verwaltungs-Berufsgenossenschaft** (**VBG**) in den sogenannten DGUV Vorschriften zusammengefasst. Die VBG ist der gesetzliche **Unfallversicherungsträger** für Mitarbeiter im Bewachungsgewerbe. Selbständige und Unternehmer können sich freiwillig versichern.

Die UVV richten sich an zwei Gruppen – einerseits an die Unternehmer, andererseits an die Arbeitnehmer, hier als „Versicherte" bezeichnet. Sie UVV sind stets im Zusammenhang mit den staatlich erlassenen Vorschriften, etwa der Arbeitsstättenverordnung oder dem SGB VII, zu betrachten – in der Regel ergänzen die UVV die gesetzlichen Regelungen.

Drei Normen sind für das Bewachungsgewerbe von besonderer Bedeutung:

- DGUV Vorschrift 1 „Grundsätze der Prävention" [42]
- DGUV Vorschrift 23 „Wach- und Sicherungsdienste" [43]
- ASR 1.3 „Sicherheits- und Gesundheitsschutzkennzeichnung" [44]

Der Abdruck der DGUV-Vorschriften und aller Kennzeichnungen würde den Umfang des Buches unnötig erweitern. Sie sollten vielmehr die Normen bei der Verwaltungs-Berufsgenossenschaft anfordern oder im Internet einsehen und ausdrucken. Die nachfolgenden Informationen geben Ihnen eine erste Übersicht und das für die Sachkundeprüfung mindestens notwendige Wissen. In jedem Falle sollten Sie die Normen aber vollständig lesen.

---

[42] *Die DGUV Vorschrift 1 ersetzt die zuvor verwendete BGV A 1, inhaltlich sind beide Normen fast identisch.*

[43] *Die DGUV Vorschrift 23 ersetzt die zuvor verendete BGV C 7, inhaltliche Änderungen wurden nicht vorgenommen.*

[44] *Die BGV A 8 wurde rückwirkend zum 1. Januar 2013 durch die VBG **außer Kraft gesetzt**, da die novellierte Arbeitsstättenverordnung in Verbindung mit der ASR 1.3 "Sicherheits- und Gesundheitsschutzkennzeichnung" eine hinreichende Regelung. Beachten Sie, dass die **ASR 1.3** mit Inkrafttreten des neuen Rahmenplanes **ab Januar 2016 nicht mehr Prüfungsstoff** ist. Da es in der Praxis aber wichtig ist, die wesentlichen Kennzeichnungen deuten zu können, wird die Thematik in diesem Buch behandelt.*

9.1. DGUV Vorschrift 1

Die DGUV Vorschrift 1 fasst **Grundsätze der Prävention** zusammen. Es handelt sich um eine Sammlung grundlegender Vorschriften zur Vorbeugung von Unfällen in der Arbeitswelt.

Ziel aller in den UVV zusammengefassten Regelungen ist der Schutz des Lebens und der Gesundheit des Versicherten. Darin zeigen sich auch die **beiden zentralen Aufgabenfelder der Berufsgenossenschaft**:

- **Vorbeugung** durch
    - Ausbildung und Schulung
    - Erlass von UVV
    - Forschung zum Arbeitsschutz
- **Nachsorge** durch
    - Finanzierung der ärztlichen Behandlung
    - Unterstützung der Rehabilitation
    - Zahlungen an Opfer und Hinterbliebene

Da die VBG als Unfallversicherung im Unglücksfall hohe Zahlungen leisten muss (etwa Renten, Rehabilitationskosten, Krankengeld, Hilfsmittel, Hinterbliebenengeld), wird die Einhaltung der UVV streng überwacht.

9.1.1. Pflichten des Unternehmers

Der **Unternehmer** ist verpflichtet, die Vorschriften der UVV einzuhalten, insbesondere bei Planung, Organisation und Durchführung des Dienstbetriebes. Ebenso ist er verpflichtet, regelmäßig die Einhaltung der UVV zu prüfen und gegebenenfalls Maßnahmen zu treffen, die verhindern, dass die Vorschriften nicht eingehalten werden können. Auf keinen Fall darf der Unternehmer Weisungen erteilen, die sicherheitswidrig sind, deren Befolgung also einen Versicherten (in der Regel einen Mitarbeiter seines Unternehmens) einer besonderen Gefahr aussetzen würde. Kosten, die aus der Einhaltung der UVV entstehen, sind durch den Unternehmer zu tragen – ist beispielsweise ein Versicherter dazu verpflichtet, im Rahmen einer Tätigkeit Schutzkleidung zu tragen, ist diese durch den Unternehmer zu stellen.

Zu den Pflichten des Unternehmers zählt auch die Unterweisung der Versicherten bezüglich Sicherheit und Gesundheitsschutz im Dienst. Diese Unterweisung muss regelmäßig, mindestens aber einmal pro Kalenderjahr erfolgen und dokumentiert werden. Dabei ist sicherzustellen, dass diese Unterweisung verständlich erfolgt. Vorschriften und Regeln müssen für jeden Versicherten an geeigneter Stelle zugänglich gemacht werden.

Bei der Planung von Einsätzen hat der Unternehmer zu prüfen, ob ein Versicherter für die beabsichtigte Tätigkeit befähigt ist, insbesondere zur Einhaltung von Sicherheits- und Gesundheitsschutz-Vorschriften. Ist ein Versicherter erkennbar nicht in der Lage, eine Arbeit ohne Gefahr für sich oder andere auszuführen, darf er nicht mit dieser Arbeit beschäftigt werden.

Der Unternehmer muss sicherstellen, dass Unbefugte bestimmte Betriebsteile nicht betreten, wenn dadurch eine Gefahr für Sicherheit und Gesundheit entsteht. Diese Pflicht trifft in der Praxis meist den Auftraggeber, der sie durch Beauftragung eines Bewachungsunternehmens erfüllen kann.

Einer qualifizierten **Ersten Hilfe** (EH) kommt nach einem Unfall eine zentrale Bedeutung zu. Darum enthält die DGUV Vorschrift 1 zu den diesbezüglichen Pflichten zahlreiche umfassende Regelungen, welche Maßnahmen der Unternehmer im Vorwege ergreifen muss. Die §§ 24 bis 26 der DGUV Vorschrift 1 enthalten folgende wesentlichen Bestimmungen:

- § 24: Der Unternehmer muss
  - Einrichtungen, Sachmittel und Personal bereitstellen
  - sicherstellen, dass nach einem Unfall unverzüglich EH geleistet und eine erforderliche ärztliche Versorgung veranlasst wird
  - für einen sachkundigen Transport sorgen
  - darauf hinwirken, dass der Versicherte einem Durchgangsarzt vorgestellt wird, wenn die Arbeitsunfähigkeit nach Feststellung des erstbehandelnden Arztes nicht mehr als einen Tag andauern und eine Behandlungsbedürftigkeit voraussichtlich nicht länger als eine Woche bestehen wird
  - jede EH-Leistung dokumentieren
- § 25: Erforderlich sind
  - immer erreichbare EH-Mittel in geeigneten, gegen Beschädigung geschützten Behältern in ausreichender Menge
  - Rettungsgeräte und Rettungstransportmittel (zB Tragen)
  - mindestens ein mit Rettungstransportmitteln leicht erreichbarer EH-Raum oder eine vergleichbare Einrichtung
    - in einer Betriebsstätte mit mehr als 1.000 dort beschäftigten Versicherten
    - in einer Betriebsstätte mit 1.000 oder weniger, aber mehr als 100 dort beschäftigten Versicherten, wenn ihre Art und das Unfallgeschehen nach Art, Schwere und Zahl der Unfälle einen gesonderten Raum für die EH erfordern

        - auf einer Baustelle mit mehr als 50 dort beschäftigten Versicherten
- § 26: Es müssen zur Verfügung stehen
    - bei zwei bis zu 20 anwesenden Versicherten ein Ersthelfer
    - bei mehr als 20 anwesenden Versicherten
        - in Verwaltungs- und Handelsbetrieben 5 %
        - in sonstigen Betrieben 10 %

      der Versicherten als Ersthelfer

9.1.2. Pflichten des Versicherten

*„Die **Versicherten** sind verpflichtet, nach ihren Möglichkeiten sowie gemäß der Unterweisung und Weisung des Unternehmers für ihre Sicherheit und Gesundheit bei der Arbeit sowie für Sicherheit und Gesundheitsschutz derjenigen zu sorgen, die von ihren Handlungen oder Unterlassungen betroffen sind. Die Versicherten haben die Maßnahmen zur Verhütung von Arbeitsunfällen, Berufskrankheiten und arbeitsbedingten Gesundheitsgefahren sowie für eine wirksame Erste Hilfe zu unterstützen. Versicherte haben die entsprechenden Anweisungen des Unternehmers zu befolgen. Die Versicherten dürfen erkennbar gegen Sicherheit und Gesundheit gerichtete Weisungen nicht befolgen. Versicherte dürfen sich durch den Konsum von Alkohol, Drogen oder anderen berauschenden Mitteln (redaktionell ergänzt: sowie Medikamente) nicht in einen Zustand versetzen, durch den sie sich selbst oder andere gefährden können."*

Bei dem vorstehenden Text handelt es sich um § 15 der DGUV Vorschrift 1, der Pflichten der Versicherten beschreibt. Grundsätzlich gilt, dass der Versicherte dazu beitragen muss, etwaige Gefahrenquellen abzustellen und Gefahren zu meiden. Außerdem sind erkannte Gefahren dem Unternehmer und, wenn vorhanden, dem Sicherheitsbeauftragten (SiBe) für die betroffene Liegenschaft anzuzeigen. Gestellte Schutzausrüstung ist zu nutzen.

Weitere Beispiele für Pflichten des Versicherten sind die Bereitschaft zur Ausbildung zum betrieblichen Ersthelfer oder die Mitwirkungspflicht bei der Meldung von Unfällen, die unverzüglich bei der zuständigen Stelle des Unternehmens erfolgen muss – ist der Versicherte selbst dazu nicht in der Lage, geht die Meldepflicht auf den Betriebsangehörigen über, der als Erster von dem Unfall Kenntnis erlangt hat.

9.2. DGUV Vorschrift 23

Die DGUV Vorschrift 23 „Wach- und Sicherungsdienste" enthält die für Ihren Arbeitsbereich einschlägigen, besonderen Vorschriften der VBG für Unternehmer und Versicherte. Sie ergänzt die DGUV Vorschrift 1.

Eine wesentliche Bestimmung findet sich in § 3 der DGUV Vorschrift 23, „Eignung". Nur solche Versicherte, die die zur Erfüllung der Aufgabe notwendige **Eignung** haben, dürfen von einem Unternehmer mit dieser Aufgabe betraut werden. Damit soll sichergestellt werden, dass ein Unfall nicht aufgrund von Überforderung oder mangels Erfahrung geschieht. So können für bestimmte Aufgaben wie etwa als Sicherungsposten im Bereich von Gleisen besondere Ausbildungen vorausgesetzt werden, ohne die ein Versicherter diese Aufgabe nicht übernehmen darf und auch nicht vom Unternehmer eingesetzt werden darf – insofern sind beide Parteien, Arbeitgeber wie Arbeitnehmer, verantwortlich.

Dienstanweisungen sind durch den Unternehmer zu erlassen, die das Verhalten des Personals regeln sollen – die Norm (§ 4) hebt besonders standardisierte Verfahren zur Meldung von Mängeln und Gefahrenquellen hervor; hier zeigt sich die primäre Aufgabe der Vorschrift als Handreichung zur Unfallverhütung. Der Unternehmer ist dazu verpflichtet, seine Mitarbeiter regelmäßig unterweisen zu lassen und das Üben von sicherheitsgerechtem Verhalten zu ermöglichen; der Versicherte (Mitarbeiter) ist zur Befolgung der Dienstanweisung verpflichtet und soll die Maßnahmen, die der Steigerung der Arbeitssicherheit dienen, aktiv unterstützen – auch hier sind wieder beide Parteien an der Unfallverhütung beteiligt.

Berauschende Mittel (§ 5) wie Alkohol, Drogen o. ä. zu sich zu nehmen ist während des Dienstes verboten. Gleiches gilt für die Zeit vor Dienstantritt, denn zu Dienstbeginn hat der Versicherte nüchtern zu sein. Diese Unfallverhütungsregel hat noch einen weiteren und nicht unwichtigen Aspekt – der Mitarbeiter eines Unternehmens ist auch immer seine Visitenkarte. Wie muss es auch einen Auftraggeber wirken, wenn ein „offen-schnüffelbar" Alkoholisierter für seinen Schutz und den seines Wohnobjektes oder seiner Betriebsstätte zuständig ist?

Unternehmer müssen <u>vor</u> **Übernahme eines Wach- oder Sicherungsauftrages** (§ 6) sicherstellen, dass ein Versicherter im Objektbereich (Gelände, Gebäude) nicht durch Stolperfallen, ungesicherte Bodenöffnungen oder ähnliche vermeidbare Gefahrenstellen gefährdet wird. Die dafür notwendige Abstimmung mit dem Auftraggeber als Verantwortlichen für das Sicherungsobjekt ist dazu ebenso erforderlich wie die Planung und Anweisung bezüglich notwendiger zusätzlicher Maßnahmen – das können spezielle Kommunikationsmittel sein, aber auch die Ausleuchtung besonders unfallträchtiger Objektbereiche (Außenlager etc.).

Sind **Sicherungstätigkeiten mit besonderen Gefahren** (§ 7) verbunden, beispielsweise Citystreifen oder Kontrolldienst im öffentlichen Flugverkehr, muss der Unternehmer eine Überwachung des eingesetzten Personals sicherstellen. Es handelt sich dabei um organisatorische Maßnahmen, die verhindern sollen, dass ein einzelner Versicherter unbemerkt in eine gefährliche Situation gerät, in der er nicht mehr in der Lage ist, einen Notruf abzusetzen. Dies geschieht etwa durch den verbindlichen Einsatz von zwei oder mehr Mitarbeitern an Ort und Stelle, die gegenseitig aufeinander Acht geben.

Der Unternehmer hat grundsätzlich die Pflicht, eine **Überprüfung von zu sichernden Objekten** (§ 8) auf Gefahrenquellen durchzuführen, selbst wenn das nicht Gegenstand seines Vertrages mit dem Auftraggeber ist. Auch diese Regelung der DGUV Vorschrift 23 ist wieder vor dem Leitgedanken des Unfallschutzes für den Versicherten zu sehen. Der Auftraggeber ist in einem solchen Falle Ansprechpartner des Unternehmers – wie die DGUV Vorschrift 23 nur den Unternehmer zu einem Handeln oder Unterlassen verpflichten kann, so kann sie den Auftraggeber nicht dazu zwingen, die Missstände zu beseitigen, beispielsweise durch Absicherung gefährlicher Löcher im Boden. Vielmehr nimmt sie hier wieder den **Unternehmer** in die Pflicht – er muss vom Auftraggeber verlangen, Gefahrenstellen zu beseitigen oder abzusichern. Der **Versicherte** seinerseits ist verpflichtet, Gefahrenstellen dem Unternehmer zu melden.

Zur Unfallvermeidung ist eine **Objekteinweisung** (§ 9) der Versicherten vor Aufnahme des Dienstes unabdingbar. Sie obliegt dem Unternehmer. Die Versicherten müssen zu den für sie üblichen Zeiten eingewiesen werden. In diesem Zusammenhang enthält die DGUV Vorschrift 23 erstmals einen Hinweis auf besondere Regelungen im Zusammenhang mit **Diensthunden** – für Versicherte in Objekten, in denen Hunde eingesetzt werden, ist eine besondere Unterweisung für das Verhalten bei der Begegnung mit Hunden verpflichtend.

Die **Ausrüstung des Wach- und Sicherungspersonals** (§ 10) führt nicht selten zu Unmut und Kontroversen. Die DGUV Vorschrift 23 verpflichtet den Unternehmer, die Arbeitsmittel wie Bekleidung, Fahrzeuge, Lampen etc. in ordnungsgemäßem Zustand befinden und auch dem Auftrag angemessen sind – ein leichter Sommerparka als Einsatzbekleidung ist also im Falle einer Baustellenabsicherung bei Minusgraden nicht zulässig. Schuhwerk und Handleuchten werden von § 10 besonders hervorgehoben. Zudem müssen anlegbare Ausrüstungen (Handschuhe als Infektionsschutz) so gewählt sein, dass der Versicherte nicht in seiner Bewegungsfreiheit und damit in seiner Abwehrfähigkeit behindert wird. Die Versicherten wiederum haben die Pflicht, die zur Verfügung gestellte Ausrüstung zu nutzen. Eine Unterweisung des Personals in der Handhabung der Einrichtungen, Ausrüstungen und Hilfsmitteln ist vorgeschrieben.

Brillenträger (§ 11) müssen ihre Sehhilfe gegen Verlieren sichern (Brillenband) oder eine Ersatzbrille mitführen. Verwender von **Kontaktlinsen** müssen eine Ersatzsehhilfe bei sich tragen.

Hunde sind ein effektives Einsatzmittel, die aufgrund ihrer Gefährlichkeit (nicht nur für Einbrecher) den besonderen Vorschriften der DGUV Vorschrift 23 (§ 12 bis 17) unterliegen.

Grundsätzlich dürfen nur geprüfte Hunde (Gebrauchshundeprüfung entsprechend der Vielseitigkeitsprüfung (VPG, zuvor „Schutzhundprüfung“) A, Diensthundprüfung der Bundeswehr, der Bundespolizei, der Polizei oder des Zolls) eingesetzt werden, die einmal jährlich ihre **Eignung** nachweisen müssen (§ 12). Gleiches gilt für den **Hundeführer** (§ 15).

Sind Hundeführer und Hund nicht gemeinsam ausgebildet worden, gelten sie erst dann als einsetzbar, wenn der Hundeführer das Tier unter Kontrolle hat – der Hund muss sich unterordnen und beherrscht werden in dem Einsatzgebiet, in dem er eingesetzt wird.

Vom Grundsatz, dass nur geprüfte Hunde eingesetzt werden dürfen, kann abgewichen werden, wenn das Tier ausschließlich zu Wahrnehmungs- und Meldeaufgaben (kein Personenschutz o. ä.) eingesetzt wird und der Hundeführer sein Tier unter Kontrolle hat. Kommt es hier zu einem Unfall aufgrund einer unkontrollierten Aktion des Tieres, ergibt sich für den Unternehmer ein Problem – darum sollten stets nur entsprechend ausgebildete und geprüfte Hunde eingesetzt werden, da sich die Berufsgenossenschaft in einem solchen Falle sonst aus der Haftung zurückziehen kann.

Für geprüfte und ungeprüfte Hunde gilt immer, dass sie durch Ausbildung oder Einsatz nicht überfordert werden dürfen – eine Regelung, die sich schon aus dem Tierschutzgedanken ergibt.

Auch die Unterbringung des Hundes ist geregelt. Der **Hundezwinger** (§ 13) muss eine Einzelhaltung aller Hunde ermöglichen. Es ist ein Verbotszeichen „Zutritt für Unbefugte verboten“ am Zwinger gut sichtbar anzubringen und sicherzustellen, dass nur der jeweilige Hundeführer oder Personen, die vom Unternehmer beauftragt und mit dem jeweiligen Hund vertraut sind, den

Zwinger öffnen und betreten können. Der Zwinger ist immer gegen unbefugtes Öffnen zu sichern. Um Unfälle zu vermeiden, dürfen Zwinger nur gereinigt oder instandgehalten werden, wenn sich der Hund nicht darin befindet – ein Anleinen allein ist nicht zulässig.

Bei **Hundehaltung in Objekten** (§ 14), etwa auf Kasernengelände, sind Zwinger nach § 13 vorzuhalten und zu nutzen. Beschränkt sich der Einsatz des Hundes nur auf die Dauer einer Dienstschicht, ist es dagegen auch eine **Anbindehaltung** zulässig. Voraussetzung ist, dass ein Verbotszeichen „Zutritt für Unbefugte verboten" gut sichtbar angebracht wird. Auch ist sicherzustellen, dass bei Anbindung in Wach- und Bereitschaftsräumen eine Gefährdung anderer Anwesender ausgeschlossen wird.

Auch Hunde können einen „schlechten Tag" haben und reagieren selbst gegenüber ihnen vertrauten Personen aggressiv – in diesem Fall darf der Hund <u>nicht</u> eingesetzt werden (§ 16, **Hundeführung**). Beim An- und Ableinen sowie bei der Übernahme und Übergabe muss die Zwingertür geschlossen sein – bei Anbindehaltung sind entsprechende Sicherungsmaßnahmen zu ergreifen.

Auf Verwendung der Leine darf nur verzichtet werden, wenn nicht zu erwarten ist, dass es im Objekt zu einer Begegnung mit Dritten kommt – das können auch andere Wachleute sein! Die Leine ist stets als Führleine in der Hand zu halten, beim Kontakt mit Dritten immer so kurz, dass der Hund den Dritten nicht erreichen kann. Ein Anleinen am Körper des Hundeführers oder seinem Zweirad ist nicht zulässig.

Beim **Transport von Hunden** (§ 17) in Kraftfahrzeugen gelten die Bestimmungen zum Zwinger (Einzelhaltung, Trennung vom Personal).

Die DGUV Vorschrift 23 enthält einschlägige Regelungen zur **Ausrüstung mit Schusswaffen** (§ 18 ff.). Dabei ersetzt sie nicht das Waffengesetz (siehe Kapitel „Umgang mit Verteidigungswaffen" ab Seite 146), sondern <u>ergänzt</u> die dort festgelegten Bestimmungen, um Unfälle von Versicherten beim Umgang mit Schusswaffen zu verhindern. Begriffe des Waffengesetzes wie Zuverlässigkeit, Eignung oder Sachkunde sind auf die DGUV Vorschrift 23 analog anzuwenden.

Der Unternehmer muss sicherstellen, dass seine Mitarbeiter nur auf seine ausdrückliche Anordnung hin mit Schusswaffen ausgerüstet werden. Diese Anordnung darf nur bei solchen Mitarbeitern erfolgen, die zuverlässig, persönlich geeignet und sachkundig im Sinne des Waffengesetzes sind. Eine weitere Voraussetzung ist, dass eine Einweisung in die Handhabung der entsprechenden Waffe stattgefunden hat. Um eine sichere Handhabung sicherzustellen, müssen Waffenträger regelmäßig (in der Regel vierteljährlich) an Schießübungen teilnehmen. Darüber hinaus sind auch Kenntnisse über Waffenrecht und Waffentechnik regelmäßig nachzuweisen. Teilnahme und Nachweise sind zu protokollieren. Entfallen die Voraussetzungen für den Umgang mit Schusswaffen (z. B. Wegfall der persönlichen Eignung aufgrund gesundheitlicher Mängel), muss der Unternehmer dem Mitarbeiter unverzüglich die Schusswaffe entziehen.

Welche Schusswaffen zum Einsatz kommen, liegt in der Entscheidung des Unternehmers. Dabei werden wirtschaftliche, aber auch praktische Überlegungen und Anforderungen des Auftrages eine Rolle spielen. Verboten ist der Einsatz von Schreckschuss- oder Gas-Pistolen (sog. SRS-Waffen) – die Gefahren sind für den Mitarbeiter kaum einschätzbar.

Zulässig ist nur der Einsatz solcher Schusswaffen, die ein in Deutschland anerkanntes **Beschusszeichen** tragen – damit wird sichergestellt, dass die Waffe handhabungssicher ist und bei Abgabe eines Schusses keine Gefahr für den Schützen darstellt.

Schusswaffen sind **einmal jährlich durch einen Sachkundigen** (Büchsenmacher, Sachverständiger) auf Handhabungssicherheit **zu überprüfen**. Werden Schäden festgestellt, sind die Waffen an eine Büchsenmacherei zur Reparatur abzugeben – gleiches gilt, wenn der Versicherte bei Übernahme der Waffe einen Schaden feststellt.

Sollen Schusswaffen **geführt** werden (§ 20), sind Tragevorrichtungen mit Sicherungen gegen ein unbeabsichtigtes Herausfallen der Waffe zu benutzen. Am Mann getragene **Munition** ist entweder in Taschen aufzubewahren, die speziell für Munition eingerichtet sind, oder, im Falle von Pistolen, in Ersatzmagazinen. Schusswaffen sind, wenn dies technisch möglich ist, zu sichern. Wenn sich bei entspanntem Hahn kein Schuss lösen kann (z. B. Schlagbolzensicherung), darf die Waffe fertig geladen (d. h. mit Patrone im Patronenlager) geführt werden. Ansonsten ist die Waffe „unterladen“ oder „teilgeladen“ zu führen – es befindet sich dann keine Patrone „vor dem Lauf“.

Bei der **Übergabe und Übernahme von Schusswaffen** (§ 21) passieren besonders häufig Unfälle, da hier auch meist die Waffe geladen oder entladen wird. Die DGUV Vorschrift 23 schreibt daher zwingend vor, dass Schusswaffen nur an einem sicheren Ort unter Nutzung einer geeigneten Kugelfangeinrichtung geladen und entladen werden dürfen. Die Waffe ist dabei immer so zu handhaben, dass sich kein Schuss lösen kann.

Die Übergabe einer Schusswaffe darf nur im entladenen Zustand erfolgen. Der Übernehmende darf sich niemals auf die Aussage des Übergebenden verlassen (die lauteste Waffe ist stets die nicht Geladene...) – er muss sofort den Ladezustand überprüfen. Dabei hat er die Waffe auch auf erkennbare Mängel zu untersuchen. Typische Mängel sind Risse im Verschluss, locker sitzende Griffschalen oder auch starke Schmutzansammlungen.

Die **Aufbewahrung von Schusswaffen und Munition** (§ 22) ist durch das Waffengesetz grundsätzlich geregelt. Die DGUV Vorschrift 23 geht über diese Regelung hinaus und schreibt die getrennte Aufbewahrung von Schusswaffe und Munition vor. Eine Schusswaffe darf nur <u>entladen</u> aufbewahrt werden.

Alarmempfangszentralen (§ 23) sind durch ihre Aufgabenstellung besonders überfallgefährdet. Sie sind darum besonders gegen unbefugten Zutritt zu sichern, etwa durch Sicherheitsschleusen, einbruchhemmende und einblickgeschützte Fenster sowie Überfallmelder.

Ein klassischer Arbeitsbereich des Sicherungsdienstes sind **Geldtransporte** (§ 24 ff.) – hier ist die Gefahr eines bewaffneten Überfalls besonders groß. Die DGUV Vorschrift 23 enthält darum ausführliche Anweisungen zur Durchführung von Geldtransporten.

Für die Durchführung von Geldtransporten ist die **Eignung** (§ 24) entscheidend. So darf der Unternehmer nur Versicherte einsetzen, die volljährig, zuverlässig und persönlich geeignet sind. Außerdem müssen sie für diese Aufgabe besonders ausgebildet und eingewiesen sein. Das erhöhte Überfallrisiko fordert von allen Beteiligten ein besonderes Augenmerk auf die Qualifizierung der eingesetzten Kräfte – auch sollte der psychische Druck nicht unterschätzt werden.

Bei **Geldtransporten durch Boten** müssen **mindestens zwei Personen** den Transport in öffentlich zugänglichen Bereichen durchführen. Dabei hat ein Mitarbeiter die Sicherung zu übernehmen, darf also nicht selbst einen Behälter mit Geld oder Wertgegenständen tragen. Insbesondere der Weg zwischen Fahrzeug und dem jeweiligen Übergabe- bzw. Übernahmepunkt müssen durch eine solche organisatorische Maßnahme gesichert werden. Abweichungen vom Grundsatz „Zwei-Personen-Trupp" sind zulässig bei:

- Transport von Geld unauffällig in bürgerlicher Kleidung <u>am Körper</u> (keine Uniform oder sichtbare Ausweise)
- Transport nicht sofort als Geldtransport erkennbar (Dienst-KFZ)
- Einsatz von Vorrichtungen zur Abschreckung (Rauchpatronen am Transportbehälter, Einfärbevorrichtungen, gut erkennbar)

- Transport von Hartgeld, wenn durch Transportabwicklung und Transportverlauf erkennbar ist, dass ausschließlich Hartgeld transportiert wird

Die Transportbehälter müssen handlich und, im wahrsten Sinne des Wortes, tragbar sein. So darf ein männlicher Versicherter ein Behältnis für häufigere Handhabung nur bis zu 25 kg tragen, bei Frauen darf die Traglast 12 kg nicht überschreiten. Eine feste Verbindung von Behälter und Körper, etwa durch Anketten eines Koffers am Handgelenk, ist nicht zulässig!

Bei einem Einsatz von **Fahrzeugen für Geldtransporte** (§ 26) ist der Einsatz von speziellen Geldtransportfahrzeugen vorgeschrieben. Auch hier gelten die zuvor genannten Ausnahmen, wonach auch der Einsatz normaler KFZ zulässig ist, wenn bestimmte Maßnahmen ergriffen werden, die einen Überfall unwahrscheinlich machen.

Bei **Belegtransporten** (Transport von Dokumenten, nicht von Geld) besteht immer die Gefahr einer Verwechslung mit einem „echten" Geldtransport – die Regeln für Geldtransporte gelten darum auch für diese Belegtransporte, es sei denn, der Belegtransport ist deutlich als solcher erkennbar, etwa durch eine auffällige und eindeutige Kennzeichnung des Fahrzeuges (Aufschrift „Belegtransport").

Bei Durchführung eines Geldtransports ist höchste Konzentration und Aufmerksamkeit gefordert – und immer ein Überfall zu erwarten. Darum müssen jegliche Ereignisse, die vom Normalfall abweichen, an die Einsatzleitstelle gemeldet werden – insbesondere Verkehrsunfälle oder umgestürzte Bäume können der Versuch sein, den Transport zu stoppen und die Mitarbeiter aus dem Fahrzeug zu locken. Anhaltezeichen aus vermeintlichen Dienstfahrzeugen der Polizei sollten in diesem Zusammenhang immer beachtet werden, aber vor dem Verlassen des Fahrzeuges sollte stets eine Rückfrage bei der Einsatzleitung erfolgen – diese kann über die Leitstelle der Polizei die Echtheit der mutmaßlichen Polizisten prüfen. Auch Umleitungen oder Fahrzeuge, die die Zufahrt zu einer Übernahmestelle blockieren, können Teil eines Überfallplanes sein.

Die Instandhaltung der Kommunikationseinrichtungen eines Geldtransportes hat darum höchste Priorität. Allerdings muss im Notfall auch der Notruf abgesetzt werden können – daher muss immer ein Mitarbeiter im Fahrzeug verbleiben, um aus sicherer Distanz reagieren zu können. Damit ist auch sichergestellt, dass der Bote selbst nicht erpressbar ist – der Zugang zum Fahrzeug wird nicht von außen durch einen Schlüssel des Boten ermöglicht, sondern wird aus dem Fahrzeuginnern freigegeben. Zudem sollte das Fahrzeug immer so aufgestellt werden, dass der Fahrer die Umgebung gut übersehen kann und zugleich den oder die Boten im Außenbereich überwachen kann.

Werteräume (§ 27), in denen Banknoten bearbeitet werden, müssen besonders gesichert sein. Um Unfälle zu vermeiden, müssen die Türen von Geldschränken und Tresoranlagen so gebaut und angeordnet sein, dass sich Mitarbeiter beim Öffnen und Schließen der Türen nicht verletzten können (Quetsch-/Scherstellen).

Verstöße gegen die DGUV Vorschrift 23 können sowohl vorsätzlich als auch fahrlässig erfolgen. Neben möglichen Ordnungsgeldern ist eine andere Folge deutlich gravierender – der Versicherungsschutz kann entfallen, wenn gegen die Regelungen verstoßen wird. Das gilt gleichermaßen für Unternehmer wie auch für Versicherte. Da die Behandlungs- und Rehabilitations-Kosten sehr schnell sechsstellig werden können, kann ein Verstoß schnell das wirtschaftliche Ende eines Unternehmens oder auch einen Privat-Konkurs eines Beschäftigten bedeuten – die Einhaltung der Vorschriften ist auch aus diesem Grunde unerlässlich.

9.3. ASR 1.3

Die „Sicherheits- und Gesundheitsschutzkennzeichnung" wird durch die ASR 1.3 geregelt. Die Symboliken entsprechen folgenden Grundmustern:

Verbotszeichen
Sicherheitsfarbe: rot
Kontrastfarbe (zur Sicherheitsfarbe): weiß
Farbe des graphischen Symbols: schwarz
Form: Kreis mit Diagonalbalken

Warnzeichen
Sicherheitsfarbe: gelb
Kontrastfarbe (zur Sicherheitsfarbe): schwarz
Farbe des graphischen Symbols: schwarz
Form: Gleichseitiges Dreieck m. gerundeten Ecken

Gebotszeichen
Sicherheitsfarbe: blau
Kontrastfarbe (zur Sicherheitsfarbe): weiß
Farbe des graphischen Symbols: weiß
Form: Kreis

Rettungszeichen (Bedeutung: Gefahrlosigkeit)
Sicherheitsfarbe: grün
Kontrastfarbe (zur Sicherheitsfarbe): weiß
Farbe des graphischen Symbols: weiß
Form: Quadrat

Brandschutzzeichen
Sicherheitsfarbe: rot
Kontrastfarbe (zur Sicherheitsfarbe): weiß
Farbe des graphischen Symbols: weiß
Form: Quadrat

Für Ihre praktische Arbeit im Bewachungsgewerbe sind besonders die folgenden zwei Farbsymboliken von Bedeutung – denn anders als Warnschilder können „Flatterbänder" auch von Ihnen im Dienst als Sofortmaßnahme eingesetzt werden müssen. Dabei wird farblich unterschieden zwischen ständigen und zeitlich begrenzten Gefahrenstellen. Die Kennzeichnungen müssen deutlich erkennbar angebracht und gut befestigt werden.

Ständige Gefahrenstellen werden durch den Code **gelb-schwarz** markiert. Hier handelt es sich in der Regel um Gefahrenstellen wie etwa Bodenöffnungen, Stufen oder Hindernisse mit der Gefahr des Anstoßens, Quetschens, Stürzens, Ab- oder Ausrutschens, des Abstürzens, Stolperns von Personen oder des Fallens von Lasten. Auch niedrige Deckenabsätze in Treppenhäusern sind durch gelb-schwarze Farbgebung zu kennzeichnen.

Zeitlich begrenzte Gefahrenstellen werden **rot-weiß** „abgeflattert" oder durch Klebestreifen markiert. Hier kommen in erster Linie Gefahrenstellen wie etwa Baugruben oder der Bereich vor einer eingeschlagenen Fensterscheibe in Betracht.

10. Sicherheitstechnik

Die Absicherung von Objekten steht in der Regel auf drei Säulen:

- Mechanische Maßnahmen (Hindernisse)
- Elektronische Maßnahmen (Alarmierung)
- Organisatorische Maßnahmen (Prävention und Intervention)

Erst das Zusammenspiel der drei Bereiche erzeugt Sicherheit. Denn mechanischer Schutz allein ist sinnlos, wenn der Täter unbemerkt die Schutzmaßnahmen überwinden kann. Allein auf elektronischen Schutz sollte man ebenfalls nicht setzen – ist das Objekt erst einmal entwendet, muss man den Täter fangen. Und wie im Alarmfall vorzugehen ist und zu welchen Zeiten ein Objekt bestreift wird, entscheidet im Endergebnis über die Wirksamkeit des gesamten Schutzkonzepts.

Dabei bestimmt das gefährdete Objekt den Umfang der Schutzmaßnahmen. Neben der Durchführung der Maßnahmen ist auch die Geheimhaltung sehr wichtig für den Erfolg einer Schutzmaßnahme – alle Beteiligten sind darum stets zur Verschwiegenheit verpflichtet.

10.1. Mechanischer Schutz von Objekten

Mechanischer Schutz soll verhindern, dass ein Täter ein Gebäude oder Gelände betreten kann – Zäune, Tore, aber auch Gräben sind typische Beispiele für mechanischen Schutz. Aber auch der Schutz kleinerer Objekte gegen Wegnahme oder Beschädigung, etwa durch Panzerglasscheiben in Museen oder Vergitterungen, oder durch Einsatz von Schutzbehältern (Tresoren) zählt zu den mechanischen Maßnahmen.

10.1.1. Grundsicherung

Unter dem Begriff Grundsicherung sind allgemein übliche sicherungstechnische Maßnahmen zu verstehen, die den polizeilichen Erfahrungen und dem jeweiligen Stand der Technik entsprechen. Vorrangig sind hier bautechnische, mechanische und/oder elektronische Maßnahmen zu verstehen.

Die nachfolgenden Sicherungsbeispiele sind nur eine Anregung und erheben deshalb keinen Anspruch auf Vollständigkeit.

Im Allgemeinen kann man davon ausgehen, dass ein geprüftes oder zertifiziertes Bauelement die wesentlichen Sicherheitsanforderungen erfüllt, die nachfolgend aufgeführt sind:

- **Außentüren**
  - druckfeste, hinterfütterte Zarge,
  - möglichst verwindungssteifes, geschlossenes Türblatt,
  - Weitwinkelspion
  - im Mauerwerk verankertes Winkelschließblech
  - Verschlusseinrichtung mit Mehrfachverriegelung,
  - zweituriges Einsteckschloss
  - Sicherheitstürschild
- **Fenster**
  - abschließbare Fenstergriffe
  - Rollläden mit Aufschubsperre
  - Stabile, engmaschige, fest verankerte Gitterroste zur Abdeckung von Lichtschächten,
  - fugenarmierte Glasbausteine anstelle des Kellerfensters,
  - Vergitterungen

Glasbausteinwände ohne eine entsprechende Armierung bilden **keinen ausreichenden Einbruchschutz**.

Lüftungsöffnungen sollen grundsätzlich nicht mehr als 120 mm Seitenlänge haben. Wenn möglich, sollte der Durchgriff durch eingebrachte Sperren unterbunden werden, deren Befestigung aus Angriffsrichtung ohne besonderen Aufwand oder spezielle Werkzeuge nicht erreichbar ist.

10.1.2. Einfriedung

Mit dem Begriff der Einfriedung bezeichnet man im Zusammenhang mit der Absicherung von Objekten mechanische Schutzmaßnahmen wie Zäune, Mauern oder Gräben. Sie sollen neben einem Schutz gegen unbefugtes Eindringen auch juristisch die Grenze zwischen dem öffentlichen Raum oder Nachbargrundstücken und dem eigenen Stück Land aufzeigen.

Der gebräuchlichste Schutz vor dem Eindringen von Personen in ein Objekt ist der **Zaun**. Um mehr zu sein als ein bloßes Kennzeichen der Objektgrenze (allerdings von Bedeutung für den Begriff des „befriedeten Besitztums"), muss der Zaun eine bestimmte Mindesthöhe haben, um ein einfaches **Übersteigen** zu verhindern. Die Mindestzaunhöhe soll 2,50 m betragen.

Die meisten Zäune bieten, anders als **Mauern**, keinen Sichtschutz. Ist dieser gewünscht, kann durch eine zusätzliche Bespannung mit engmaschigem Kunststoff auf der Innenseite des Zaunes ein wirksamer Sichtschutz einfach nachgerüstet werden.

Je nach Anforderungsprofil kann der Zaun **flexibel** sein (Maschendraht, Streckmetall) oder **massiv** errichtet (Stahlprofile, Stahlgitter). Je nach Maschenweite oder Abstand der Gitterstäbe kann neben dem Durchsteigen auch ein Durchgriff mit der Hand oder mit Gegenständen verhindert werden. Insbesondere zum Schutz gegen ein Durchbrechen des Zaunes mit einem Kraftfahrzeug muss bei der Planung eines Zaunes neben einer starken und widerstandsfähigen Konstruktion des Zaunes an eine Vorfeldabsicherung, etwa durch einen Graben oder Betonpfeiler als Anprallschutz, nachgedacht werden.

Um eine mechanische Stabilität zu erreichen, muss das sogenannte „**Zaunfeld**", also die Fläche zwischen benachbarten Zaunpfosten, möglichst schmal sein. Als Zaunfeldbreite werden daher höchstens 2,50 m empfohlen.

Das **Übersteigen** des Zaunes kann durch sogenannte „**Ausleger**" verhindert werden. Dazu können die Zaunpfosten verlängert und entgegen der vermutlichen Angriffsrichtung des Täters abgewinkelt werden (ca. 45 Grad Neigungswinkel). Der so geschaffene Ausleger wird mit Stacheldraht verbunden (mehrere Drähte im Abstand von jeweils 100 mm). Dabei gilt: Flucht verhindern Ausleger, die in das Objekt geneigt sind, Schutz gegen ein Eindringen erfordert eine Neigung nach außen.

Will man das Übersteigen in <u>beide</u> Richtungen erschweren, kommen sogenannten „Y-Träger" zum Einsatz, die wie ein „Y" geformt sind und ansonsten wie eine Pfostenverlängerung eingesetzt werden. Einziger Unterschied: Beide Angriffsrichtungen können nun durch Draht abgesichert werden.

Eine weitere Steigerung des Übersteigschutzes ist eine **Kronensicherung**, wie sie auch bei einer Mauer zum Einsatz kommen kann. Hier wird eine Rolle mit besonders wirksamem Draht (S-Draht, auch „NATO-Draht" genannt) auf der Mauerkrone oder auf dem Zaun befestigt. Diese Sicherungsart ist im privaten Bereich nicht zulässig!

Neben den dargestellten Drahtsicherungen ist auch der Einsatz von **Metallspitzen** möglich, die gegen die vermutliche Angriffsrichtung geneigt sind. Hier ist allerdings bei einem Drahtzaun keine sichere Montage möglich, weshalb sich Metallspitzensicherungen nur für Profilgitterzäune und Mauern eignen.

Doch nicht nur das obere Ende des Zaunes muss gesichert werden, auch der Schutz der Zaunanlage gegen ein Unterkriechen oder Untergraben muss bedacht werden.

Zum Schutz gegen **Unterkriechen** sollen die Zaunfelder 20 bis 40 cm tief im Boden versenkt sein – so wird, eine gewisse Stabilität und Zugfestigkeit des Zaunes vorausgesetzt, sichergestellt, dass bei einem Anheben in der Mitte des Zaunfeldes der Zaun keinen Platz zum Unterkriechen freigibt.

Der **Untergrabschutz** wird durch Fundamente sichergestellt, die die Zaunfelder in der Erde stabilisieren und gegen Herausziehen oder Anheben schützen. Diese Fundamente müssen ca. 80 cm tief in die Erde eingelassen sein.

10.1.3. Durchlass

Um in das Objekt oder aus dem Objekt zu gelangen, muss die Umzäunung Lücken aufweisen, man spricht hier von einem „Durchlass“.

Ein Durchlass kann ein Tor sein, eine Tür oder auch eine Durchfahrt mit einer Schrankenanlage – in jedem Falle darf er aber nicht „durchlässiger“ sein als die sonstigen Schutzmaßnahmen. Denn was nutzt der höchste Zaun aus Stahlprofilen, wenn eine Tür mit dünner Drahtbespannung nur durch ein einfaches Vorhängeschloss gesichert ist? Insofern müssen Durchlässe stets in Höhe, Stabilität und Übersteigsicherung der übrigen Einfriedung entsprechen.

Bei der Planung ist besonders darauf zu achten, dass Montage und Art der Verschlusseinrichtung sowie die Mechanik (Scharniere, Aufhängung) bezüglich ihres Widerstandswertes das Niveau der übrigen Einfriedung erreichen, um nicht eine künstliche und in der Regel leicht erkennbare Sicherheitslücke zu schaffen.

Zu unterscheiden sind

- Mechanisch sichernde Durchlässe
    - Tür mit lokal bedienbarer mechanischer Schließvorrichtung, deren Sicherheitsstufe insgesamt dem Schutzniveau der Einfriedung entspricht
    - Verschlossene Tür mit dauerhaft wirksamem Verschluss (Fluchttür mit einseitigem Nothebel)
    - Ohne Bewachung
- Mechanisch sichernde Durchlässe mit automatischer Freigabe
    - Verschlossene Tür mit Codeschloss oder Biometrie
    - Ohne Bewachung
- Mechanisch sichernde Durchlässe mit Bedienpersonal
    - Verschlossene Tür mit Gegensprechanlage
    - Freigabe der Tür durch Personal erforderlich

- Bewachte Durchlässe ohne mechanische Sicherung
    - Werkstor ohne elektronische Zugangsprüfung
    - Überprüfung und Verhinderung des Zutritts durch Wachpersonal
    - Schranken etc. nur als Hinweismittel ohne mechanische Schutzwirkung gegen Eindringen

Eine **Kombination** der verschiedenen Sicherungsarten ist üblich, etwa eine Schrankenanlage, die in den Abend- und Nachtstunden nicht durch Wachpersonal besetzt ist und zu diesen Zeiten mit einem Stahlprofiltor verschlossen wird.

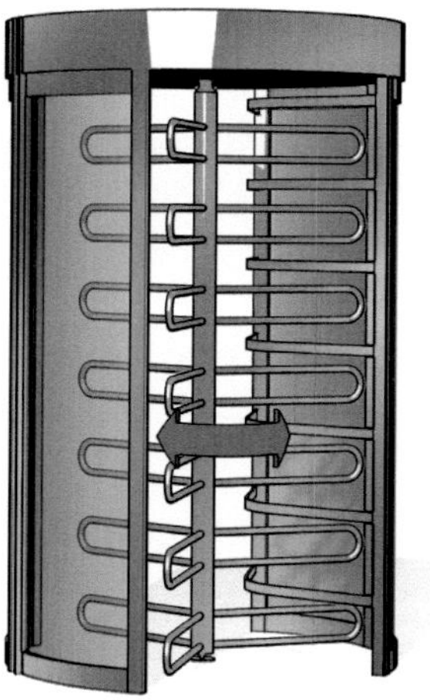

Auch kann zur besseren Kontrolle an bewachten Zugängen der gleichzeitige Zutritt mehrerer Personen durch eine **„Personenvereinzelungsanlage"** (PVA) verhindert werden. Eine solche Vorrichtung kennen Sie in ihrer einfachsten Form aus jedem Supermarkt. Das **Drehkreuz** verhindert ein Verlassen des Marktes unter Umgehung der Kasse, vereinzelt aber auch den Kundenstrom in den Markt hinein. Professionelle Personenvereinzelungsanlagen für größere Objekte sind meist so konstruiert, dass sie außerhalb der Zugangszeiten blockiert werden können und durch ihre massive Bauweise Teil der Einfriedung sind. Dabei können PVAn sowohl als stählernes „hohes Drehkreuz" mit mehreren Gitterfeldern als auch als Sicherheitsschleuse aus Glas oder Kunststoff errichtet werden.

Die hier abgebildete **Schrankenanlage** *(Bildnachweis: Kaba)* ist ein gut sichtbares Hindernis für Fahrzeuge und zugleich durch den flexiblen Unterbau ein effektiver Schutz vor „Fußgängern", die sich etwa an einem separaten Personenzugang „vorbeischummeln" wollen. Unbewacht bietet diese Konstruktion keinen hinreichenden Schutz gegen Übersteigen.

10.1.4. Türen

Die Tür ermöglicht den bequemen Zugang zu einem Raum, ist zugleich aber bei mangelnder Stabilität ein Schwachpunkt bei der Absicherung von Gebäuden und Räumen. Entscheidend ist in der Praxis das **Zusammenspiel** von **Türblatt**, **Türzarge** und den für die Funktion erforderlichen **Beschlägen** – erst wenn diese Komponenten perfekt aufeinander abgestimmt und die Montagearbeiten fachgerecht ausgeführt worden sind, bietet die Tür den angestrebten und angegebenen Schutz.

Dabei ist zwischen verschiedenen Anforderungen zu unterscheiden:

- Einbruchhemmende Tür
- Feuerschutztüren (siehe Kapitel „Brandschutz")
- Lärmschutztür

Die **einbruchhemmenden Türen** nach **DIN EN 1627** (bis September 2011 galt die **Vornorm** DIN V ENV 1627) werden nach Widerstandsklassen (**RC**, „**resistance class**", vormals: **WK**) eingeteilt. Die Maßeinheit „kN" steht für Kilo-Newton. Dabei entspricht 1 kN der Gewichtskraft von 100 kg.

Stufe	**Beschreibung / Tätertyp / Werkzeuge**	**Widerstandszeit / stat. Belastung**
RC 1	Bauteile dieser Widerstandsklasse weisen einen **Grundschutz** gegen Aufbruchsversuche mit körperlicher Gewalt wie Gegenspringen, Schulterwurf, Hochschieben, Herausreißen auf. Diese Bauteile weisen nur geringen Schutz gegen den Einsatz von Hebelwerkzeugen auf.	**keine (3 kN)**
RC 2	Der **Gelegenheitstäter** versucht, zusätzlich mit einfachen Werkzeugen wie Schraubendreher, Zange und Keile das verschlossene und verriegelte Bauteil aufzubrechen.	**3 Minuten (3 kN)**
RC 3	Der **etwas erfahrene Täter** versucht, zusätzlich mit einem zweiten Schraubendreher und einem Kuhfuß das verschlossene und verriegelte Bauwerk aufzubrechen.	**5 Minuten (6 kN)**
RC 4	Schutz für **Gewerbeobjekte** gegen planmäßiges Vorgehen - der erfahrene Täter setzt zusätzlich Sägewerkzeuge und Schlagwerkzeuge wie Schlagaxt, Stemmeisen, Hammer, Meißel sowie eine Akku-Bohrmaschine ein.	**10 Minuten (10 kN)**
RC 5	Schutz für Gewerbeobjekte und öffentliche Objekte mit **mittlerem Risiko** - der erfahrene Täter setzt zusätzlich Elektrowerkzeuge wie z.B. Bohrmaschine, Stich- oder Säbelsäge und Winkelschleifer mit einem max. Scheibendurchmesser von 125mm ein.	**15 Minuten (15 kN)**
RC 6	Schutz für Gewerbeobjekte und öffentliche Objekte mit **hohem Risiko** - der erfahrene Täter setzt zusätzlich leistungsfähige Elektrowerkzeuge wie z.B. Bohrmaschine, Stich- oder Säbelsäge und Winkelschleifer mit einem max. Scheibendurchmesser von 230mm ein.	**20 Minuten (20 kN)**

Das schwächste Glied in der Kette der Schutzeinrichtungen (Türblatt, Zarge, Schließzylinder, Türbeschlag) ist der Schwachpunkt – es ist immer darauf zu achten, dass nur Elemente verwendet werden, die mindestens die angestrebte Widerstandsklasse besitzen. Zudem sind die Beschläge stets nach Vorschrift des Herstellers zu montieren.

Bei Verschraubungen muss grundsätzlich sichergestellt sein, dass ein Täter eine **Verschraubung**, die Teil einer Tür oder eines Zaunes ist, nicht lösen kann. Es darf darum nicht möglich sein, dass der Täter die Verschraubung mit einem Werkzeug erreicht. Ist dies nicht realisierbar, dürfen anstellen von Schrauben nur feste (geschweißte, gelötete) Verbindungen oder solche Schraubverbindungen verwendet werden, die nicht durch ein Werkzeug gedreht werden können (Schlossschrauben).

10.1.5. Schlösser und Schließanlagen

Sobald ein Mensch etwas besitzt, wird es andere Menschen geben, die ihn um diesen Besitz bringen wollen – eine Lebensweisheit, ähnlich dem geflügelten Wort „Neid ist die ehrlichste Form der Anerkennung". Bereits im alten Ägypten erdachten Tüftler die Vorläufer der heute noch gebräuchlichen Schlösser, die wir in jeder Wohnungstür vorfinden.

Zu unterscheiden sind

- Buntbartschloss (Zimmertür)
- Doppelbartschloss (Wertschrank)
- (Profil-) Zylinderschloss (Haus- und Wohnungstür)

Allen genannten Schlössern gemein ist, dass der Schlüssel in eine dafür vorgesehene Öffnung eingeschoben und gedreht werden muss, um einen Riegel zu bewegen. Diese Drehbewegung ist aber nur möglich, wenn der Schlüssel in die entsprechende Aufnahme nach seiner Bartform hineinpasst (Buntbart) oder beim Drehen spezielle Sicherungsstifte (Zylinderschloss) oder Scheiben (Doppelbart), die die Drehung blockieren, außer Funktion gesetzt werden. Die Bewegung des Riegels gibt dann die Tür frei.

Mechanische Schlösser sind in vielen Fällen auslesbar oder durch Hilfsmittel (Elektro-Pick, Picking-Set) ohne Schlüssel zu öffnen, ohne dass in jedem Falle Spuren hinterlassen werden. Um das zu verhindern, werden vermehrt Schlüssel eingesetzt, die neben den mechanischen Merkmalen (Form) auch eine Signatur in Form eines elektromagnetischen Signals ausstrahlen (bei Annäherung an das Schloss wird der Schlüssel mit Energie versorgt und sendet eine fest eingestellte Codierung). Erst die Kombination aus mechanischem und elektronischem **Identifikationsmerkmal** ermöglicht die Öffnung und den Zugang zum Objekt.

Schließanlagen haben Vor- und Nachteile. Die bekannteste Form findet sich mit der **Zentralschlossanlage** in vielen Mietshäusern – während die Haustür mit jedem Wohnungsschlüssel geöffnet werden kann, ist der Zugang zu den Wohnungen nur mit dem speziell dafür vorgesehenen Schlüssel möglich. Auch Kellertür und Hoftür können mit jedem Schlüssel geöffnet werden. Der Vorteil: Mit einem Schlüssel lassen sich alle Türen öffnen, die ein Mieter in dem Objekt benutzen soll und darf. In den Heizungskeller etwa soll der Mieter nicht gelangen können – hier wiederum muss der Hausmeister Zutritt haben, allerdings auch ins Haus und zu allen Wohnungen. Wenn es nur einen solchen „**Hauptschlüssel**" gibt, der alle Türen eines Objektes öffnet, spricht man auch von einer **Hauptschlüsselanlage**. Der Nachteil: Bei **Verlust des Hauptschlüssels** müssen alle Schlösser im Haus gewechselt werden – ein enormer finanzieller Schaden. **Generalhauptschlüsselanlagen** schließlich bestehen aus verschiedenen Ebenen. Zu vergleichen ist es mit der Personalstruktur: Jeder Mitarbeiter hat den Schlüssel zu seinem Raum, sein Abteilungsleiter öffnet mit seinem Schlüssel auch die Büros seiner Untergebenen und der Firmeninhaber (Generalhauptschlüssel) als oberste Ebene jede Tür.

Es ist daher bei besonders großen Objekten mit zahlreichen Türen und unterschiedlichen Zutrittsrechten und Arbeitsbereichen sinnvoll, anstelle einer mechanischen Schließanlage auf ein elektronisches System umzustellen. Die Vorteile liegen auf der Hand: Jeder einzelne Schlüssel (meist in Form eines Chips oder einer Magnet-Karte) kann in der zentralen Steuereinheit der Schließanlage mit genau definierten Rechten ausgestattet werden. Und sollte der Schlüssel verloren gehen, bedarf es lediglich einer Löschung und der Neuanlage eines Chips oder einer Karte für den betroffenen Mitarbeiter, selbst wenn es sich um einen Hauptschlüssel handelt.

10.1.6. Elektronische Schließsysteme

Die Freigabe von Durchlässen wie Türen, Toren oder Schleusen soll für den Benutzer einfach sein, dabei aber ein hohes Maß an Sicherheit gegen Manipulation bieten. Dabei beschränkt sich die Manipulation nicht auf mechanische Einwirkung auf die Geräte – auch die Eingabe von Zahlencodes muss gegen die Blicke Dritter abgeschirmt sein.

Mögliche Identifikationsmerkmale sind

- **Codeschlösser** mit Zahlenfeld (geistige Identifikation)
- **Code-Karte** mit Magnetstreifen (materielle Identifikation)
- **Transponder-System** mit kontaktlosem Datenaustausch bei Annäherung an das Lesesystem (materielle Identifikation)
- **Biometrie**
    - **Gesichtsform**-Erkennung
    - **Iris**-Erkennung
    - **Fingerabdruck**-Erkennung
    - **Stimmenmuster**-Erkennung
    - **Bewegungsmuster**-Erkennung

Bei erfolgreicher Identifikation wird die Verriegelung des Durchlasses freigegeben und der Zutritt ermöglicht. Dabei soll aber durch Personenvereinzelungsanlagen wie Schleuse oder Drehkreuz sichergestellt werden, dass nur der Berechtigte selbst und nicht auch noch weitere Personen den Durchlass benutzen können. Auch hier ist das Schließsystem nur Ersatz für menschliche Überwachung.

10.1.7. Fenster

Wie Türen müssen auch Fenster durch eine stabile Konstruktion des Rahmens und der Aufhängung sowie der Verriegelung einen Schutz vor ungebetenen Besuchern bieten. Ein weiteres Problem ist das Glas – soweit es sich nicht um einbruchhemmendes Mehrschicht- oder gar Panzerglas handelt, ist die Glasfläche ein Schwachpunkt dieser Öffnung in der Außenhaut des Gebäudes.

Somit ist im **Handbereich** (Bereich bis 3 m über der Standfläche einer Person vor einer Wand) bei gefährdeten Objekten ein Fenster der entsprechenden Sicherheitsstufe einzusetzen (analog zu den Widerstandsklassen für Türen). Je nach Anforderungen kann bei der Verglasung unterschiedene werden zwischen Schutz vor

- Durch<u>wurf</u> (mit Gegenständen, ca. 4 kg schwere Metallkugel in freiem Fall, Einstufung nach Fallhöhe)

- Durchbruch (mit Werkzeug, 2 kg schwere Axt, Einstufung nach Anzahl der erforderlichen Schläge)

- Durchschuss (mit Geschossen, zusätzliche Unterteilung in „splitterfrei" und „Splitterabgang")

- Sprengwirkung (Explosivstoff)

Zum Schutz von Fenstern können, besonders im Handbereich, auch **Rollläden** verwendet werden. Dabei ist sicherzustellen, dass sie nicht von außen hochgeschoben werden können.

Auch **Gitter** können ein wirksamer Schutz gegen Einbrecher sein. Doch bedenken Sie, dass Fenster auch als Fluchtweg genutzt werden können – eine Vergitterung ist damit immer auch vor dem Hintergrund des Brandschutzes zu betrachten und darf keinesfalls ohne Rücksprache angebracht werden.

10.1.8. Wertbehältnisse

Wertbehältnisse, umgangssprachlich **Tresore** genannt, sollen die darin aufbewahrten Gegenstände vor fremdem Zugriff schützen. Dabei werden sowohl an die Materialien des Mantels (Außenwände des Behälters) wie auch die verwendeten Verriegelungssysteme hohe Anforderungen gestellt. Denn alles, was ein Mensch versucht, durch besondere Raffinesse gegen den Zugriff Dritter zu schützen, kann ebenso durch menschliches Denken und Handeln ausgehebelt werden – wobei dieser Begriff besonders im Bereich der „Tresore" für den Privatbereich wörtlich zu nehmen ist.

Wertbehältnisse werden in Widerstandsklassen eingeteilt. Dabei werden bei modernen Behältnissen Musterstücken auf ihren **Widerstandszeitwert** (RU-Wert, „resistance unit") überprüft. Dabei werden bestimmte Werkzeuge von den Testern am Behältnis eingesetzt, um zu ermitteln, wie viel Zeit der Täter benötigen würden, um mit diesen Werkzeugen das Behältnis zu öffnen.

Neben ein- und mehrwandigen Stahlschränken werden auch Behälter aus besonders widerstandsfähigen Kombinationen aus Glas, Stahl, Kunststoff und Keramik angeboten, die bei geringerem Gewicht einen deutlich höheren Widerstandszeitwert bieten. Der Grund ist einfach: Durch die Kombination der Eigenschaften der verschiedenen Materialien muss der Einbrecher unter Umständen nach dem Einsatz eines gehärteten Metallbohrers das Werkzeug wechseln, weil dieser Bohrer in Keramik oder Glas keine Wirkung entfaltet. Gleiches gilt für Kunststoffe oder Stoffgemische, die den Bohrer bei Kontakt schnell abstumpfen lassen. Ist der Zwischenraum von doppelwandigen

Metallbehältern mit einem solchen Gemisch gefüllt, ist ein Ausbruchsversuch ein langwieriges Unterfangen.

Auch die Verriegelungssysteme, besonders die Schlösser eines solchen Wertbehälters, müssen vor Manipulation in jeglicher Hinsicht geschützt werden. Das gilt für den Schutz vor einem „Aufrütteln" mit sogenannten „Elektro-Picks" ebenso wie für das Aufbohren des Schließzylinders oder eine Manipulation von Zahlenschlössern, ob mechanisch oder elektronisch. Sinnvoll sind auch Kombinationen aus geistigen und materiellen Identifikations-Merkmalen, etwa durch gleichzeitiges Fordern von Schlüssel und Code-Eingabe.

Neben dem Schutz vor Einbrechern sollen Behältnisse unter Umständen auch gegen andere Gefahren schützen. So werden auch **Datenschränke** (Schutz gegen magnetische Felder, Hitze und Einbruch) und **Dokumentenschränke** (Schutz gegen Hitze, Rauch und Einbruch) angeboten.

10.1.9. Werteräume

Bei besonders großen Mengen von schützenswerten Gütern ist die Einrichtung von **Werteräumen** sinnvoll. Dadurch erhält man einen begehbaren Wertbehälter. Der damit einhergehend erhöhte Gesamtwert des Inhalts stellt zugleich erhöhte Anforderungen an den mechanischen Widerstand der umgebenden Wände und die Schutzwirkung von Tür und Verschlusssystem. Es ist zwar möglich, Fenster durch den Einsatz von Gittern gegen Einbruch zu sichern, doch sollten Werträume stets aus Stahlbetonwänden errichtet werden – das gilt auch für die Schüttung von Decke und Boden. Eine Überwachung des Raumes durch eine Einbruchmeldeanlage ist grundsätzlich zu empfehlen. Für bestimmte Gewerbearten sind durch anerkannte Regeln der Technik, die beispielsweise in Form von VdS-Richtlinien niedergelegt sind, Wandstärken und Materialien vorgegeben, ebenso die in den Wänden zur Erhöhung der Widerstandsfähigkeit eingearbeiteten Armierungen. Unter einer Armierung sind besonders angriffs- und durchbruchhemmende Konstruktionen aus Stahl oder Kunststoff zu verstehen, die den Angriffswerkzeugen des Täters längere Zeit widerstehen sollen, um eine Intervention durch Polizei oder Wachpersonen zu ermöglichen, bevor das mechanische Hindernis überwunden wurde. Beachten Sie zu dieser Thematik auch die Ausführungen in Kapitel 10.2.6 dieses Buches.

10.1.10. Werttransportfahrzeuge

Naturgemäß ist der Transport von Wertgegenständen und Geld eine verlockende Gelegenheit für Straftäter, abseits von Tresoren und Alarmanlagen Beute zu machen. Neben dem Einsatz bewaffneter Kräfte zum Schutz von Geldkoffern ist es wichtig, auch das benutzte Fahrzeug gegen Angriffe zu sichern. Doch bedenken Sie immer, dass jeder Schutz seine Grenze hat – und diese Grenze ist dort zu sehen, wo der Kriminelle auf typische Schusswaffen (Pistole, Revolver, Gewehr) und Werkzeuge (Axt, Hammer) verzichtet und versucht, mittels einer Sprengladung das Fahrzeug zu beschädigen. Gegen solche Angriffe sind selbst Armeefahrzeuge in Kriegsgebieten oft wehrlos – hier kann nur eine gute Organisation durch ständig wechselnde Fahrstrecken die Gefahr eines Überfalls vermindern. Auch die Schleuse zum Ein- und Ausstieg des Personals darf nur aus dem Fahrzeuginnern zu bedienen sein.

Gegen die genannten „üblichen" Gefahren durch Schusswaffen und Werkzeuge helfen Panzerungen der Fahrzeugwände und des Unterbodens (Kapselung des Tanks und Motors) ebenso wie schusssichere Fahrzeugreifen (mit Notlaufsystem bei Druckverlust), eine Belüftungsanlage mit Schutz gegen Reizgase oder Feuerlöschanlagen, die aus dem Fahrzeuginnern bedient werden können.

Eine große Bedeutung kommt den Kommunikationsmitteln zu. Es muss zu jeder Zeit sichergestellt sein, dass die Fahrzeugbesatzung per Funk mit der Einsatzzentrale Kontakt aufnehmen kann. Neben klassischer Sprechfunktechnik kommen Mobiltelefone und WLAN-Kommunikation sowie Peiltechnik zur Bestimmung des Standorts (GPS) zum Einsatz.

10.2. Elektronische Gefahrenmeldeanlagen

10.2.1. Arten von GMA

Bei den Gefahrenmeldeanlagen unterscheiden wir (mit Angabe besonderer Eigenschaften)

- Brandmeldeanlage (BMA)
  - Automatisierte Meldung und Bekämpfung
  - Rauchmelder
  - Flammenmelder
  - Sprinkler als aktives Element
- Einbruchmeldeanlage (EMA)
  - Automatisierte Meldung
  - auch mit Künstlicher Intelligenz (Auswertung von Kamerabildern bei Video-Überwachung)
- Überfallmeldeanlage (ÜMA)
  - Manuelle Auslösung
- Störungsmeldeanlage (SMA)
  - Überwachung von Maschinen

Die genannten Anlagen dienen im Grundsatz dazu, bei einem Notfall Hilfe herbeizurufen – die Alarmierung kann lokal erfolgen (Sirene und / oder Blinklicht) oder durch Aufschaltung bei einer **Notruf- und Service-Leitstelle** (NSL) auch über weite Distanzen.

10.2.2. Wesentliche Unterschiede

Während BMA, SMA und EMA ohne aktives Mitwirken eines Menschen den Alarm auslösen, weil die Melder der Anlage auf ein Ereignis ansprechen, muss bei einer ÜMA ein Mensch den Alarm bewusst auslösen – keine Maschine könnte entscheiden, ob eine Situation ein Überfall ist. Der Unterschied zwischen SMA / BMA / EMA einerseits und der ÜMA andererseits ist also die Art der Auslösung – automatisch durch Erfassen eines Ereignisses bei SMA / BMA / EMA, manuell durch bewusstes Auslösen des Alarms durch einen Mitarbeiter bei der ÜMA.

Eine Kombination der unterschiedlichen Arten von GMAn ist möglich, etwa durch Einbinden von Brandmeldern in das Sensornetz eines EMA oder Aufschaltung eines Kontaktes (bei Überwachung eines Wertgegenstandes, der auf einer Kontaktplatte aufgestellt ist) als Melder einer ÜMA.

10.2.3. Aufbau einer GMA

Die folgende schematische Darstellung zeigt die wesentlichen Elemente

- Melder
- Energiequelle
- Zentrale
- Schalteinrichtung
- Alarmierung
- Steuereinrichtung und
- Übertragungsweg

und ihre Positionierung und Vernetzung innerhalb einer GMA:

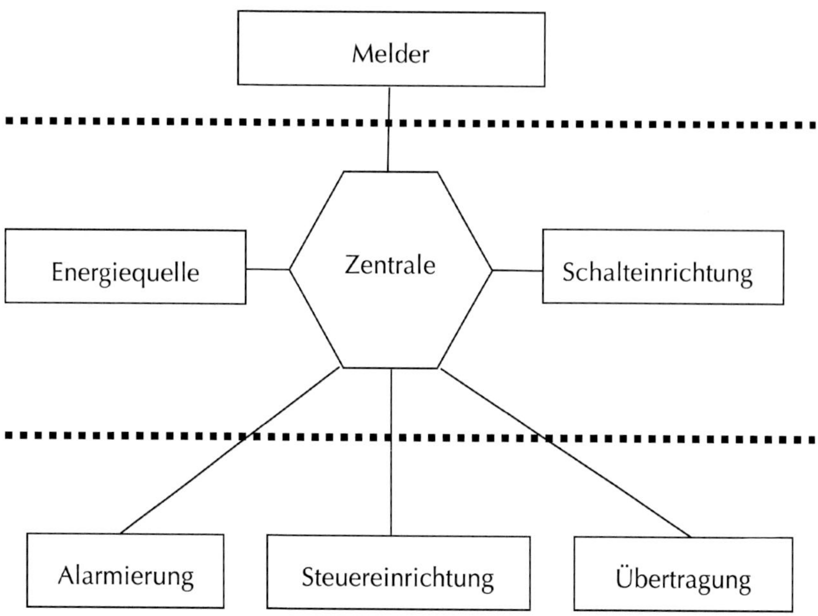

Die Verbindungslinien stellen die **Übertragungswege** innerhalb der GMA dar. Diese können auch als Funkwege ausgeführt sein.

10.2.4. Elemente einer GMA

Bei einem Vergleich mit einem menschlichen Körper sind die **Melder** die menschlichen Sinne (Auge, Ohr, Nase, Tastsinn), die **Zentrale** das Gehirn. Wie der Mund Gedanken und Entscheidungen äußern kann, erfolgen Alarmierung und Übertragung von Meldungen durch sog. „**Peripheriegeräte**", die nicht Bestandteil der Zentrale sind.

10.2.4.1. Zentrale

Die Zentrale einer GMA **versorgt** die Sensoren (Melder) **mit Energie** und wertet deren empfangenen Signale aus. Bei Feststellung eines Ereignisses, das aufgrund der Programmierung der Zentrale als „Gefahr" erkannt wurde, setzt die Zentrale eine Gefahrenmeldung ab, meist in Form eines lokalen Schall- und Lichtsignals und der Übertragung einer Alarmmeldung an eine dafür vorgesehene Stelle.

Ein wesentliches Merkmal einer GMA ist die **Unabhängigkeit in der Energieversorgung** – es muss sichergestellt sein, dass die Zentrale einschließlich ihrer Melder und der Peripheriegräte zur Signalisierung der Gefahr und Alarmierung über einen längeren Zeitraum auch dann funktionsfähig sind, wenn das öffentliche Stromnetz ausfällt oder eine Trennung vom öffentlichen Stromnetz erfolgt. In der Regel bilden Akkumulatoren die **Energiequelle** bei Ausfall des Netzstroms.

Die **Schalteinrichtung** ändert den Zustand der GMA zwischen „scharf" und „unscharf" – eine Ausnahme sind Sabotagekontakte und dauerhaft-scharfgeschaltete Melder wie Kontaktschalter, die zur Alarmierung bei Wegnahme von Objekten (etwa in Museen oder Ausstellungen) oder Wertbehältnissen nur bei Wartung der GMA oder beabsichtigten Arbeiten am Objekt oder Behälter unscharf geschaltet werden sollen. Typische Schalteinrichtungen sind Schlüsselschalter, Codekarten-Lesegeräte und Fingerabdruck-Scanner.

Die Zentrale muss immer im **Sicherungsbereich** (siehe Kapitel 10.2.4.4) montiert werden. Sie ist auf Sabotage und Manipulation zu überwachen, auch im unscharfen Zustand.

10.2.4.2. Melder

Melder signalisieren der Zentrale einer GMA entweder durch eigenes Erkennen (Sensorik) oder durch manuelle Aktivierung, dass eine Gefahr entsteht oder entstanden ist. **Automatische Melder** reagieren auf Entstehen oder Veränderungen von Wärme, Licht und Schall, können aber auch durch

Berührung oder Kurzschluss eine Meldung abgeben. **Manuelle Melder** erfordern die Aktivierung durch menschliches, in der Regel bewusstes Handeln.

Melder übertragen in der Regel keine Messwerte an die Zentrale, sondern lediglich **Schaltzustände**, nämlich „Ein" und „Aus". Die Interpretation der Meldung ist daher für die Zentrale relativ einfach, der Inhalt der Meldung abhängig vom verwendeten Meldertyp.

10.2.4.3. Peripheriegeräte

Peripheriegeräte wie **Blinklicht**, **Sirene** oder **Wählgerät** signalisieren die Gefahrenmeldung lokal oder über eine größere Entfernung mit dem Ziel der Warnung und Anforderung von Interventionskräften. Zu den Peripheriegeräten zählen auch **Steuereinrichtungen**, die etwa den Zutritt zu aktuell überwachten Bereichen verhindern, um Fehlalarme zu verhindern (**Sperrelement**; magnetisch bewegter Bolzen in Türzarge, der die Tür solange verschlossen hält, bis der dahinterliegende Bereich nicht mehr „scharfgeschaltet" ist). Andere Steuereinrichtungen sorgen für das **Schließen von Brandschutztüren** oder das **automatische Bekämpfen von Bränden**.

10.2.4.4. Sicherungsbereich

Mit diesem Begriff wird der **Bereich** bezeichnet, **der durch Melder der GMA überwacht wird**. Es ist bei Einbruchmeldeanlagen planerisch zu gewährleisten, dass der Zutritt zum Sicherungsbereich nur bei einem unscharfen Zustand der GMA möglich ist (Sperrelemente in Türen, die nur im unscharfen Zustand eine Öffnung der Tür ermöglichen). Im Sicherungsbereich muss auch die Zentrale der EMA errichtet werden, um Sabotage und Manipulation auszuschließen.

10.2.5. Brandmeldeanlage (BMA)

Brandmeldeanlagen (BMA) dienen der Alarmierung von Interventionskräften im Falle von entstehenden oder bereits entstandenen Bränden und können eine gegebenenfalls nachgeschaltete Löschanlage ansteuern. Zum Erfassen der Information „Brand" werden neben manuell zu betätigenden Druckknopfmeldern auch automatisch tätige Melder eingesetzt.

10.2.5.1. Automatische Melder

- **Wärmemelder**
    - **Wärmemaximalmelder** - Überwachung auf **Überschreiten einer Höchsttemperatur**
    - **Wärmedifferenzmelder** – Überwachung auf unnatürlich **schnellen Temperaturanstieg**
- **Rauchmelder**
    - **Ionisations-Rauchmelder** - Überwachung auf Änderungen des elektrischen Leitwertes der Umgebungsluft
    - **Optische Rauchmelder** – Optische Überwachung auf Änderungen des Reflektionsverhaltens der Umgebungsluft, Prüfung durch Fotozelle
    - **IR-Linearmelder** – Optische Überwachung auf **Unterbrechung eines Lichtstrahls** für mehrere Sekunden, ähnlich einer Lichtschranke; kann besonders in größeren Räumen eingesetzt werden
- **Flammenmelder**
    - **UV-Flammenmelder** – Optische Überwachung auf **Ultraviolett-Strahlung**, die typisch von Flammen ausgestrahlt wird
    - **IR-Flammenmelder** – Optische Überwachung auf **flackernde Infrarot-Strahlung**, die typisch für Flammen ist

10.2.5.2. Manuelle Melder

Eine Meldung kann auch durch speziell gekennzeichnete und gegen unbeabsichtigte Betätigung geschützte **Druckknopf-Melder** erfolgen.

10.2.5.3. Alarmierung

Menschenrettung geht vor Sachenrettung – eine Alarmierung der Menschen, die sich in der Gefahrenzone aufhalten, ist darum eine Hauptaufgabe der BMA.

Der Alarm sollte direkt bei einer Stelle auflaufen, die die Brandbekämpfung unverzüglich veranlassen kann. Dies kann die Feuerwehr sein, aber auch die Leitstelle der Betriebsfeuerwehr oder die Notruf- und Service-Leitstelle eines Bewachungsunternehmens.

10.2.5.4. Steuereinrichtungen

Die BMA kann, sofern vorhanden und als Reaktion programmiert, eine Löschanlage aktivieren. Das Schließen von Brandschutztüren durch Auslösung von **Feststellanlagen** ist bei der Eindämmung eines Brandes besonders wichtig, auch das Öffnen von Rauchabzugsklappen – die Aktivierung dieser Schutzmaßnahmen kann durch die BMA erfolgen.

Beachten Sie auch die Informationen zur Brandschutztechnik im Kapitel 11.2.1.

10.2.5.5. Besonderheiten

BMA verfügen nicht über Scharf-/Unscharf-Schalteinrichtungen, da die Überwachung auf Brände immer erfolgen muss und nicht nur zu bestimmten Zeiten. Darum entfallen auch besondere Melderkreise für Sabotagemeldungen, da jedes gemeldete Ereignis einen Alarm auslösen muss. Zulässig ist die Möglichkeit, einzelne Meldergruppen oder –bereiche zu Wartungszwecken vorübergehend abzuschalten.

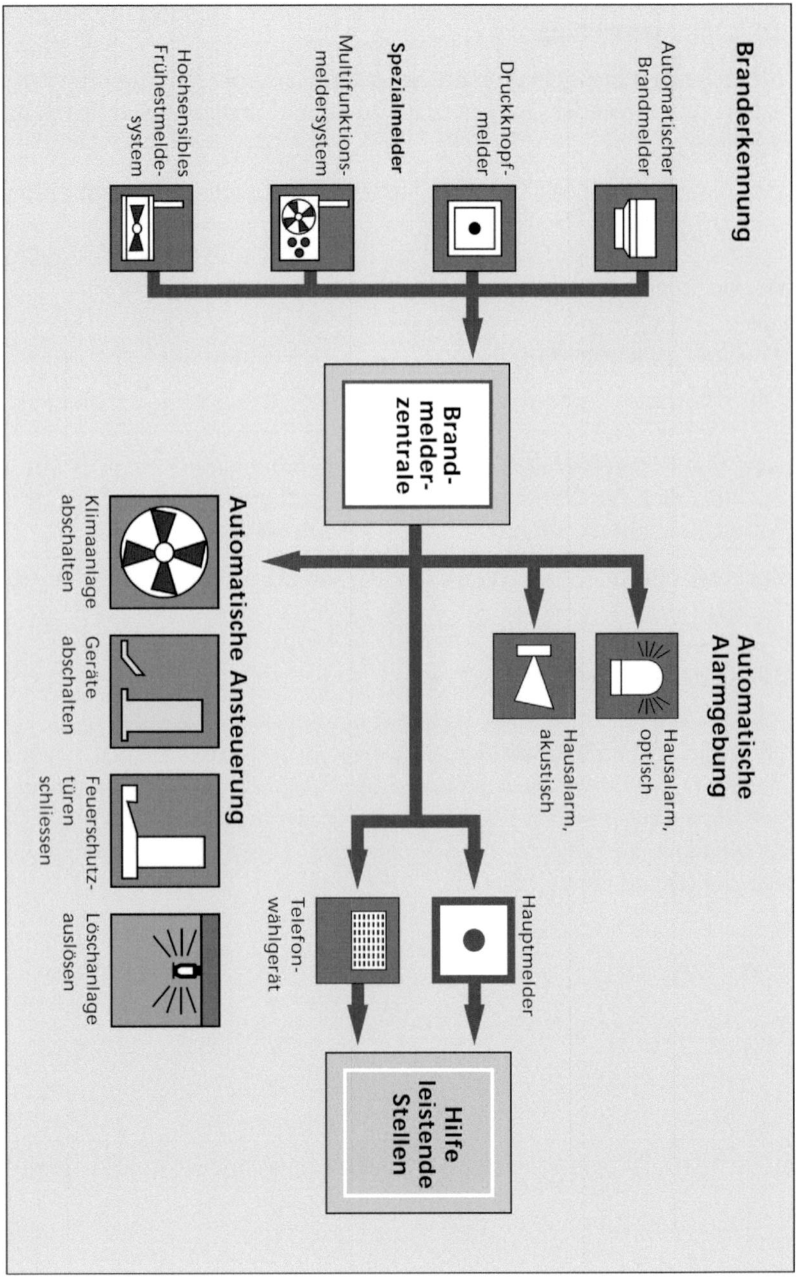

Branderkennung
Automatischer Brandmelder
Druckknopf-melder
Spezialmelder
Multifunktions-meldersystem
Hochsensibles Frühestmelde-system
Brand-melder-zentrale
Automatische Alarmgebung
Hausalarm, optisch
Hausalarm, akustisch
Hauptmelder
Telefon-wählgerät
Hilfe leistende Stellen
Automatische Ansteuerung
Klimaanlage abschalten
Geräte abschalten
Feuerschutz-türen schliessen
Löschanlage auslösen

10.2.6. Einbruchmeldeanlage (EMA)

Einbruchmeldeanlagen (EMA) sollen bei einem Einbruchsversuch Interventionskräfte alarmieren, um dem Täter möglichst wenig Zeit zu lassen, seine Tat auszuführen. Hier wird das Zusammenspiel von mechanischer Sicherung und elektronischer Überwachung und Alarmierung deutlich – die mechanischen Hindernisse müssen den Täter lang genug aufhalten, um einen Zugriff auf Wertgegenstände zu verhindern, bevor die Interventionskräfte eintreffen.

Der Begriff **Interventionszeit** bezeichnet den Zeitraum zwischen dem Entdecken eines Einbruchsversuches und dem Eintreffen von Sicherheitskräften. Die mechanischen Maßnahmen zum Schutz vor Zugriff durch den Täter müssen einem Aufbruchsversuch bei sinnvoller Planung so lange widerstehen, bis die Interventionskräfte (Polizei) am Tatort eintreffen und den Täter stoppen können. Hier zeigt sich erneut die Notwendigkeit einer ganzheitlichen Betrachtung bei der Sicherung von Objekten – denn nur durch rechtzeitige Alarmierung und somit durch frühzeitige Entdeckung des Angriffs (möglichst vor dem ersten Einsatz eines Werkzeugs) können rechtzeitig Gegenmaßnahmen ergriffen werden. Die Interventionszeit muss kleiner sein als der **Widerstandszeitwert der mechanischen Schutzvorrichtungen** (Zeitraum, in dem mechanische Maßnahmen den Täter am Taterfolg hindern), um einen Einbruchserfolg zu verhindern. Dies gelingt allerdings nur dann, wenn ein Einbruchsversuch erkannt wird, noch bevor das eigentliche Hindernis durch den Täter angegriffen werden kann.

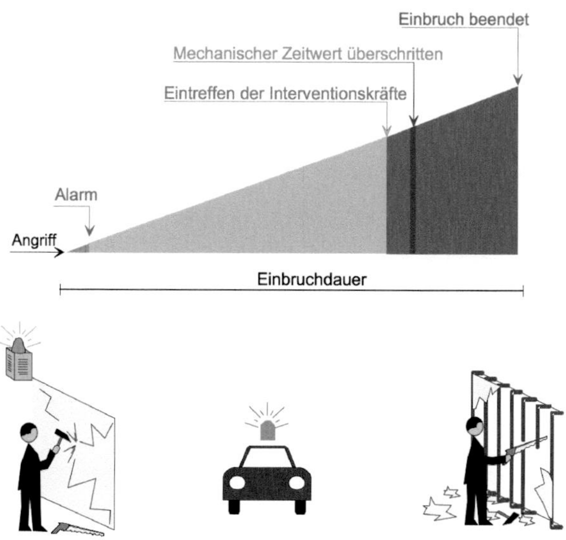

Eine EMA wird fast ausnahmslos durch **automatisch wirkende Melder** angesteuert. Ausnahme: Ein Alarmknopf, der durch die geschützte Person im Notfall aktiviert werden kann – dieser ist „dauerscharf" geschaltet, um auch bei nicht aktivierter EMA Hilfe herbeizurufen.

Um Fehlalarme durch unverschlossene Türen und Fenster zu vermeiden, wird bei einer EMA die **Zwangsläufigkeit** gefordert. Die Anlage kann nur scharfgeschaltet werden, wenn die Melder betriebsbereit und in nicht-alarmauslösendem Schaltzustand sind. Zur Signalisierung kann ein **Blockschloss** dienen, mit dem die EMA geschaltet wird – hier lässt sich der Schlüssel nur drehen, wenn die Zwangsläufigkeit von der EMA bestätigt wurde, also kein Fehlalarm durch offene Melderschleifen oder Zugänge ausgelöst werden kann. Ein Sicherheitsrisiko ist das Schloss selbst – wird der Schließzylinder überwunden, ist der Zutritt frei und zugleich die EMA deaktiviert.

10.2.6.1. Arten der Überwachung

- **Freilandüberwachung**
    - Überwachung von **Flächen außerhalb** des Gebäudes (Rasen, Vorplatz) mit Hilfe von Lichtschranken, Kapazitätsmeldern, Druckschaltern (Auslösung bei Gewichtsbelastung), Stolper-/Signaldraht oder Radar
    - Überwachung von **Zäunen** (Zustand, Berührung) mit Hilfe von elektronischen Sensoren oder Signaldraht
    - Überwachung mit <u>**automatisierten**</u> **Kamerasystemen**, bei denen eine Auswertesoftware die empfangenen Bilder auf Veränderungen (Bewegung) überprüft
- **Außenhautüberwachung**
    - Als Außenhaut gelten Fenster, Türen, Luken etc., aber auch Wände, Boden und Dach eines Gebäudes
    - Überwachung auf **Öffnung, Verschluss und Durchgriff / Durchstieg / Angriff**
- **Wand-/Decken-/Bodenüberwachung**
    - Überwachung auf **Durchgriff / Durchstieg** (Alarmtapete, Sicherungsdraht) oder **Angriff** (Körperschallmelder)
- **Raumüberwachung**

   - Überwachung von Räumen **auf Aufenthalt oder Eindringen**
   - Einsetzbar sind **Bewegungsmelder** (Infrarot, Ultraschall, Radar), **Kontaktmatten** (Reaktion auf Gewichtsbelastung), bei Überwachung durch Durchgriff / Durchstieg auch **Alarmtapeten** oder **Körperschallmelder**
   - Überwachung mit <u>**automatisierten**</u> **Kamerasystemen**

- **Objektüberwachung**
   - Überw. auf **Wegnahme** durch Druck- o. Abrisskontakt
   - Überwachung auf **Annährung** durch Bewegungsmelder
   - Überwachung auf **Angriff** durch Körperschallmelder oder Alarmfolie / Alarmtapete

10.2.6.2. Automatische Melder

- **Öffnungskontakte**
   - Überwachung von Fenstern, Türen, Luken auf **Öffnung**
   - Reaktion auf **Entfernung** eines Magneten (Reed-Kontakt) oder **Betätigen** eines Schalters

- **Riegelkontakt**
   - Überwachung von Türen auf **Verschluss**
   - Kontakt prüft, ob der **Riegel** zwei-tourig (zweifache Drehung des Schlüssels im Schloss) **ausgefahren** wurde
   - Meist **in Verbindung mit Öffnungskontakt**, um Zustand der Tür (<u>ge</u>schlossen und <u>ver</u>schlossen) zu prüfen

- **Glasbruchmelder**
   - **Passiver Glasbruchmelder** reagiert auf Geräusch im Glas, Einsatz nur bei Doppelverglasung
   - **Aktiver Glasbruchmelder** erzeugt ein elektrisches Feld und kann so jede Veränderung des Glases feststellen (störsicher bei Klopfgeräusch)

- **Bewegungsmelder**

- Überwachung von Räumen auf **Bewegung**
- **Passiv-Infrarot-Melder** (PIR) prüft auf **Veränderung von Wärmewerten** in verschiedenen Messbereichen
- **Ultraschallmelder** prüft auf **Veränderung von Abständen** zwischen Melder und Objekten

- **Körperschallmelder**
  - Überwachung auf **Angriffe mit Werkzeugen oder Flammen auf feste Körper**
  - Mikrofon wird am oder im Körper befestigt und „lauscht" auf **typische Frequenzen beim Bruch von Material** im Körper (Tresor, Wand)

- **Erschütterungsmelder**
  - Überwachung auf **Vibrationen** im Objekt durch eine Feder mit Schwingungsmasse im Melder
  - Bei **Bewegung der Masse an der Federspitze** wird ein Kontakt geöffnet.
  - Einstellmöglichkeiten für **Ansprechschwelle**

- **Lichtschranken**
  - Lichtstrahl wird ausgesandt und von einer Optik empfangen
  - Überwachung großer Flächen und Strecken
  - Bei **Unterbrechung** des Lichtstrahls Alarmauslösung

- **Kapazitätsmelder**
  - **Erzeugung eines elektrischen Feldes** (durch ungeschirmte Leitungen oder Anlegen einer elektrischen Spannung) zwischen zwei Metallplatten oder Objekten
  - Jede Berührung oder Annährung eines Körpers ändert den Zustand des elektrischen Feldes und löst Alarm aus

- **Abrisskontakt / Druckkontakt**
    - Objekt wird fest (per Draht oder Schnur) mit Abrisskontakt verbunden oder auf eine druckempfindliche Platte gestellt
    - Bei **Wegnahme** des Objektes wird der Kontakt betätigt und ein Alarm ausgelöst

10.2.6.3. Manuelle Melder

Bei einem Einbruch kann die Alarmierung auch durch den Bewohner erfolgen, durch speziell gekennzeichnete und gegen unbeabsichtigte Betätigung geschützte **Druckknopf-Melder**. Diese sind „dauerscharf" zu schalten, um auch bei nicht aktivierter Alarmanlage Hilfe herbeirufen zu können.

10.2.6.4. Alarmierung

Aufgabe der EMA ist die Alarmierung von Interventionskräften. Damit reicht eine lokale Alarmierung durch Sirene und Blinklicht in der Regel nicht aus, um sicherzustellen, dass der Alarm der Polizei gemeldet wird.

Der Alarm sollte direkt bei einer Stelle auflaufen, die die Intervention unverzüglich veranlassen kann. In der Regel ist das die Notruf- und Service-Leitstelle eines Bewachungsunternehmens. Auch eine direkte Aufschaltung bei der Leitstelle der Polizei ist möglich, meist aber kostenintensiver. Bei bestimmten Risiken ist die direkte Alarmierung der Polizei zwingend erforderlich.

10.2.6.5. Schalteinrichtung

Um die EMA scharf oder unscharf zu schalten, muss sich der Bediener mittels eines **Identifikationsmerkmals** als Berechtigter ausweisen.

Die gebräuchlichen Merkmale sind

- **Materielles** Identifikationsmerkmal
    - Nachweis durch einen körperlichen Gegenstand, der eine Information enthält, die von der Prüfeinrichtung ausgelesen und ausgewertet werden kann
    - Schlüssel, Code-Karte mit Magnetstreifen oder Chip

- **Geistiges** Identifikationsmerkmal
    - Nachweis durch Kenntnis und Eingabe eines „Geheimnisses", dass sich nur im Hirn des Benutzers befindet
    - Zahlenkombination (Eingabe in Zahlenschloss)
- **Biometrisches** Identifikationsmerkmal
    - Nachweis durch bestimmte körperliche Merkmale, die bei (fast) jedem Menschen unterschiedlich sind
    - Gesichtsformerkennung, Iriserkennung (Augen), Fingerabdruckscanner, Stimmenerkennung

Je nach Sicherheitsstufe der verwendeten EMA kann es erforderlich sein, dass sich der Bediener durch zwei Identifikationsmerkmale ausweisen muss.

10.2.6.6. Steuereinrichtungen

Die EMA kann, sofern vorhanden und als Reaktion programmiert, eine **Nebelanlage** aktivieren. Dabei ist zu beachten, dass der Nebel den Täter nicht schädigen soll (der Einsatz von Reizgas etc. ist untersagt), sondern vielmehr seine Orientierung einschränken und damit den Zugriff auf Wertgegenstände verhindern soll.

10.2.7. Störungsmeldeanlage (SMA)

Die am häufigsten anzutreffende GMA ist die Störungsmeldeanlage. Im Grunde ist bereits der Leckage-Melder einer Waschmaschine eine kleine SMA – die Maschine hat eine Funktionsstörung, wird gestoppt und ein Mensch durch akustische Warnhinweise alarmiert.

SMA werden in Industrieanlagen, Kühlhäusern und Kraftwerken eingesetzt. Dabei können Maschinen entweder selbst einen Hinweis auf Funktionsfehler melden (durch Selbsttests der Maschine, meist durch ein Computerprogramm) oder durch Sensoren auf Funktion oder Austritt von Flüssigkeiten oder Gasen überwacht werden.

10.2.8. Überfallmeldeanlage (ÜMA)

Eine Überfallmeldeanlage wird in der Regel **nicht durch automatisch wirkende Melder** einen Alarm auslösen, sondern **durch gezielte und bewusste Betätigung** eines Alarmschalters. Hier liegt auch der wesentliche Unterschied zu Brand- und Einbruchmeldeanlagen, die nicht auf eine menschliche Aktivierung angewiesen sind, sondern vielmehr gerade durch die Abwesenheit von Menschen im Moment des Ereignisses auf selbsttätig arbeitende Sensoren angewiesen sind.

10.2.8.1. Manuelle Melder

Bei einem Überfall ist es wichtig, dass der Täter die Art der Alarm-Auslösung und den Auslöser nicht sofort erkennen und identifizieren kann. Darum müssen mechanische Schalter so angebracht sein, dass deren Betätigung unbemerkt erfolgen kann.

Bei einem Drucktaster, der unter einer Tischplatte montiert ist, könnte schon der Griff des Personals zum Schalter (nach dem obligatorischen Befehl „Hände hoch und keinen Ärger machen“) den Täter zu einer Überreaktion verleiten, was die Anwesenden in Lebensgefahr bringt.

Effektiver sind **Fußkontaktleisten**. Sie sind so zu montieren, dass nur eine bewusste Betätigung (von unten nach oben mit der Schuhspitze) den Alarm auslöst und nicht etwa der Staubsauger der Raumpflegerin, die unbedacht den Kontakt berührt. Darum müssen die Fußkontaktleisten (Foto unten) in einer Mindesthöhe montiert werden.

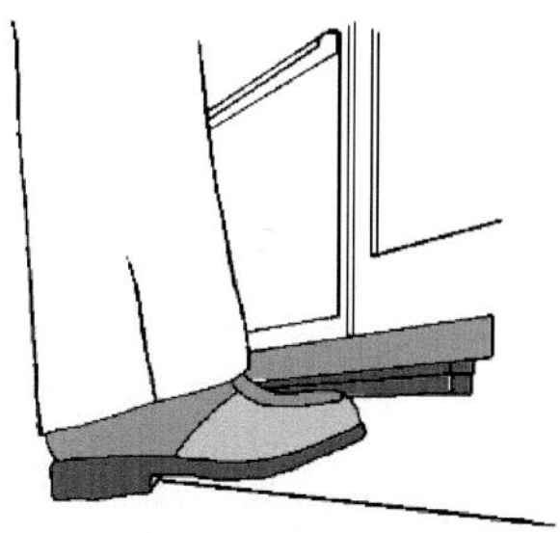

10.2.8.2. Automatische Melder

Da nur bei einem tatsächlichen Überfall und nicht bloß bei einem Betreten der Räumlichkeiten ein Alarm ausgelöst werden soll, ein Melder aber nicht die Absichten des Eintretenden feststellen kann, ist der Einsatz von automatischen Meldern in einer ÜMA nur sinnvoll, wenn der Täter **durch sein Verhalten** einen Alarm auslöst.

Beispielswiese durch Wegnahme eines „Opferscheins" aus einem Überfallkontakt (siehe Foto). In den Schlitz wird ein Geldschein eingelegt, der minimal eingeklemmt wird. Greift nun der Täter beim Ausräumen der Kasse auch diesen Schein (oder zieht der Kassierer bewusst diesen Schein) aus der Schublade, löst der Kontakt einen Alarm aus.

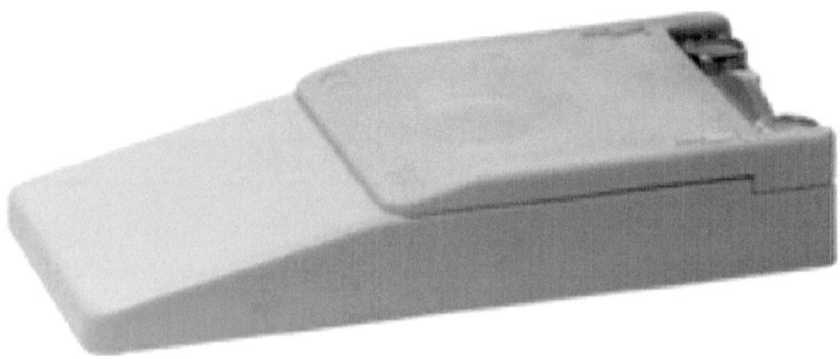

Eine weitere Möglichkeit, unbemerkt einen stillen Alarm auszulösen, ist die gezielte Eingabe einer „falschen", für den Notfall vorgesehenen Zahlenkombination beim Bedienen eines elektronischen Zahlenschlosses. Hochwertige Schlösser können so programmiert werden, dass sie bei Eingabe eines Codes, der allein in der letzten Ziffer von der gewählten Kombination abweicht, einen Alarm auslösen.

10.2.8.3. Alarmierung

Aufgabe der ÜMA ist die Alarmierung von Interventionskräften. Damit reicht eine lokale Alarmierung durch Sirene und Blinklicht in der Regel nicht aus, um sicherzustellen, dass der Alarm der Polizei gemeldet wird. Zudem soll der Täter nicht durch einen Alarm in Panik versetzt werden, weshalb nur ein „Stiller Alarm" durch Fernalarmierung ohne lokale Sirene ausgelöst werden darf.

Der Alarm sollte direkt bei einer beauftragten Stelle auflaufen, die die Intervention unverzüglich veranlassen kann. In der Regel ist das die Notruf- und Service-Leitstelle eines Bewachungsunternehmens. Auch eine direkte Aufschaltung bei der Leitstelle der Polizei ist möglich, meist aber kostenintensiver. Bei bestimmten Risiken ist die direkte Alarmierung der Polizei zwingend erforderlich.

10.2.8.4. Schalteinrichtung

Eine ÜMA muss grundsätzlich scharfgeschaltet sein und bedarf daher keiner gesonderten Schalteinrichtung.

10.3. Vertiefende Hinweise

10.3.1. Funktionsweise von Körperschallmeldern

Versucht ein Täter, eine feste Wand (Stein, Beton, Metall) mit einem Meißel oder einer Bohrmaschine zu durchbrechen, kommt es im Material der Wand zu Rissen. Die Geräusche der Rissbildung haben bestimmte Frequenzen und sind das Muster, das bei einem Körperschallmelder zur Auslösung führt.

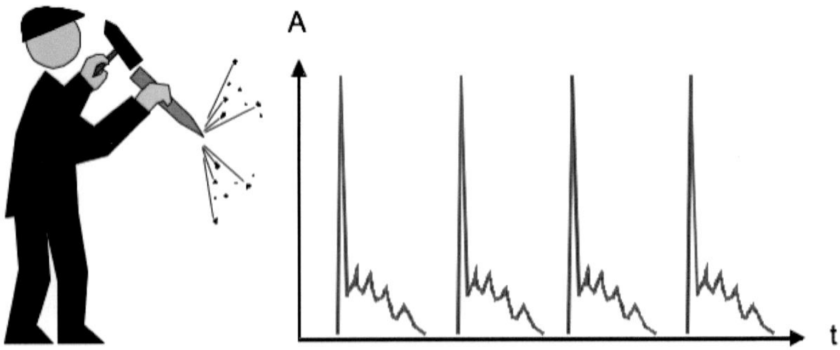

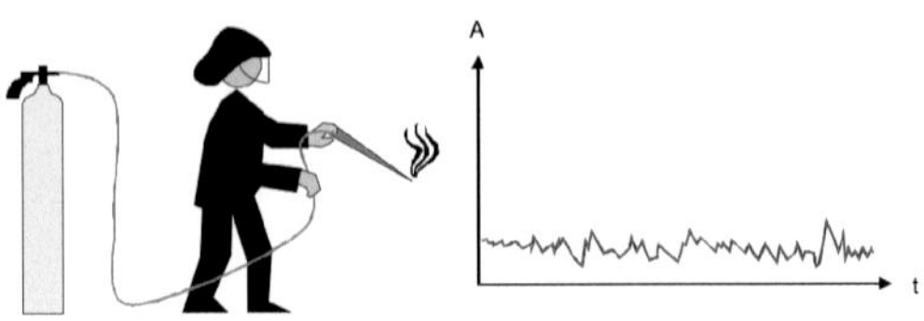

Auch **Flammen** (Schweißbrenner) oder **Detonationen** erzeugen typische Frequenzmuster.

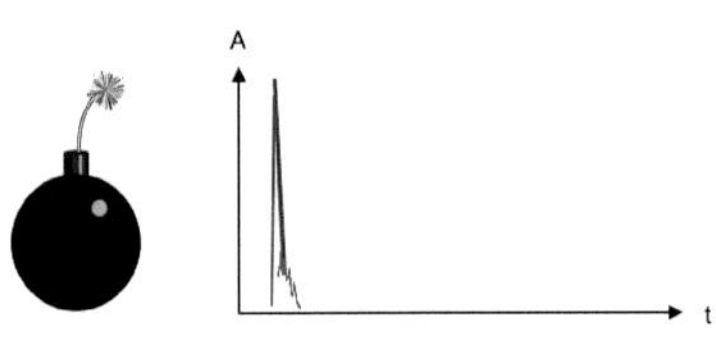

10.3.2. Einfluss der Raumtemperatur auf das Ansprechverhalten von PIR-Bewegungsmeldern

Bei der Überwachung mit PIR-Bewegungsmeldern sollte immer sichergestellt sein, dass die Raumtemperatur nicht zu hoch ist. Der PIR-Melder reagiert auf Temperaturunterschiede – wenn nun der Täter den gleichen Wärmewert hat wie die Gegenstände im Raum, wird der PIR nicht verlässlich arbeiten können. Nachfolgende Grafik verdeutlicht die Problematik:

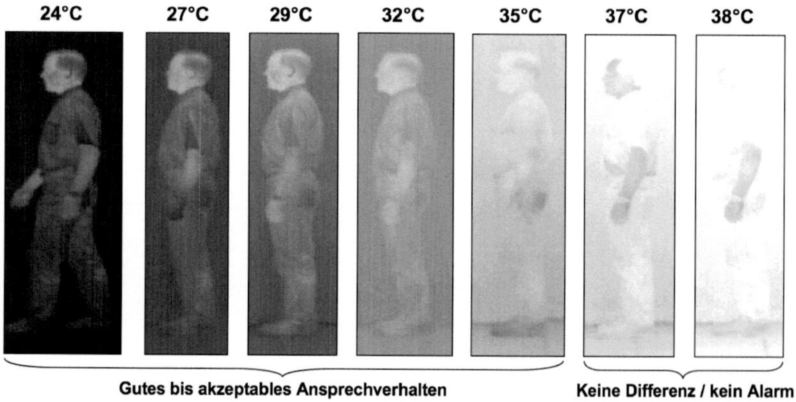

Nur wenn der Unterschied zwischen den Flächen groß genug ist (man spricht vom Überschreiten eines Schwellenwertes), darf der Melder auslösen. Sonst könnten schon kalte Luftzüge oder durch Sonnenlicht erwärmte Flächen einen Fehlalarm auslösen (in der Regel typische Ursachen für Fehlalarme).

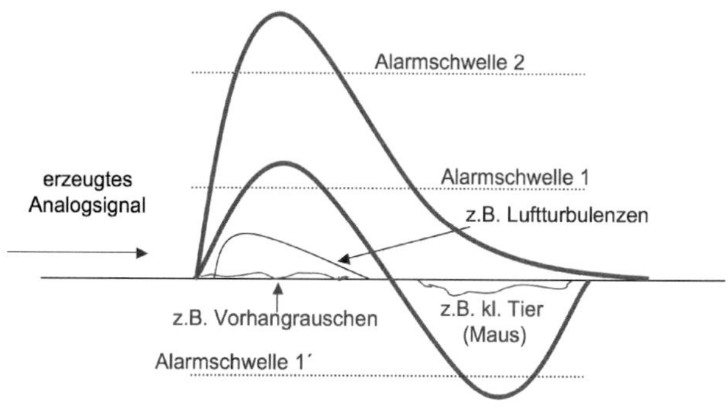

10.3.3. Objektüberwachung

Bei Objektüberwachung eines Behälters mit **Körperschallmeldern** können die Sensoren sowohl im Innern montiert sein als auch auf der Außenhaut. Insbesondere bei der Nachrüstung von Sensoren ist meist nur die Außenmontage möglich. Die Auswerteeinheit ist in diesem Fall nicht Teil des Melders – sie empfängt die Signale und löst bei Erkennen eines Musters aus. Beachten Sie den Hinweis in der Grafik – jede Fläche, die nicht mit einer anderen Fläche stofflich verbunden (verschweißt) ist, muss mit einem eigenen Melder überwacht werden.

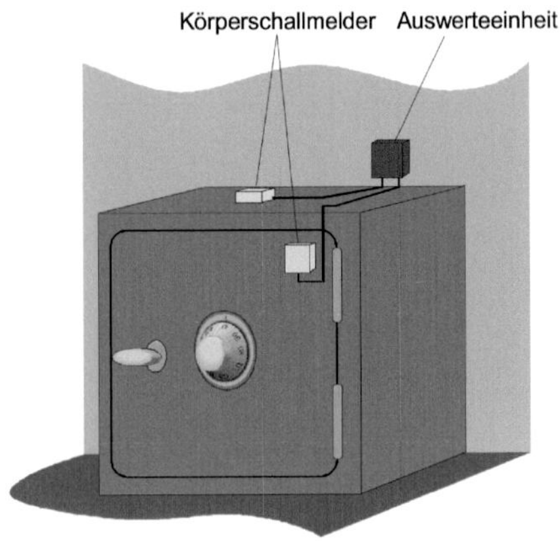

10.3.4. Alarmtapete

Eine Alarmtapete dient der **Überwachung einer Wand auf Durchbruch** (für Fenster: Alarmglas, siehe S. 256). Sie wird wie eine normale Tapete auf der Wand verklebt und trägt in ihrem Innern einen dünnen Draht. Dieser Draht wird durch die EMA darauf überwacht, ob sich der elektrische Widerstand ändert. Wird die Wand mit einem Werkzeug durchbrochen, reißt der Draht, der elektrische Widerstand wird unendlich hoch. Um möglichst engmaschig zu sein, wird der Draht in der Tapete oftmals in Form sog. „Mäander" (siehe unten) verlegt. Die Alarmtapete kann insbesondere auf Kalksandsteinwänden eine günstige Alternative zu einer Überwachung mit Körperschallmeldern sein, spricht aber nicht wie diese bereits beim Ansetzen eines Werkzeuges an, sondern erst bei einem Durchbruch.

10.3.5. Glasbruchmelder

Während ein **passiver Glasbruchmelder** nur in die Glasscheibe hineinhorcht, ob das typische Geräusch brechenden Glases entsteht, erzeugt ein aktiver Glasbruchmelder ein elektrisches Feld, das die Glasfläche weitestgehend überwacht – und zwar nicht auf Geräusch oder Bruch (Scheibe mit Sicherheitsfaden, siehe unten), sondern auf jegliche Veränderung wie Schmelzen, Durchbruch oder Entfernung des Sensors (Schwachstelle eines passiven Glasbruchmelders).

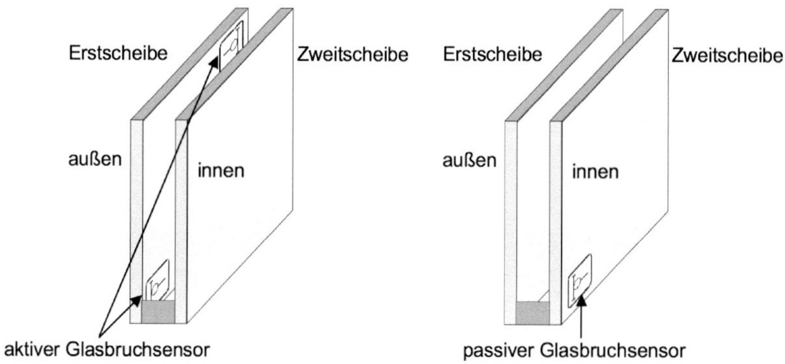

Diese Grafik zeigt die Montage bei Doppelverglasungen. Der passive Glasbruchsensor muss auf der Innenscheibe montiert werden, wenn sich die Scheibe weniger als 3 Meter über dem Boden befindet (man spricht vom „**Handbereich**").

Der **aktive Glasbruchmelder** ist unempfindlich gegen einen typischen „Scherz", der auch zur Prüfung der Funktionsfähigkeit des passiven Glasbruchmelders genutzt wird – dazu wird ein Geldstück gegen die Scheibe „geschnippt", was ein Geräuschmuster ähnlich einem Bruch des Glases erzeugt. Aber auch andere Außengeräusche können einen passiven Glasbruchmelder auslösen – so führte etwa Hundegebell in einem bestimmten Frequenzbereich ebenfalls zu einer Reihe von vorläufig unerklärlichen Fehlalarmen, die erst durch Zufall nach mehreren Ortsterminen aufgeklärt werden konnten.

Die nachfolgende Grafik zeigt die Funktionsweise eines aktiven Glasbruchmelders sowie wichtige Informationen zur Montage.

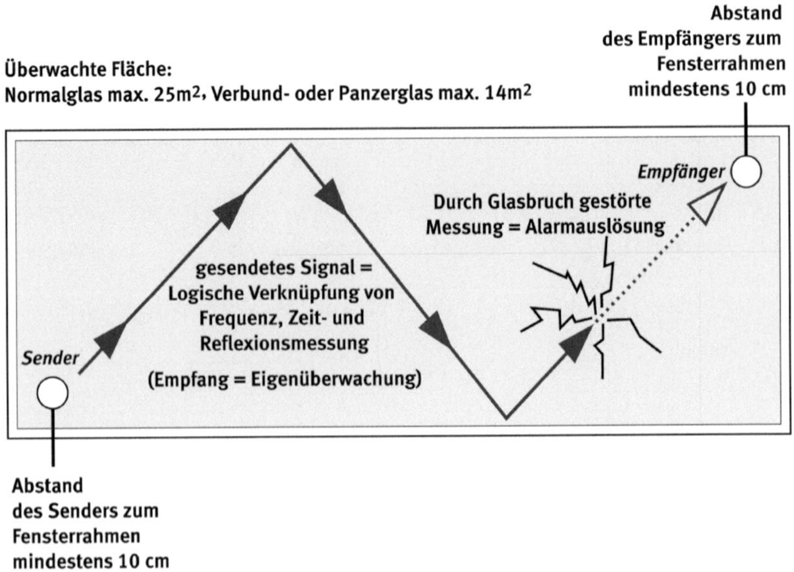

Bei einem **Alarmglas** ist die Überwachungseinrichtung entweder ab Werk in Form eines sehr dünnen Drahtes in die mehrfachverglaste Scheibe eingelassen oder wird mittels einer Folie aufgeklebt, die einen solchen Draht trägt. Die EMA überwacht den elektrischen Widerstand des Drahtes, der bei einem Bruch der Scheibe zerrissen wird (wie bei der Alarmtapete, siehe Seite 254), wodurch die EMA einen Durchbruch feststellen und Alarm auslösen kann. Die Drahtkonstruktion wird auch Alarmspinne genannt, da sie zur engmaschigen Überwachung oftmals einem Spinnennetz ähnelt. Da die Drähte sehr dünn sind, können auch Schaufenster und Vitrinenfenster aus Alarmglas bestehen, weil das feine Drahtgeflecht nicht sofort ins Auge fällt.

10.3.6. Zwangsläufigkeit durch Riegelkontakt

Um sicherzustellen, dass eine Zugangstür auch wirklich verschlossen wurde (und nicht bloß angelehnt), bedient man sich bei der EMA der sogenannten Zwangsläufigkeit.

Zwangsläufigkeit bedeutet, dass eine EMA erst dann in den Zustand „scharf" geschaltet werden kann, wenn kein Melder einen Fehler (Sabotage) oder eine Auslösung meldet. Bei dem unten dargestellten Riegelkontakt meldet der Sensor so lange eine Auslösung, bis der Riegel der Tür zwei-tourig (mind. 20 mm) in die Aufnahme der Zarge ausgefahren wurde. Der Riegelkontakt ist zu diesem Zweck in der Zarge so verbaut, dass der Riegel mindestens 20 mm in die Zarge eingeführt werden muss – hier liegt allerdings ein praktisches Problem, insbesondere bei Türen im Außenbereich. Durch eine Änderung der Temperaturen können sich Türen verziehen, so dass der Riegel unter Umständen den Riegelkontakt nicht mehr auslöst.

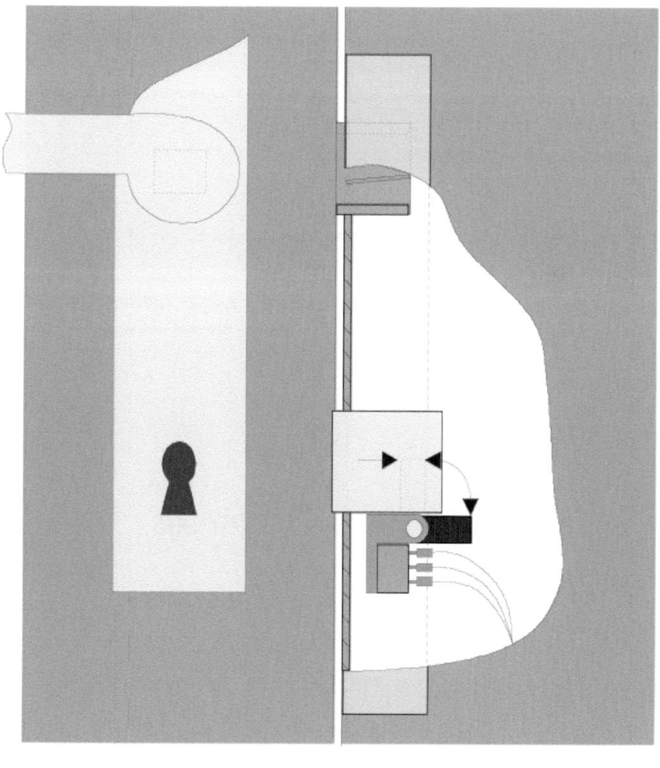

10.3.7. Fachbegriffe Türschloss

Zur Vereinfachung des Verständnisses bei Gesprächen über Schließtechnik sehen Sie in der nachstehenden Grafik die Bezeichnungen der wesentlichen Elemente eines Türschlosses.

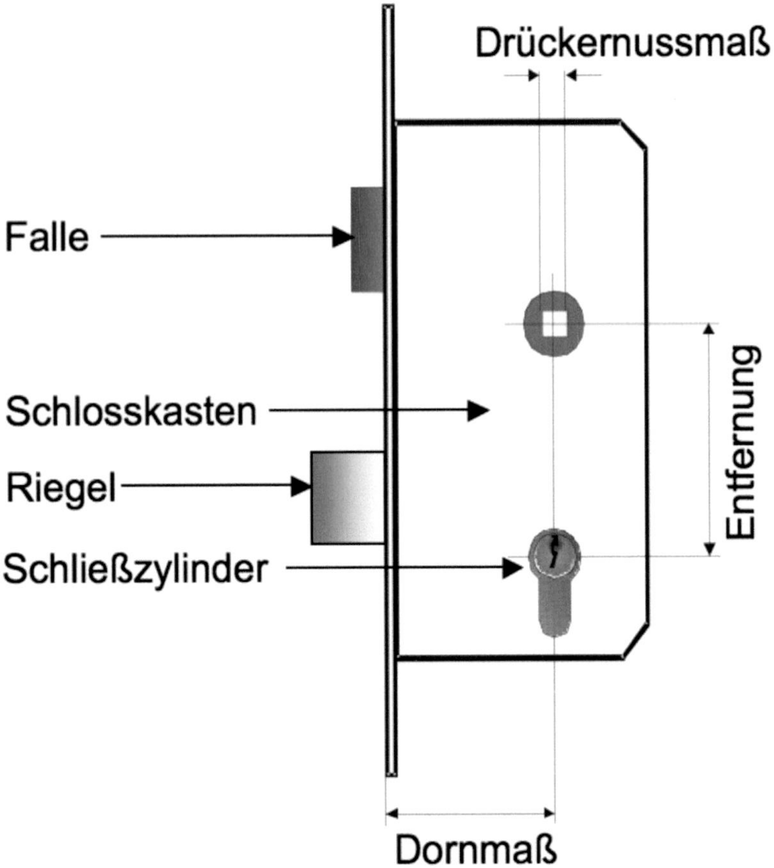

10.3.8. Alarmierungsarten

10.3.8.1. Interner Alarm

Ein interner Alarm dient nicht der Heranführung von Interventionskräften. Er soll vielmehr das Personal aufmerksam machen auf ein Ereignis – das kann im einfachsten Fall ein Kunde sein, der das Gebäude betritt und einen Summer auslöst. Aber auch in einem Museum kann während der Publikumszeiten ein interner Alarm ausgelöst werden, um bei Annährung an Ausstellungsstücke einen Wächter zu alarmieren, der die Besucher auf die Einhaltung von Mindestabständen hinweist.

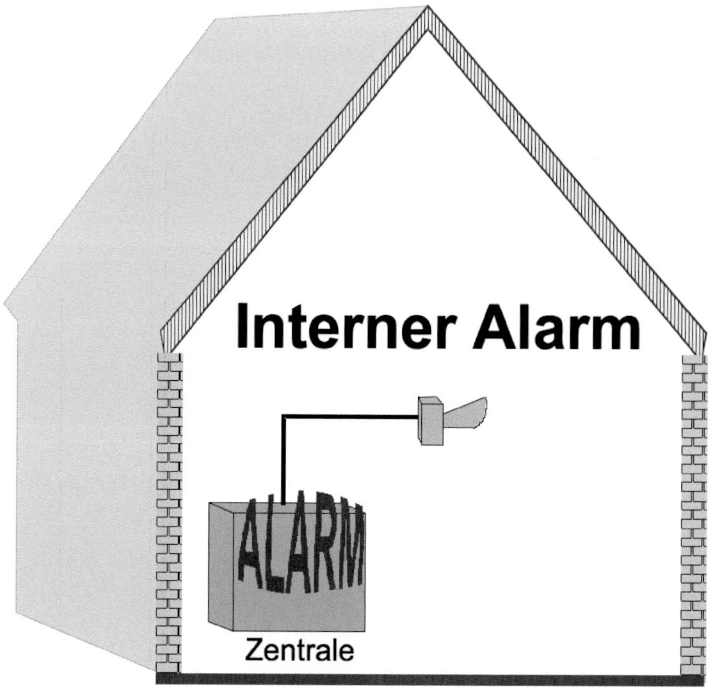

10.3.8.2. Externer Alarm

Bei einem externen Alarm sollten neben einer Signalisierung über Sirene und Blinklicht auch verantwortliche Personen von dem Alarm in Kenntnis gesetzt werden, die sich nicht in Hör- oder Sichtweite des Objekts befinden. Das gilt in besonderem Maße für unbewohnte Objekte oder Ladengeschäfte sowie Industriegebäude, die nur zu bestimmten Tageszeiten besetzt sind.

Man unterscheidet als Alarmierungsarten AWAG (Sprachmeldung) und AWUG (Datenübertragung). Die Alarmierung kann drahtlos über das GSM-Netz („Handynetz") oder per TCP/IP-Verfahren (Internet) erfolgen. Zu beachten ist, dass bei wirksamem Schutz gegen Sabotage oder Ausfall der Anlage immer ein zweiter Übertragungsweg zur Verfügung stehen muss.

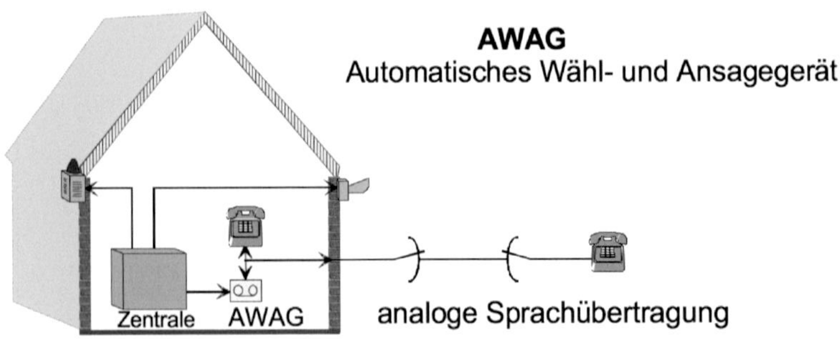

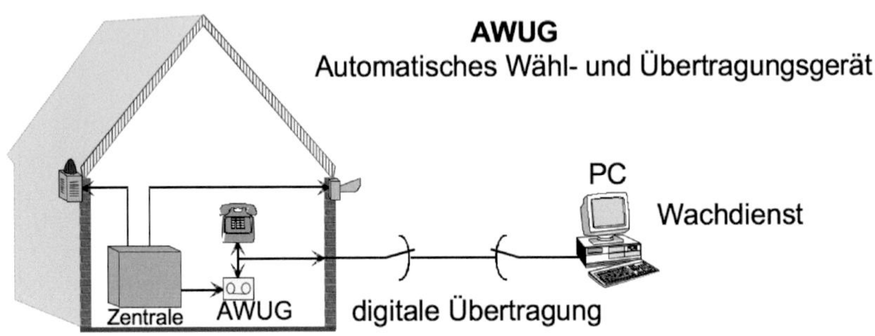

10.3.9. Fingerabdruckscanner

Ein Fingerabdruckscanner speichert nicht das Bild eines Fingers – die Vielzahl der Variationen (durch Haltung des Fingers) wäre zu groß, um mit diesem Verfahren effektiv arbeiten zu können. Das mit der optischen Scan-Einheit (im Bild rechts) gewonnene Bild wird von einem Computer auf ausgewertet. Dazu wird das gewonnene Bild so aufbereitet, dass die Papillarlinien klar dargestellt werden.

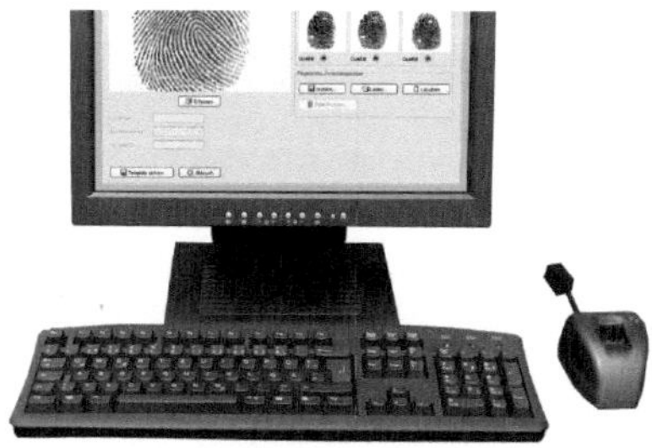

Nun werden die sogenannten **Minutien** identifiziert und im Bild markiert. Minutien sind unveränderliche Merkmale eines Fingerabdrucks und werden nach Position und Verlauf (Richtung, Form) bestimmt. Die Minutien werden in speziellen Datenbanken gespeichert und dienen bei der Überprüfung einer Person als Datenbasis und Vergleichswert. Es wird also nicht der Abdruck als Grafik gespeichert, sondern nur die Daten der einzelnen Minutien.

10.4. Videoüberwachung

Betrachten Sie das nebenstehende Bild – was sehen Sie? Einen Totenschädel oder zwei Menschen, die vor dem Bogen einer Brücke sitzen?

Ein Beispiel für die Fähigkeit unseres Gehirns, Bilder zu interpretieren, ihnen also einen Wert oder eine Bedeutung zu geben. Und es ist zugleich eine Möglichkeit, sich über die Einsatz-möglichkeiten der Videoüberwachung Gedanken zu machen. Denn letztendlich ist es immer ein Mensch, der das von der Kamera eingefangene und von Drähten oder Antennen übertragene Bild bewerten muss.

Grundsätzlich besteht eine Videoüberwachungsanlage (VÜA) aus

- Aufnahmegerät (Kamera)
- Übertragungsweg (Kabel, Funk)
- Wiedergabegerät (Monitor)

sowie in der Regel aus Speichergerät (Videorecorder, PC-System) und Bedieneinheit (Fernsteuerung der Kamera).

Es wäre unökonomisch, vor jeden Monitor einen Mitarbeiter mit der Betrachtung des Bildes zu beschäftigen. Hier schaffen Videowände mit mehreren Bildschirmen oder fest zugeordneten Bildbereichen Abhilfe, bei denen ein einzelner Mitarbeiter auf mehrere Objekte schauen kann. Dabei ist es auch möglich, bei einem automatischen Umschalten zwischen den Kameras im Objekt mehrere Bereiche nacheinander zu betrachten.

Dem Mitarbeiter obliegt es nun, bei Bewegung auf einem der Bildschirme die zuständige Objektstreife zu benachrichtigen und unter Umständen das Bild zu vergrößern oder die Kamera durch eine Fernbedienung zu steuern. Das setzt allerdings voraus, dass der Mitarbeiter den Vorfall bemerkt – hier ist zu unterscheiden zwischen der Videoüberwachung im Sinne einer Beobachtung von Bereichen eines Objektes, in denen auch Publikumsverkehr und somit stets Bewegung herrscht, oder der Überwachung von menschenleeren Objektbereichen, in denen Wertgegenstände aufbewahrt werden. Im letzteren Fall wird in der Regel eine Kombination aus EMA und Videoüberwachung eingesetzt, wobei bei Auslösung eines Melders der betroffene Bereich auf dem Bildschirm der Zentrale besonders hervorgehoben werden kann (Abschaltung/Dimmung anderer Monitore oder Blinkleuchte, auch Vergrößerung der Darstellung bei Beamer-Projektion). Der Vorteil dieser Kombination aus EMA und VÜA liegt in der Möglichkeit, mehrere Objekte oder Bereiche gleichzeitig auf Bewegung zu überwachen und bei Auslösen eines Melders durch den Mitarbeiter entscheiden zu lassen, ob ein Alarm auszulösen ist. Diese Entscheidung kann ein Computer nicht treffen, ohne dass der Bereich oder die in ihm befindlichen Personen auf bestimmte Merkmale überprüft werden – diese Möglichkeit der Prüfung ist derzeit aber noch sehr aufwendig und entsprechend teuer, weshalb vorerst der Faktor „Mensch" ein wesentliches Element einer VÜA bleiben wird. Kein Zeichen von Intelligenz ist die Fähigkeit einer VÜA, bei Bewegung in einem Bildbereich die Aufzeichnung oder Alarmierung auszulösen – es handelt sich um eine Reaktion ohne Bewertung. Die Überwachung auf Änderungen in definierten Bildausschnitten macht den Einsatz einer EMA oder von Bewegungsmeldern überflüssig.

Die nachfolgende Darstellung *(Bildnachweis: ABUS)* zeigt die Übersicht sowie die Anschlussmöglichkeiten einer VÜA. Neben den unterschiedlichen Arten von Kameras (Festmontage, Nachtsicht, schwenkbar) und Speichermedien (USB-Stick, Festplatten, optische Datenträger DVD und CD) ist hier die Möglichkeit des überörtlichen Zugriffs auf die Anlage eine interessante Ausstattungsvariante – auf diese Weise kann ein Berechtigter auch unterwegs, etwa auf seinem Laptop, die Anlage bedienen und sich die Bilddaten übertragen lassen. Dabei kann die Anlage auch einen Alarm auslösen, etwa durch einen Anruf bei dem Betreiber der Anlage und Bildübertragung.

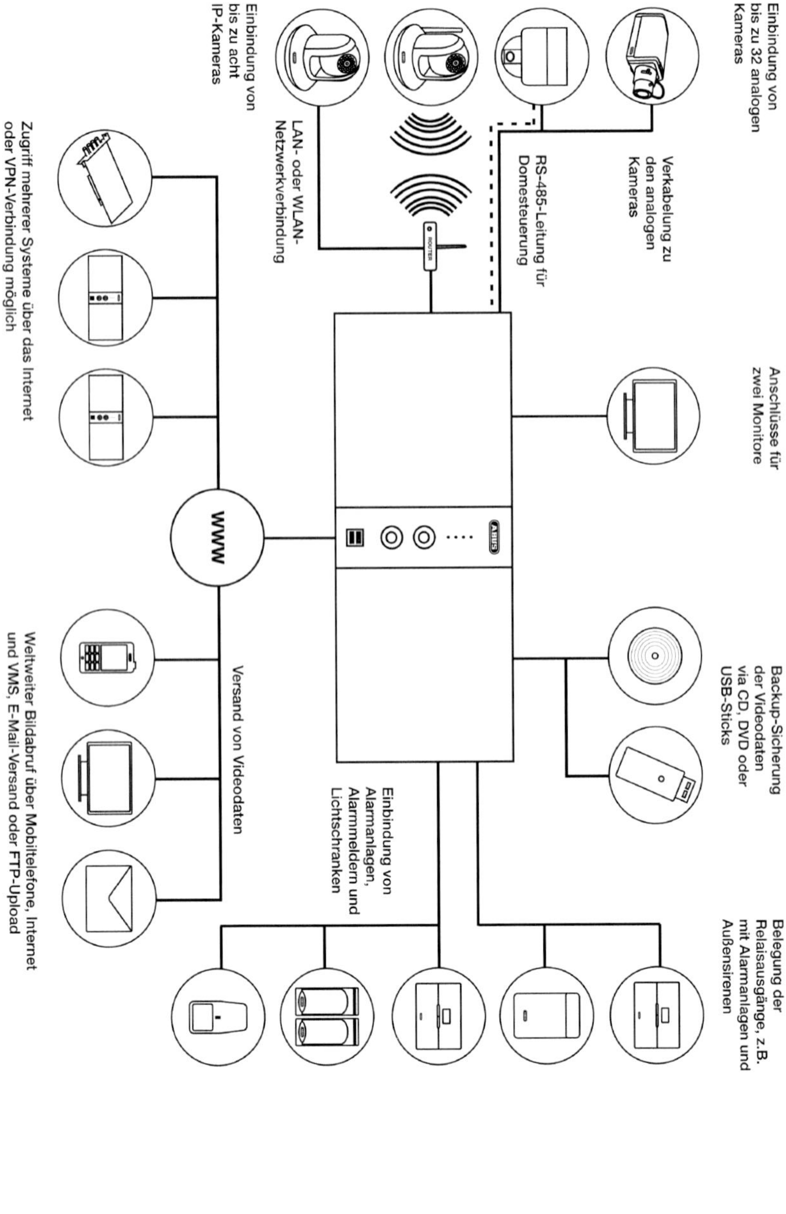
Einbindung von bis zu 32 analogen Kameras
Verkabelung zu den analogen Kameras
RS-485-Leitung für Domesteuerung
LAN- oder WLAN-Netzwerkverbindung
Einbindung von bis zu acht IP-Kameras
Zugriff mehrerer Systeme über das Internet oder VPN-Verbindung möglich
Anschlüsse für zwei Monitore
WWW
Backup-Sicherung der Videodaten via CD, DVD oder USB-Sticks
Versand von Videodaten
Weltweiter Bildabruf über Mobiltelefone, Internet und VMS, E-Mail-Versand oder FTP-Upload
Einbindung von Alarmanlagen, Alarmmeldern und Lichtschranken
Belegung der Relaisausgänge, z.B. mit Alarmanlagen und Außensirenen

11. Brandschutz

Neben der Überwachung von Gebäuden auf Feuer durch die bereits dargestellten Brandmeldeanlagen spielt die Vorbeugung und Bekämpfung von Bränden eine wichtige Rolle bei den Aufgaben von Mitarbeitern im Bewachungsgewerbe. Sie sind in der Regel die ersten Ansprechpartner bei Entdeckung eines Feuers - Sie müssen bis zum Eintreffen der Feuerwehr erst Menschen in Sicherheit bringen und dann eine Ausbreitung der Flammen verhindern.

Grundsatz: **Vorbeugen ist besser als Löschen**! Dem vorbeugenden Brandschutz kommt daher auch in der täglichen Arbeit ein hoher Stellenwert zu. Denn oft sind es kleine Gedankenlosigkeiten, die zu großen Katastrophen führen.

Als Mitarbeiter im Bewachungsgewerbe sollten Sie sich stets bemühen, die Brandschutzorganisation des von Ihnen betreuten Objektes zu kennen und zu verstehen. Insbesondere die Handhabung von Mitteln zur Brandbekämpfung dürfen Sie nicht erst in dem Moment versuchen zu verstehen, wenn jede Sekunde zählt, um Menschenleben zu retten.

Zum **Brandschutz** zählen alle Maßnahmen, die eine Ausbreitung von Bränden verhindern (**abwehrender Brandschutz**) oder ihrer Entstehung vorbeugen (**vorbeugender Brandschutz**). Insbesondere ist aber eine stetige Kontrolle durch den Sicherheitsmitarbeiter erforderlich, weil auch die beste Vorbeugung durch Nachlässigkeiten oder Sorglosigkeiten wirkungslos werden können, etwa durch Blockieren von Fluchtwegen durch Pappkartons, „weil man ja nur schnell mal etwas abladen will."

11.1. Abwehrender Brandschutz

11.1.1.1. Physikalische Grundlagen

Eine **Flamme** ist das Produkt einer chemischen Reaktion (Verbrennung, Oxidation) unter Bildung von Licht, Hitze und Verbrennungsprodukten (Rauch, Ruß etc.).

Eine Flamme lebt nicht, benötigt aber für ihre Existenz drei Voraussetzungen:

- **Sauerstoff** (meist aus der Umgebungsluft)
- **Temperatur** (unterschiedlich hoch je nach Art des brennenden Materials) bzw. **Zündquelle zum Starten**
- **Brennstoff** (Wachs, Holz, Benzin, Gas, aber auch Metall)

Die genannten Faktoren führen <u>gemeinsam</u> zur Auslösung der Verbrennung und damit zur Flammenbildung. Dabei spielt insbesondere bei Gasexplosionen das richtige **Mischungsverhältnis** von Luftsauerstoff und ausströmendem Gas in einem Raum eine wesentliche Rolle, wenn es um die Gefahr einer Explosion geht.

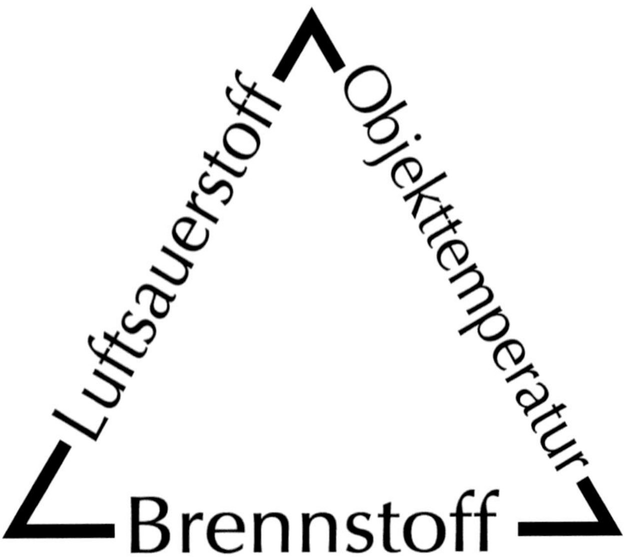

Das **Branddreieck** verdeutlicht den grundlegenden Zusammenhang – nur wenn <u>alle drei Faktoren</u> zusammenkommen, kann ein Feuer entstehen. Zu beachten ist, dass auch das Mischungsverhältnis von Brennstoff und Luftsauerstoff sowie die Anwesenheit oder Abwesenheit eines Katalysators (Hilfsstoff, der die Flammenbildung beeinflusst) einen Einfluss auf die Entstehung eines Brandes haben.

Um eine Flamme zu ersticken, reicht es oftmals aus, einen der drei Faktoren auszuschalten, beispielsweise durch **Kühlung** des Brennstoffes mit Wasser oder **Ersticken** der Flamme (Abschneiden von der Sauerstoffzufuhr) durch Zuführung von Kohlendioxid (nicht brennbares Gas). Dabei erfüllen viele Mittel der Brandbekämpfung gleich mehrere Funktionen – so kühlt das Löschwasser und hält gleichzeitig Sauerstoff vom Brennstoff fern, indem es sich als dünne Schicht darüberlegt. Gleiches gilt für Löschschaum – er wirkt hauptsächlich durch Abschirmung des Brennstoffes (der Schaum schirmt den Brennstoff von der Umgebungsluft ab und erstickt so die Flamme), kühlt aber gleichzeitig durch das Wasser im Schaum. Man spricht darum von der **Hauptwirkung** und **Nebenwirkung** eines Löschmittels.

Ein Verfahren der Brandbekämpfung ist die **Unterbrechung der Brennstoffzufuhr**, beispielsweise bei Gasbränden durch Unterbrechung der Versorgungsleitung.

11.1.1.2. Brandklassen

Bränden werden nach der Art des brennenden Stoffes in Brandklassen eingeteilt. Der jeweilige **Aggregatzustand** bezieht sich auf den brennenden Stoff und wird in fest, flüssig und gasförmig eingeteilt.

Brandklasse	**Bezeichnung** (mit Beispielstoffen)
A	**Feststoffbrand** (Holz, Gummi, Kohle, Kunststoff)
B	**Flüssigkeitsbrand** (Öle, technische Fette, Wachs, Lack)
C	**Gasbrand** (Stadtgas, Wasserstoff, Propan, Methan)
D	**Metallbrand** (Magnesium, Kalium, Aluminium)
E	Elektrobrand (**nicht mehr einzeln erfasst**, heute **A**)
F	**Fettbrand** (Speisefette und Speiseöle)

Brände der Brandklasse A werden auch als **Glutbrand**, Brände der Brandklassen B und C auch als **Flammenbrände** bezeichnet.

Ob ein **Handfeuerlöscher** bei der Bekämpfung eines Feuers der jeweiligen Brandklasse wirksam sein kann, können Sie auf dem Handfeuerlöscher ablesen – dort ist dessen Eignung für die entsprechenden Brandklassen gut sichtbar angeben.

11.1.1.3. Mittel der Brandbekämpfung

Wie bereits im Branddreieck dargestellt, ist es notwendig, mindestens einen der drei Faktoren auszuschalten, um ein Feuer erfolgreich zu bekämpfen.

11.1.1.4. Feuerlöscher

Feuerlöscher sind tragbare Kleinlöschgeräte bis 20 kg Gewicht. Sie enthalten, je nach Verwendungszweck, unterschiedliche Löschmittel. Durch einen Überdruck im Behältnis (in der Regel erzeugt durch eine Druckpatrone im Innern) wird bei Betätigung eines Hebels das Löschmittel durch eine Düse oder einen Handschlauch gezielt ausgebracht.

11.1.1.4.1. Löschmittel - Übersicht

Hinweis: Löschmittel werden sowohl in ***Feuerlöschern*** *als auch in* ***Löschanlagen*** *verwendet.* Zu unterscheiden sind als **Löschmittel**

- Wasser
  - Hauptwirkung: Kühlung des Brennstoffes
  - Nebenwirkung: Ersticken der Flamme
  - Keine Verwendbarkeit bei Fettbränden und Flüssigkeitsbränden – hier besteht eher die Gefahr der explosionsartigen Ausbreitung durch Verteilung des Brennstoffes
- Schaum
  - Hauptwirkung: Ersticken der Flamme
  - Nebenwirkung: Kühlung (durch enthaltenes Wasser)
- Pulver
  - Hauptwirkung: Ersticken der Flamme durch Abschirmung gegen Luftsauerstoff (Pulver bildet einen dünnen Sinterfilm auf dem brennbaren Stoff), sog. **Inhibitionseffekt**
  - Nebenwirkung: Behinderung der Reaktion von Sauerstoff und Brennstoff (sogenannte „katalytische Behinderung")
  - Nicht-leitendes Löschmittel, darum bei Bränden von Elektroanlagen (auch bei Hochspannung) bevorzugt einzusetzen
- Gas
  - Hauptwirkung: Verdrängung des Luftsauerstoffs
  - Nebenwirkung: Kühlung durch Wärmeaufnahme

- Nicht brennbare Gase (Kohlendioxid, „Inertgas“)

Hinweis: ***Halon-Gas*** *ist zur Brandbekämpfung aufgrund seiner gesundheitsschädlichen Nebenwirkungen* ***nicht mehr zulässig für Handfeuerlöscher.***

11.1.1.4.2. Löschmittel – Eigenschaften

Wasser wird bevorzugt zur Bekämpfung von Bränden der Brandklasse A (glutbildende Stoffe) eingesetzt.

Die Löschwirkung des Wassers beruht vor allem auf seinem Wärmebindungsvermögen. Die abkühlende Wirkung des Wassers stört die thermischen Reaktionsvoraussetzungen und behindert die weitere Aufbereitung brennbarer Stoffe, sodass die Bildung brennbarer Gase und Dämpfe abbricht. Wasser löscht also durch Abkühlung.

Löschschaum ist eine hochwirksame Mischung aus Wasser, Schaummittel und Luft. Dem fließenden Wasserstrom wird über Zumischgeräte eine prozentual gleichbleibende Menge Schaummittel zugeführt. Das so entstehende Gemisch wird in nachgeschalteten Schaumerzeugern mit Luft verschäumt. Der Grad der Verschäumung ist abhängig von der Leistung des eingesetzten Schaumerzeugers, vom Schaummittel und von der Schaummittel-Zumischrate. Bei geringer Luftansaugung wird ein nasser, schwerer Löschschaum erzeugt (Schwerschaum). Mehr Luftanteile machen den Schaum trockener und damit leichter (Mittel- und Leichtschaum).

Der Luftschaum nutzt unterschiedliche Löscheffekte: Kühlen, Ersticken, Trennen, Abdecken, Dämmen und Verdrängen – jeder für sich oder im Zusammenwirken mit anderen sorgen sie für einen schnellen Löscherfolg.

Filmbildende Schaummittel wurden zur Bekämpfung von Bränden der Brandklasse A und B entwickelt. In der Brandklasse A wird durch die Kombination aus dem Kühleffekt des Wassers und der hohen Netzwirkung des AFFF-Anteils eine hohe Löschleistung erzielt. Bei Flüssigkeitsbränden bildet sich ein sehr dünner gleitfähiger Film auf der brennenden Flüssigkeit, der dem Schaum ein hervorragendes Fließverhalten verleiht und die Verbrennungszone gegen weitere Sauerstoffzufuhr abschirmt.

Die Löschwirkung der **Inertgase**[45] Argon, Stickstoff und Kohlendioxid wird durch die Verdrängung des Luftsauerstoffes erreicht. Man spricht hier vom

---

[45] *Der Begriff „Inert“ besagt, dass der betreffende Stoff sich nur in sehr geringem Maße an chemischen Reaktionen beteiligt. Sie verdrängen den sehr*

Stickeffekt, der bei Unterschreitung des für die Verbrennung erforderlichen spezifischen Grenzwertes eintritt. In den meisten Fällen erlischt das Feuer schon bei einer Sauerstoffabsenkung auf 13,8 Vol.%. Dazu muss das vorhandene Luftvolumen nur um etwa 1/3 verdrängt werden, was einer Löschgaskonzentration von 34 Vol.% entspricht.

Bei Brandstoffen, die zur Verbrennung erheblich weniger Sauerstoff brauchen, ist eine Erhöhung der Löschgaskonzentration erforderlich, z.B. bei Acetylen, Kohlenmonoxid und Wasserstoff. Da die Löschgase Argon und Kohlendioxid schwerer sind als die Umgebungsluft, durchsetzen sie den Flutungsbereich besonders schnell und gründlich. Vorteile haben Inertgase besonders im Bereich der Industrie – wenn in einer Maschinenhalle, in der viele Geräte mit Elektronik arbeiten, ein Feuer ausbricht, würde ein Ablöschen mit leitenden Flüssigkeiten zu Kurzschlüssen führen. Bei einem Löschen mit Inertgasen ist das ausgeschlossen.

Argon (Ar) ist ein aus der Umgebungsluft gewonnenes Edelgas. Es ist zu 0,93 Vol.% in der Atmosphäre enthalten. Seine Dichte im Verhältnis zur Luft beträgt 1,38:1. Das Löschmittel Argon wird gasförmig verdichtet in Hochdruckstahlflaschen gelagert. Der maximale Betriebsdruck liegt bei 300 bar. Argon ist nicht giftig. Allerdings kann beim Aufbau der für den Löscherfolg erforderlichen Gaskonzentration, insbesondere im Zusammenhang mit einem Brandereignis, eine Gefährdung durch Brandgase und Sauerstoffmangel entstehen.

Stickstoff (N_2) ist ein farb-, geruch- und geschmackloses Gas und zu 78,1 Vol.% in der Atmosphäre enthalten. Seine Dichte im Verhältnis zu Luft beträgt 0,967:1. Das Löschmittel Stickstoff wird gasförmig verdichtet in Hochdruck-Stahlflaschen gelagert. Bei einer Umgebungstemperatur von +15 °C liegt der maximale Betriebsdruck z.Zt. bei 200 bar. Auch Stickstoff ist nicht giftig, jedoch kann wie beim Argon eine Gefährdung durch Brandgase und Sauerstoffmangel entstehen.

Kohlendioxid (CO_2) ist zu 0,03 Vol.% in der Atmosphäre enthalten. Seine Dichte im Verhältnis zur Luft beträgt 1,53:1. Das Löschmittel Kohlendioxid wird druckverflüssigt in Hochdruckstahlflaschen (Betriebsdruck bei 20 °C: 57 bar) oder in großen Niederdruck-Behältern (-20 °C: 20 bar) gelagert. Durch die Flüssiglagerung können deutlich größere Löschmittelvorräte platzsparend vorgehalten werden. Kohlendioxid ist im Gegensatz zu Argon bei hohen Konzentrationen gesundheitsschädlich. Deshalb schreiben die

---

reaktionsfreudigen Sauerstoff und halten ihn so davon ab, mit dem Brennstoff zu reagieren.

Berufsgenossenschaften bei Überschreitung eines Grenzwertes von mehr als 5 Vol.% besondere Schutzmaßnahmen vor (BGR 134).

Aufgrund seiner physikalischen Eigenschaften wird CO_2 als einziges Löschgas auch in Handlöschgeräten eingesetzt. Aber Vorsicht: Auf keinen Fall dürfen Sie brennende Kleidung an einem Menschen mit CO_2 löschen (es drohen Kälteverbrennungen) - stattdessen sofort den Menschen am Boden wälzen und so die Flammen ersticken.

Löschpulver sind hochwirksame und schnelle Löschmittel. Die schlagartige Löschwirkung der Pulverwolke resultiert aus dem Stickeffekt und dem sogenannten antikatalytischen Effekt, einem chemischen Eingriff in den Verbrennungsvorgang. Durch die Bildung von Schmelzschichten auf glutbildenden Brandstoffen wird das Einsickern von Luftsauerstoff in den Brandherd und die Aufheizung der unmittelbaren Brandumgebung verhindert. Man spricht hier von einem **Inhibitionseffekt**. Rückzündungen werden unterbunden. Löschpulver bestehen im Wesentlichen aus ungiftigen, anorganischen Salzen, die mit Hydrophobierungs- und Rieselhilfsmitteln versetzt sind.

Das synthetische **Löschgas Novec™ 1230** von 3M™ ist eine umweltverträgliche Alternative. Im Vergleich zu bisher eingesetzten chemischen Löschmitteln hat es das geringste Erderwärmungspotenzial, die kürzeste atmosphärische Lebensdauer und dabei überhaupt keine Auswirkungen auf die Ozonschicht. Vor allem diese positiven Umwelteigenschaften versprechen auch zukünftig den uneingeschränkten Einsatz des Löschmittels. Novec™ 1230 ist weder korrosiv noch elektrisch leitend und verursacht keine Schäden oder Rückstände an empfindlichen Bauteilen. Es ist farb- und nahezu geruchlos und bei Raumtemperatur flüssig. Die Moleküle bestehen aus Kohlenstoff, Fluor und Sauerstoff.

Löschgas HFC-227ea ist ein elektrisch nicht leitfähiges, geruch- und farbloses Gas. Es wird unter Druck als Flüssigkeit gelagert und dem geschützten Raum als farbloser Dampf zugeführt. HFC-227ea hinterlässt keine Rückstände und ist gut für besetzte Räume geeignet, da es in der Auslegungskonzentration für Personen ungefährlich ist. Es hat den ODP-Wert 0, baut also kein stratosphärisches Ozon ab. Die kurze atmosphärische Lebensdauer von HFC-227ea resultiert aus dem relativ schnellen natürlichen Abbau.

11.1.1.4.3. Handhabung von Feuerlöschern

1. Regel: Immer **mit dem Wind**!

2. Regel: Flammenwurzel löschen **von vorn nach hinten**

3. Regel: **Feste** Stoffe **stoßweise**!

4. Regel: **Flüssigkeiten in einem Stoß** flach über die Brandfläche löschen!

11.1.1.5. Löschdecke

Eine Löschdecke schirmt den Brennstoff vor dem Sauerstoff der Umgebungsluft ab. Der Brand wird so wirkungsvoll erstickt. Besonders bei der Hilfeleistung für Personen, deren Kleidung in Brand geraten ist, ist eine Löschdecke ein perfektes Hilfsmittel.

Auch die Gefahr durch brennendes Fett (etwa in einer Fritteuse) kann durch eine Löschdecke schnell beseitigt werden – hier hätte ein Löschversuch mit Wasser (explosionsartige Wasserdampfbildung mit Stichflamme) lebensgefährliche Folgen!

11.1.1.6. Löschanlage

Löschanlagen können manuell (Aktivierungsknopf) oder automatisch (ausgelöst durch eine Brandmeldeanlage oder Ansprechen einer anderen Auslöseeinrichtung) einen Brand bekämpfen. Dazu kann über ein Leitungsnetz das Löschmittel (Wasser, Schaum, Gas) im Raum verteilt werden, um den Brand sowie seine Ausbreitung zu verhindern.

Eine einfache, aber wirksame Löschanlage ist die **Sprinkleranlage**. Hier wird über ein Leitungsnetz Wasser unter Druck an zahlreichen Punkten im

Gebäude bereitgestellt. Die Düse wird dabei durch eine Ampulle verschlossen, die mit einer Flüssigkeit gefüllt ist. Im Bereitschaftszustand verschließt die flüssigkeitsgefüllte Glasampulle mit einem Verschlusskegel den Sprinkler. Überschreitet die Lufttemperatur durch Brandwärme einen festgelegten Schwellenwert, sprengt die sich ausdehnende Flüssigkeit die Ampulle und löst den Sprinkler aus. Das Löschwasser prallt auf den Sprühteller und verteilt sich gleichmäßig über den Brandherd. Gleichzeitig wird durch das nachfließende Wasser im Leitungssystem in der Regel eine Sprinkler-Glocke in Betrieb gesetzt, die deutlich hörbar den Einsatz der Anlage meldet. Dabei handelt es sich in der Regel um eine rein mechanische Lösung, die ohne elektrischen Strom auskommt.

Unterschieden wird zwischen Nass- und Trockenanlagen.

Nassanlagen sind mit einem Löschmittel gefüllt und stehen dauerhaft unter Druck. Nach Öffnung eines Ventils wird das Löschmittel aus dem Rohr gedrückt und kann den Brand bekämpfen. Die **Öffnung** des Sprinklers in der Nassanlage **zeigt nach unten.**

In frostgefährdeten Bereichen (Tiefgaragen etc.) können Nassanlagen ohne zusätzliche Heizung nicht eingesetzt werden. Darum werden in solchen Bereichen **Trockenanlagen** verwendet, deren Leitungsnetz mit Druckluft gefüllt ist - hier wird erst im Alarmfall das Wasser in das Leitungsnetz geführt und über die Sprinkler verteilt. Die **Öffnung** des Sprinklers in der Trockenanlage **zeigt nach oben** (Luft ist leichter als Wasser).

In **Regallagern** sind Sprinkler bei Bedarf **in jeder Regallage** („Etage“) anzubringen.

In der Praxis können **Kombinationen** von Sprinkleranlagen und elektronischen Brandmeldeanlagen eingesetzt werden. Dabei wird bei Bruch einer Sprinklerampulle und Abfall des Drucks im System nicht sofort die Brandbekämpfung durch Ausstoß von Wasser eingeleitet, um eventuelle Fehlauslösungen (etwa durch Manipulation mit Feuerzeugen etc.) zu vermeiden – erst wenn die Brandmeldeanlage ebenfalls ein Feuer meldet, gibt das System die Wasserversorgung frei.

Im Bereitschaftszustand verschließt die flüssigkeitsgefüllte Glasampulle mit einem Verschlusskegel den Sprinkler. Überschreitet die Lufttemperatur durch Brandwärme einen festgelegten Schwellenwert, sprengt die sich ausdehnende Flüssigkeit die Ampulle und löst den Sprinkler aus, indem nach Bruch der Ampulle die Austrittsöffnung für das Wasser frei wird. Das Löschwasser prallt dabei mit hoher Geschwindigkeit auf den Sprühteller und verteilt sich gleichmäßig über den Brandherd. Dabei wird das Feuer meistens schon mit nur wenigen Sprinklern über der Fläche gelöscht.

11.2. Vorbeugender Brandschutz

Wie bereits zu Beginn des Kapitels erwähnt, ist Vorbeugen der beste Schutz und meist effektiver als die Abwehr eines ausbrechenden oder brennenden Feuers. Der vorbeugende Brandschutz bezieht sich auf

- Brandschutztechnik
- Bauliche Maßnahmen
- Organisation

Dabei ist keiner der genannten Bereiche ohne Einbeziehung der anderen wirkungsvoll. Wie schon bei den Gefahrenmeldeanlagen sorgt erst das **Zusammenspiel der Teile für den Schutz des Ganzen**.

11.2.1. Brandschutztechnik

Elemente der Brandschutztechnik haben Sie bereits in den Kapiteln „Brandmeldeanlage" und „Abwehrender Brandschutzes des Buches kennengelernt. Wie dort bereits erwähnt, geht Menschenrettung vor Sachenrettung. Es ist darum wichtig, stets zuerst die Personen, die sich im gefährdeten Bereich befinden, schnell in Sicherheit zu bringen. Dies geschieht entweder aus eigener Kraft, indem die Mitarbeiter alarmiert werden und über die angegebenen Wege zu den ausgewiesenen Sammelstellen gelangen können, oder durch den Einsatz der Feuerwehr, die Menschen aus verqualmten Bereichen rettet.

Bei einem Löschversuch mit Inertgas muss sichergestellt sein, dass sich keine Menschen mehr in dem Raum befinden, der mit dem Gas geflutet wird, um die Flammen zu ersticken – während der Brandrauch zu schweren gesundheitlichen Schäden führt, wirkt das Gas erstickend. Auch hier sind rechtzeitige Warnsignale der GMA unbedingt zu befolgen.

Bevor eine CO_2-Löschanlage bei Alarmmeldung durch die BMA aktiviert werden darf, muss ein akustisches und optisches Warnsignal ausgelöst werden und den Mitarbeitern in diesem Bereich die Möglichkeit gegeben werden, den betroffenen Bereich zu verlassen. Abhängig von der Größe des Bereiches, der dann von der CO_2- Anlage geflutet wird, ist der Zeitraum für die Vorwarnung fest bestimmt. Nach Ablauf dieser Vorwarnzeit muss der Bereich selbstständig verschlossen werden und so gesichert sein, dass vor Abschalten der Anlage und Absaugen des überschüssigen CO_2 (beachten Sie, dass CO_2 neben Sauerstoff und Stickstoff auch Bestandteil unserer

Atmosphäre ist und daher immer zu einem bestimmten Anteil in der Luft enthalten ist) niemand den Bereich betreten kann. Während die Anlage aktiviert ist, muss vor den Zugängen zu diesem Bereich ein akustisches und optisches Signal darauf hinweisen, dass die Anlage aktiv ist. Der Grund dafür liegt in den Eigenschaften des Kohlendioxids – dieses Gas ist geruchlos und farblos, es kann daher von Menschen nicht wahrgenommen werden außer durch seine Wirkung. Und wenn diese eintritt, ist es meist zu spät, aus eigener Kraft den Gefahrenbereich zu verlassen. Insbesondere tiefer gelegene Räumlichkeiten ohne Möglichkeit des Luftaustausches (Kellerräume, Gruben, Brunnen, Jauchegruben), in denen sich CO_2 sammelt und eine Art Kohlendioxid-See bildet (es ist schwerer als Luft), werden zu regelrechten Todesfallen, wenn sich ein Mensch hineinbegibt. Beachten Sie: Die Rettung eines Verunglückten aus Kohlenstoffdioxid-verdächtigen Situationen ist nur durch die Feuerwehr unter Atemschutz möglich.

11.2.2. Bauliche Maßnahmen

Insbesondere bei der Planung von **Gebäuden mit Publikumsverkehr** kommt dem vorbeugenden Brandschutz in Form der Festlegung von Flucht- und Rettungswegen, Einbau von Feuerschutzabschlüssen (Brandschutztüren, Brandschutztore) sowie der Dimensionierung von Brandwänden eine große Bedeutung zu.

Brandwände trennen größere Objekte in **Brandabschnitte**. Bricht in einem Teil des Gebäudes ein Feuer aus, sind bestimmte Wände so konstruiert, dass sie der Hitze für einen längeren Zeitraum widerstehen und so eine Ausbreitung der Flammen verhindern. Je nach Baustoff und Dicke der Wand können Widerstandszeiten bis zu mehreren Stunden erzielt werden, mindestens aber 90 Minuten.

Brandwände dürfen keine Öffnungen haben, um das Feuer sicher einzudämmen. Ist es dennoch notwendig, einen Durchlass zu schaffen, muss diese Öffnung über Verschlusseinrichtungen verfügen, die mindestens den Widerstandswert der Brandwand aufweisen. Solche **Brandschutzabschlüsse** können **Türen** sein, aber auch Tore, Rolltore, Rollläden oder Klappen.

Brandschutztüren werden in verschiedene Klassen eingeteilt. Dabei wird in der Regel die Zeit in Minuten angegeben, die die Tür in der Lage ist, das Feuer an einer Ausbreitung zu hindern. Eine **FH-Tür** (FH steht für **F**euer**H**emmend) etwa wird als Typ T 30 oder T 90 (T für Time, engl. Zeit) angeboten – das bedeutet, die Tür würde 30 bzw. 90 Minuten einem Feuer widerstehen. Bei der Prüfung solcher Türen werden bestimmte Bedingungen simuliert, unter denen die Tür für den angegebenen Zeitraum einem Feuer standhalten wird. Beachten Sie, dass es sich um Stahlblechtüren mit feuerhemmender Füllung handelt, die ihre volle Schutzwirkung nur in einwandfreiem Zustand erfüllen – angebohrte oder durch Korrosion beschädigte Türen (Lochfraß) verlieren darum ihre Zulassung und müssen ausgetauscht werden.

Die Brandschutztür in der Brandwand muss mindestens vom Typ T 90 (Widerstandszeit 90 Minuten) sein, wie oben beschrieben. Damit die Tür aber im Brandfall auch tatsächlich ihre Schutzwirkung entfaltet, muss sie sicher verschlossen sein, sobald ein Feuer ausgebrochen ist. Das geschieht durch eine Fernauslösung der Brandschutztüren durch die Brandmeldeanlage oder durch einen einzelnen Brandmelder, der direkt mit der Tür verbunden ist.

Dabei ist allerdings entscheidend, dass die Tür auch tatsächlich ungehindert selbsttätig schließen kann – sobald etwa Hindernisse wie etwa abgestellten Kisten oder Waren ein Zufallen der Tür verhindern können, kann dies lebensgefährliche Folgen. Insbesondere Brandschutztüren, die ständig geschlossen sein müssen, weil sie nicht an die BMA oder einen Melder angeschlossen sind, dürfen niemals durch Keile oder ähnliches offengehalten werden. Hier kommt der Kontrolle und konsequenten Ahndung von Verstößen durch den Sicherheitsmitarbeiter eine große Bedeutung zu.

In der Regel wird durch eine **Feststellanlage** die Tür in geöffneter Position gehalten, wobei entweder mittels eines Elektromagneten (**Türhaftmagnet**) freigegeben und/oder mittels eines **Türschließers** die Tür geschlossen wird. Die Freigabe kann oft auch durch einen elektronischen Taster erfolgen, so dass bei Entdeckung eines Feuers auch vor Ort anwesende Personen die Tür schließen lassen können, ohne dass es einer Fernauslösung durch die BMA bedarf. Die Anlage muss so konstruiert sein, dass die festgestellte Tür bei einem **Stromausfall** automatisch schließt.

Durchsageanlagen sollen bei Gefahren Menschen, die sich in einem Objekt aufhalten, zu einem ruhigen und geordneten Verlassen auffordern. Solche Anlagen, auch als Evakuierungs- oder EVAC-Anlagen bezeichnet, sind insbesondere in Einkaufszentren und Supermärkten anzutreffen.

11.2.3. Organisation

Übungen zum Brandschutz sollten regelmäßig durchgeführt werden. Nur regelmäßiges Üben stellt sicher, dass die Mitarbeiter auf die Warnsignale der GMA richtig reagieren und die Fluchtwege kennen und auch nutzen.

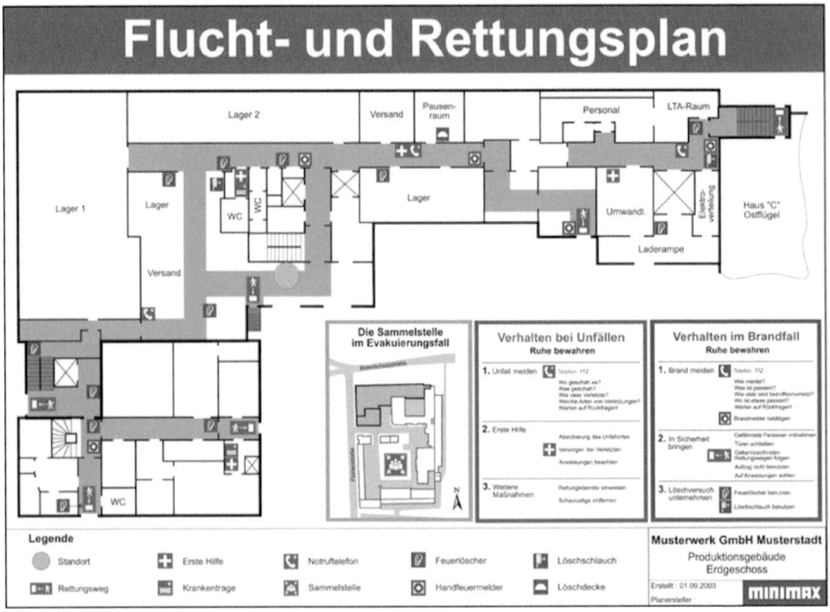

Flucht- und Rettungspläne wie in dieser Abbildung finden sich in jedem Objekt und sollten von den Mitarbeitern, die in diesem Objekt eingesetzt sind, aufmerksam studiert werden. Besonders die Standorte der Handfeuerlöscher und die Fluchtwege sowie die Sammelplätze sollten ihnen bekannt sein, denn im Ernstfall sind sie für die Betroffenen die ersten Ansprechpartner – schließlich sind sie es doch, die für Sicherheit sorgen.

11.2.4. Fluchtwege

Jede noch so gute Planung kann an einer allzu menschlichen Eigenschaft scheitern, der Bequemlichkeit. Liegt etwa eine Brandschutztür zwischen dem Parkplatz und einem Ladengeschäft, könnte es durchaus passieren, dass ein Mitarbeiter, der viele Pakete in das Geschäft tragen muss und sich über die ständig ins Schloss fallende Brandschutztür ärgert, kurzerhand mit einem Keil die Tür blockiert. Die vom Planer mit Bedacht an dieser Stelle gesetzte Tür kann ihre Aufgabe nicht mehr erfüllen, bei einem Feuer könnte es zur Katastrophe kommen.

Gleiches gilt für versperrte Fluchttüren aus Gebäuden (noch schlimmer sind mit Vorhängeschlössern gesicherte „Notausgänge") oder fehlende bzw. entwendete Handfeuerlöscher. Mitarbeiter im Bewachungsgewerbe müssen sich auch dieser Aufgabe bewusst sein: Weisen Sie jene, die aus Gedankenlosigkeit oder sogar bewusst, indem sie das Risiko für andere billigend in Kauf nehmen, andere Menschen gefährden, auf die möglichen Folgen ihres Handelns hin. Das hat nichts mit Besserwisserei zu tun – die Sicherheit der Menschen in dem von Ihnen betreuten Objekt zu schützen ist eine Ihrer Aufgaben, und dazu zählt auch der vorbeugende Brandschutz.

Es gilt:

- Fluchtwege stets freihalten (Hindernisse können zu Stolperfallen werden)
- Brandschutztüren geschlossen halten (Ausnahme: automatisches Auslösesystem für Tür)
- Zustand der Beschilderung regelmäßig prüfen
- Funktion von Brandschutztüren und Fluchttüren regelmäßig prüfen

Treffen Sie Personen an, die erstmals die Funktion von Einrichtungen des Brandschutzes (verkeilte Tür etc.) stören, ist ein freundliches, aber klärendes Gespräch zu suchen. Im Wiederholungsfall sollten Sie die Objektleitung auf das uneinsichtige Verhalten hinweisen.

12. Sicherheitstechnik im Einsatz

12.1. Kommunikationsmittel

Der Mensch unserer Tage ist eine ständige Erreichbarkeit gewohnt. Und fällt einmal das Handynetz aus oder wird gar das eigene Mobiltelefon zuhause vergessen, fühlt sich mancher Zeitgenosse „wie abgeschnitten" von der Welt. Was könnte alles passieren? Wie könnte man sich in einem Notfall helfen? Nicht auszudenken...

Und nun denken Sie mal zurück, einige Jahre nur. Kein Internet im heutigen Umfang, Mobiltelefone groß wie Aktenkoffer und nur denen vorbehalten, die wirklich Bedarf hatten, ständig erreichbar zu sein und auch bereit waren, dafür viel Geld zu bezahlen.

Kommunikation ist ein wichtiger Baustein eines umfassenden Sicherheitskonzepts. Denn nur eine verlässliche Kommunikation kann bei Bedarf Hilfe herbeirufen oder eine Lenkung der Kräfte sicherstellen.

Auch im Zeitalter des allgegenwärtigen Handys in seinen diversen Erscheinungsformen als Telefon, Kleinstcomputer oder Spielgerät hat der Sprechfunk in seinen verschiedenen Arten immer noch eine wichtige Stellung im Bereich der **Einsatzführung**.

In der Regel handelt es sich im Bereich des Sicherheitsgewerbes um ein Wechselsprechen auf einer gemeinsamen Funkfrequenz oder einem gemeinsamen Funkkanal. Dabei kann nur ein Gerät zur Zeit senden, während die anderen Geräte auf Empfang sind. Senden mehrere Geräte gleichzeitig, ist meist nichts zu verstehen.

Die **analoge Funktechnik** lässt einen direkten Funkbetrieb zwischen zwei Sende-/Empfangseinheiten zu. Dabei nutzen die verwendeten Geräte in der direkten Kommunikation eine einzige Frequenz, auf der sowohl gesendet als auch empfangen wird. Das Signal wird durch Aufbereitung und Verstärkung hörbar, so dass mit zunehmender Entfernung die Verständigung schwieriger wird, weil die Qualität des Funksignals und damit die Sprachverständlichkeit nachlassen. In der **digitalen Funktechnik**, bei der lediglich eine Folge von Einsen und Nullen übertragen wird, die zunächst im Sender codiert und dann im Empfänger decodiert werden, gibt es dagegen keine Qualitätsstufen – entweder das Signal wird vollständig übertragen oder nicht. Dabei setzt digitale Funktechnik immer die Nutzung einer Relais-Funkstelle voraus, wie sie später beschrieben wird.

Der **Aufbau eines Funkgerätes** ist unabhängig von seiner Größe – Kommunikationseinrichtungen, die auf Hochfrequenz arbeiten, bestehen aus **Sender** (mit Mikrofon), **Empfänger** (mit Lautsprecher), **Antenne** und **Energiequelle**. Bei einem Handfunkgerät sind alle Elemente in einem Gehäuse vereint (möglich ist dabei auch die Bedienung über ein Lautsprecher-Mikron mit Sendetaste), während bei mobil oder ortsfest betriebenen Geräten die Bestandteile der Anlage auch über Kabel verbunden sein können.

Solche **Betriebsfunkgeräte** haben je nach verwendeter Funkfrequenz nur eine begrenzte Reichweite. Darum kann bei größeren Objekten der Einsatz von **Relais-Stationen** erforderlich sein, die die Signale aller beteiligten Funkgeräte empfangen und dann auf einer weiteren Frequenz mit höherer Leistung unverändert weitersenden. Wenn dieses Relais auf einem erhöhten Standort errichtet wird und über einen guten Empfänger verfügt, können durch diesen technischen „Kniff" auch Fahrzeuge miteinander kommunizieren, die so weit voneinander entfernt sind, dass eine direkte Funkverbindung nicht möglich ist. Gleiches gilt für **Handfunkgeräte**, die aufgrund der geringen Akku-Kapazitäten meist nur eine geringe Sendeleistung und damit eine geringere Reichweite haben als fest im Fahrzeug montierte **Mobilfunkgeräte**.

Neben diesen mobilen Geräten sind in der Zentrale eines Unternehmens **Feststationen** (ortsfeste Funkanlage) errichtet, die durch höhere Sendeleistung und eine möglichst hoch und freistehend montierte Antennenanlage eine große Reichweite und Empfangsleistung bieten. Diese Geräte werden meist von einem zentralen Funktisch bedient, an dem auch Telefone und Computer für die Führung des Einsatzes zur Verfügung stehen. Die **Leitstelle** ist das „Gehirn", das die Fahrzeuge und Mitarbeiter vor Ort danach führt und lenkt, was ihm mitgeteilt wird. Kommunikation ist liegt in der Verantwortung aller Beteiligten, ob in der Zentrale oder im Einsatz vor Ort. Die Leitstelle kann bei Bedarf polizeiliche Hilfe oder die Feuerwehr anfordern, Hinweise zum betroffenen Objekt geben oder auch Rücksprache mit dem Objektverantwortlichen halten, wenn dieser nicht vor Ort ist. Zudem kann die Leitstelle in der Regel auf elektronische Systeme wie VÜA oder GMA aus der Ferne einwirken, indem etwa Bereiche unscharf geschaltet werden, um den Kräften vor Ort das Betreten zu ermöglichen. Eine wichtige Aufgabe ist zudem das Führen eines Protokolls, ob in Papierform oder, wie heute üblich, durch Erfassen der Einsatzdaten im PC. Auch wird der Funk- und Telefonverkehr in der Regel aufgezeichnet.

Während bei einem **Wechselsprechen** zwischen Geräten auf einer Frequenz oder durch Einsatz einer Relais-Station (mit zwei Frequenzen für Senden und Empfangen) alle betriebsbereiten Funkgeräte ein Mithören des Funkverkehrs zulassen, ist der **Bündelfunk** ein Vorläufer des Handy-Netzes. Bündelfunk-Geräte können gezielt angewählt werden und schalten erst dann auf Empfang, wenn sie auch tatsächlich Empfänger der Nachricht sein soll. Dieses Verfahren ist grundsätzlich auch bei normalen Funkgeräten möglich (sogenanntes Selektivrufverfahren mit Stummschaltung), doch bietet der Bündelfunk einen entscheidenden Vorteil: Durch die Nutzung von Netzanlagen eines Funkanbieters spielen die Reichweiten der genutzten Geräte und somit der Standort keine Rolle mehr, die Kommunikation ist also gesichert. Allerdings können andere Streifen den Funkverkehr nicht verfolgen und müssen somit im Falle eines Einsatzes erst angesprochen werden – so kann wertvolle Zeit verloren gehen; ein Vorwurf, der auch bei der Entwicklung des TETRA-Digitalfunks der Polizei von Praktikern immer wieder erhoben wird.

Frequenzen des Betriebsfunks werden meist von mehreren Unternehmen genutzt. Es ist darum wichtig, dass die Abwicklung des Funkverkehrs auf notwendige Informationen beschränkt wird und diszipliniert gearbeitet wird. Eine deutliche Sprache ist ebenso wichtig wie die Einhaltung bestimmter Kommunikationsformen. So sollte bei jeder Aufnahme einer Kommunikation der eigene, von der Zentrale zugeteilte Rufname verwendet werden, ebenso der Rufname der Gegenseite und die Aufforderung, sich zu melden. Ein Beispiel:

Milan Leit für Milan 50, bitte kommen.

Hier ist Milan Leit, sprechen Sie, Milan 50.

Milan 50 hat Objekt erreicht – Vor Ort außen keine Feststellung. Wir verlassen das Fahrzeug und überprüfen das Gelände. Kommen.

Verstanden, Milan 50. Ende von Milan Leit.

Eine kurze, aber effektive Kommunikation, die zwar auf den ersten Blick etwas hölzern wirkt, aber den Vorteil bietet, dass alle Beteiligten im Bilde sind und der Funkverkehr reibungslos abgewickelt werden kann. Das Gegenbeispiel sähe so aus:

Heinz, bist Du da?

Wer will denn das wissen?

Ich bin's. Heinz, wir sind jetzt bei Müller in der Teichgasse vor der Tür, und die blöde Anlage hat wohl wieder mal weiße Mäuse gesehen. Hier tut sich gar nichts. <PAUSE> Aber wir gehen gleich mal auf das Gelände.

<PAUSE> War's das jetzt?

Ja, warum?

Und so weiter. Besonders ärgerlich ist es, wenn beide Beteiligten gleichzeitig die Sendetaste drücken, weil keine Aufforderung zur Beantwortung gegeben oder abgewartet wurde.

Im zuvor genannten Beispiel hat sich die Fahrzeugbesatzung entschlossen, das Gelände zu untersuchen. Wenn der Wagen nur mit einem einzelnen Mitarbeiter besetzt ist, kann durch spezielle Vorrichtungen am Handfunkgerät sichergestellt werden, dass im Falle eines Unfalls oder Überfalls schnell Hilfe geschickt werden kann. Solche **Totmannschaltungen** kennen Sie möglicherweise aus Filmen über die Arbeit von Lokführern – auch er muss regelmäßig einen Knopf drücken oder diesen gedrückt halten, sonst würde die mit dem Knopf verbundene Elektronik eine Notbremsung des Zuges einleiten: Der Lokführer hat nicht gedrückt und ist entweder tot oder eingeschlafen – daher der Name „Totmannschaltung“. Sie kann für jegliche mechanische oder elektronische Einrichtung verwendet werden, die überwacht, dass ein Mensch anwesend ist, sich bewegt oder handlungsfähig ist.

Verfügt das Handsprechfunkgerät über eine Totmannschaltung, kann das Gerät ein Rufsignal absetzen oder auf Senden schalten, sobald der Mitarbeiter eine dafür vorgesehene Taste loslässt – fällt das Gerät also zu Boden oder wird es ihm entrissen, überträgt das Gerät alle Geräusche vor Ort in die Zentrale. Neben der Methode, eine Taste gedrückt zu halten, können auch Neigungsmessfühler ein Notsignal oder eine Übertragung auslösen, etwa in dem Moment, wo das Funkgerät nicht aufrecht gehalten wird – sollte der Mitarbeiter das Gerät am Körper tragen und stürzen, käme das Gerät in waagerechte Lage und könnte Hilfe herbeiholen. Allerdings ist es wichtig, in einem solchen Umfeld, in dem derartige Gefahren lauern, im regelmäßigen Funkverkehr mit der Leitstelle den Standort laufend mitzuteilen. Auch die Überwachung auf Bewegung kann, besonders bei sitzender Tätigkeit, durch einen Totmannschalter realisiert werden.

Personen-Notsignal-Anlagen (PNA) sollen nach diesem Muster für besondere Sicherheit sorgen. Ihr Einsatz wird in der DGUV Regel 112-139 „Einsatz von Personen-Notsignal-Anlagen“ ausführlich beschrieben. Sie bestehen aus Personen-Notsignal-Geräten (PNG) und mindestens einer Personen-Notsignal-Empfangszentrale (PNEZ). Die Geräte können willentlich und unwillentlich, sprich automatisch, ein Notsignal absetzen, so dass Maßnahmen der Rettungskette anlaufen können, um den Betroffenen zu retten.

Für den Einsatz in Industrieanlagen mit brennbaren Flüssigkeiten oder Gasen dürfen nur „**Ex**(plosions)-**geschützte**“ Funkgeräte und Telefone verwendet werden. Selbst die Unterwäsche einiger Mitarbeiter ist hier antistatisch, um Funkenbildung und damit eine Explosion bei einem Defekt der Anlage zu vermeiden. Ex-geschützte Geräte sind für den Einsatz in diesen Bereichen speziell hergestellt und müssen regelmäßig auf ihre Betriebssicherheit geprüft werden.

Selbst das beste Kommunikationsmittel muss benutzt werden – so banal diese Aussage, so gern wird sie missachtet. Der ständige Kontakt zur Einsatzleitstelle kann Ihr Leben retten – ist es nämlich ungewöhnlich, dass Sie sich nicht in kürzeren Abständen melden, wird ein Ausbleiben ihrer Meldungen auffallen. **Gewöhnen Sie es sich darum an, regelmäßig Ihren Standort an die Leitstelle zu melden.** Durch die Beschränkung auf Meldung und Bestätigung wird der Betriebskanal nicht blockiert und Sie können sicherstellen, dass Ihre Kollegen über Ihren Aufenthaltsort Bescheid wissen. Wenn Sie eine verdächtige Person bemerken oder Sie auf eine ungewöhnliche Situation stoßen, ist das Absetzen einer Standortmeldung in Verbindung mit einer kurzen Beschreibung der Lage das Erste, was Sie unternehmen sollten, insbesondere bevor Sie eine unbekannte Person ansprechen, die sich in diesem Bereich des Objekts nicht aufhalten dürfte. Diese sofortige Meldung ist Teil Ihrer Eigensicherung und sorgt für Ihre Sicherheit!

12.2. Wächterkontrollsystem

Wächterkontrollsysteme sind in Zeiten einer permanenten Möglichkeit der Ortung von Mobiltelefonen und Smartphones beinahe schon ein Element der Zeitgeschichte. Früher wurden Wächterkontrollsysteme auch als **Stechuhr** bezeichnet, die einer Mitarbeiter bei sich trug und an der Kontrollstelle benutzte, um zu dokumentieren, dass er zu einer bestimmten Zeit an genau diesem Ort gewesen war – dazu befand sich an der auch „**Stechstelle**“ genannten Kontrollstelle ein Schlüssel, mit dem die Stechuhr bedient wurde. In deren Innern wurden dann die Daten auf einem Papierstreifen gedruckt und am Ende der Schicht entnommen.

Moderne Wächterkontrollsysteme nutzen neben der klassischen Übertragung eines Signals an der Kontrollstelle, beispielweise durch ein Funksignal aus einem Transponder, oder das Scannen eines Barcodes bei gleichzeitiger Speicherung von Datum und Uhrzeit auch die schier unbegrenzten Möglichkeiten des digitalen Netzes. So kann durch Aufzeichnung von Fahrtstrecken mit Hilfe von GPS-Sensoren der Verlauf einer Revierfahrt lückenlos und zeitlich exakt nachvollziehbar dokumentiert werden.

13. Umgang mit Menschen

Was macht den Menschen aus? Was treibt ihn an? Und wie gehen Menschen mit äußeren Einflüssen um, etwa Zeitdruck, Beschimpfungen oder auch Enttäuschungen? Wie teilen sie es anderen Menschen mit?

Viele Fragen, auf die dieses Kapitel des Lehrbuches einige Antworten geben wird. Das Thema „Umgang mit Menschen" ist aus gutem Grund ein wesentlicher Bestandteil der Sachkundeprüfung für das Bewachungsgewerbe, da die drei Tätigkeiten, für die der „34a-Schein" vorgeschrieben ist, besondere Fähigkeiten auf der Seite des Mitarbeiters erfordern, vor allem eine deeskalierende Kommunikation, aber auch ein geschultes Auge und Gehör, um die Motive des Gegenübers frühzeitig erfassen zu können und sich darauf einzustellen.

Zu klären ist zunächst die Frage, „wie Mensch tickt". Der Einzelne entscheidet und handelt grundsätzlich nach ähnlichen Mustern, die man erkennen und beeinflussen kann. Das gilt insbesondere für Konflikte, die sich auch innerhalb eines Teams ergeben können. Der daraus entstehende Stress muss ebenso bearbeitet werden wie auch die Frustration, die sich einstellen kann. Lesen Sie darum die nachfolgenden Informationen nicht nur als Handreichung für Ihre Kommunikation mit dem Störer, Querulanten oder betrunkenen Discobesucher, sondern auch als praktischen Leitfaden für Ihre tägliche Kommunikation, ob im Dienst oder privat.

13.1. Motive menschlichen Handelns

Warum steht der Mensch morgens aus seinem Bett auf? Ist es ein „Drang", das WC aufzusuchen, oder ist es der Hunger, vielleicht der Duft von frischem Kaffee? Vielleicht klingelt auch der Wecker und erinnert an die bevorstehende Frühschicht, während man doch viel lieber weiterschlafen möchte.

Das „warum" wird in der Psychologie als **Motiv** bezeichnet, das Anstreben eines Zieles als **Motivation**. Und dieser Begriff trifft die Folge ziemlich genau – der Begriff „Motiv" leitet sich vom lateinischen Wort für „Bewegung" ab. Der Mensch bewegt sich, und der bewussten Bewegung liegt fast immer ein Motiv zugrunde.

Es wird unterschieden zwischen **Motiven erster Ordnung**, die **angeboren** sind, und **Motiven zweiter Ordnung**, die der Mensch im Laufe seines Lebens **erwirbt**.

Angeborene Motive erster Ordnung sind Hunger und Durst, aber auch der **Trieb** (Sexualität) und der Wunsch, innerhalb einer Gruppe anerkannt zu werden und „etwas zu gelten". Da dieser letztgenannte Wunsch während der frühen Entwicklungsstufe des Menschen die Chance auf Fortpflanzung verbesserte, indem besondere, begehrte Männchen von dem Weibchen zur Fortpflanzung vorgezogen wurden, kann man den Geltungsdrang durchaus zu dem Bereich des Triebes zählen. Noch heute ist das sogenannte **Balzverhalten** nicht selten dadurch motiviert, dass sich der Akteur bemüht, vor einer Frau besonders attraktiv zu erscheinen.

Erworbene Motive zweiter Ordnung sind neben dem Hang zu Luxus und Bequemlichkeit auch Süchte, nach Alkohol oder anderen Rauschmitteln beispielsweise. Wie stark sich die erworbenen Motive auf das Leben des Einzelnen auswirken, ist von vielen anderen Faktoren abhängig – die Grenze zwischen einem Genießer und einem Alkoholiker ist auch unter Weintrinkern nicht immer leicht zu ziehen.

Motive bewegen den Menschen, und das bedeutet ein Wechselspiel zwischen dem Erkennen oder Setzen von Zielen einerseits und Methoden, diese Ziele zu erreichen, andererseits. Zentrales Motiv für die Tätigkeit als Mitarbeiter im Bewachungsgewerbe ist Geld – der Arbeitslohn soll nicht nur die Grundbedürfnisse wie Obdach, Nahrung und Entspannung befriedigen, sondern im besten Falle auch noch erworbene Bedürfnisse wie den Wunsch nach Urlaubsreisen, einem besonderen Fahrzeug oder einem gemütlichen Abendessen in einem besonderen Restaurant ermöglichen. Die Methode, Geld zu verdienen, ist die Arbeit. Dabei fördert eine gute Bezahlung die **Motivation** im Sinne eines Antriebs oder einer Zielsetzung, zumindest kurzfristig – denn auch die Motive unterliegen einer ständigen Entwicklung und Veränderung. So könnte die monatliche Zahlung des Arbeitslohnes nach einiger Zeit nicht mehr Motiv genug sein, pünktlich zum Dienst zu erscheinen. In diesem Falle wäre der Arbeitgeber gefordert, seinen Mitarbeiter neu zu motivieren – beispielsweise durch Druck: „Kommst Du noch einmal zu spät, gibt es eine Abmahnung und danach beim nächsten Fehler die Kündigung." Eine klare Ansage, die das zentrale Motiv „Geld" als Symbol für soziale Sicherheit wieder in den Vordergrund rückt.

An dieser Stelle dürfen Sie nicht verkennen, dass Druck nicht nur dazu dient, Menschen zu unterjochen oder zu mehr Leistung zu zwingen. Druck ist auch ein positives Mittel der Motivation – ohne Zeitdruck beispielsweise würden einige Projekte niemals abgeschlossen und unter Umständen einige Lösungen von Problemen nie gefunden.

Neben finanzieller Anerkennung und Druck durch Androhung von Sanktionen ist auch das Setzen von Zielen eine bewährte Methode zur Motivation von Mitarbeitern. In der Führungslehre gibt es dazu einen sehr griffigen Lehrsatz: ***Willst Du Schiffe bauen, schicke Deine Männer nicht Bäume fällen, sondern erzähle Ihnen von fernen Ländern.***

Grundlegend für eine erfolgreiche Motivation ist in der Regel eine emotionale Bindung zwischen Motivator und Motivationsempfänger. So kann ein persönliches Wort im Trauerfall oder auch die Botschaft, dass man den anderen Menschen wertschätzt und auf seinen Ratschlag Wert legt, die Motivation mehr steigern als eine Gehaltserhöhung oder eine Urkunde.

Wer gut motiviert ist, ist leistungsfähiger. Diese Leistungsfähigkeit ist direkt gekoppelt mit einer erhöhten Leistungsbereitschaft und Fähigkeit, auch mit Rückschlägen oder besonderen Anstrengungen umzugehen. Im Rahmen der Tätigkeiten im Bewachungsgewerbe gilt damit: „Nur ein motivierter Mitarbeiter wird aufmerksam und zielorientiert den Auftrag nach bestem Wissen und mit ganzem Einsatz erfüllen, um seinen Arbeitgeber und damit auch den Auftraggeber zufriedenzustellen." Somit sollten Arbeitgeber stets bemüht sein, ihre Mitarbeiter zu motivieren – welche Methode sie dabei wählen, hängt vom jeweiligen Einzelfall ab.

13.2. Kommunikation

„Die Sprache ist natürlich im ersten Moment immer ein Hindernis für die Verständigung." Dieses Zitat des berühmten Pantomimen Marcel Marceau eröffnet das im Grunde selbstverständlichste Kapitel Ihrer Vorbereitung auf Sachkundeprüfung oder Unterrichtung. Denn während Sicherheitstechnik, Staatsrecht und Unfallverhütung uns nicht seit Kindesbeinen und damit täglich begleiten, gehört Umgang mit Menschen zu unserem Mensch-Sein. Täglich gehen Sie mit Menschen um, sitzen vielleicht gemeinsam am Frühstückstisch, stehen anderen beim Bäcker oder an der Ampel gegenüber, haben miteinander Spaß, ärgern sich auch – und verständigen sich über so viele Dinge mit anderen Menschen, dass Sie eigentlich wissen müssten, wie man mit Menschen umgeht.

Zumindest theoretisch. Denn für die meisten Menschen ist die Kommunikation kein bewusstes Handeln, genauer gesagt, sie wissen eigentlich nicht, wie Kommunikation funktioniert – aber trotzdem kommunizieren sie. Geht denn das? Natürlich, oder wissen Sie, wie Ihr Auto funktioniert? Sie fahren trotzdem damit. Und auch der PC, mit dem Sie im Internet surfen, dient Ihnen als Werkzeug, ohne dass Sie heutzutage mehr darüber wissen müssen als die Grundfunktion der Maus und des Internet-Browsers. Dabei erlernen wir unsere Wege der Kommunikation noch wesentlich intuitiver als die Nutzung von Werkzeugen – warum schreien hungrige Kleinkinder? Wollen sie bewusst ihre Eltern dazu auffordern, ihnen eine Mahlzeit anzubieten, und haben sie ihr Schreien bewusst als Mittel ausgewählt? Die Wahrheit liegt doch eher in einer Art des Ausprobierens von Mitteln, die zum Erfolg führen.

Jeder von uns wurde in seinem Leben geprägt. Dabei sind es nicht nur Eltern und Freunde, Geschwister oder Lehrer, die uns zu dem gemacht haben, was wir sind – alles, was uns begegnet, und jeder Mensch, der uns begegnet, kann uns prägen. Und auch unser Umgang mit Menschen wird durch das geprägt, was wir erlebt haben. Denken Sie kurz über folgende Frage nach: Ist der Obdachlose, der eine Bank ausräumt, kriminell?

Lassen Sie sich Zeit und denken Sie wirklich über die Frage nach, bevor Sie die Antwort im nachfolgenden Text lesen.

ERST WEITERLESEN NACH ERLEDIGUNG DER AUFGABE

Woran haben Sie bei der Frage gedacht? Was haben Sie vor Ihrem inneren Auge gesehen? Wen sahen Sie vor sich? Etwa einen ungepflegten, nach Schnaps riechenden Mann, der pöbelnd und mit einem langen, dreckigen Brotmesser bewaffnet in der Schalterhalle einer Bankfiliale steht, eine Geisel genommen hat und den Kassierer zwingt, die Scheine aus der Kasse in eine alte Plastiktüte zu legen? Hatten Sie vielleicht besonders den Geruch in der Nase, den der Begriff „Obdachloser“ bei Ihnen erzeugt?

Sie sind einer typischen **Kommunikationsfalle** auf den Leim gegangen. Die Frage, die ich Ihnen gestellt habe, wird in einer ganz bestimmten Region Deutschlands eindeutig mit „nein“ beantwortet werden – der Begriff „Bank ausräumen“ steht dort nämlich für jene Männer und Frauen, die nach Anbruch des Tages ihr Nachtlager, die Bank im Park, von Schlafsack und Decke befreien, diese Bank im Slang der Region „ausräumen“. Eine lobenswerte Tätigkeit und keineswegs kriminell. Und nicht im Entferntesten mit dem zu vergleichen, was sich der Durchschnittsmensch, der nicht in der betreffenden Region wohnt, unter diesem Satz vorgestellt hätte.

Damit sind wir beim Begriff der Kommunikation. Kommunikation ist die Übertragung von Botschaften von einer Person zu einer oder mehreren anderen, und zwar unabhängig davon, ob wir als Mittel der Kommunikation

- gesprochene Worte (Sprache),
- geschriebene Worte (Schrift),
- geschriebene Zeichen (Symbole),
- Gesten,
- Bilder oder
- Töne

verwenden – Transportmöglichkeiten für Botschaften, die zwischen Menschen ausgetauscht werden.

Nehmen wir zum Beispiel das so gern benutzte Wort „ja". Ja steht für Zustimmung. Wenn wir „ja" denken, haben wir ein positives Gefühl, wir sind in der Regel ausgeglichen, und zur Unterstreichung unserer Zustimmung nicken wir auch noch mit dem Kopf.

Frage: Würden Sie, wenn Sie Ihre Zustimmung erteilen, mit dem Kopf schütteln, obwohl Sie dabei „ja" sagen?

Natürlich nicht, werden Sie antworten. Und das ist in unserem Kulturkreis auch üblich – anders in einigen anderen Regionen dieses Planeten, wo Kopfschütteln Zustimmung und Nicken Ablehnung bedeutet. Aber welche Aufgabe hat das Kopfnicken beim „ja"-Sagen, das Wort steht doch für sich allein. Das stimmt, und trotzdem wird oftmals das gesprochene Wort durch eine Geste unterstützt oder unterstrichen. Nehmen Sie nur die Situation, dass Ihnen vorgeworfen wird, Sie hätten als Mann eine Kollegin sexuell belästigt. Eine heftige Anklage, die Sie wahrscheinlich durch ein Aufreißen der Augen, Schütteln des Kopfes und ein Anheben der Hände mit offenen Handflächen zu entkräften versuchen.

Körpersprache ist der rein verbalen Kommunikation (wie etwa in einer eMail) überlegen und kann daher auch zielgerichtet eingesetzt werden, sei es zum Erkennen unbewusst ausgesendeter Botschaften oder zum unterschwelligen Aussenden eigener Botschaften. Das Wissen um Körpersprache ist elementar für Ihre spätere Tätigkeit – ergänzen Sie die hier vermittelte Theorie darum durch zahlreiche praktische Übungen.

Die Elemente der Körpersprache finden Sie später zum Begriff ***Fremdbild*** auf Seite 297 erläutert, hier folgen zunächst zusätzliche Rahmenbedingungen und Voraussetzungen für Körpersprache:

Stimme	Soziales Umfeld	Lebenserfahrung
Körpersprache	Eigenbild	Emotionaler Zustand
Körperhaltung	Ausbildung	Situation
Körp. Eigenschaften	Soziale Stellung	Körpergefühl

Kommunikation, jenes Instrument, das jeder von uns täglich spielt und dabei mehr oder weniger genauer den Ton trifft, sie ist Thema vieler Forschungsprojekte und füllt zahllose Fachbücher. In ebenso vielen Seminaren können Sie Techniken der Kommunikation üben, die Ihnen einen Vorteil bei Verhandlungen mit anderen verschaffen oder helfen können, in schwierigen Situationen die Oberhand zu behalten.

Wenn Sie beim Benutzen einer Treppe auf den Gedanken kommen, mit welchem Fuß Sie gleich auftreten werden oder was Ihre Füße gerade machen, könnten Sie ins Stolpern kommen. Genauso ist es mit der Kommunikation – wenn Sie erst einmal beginnen, sich über das Wie und Warum Gedanken zu machen, beginnen die Probleme. An dieser Stelle sollen darum einige wichtige Grundbegriffe erläutert werden, die nicht die Grundfesten Ihres Kommunizierens ins Wanken bringen sollen, sondern Ihnen einige Mechanismen und Formen des Gedankenaustauschs erklären soll. Oft fehlt es nur an dem Wissen über Hintergründe – Sie beherrschen bereits unbewusst zahlreiche wertvolle Kommunikationstechniken.

13.3. Botschaften

Wenn wir miteinander kommunizieren, müssen wir nicht unbedingt Worte benutzen. Auch Gesten transportieren Botschaften – ein Achselzucken, das schon angesprochene Kopfschütteln oder auch ein bestimmtes Mienenspiel übertragen eine Botschaft ebenso gut wie Worte.

Botschaften enthalten Informationen über

- Gemütszustände
- Gefühle
- Bedürfnisse
- Wahrnehmung
- Verständnis
- Interesse
- Zuneigung

und vieles mehr. Die genannten Zustände können Sie mit Ihren Sinnen wahrnehmen, indem Sie eine Person ansehen, ihr zuhören oder auch fühlen, dass sie beispielsweise Herzklopfen hat, also sehr aufgeregt ist. Die **Wahrnehmung** von Botschaften bedarf also des Einsatzes der Sinne wie Ohr, Auge, Nase, Geschmack oder Tastsinn.

Wie wir die Botschaft wahrnehmen, ist wiederum abhängig von verschiedenen Umständen. Neben dem sprachlichen Kontext (wie im Falle des „Bankausräumers") sind es immer unsere eigenen Gefühle und Erfahrungen, die darüber entscheiden, wie wir eine Botschaft bewerten oder interpretieren, ihr also eine Bedeutung geben. Dies ist ein sehr wichtiger Punkt, den Sie schon nach kurzem Nachdenken leicht nachvollziehen können – oder kennen Sie nicht solche Momente, in denen Sie bereits bei dem geringsten Anlass „in die Luft gehen", obwohl der andere doch nichts Ungewöhnliches gemacht hat? Oft heißt es auch „ich habe doch gar nichts Böses gewollt", und trotzdem kommt es zur Katastrophe, ganz einfach deswegen, weil Sender und Empfänger der Botschaft sich gerade auf ganz anderen Ebenen bewegen. Wieder sei auf den Obdachlosen verwiesen, der für den Einen eine Bank ausraubt, während der Andere die Ordnungsliebe lobt. Und nicht umsonst heißt es oft, dass Männer und Frauen eine unterschiedliche Sprache sprechen, obwohl sie die gleichen Worte verwenden: Das Problem liegt meist in unterschiedlichen Erwartungen.

Grundsätzlich gilt, dass der **Sender** dafür **verantwortlich** ist, dass der **Empfänger** die **Botschaft versteht**. Erklären Sie also einem Besucher des Einkaufszentrums die Zusammenhänge von Verbrennung und Sauerstoffgehalt der Luft, wird er den Inhalt Ihrer Botschaft und deren Wichtigkeit sicherlich langsamer begreifen, als wenn Sie ihm direkt sagen, dass ein Feuer ausgebrochen ist und Sie ihn bitten, das Gebäude zu verlassen, um seine Gesundheit nicht zu gefährden.

Und nun drehen wir den Spieß einmal um – vor Ihnen steht ein Mann und fordert Sie auf, Ihr Fahrzeug wegzufahren. Er kommt bereits pöbelnd auf Sie zu, schlägt mit der flachen Hand auf die Windschutzscheibe und droht damit, Sie sofort abschleppen lassen – dabei baumelt ein Funkgerät von seiner Hüfte, während seine Seglerjacke über dem Bauch spannt. Wie würden Sie reagieren? Wahrscheinlich gereizt, denn Bepöbeln lässt sich niemand gern, und dazu noch von so einem Strolch, wer ist das überhaupt? Und warum soll ich das tun, was er will?

Die Antwort könnte sein, dass Sie in diesem Moment die Zufahrt zu einem Firmengelände blockieren, ohne es zu bemerken, und es sich bei dem ungeschickt auftretenden Menschen um einen Mitarbeiter des Bewachungsunternehmens handelt, das mit dem Schutz des Betriebsgeländes beauftragt ist, vor dem Sie sich aufhalten. Aber woher sollen Sie das wissen, wenn dieser Mitarbeiter sich weder durch Uniform noch Ausweis zu erkennen gibt und zudem sein Ansinnen weder vernünftig begründet noch in freundlich-sachlichem Ton vorträgt? Kommunikation ist mehr als die Summe der gesprochenen Worte zwischen Menschen – **alles, was Sie für einen Dritten wahrnehmbar darstellen, ist Kommunikation**. Das beginnt mit einer sauberen und vollständigen Uniform, die ihre Stellung deutlich macht, setzt sich fort über eine gepflegte Erscheinung (Rasur, Haarschnitt), eine feste Stimme, eine aufrechte und dem Gegenüber zugewandte Körperhaltung und eine unaufgeregte Gestik. Ob ein Mensch unsicher ist, zeigt sich für das geübte Auge bereits innerhalb weniger Sekunden.

Wie man in den Wald hineinruft, schallt es aus dem Wald heraus – Beleidigungen, Vorwürfe und Drohungen sind keine Basis, auf der sich ein vernünftiges Gespräch führen lässt. Und als Mitarbeiter im Bewachungsgewerbe gilt für Sie (ausnahmsweise) das Gleiche wie für einen Polizeibeamten in einem demokratischen Rechtsstaat: Die schärfste Waffe ist das Wort. Wenn es Ihnen nicht gelingt, mit Worten eine Situation zu bereinigen, sind Sie gescheitert – denn anders als ein Polizeibeamter, der nach Eskalation einer verbalen Auseinandersetzung mit Gewalt reagieren kann, um seinen Willen durchzusetzen (vereinfacht ausgedrückt), sind Sie darauf angewiesen zu überzeugen, mit Argumenten, Verständnis und Vereinbarungen. Das mag manchmal anstrengend sein, doch es wird von Ihnen erwartet, dass Sie in der Lage sind, sich mit Worten durchzusetzen und so Ihre jeweilige Aufgabe zu erfüllen – sei es, Kunden eines Ladengeschäftes nach einem Diebstahl aufzufordern, Sie in das Büro der Geschäftsleitung zu begleiten, oder mit betrunkenen Jugendlichen ein vernünftiges Gespräch zu führen, um sie zu mehr Rücksicht gegenüber anderen Besuchern zu bewegen.

13.4. Fragen

Fragen sind Botschaften. Durch das später behandelte Kommunikations-Modell nach Friedemann Schulz von Thun (ab Seite 312) sind Fragen deutbar, um auf Motive und Befindlichkeiten des Fragestellers schließen zu können.

Doch Fragen sind mehr als das, was sie zu sein scheinen. Sie können dazu dienen, dem Gefragten Raum zu geben oder zu nehmen, indem sie so gestellt werden, dass die mögliche Zahl an Antworten entweder offen ist oder beschränkt wird. Man spricht von offenen und geschlossenen Fragen. Die Kenntnis des zugrundeliegenden Mechanismus in der menschlichen Psyche, besonders aber die routinierte Anwendung durch Führungskräfte und Mitarbeiter ermöglicht eine deeskalierende Kommunikation und gehört damit auch zum Prüfungsstoff in der Sachkundeprüfung.

Wer fragt, der führt. Insofern sind geschlossene Fragen mit ihrer begrenzten Anzahl der möglichen Antworten besonders effektiv, wenn man in einer Konfliktsituation eine bestimmte Reaktion seines Gegenübers (der Begriff Gesprächspartner wäre hier wenig zutreffend) herbeiführen will. Besonders perfide Beispiele für geschlossene Fragen sind die von Werbern auf der Straße gern genutzten **Suggestivfragen** „Sie wollen doch auch, dass Ihnen im Notfall geholfen wird, oder?" bzw. „Sie sind doch auch gegen Missbrauch von Kindern...", um sofort als begründete Hoffnung auf Hilfe oder den Abscheu gegen sexuelle Gewalt den Vertrag für eine zweifelhafte Vereinsmitgliedschaft aus dem Hut zu zaubern. Auf solche Fragen anders zu antworten als vorgegeben traut sich der Passant nicht, so die Strategie.

Geschlossene Fragen (oftmals mit „ja" oder „nein" als gewünschter Antwort) dienen dem Fragesteller zum Erreichen eines Ziels, bedrängen den Befragten und werden von diesem negativ empfunden. Sie nehmen die gewünschte Antwort indirekt vorweg und erzwingen sie.

Offene Fragen dagegen lassen dem Gefragten zahlreiche Optionen, sich mit der Frage und damit mit dem Fragesteller auseinanderzusetzen. Der aus der Werbung bekannte Werbespruch „Was wollt Ihr denn?" löst im Publikum eine befreiende Fröhlichkeit aus, nachdem geschlossene Fragen wie „Wollt Ihr Verlängerung?" oder „Wollt Ihr Elfmeter?" nicht zum Erfolg führten. Positive Kommunikation ist mit offenen Fragen problemlos möglich, indem der Gesprächspartner (hier stimmt die Bezeichnung) zu einer bewertenden, einschätzenden oder problemlösenden Antwort im Sinne guter Zusammenarbeit an der Problemlösung aufgefordert wird.

Fragen in offener ...	... und in geschlossener Form
Wann gehen wir ins Kino?	Gehen wir **um acht** ins Kino?
Wie geht es Dir?	Geht es Dir heute **nicht gut**?
Wo wollen wir heute essen?	Essen wir griechisch **oder** deutsch?
Wer übernimmt die erste Runde?	Sie wollen sich drücken, **oder**?
Warum wäre diese Lösung ok?	Haben Sie eine **bessere** Lösung?

13.5. Urteil und Vorurteil

Wenn Sie in Ihrem Stammrestaurant Ihr Lieblingsgericht bestellen, wissen Sie in der Regel ganz genau, was Sie erwartet und was Sie von der Küche des Hauses erwarten können. Nach dem Essen können Sie ein Urteil darüber abgeben, ob es Ihnen gefallen hat. Je nach Vorliebe oder Erwartung kann dieses **Urteil** von Mensch zu Mensch unterschiedlich ausfallen. Doch Sie werden Gründe haben, den Koch zu loben oder eben auch nicht. Sie stützen sich auf Ihr Geschmacksempfinden, auf die Gestaltung des Tellers, den Service der Bedienung, die Sauberkeit der Tischdecke und vieles mehr. Alles zusammengenommen lässt Sie zu einer Bewertung kommen.

Anders das Vorurteil – hier ist es keine Bewertung von Tatsachen in Bezug auf eine Situation, in der Sie auf eine Person treffen, sondern eine Art Checkliste, die Sie aufgrund Ihrer eigenen Lebenserfahrung aufstellen oder aus den Botschaften anderer Menschen ableiten. Aber ist ein Vorurteil denn immer schlecht? Stützen wir uns nicht täglich auf Vorurteile? Dem Wort nach steht ein Vorurteil für eine Einschätzung, die wir aufgrund der Erfahrungen anderer vornehmen. Das kann nützlich sein, wenn man beispielsweise die Erfahrung meidet, eine Pflanze wie den Riesen-Bärenklau zu berühren, weil das bereits bei anderen Menschen zu schweren Verletzungen führte. Doch verwechseln Sie nicht Lernen mit Vorurteilen – vieles von dem, was wir wissen, erfahren wir nur mittelbar aus Berichten Dritter.

Wie aber steht es mit einem Vorurteil? Vorurteile sind gelernte Einstellungen, basieren also teilweise nicht auf eigener Erfahrung. Sie sind mit negativen Gefühlen wie Angst oder Ablehnung verbunden und lassen in demjenigen, der dieses Vorurteil in seinem Geist formuliert, ein Bild von seinem Gegenüber und dessen Absichten entstehen.

Denken Sie an den Bankausräumer zurück. Was haben Sie bei dem Begriff Obdachloser gedacht? Ein grauhaariger Mann, der ständig in Mülltonnen wühlt und nach Schnaps stinkt, sich nicht wäscht und verfaulte Zähne hat. Frage: Entspricht jeder Obdachlose dieser Beschreibung? Und Zusatzfrage: Haben Sie schon einmal mit einem Obdachlosen gesprochen?

Jeder von uns wird nach kurzem Nachdenken zahlreiche Vorurteile nennen können. Schreiben Sie doch selbst einmal fünf Vorurteile auf einen Zettel und dazu auch die Eigenschaften, die Sie dem zuordnen, über den Sie das Vorurteil sprechen. Sie müssen diesen Zettel niemandem zeigen – Sie können also ehrlich sein und ihre Vorurteile ganz offen aufschreiben und beschreiben. Tun Sie's.

Bevor Sie weiterlesen, schreiben Sie **jetzt** bitte **Ihre Vorurteile** auf ein Blatt Papier – denn es folgt eine weitere Aufgabe, die Sie nur bearbeiten können, wenn Sie den Zettel mit Ihren Vorurteilen vor sich liegen haben.

ERST WEITERLESEN NACH ERLEDIGUNG DER AUFGABE

Und nun die Aufgabe danach: Fragen Sie sich, ob es sich um Vorurteile aus Hörensagen handelt oder Urteile aus Erfahrung. Sie werden rasch merken, dass man mit Vorurteilen zwar nicht immer falsch liegt, sich aber durch Vorurteile oftmals selbst im Wege steht. Denn Vorurteile sind der Feind der Neugier. Nun möchte ich Sie nicht dazu auffordern, jegliches Vorurteil in Frage zu stellen – wie schon geschrieben, manche Vorurteile bestehen zurecht. Aber im Umgang mit Menschen müssen wir uns tunlichst davor hüten, aus dem Äußeren eines Menschen auf seine Absichten zu schließen oder bestimmte soziale Gruppen über einen Kamm zu scheren. Die Gefahr von Vorurteilen liegt dabei nicht nur in ihrer Wirkung auf Ihr Verhalten, das durch ein Vorurteil beeinflusst wird – es liegt auch in der Möglichkeit, dass Vorurteile für die Durchsetzung bestimmter Ideologien in Umlauf gebracht werden.

Im Zusammenhang mit Vorurteilen spricht man von **Rassismus**, wenn Menschen aufgrund ihrer ethnischen Herkunft oder Hautfarbe benachteiligt (diskriminiert) werden. **Diskriminierung** ist kein Straftatbestand, aber ein Verstoß gegen die Menschenwürde und kann entsprechende Nachteile für denjenigen nach sich ziehen, der einen Dritten diskriminiert.

Apropos Rassismus – es muss nicht immer eine bestimmte Hautfarbe oder Sprache sein, die uns das Gefühl gibt, zu einer Gruppe zu gehören, deren Eigenschaften uns von anderen Menschen abgrenzen und uns ein Wohlgefühl geben. Schon Kleinigkeiten wie Schuhe einer bestimmten Marke oder das gemeinsame Interesse an einer Sportart begründen ein Zusammengehörigkeitsgefühl, das dazu führt, dass wir Handlungen von Mitgliedern unserer Gruppe gutheißen, die wir bei anderen kritisieren würden.

Interessant ist unser Bestreben, Argumente gegen Vorurteile erst einmal abzuwerten. Wir wehren uns dagegen, dass jemand unsere Meinung ändern will. Das kann dazu führen, dass wir Argumente, die gegen unsere vorgefasste Meinung sprechen, kritischer betrachten als jene, die unser Vorurteil stützen.

13.6. Selbstbild und Fremdbild

Fühlen Sie sich zu dick? Oder sind Sie für Ihr Alter noch erstaunlich fit? Ihr Spiegel kann Ihnen bei Bedarf einen Blick auf Ihr Äußeres bieten, womit Sie optisch Ihr **Selbstbild** (umgangssprachlich auch: **Eigenbild**) erkennen. Ihr vollständiges Selbstbild geht weit darüber hinaus – es beruht zum einen auf dem, was Sie über sich sicher wissen und bewerten (messbare Leistungen, Gewicht, Größe), zum anderen auf Ihrer eigenen subjektiven Bewertung von Eigenschaften, ob unsichtbar oder auch sichtbar, die Sie darzustellen glauben.

Dazu zählen auch die an Sie seit Kindesbeinen herangetragenen Erwartungen jener Menschen, deren Urteil Ihnen wichtig ist, wie Eltern, Freunde oder Lehrer, alles Personen, zu denen eine starke Bindung besteht. Sobald Sie sich vom Urteil anderer abhängig machen, begeben Sie sich auf dünnes Eis. Denn Ihr Selbstbild wird stark verzerrt durch ausgesprochene oder vermutete Meinungen dieser für Sie wichtigen Menschen über Sie selbst. Es ist daher wichtig, von Zeit zu Zeit das Selbstbild zu erforschen und dabei auch den Einfluss von Meinungen Dritter abzugleichen. Sonst kann Ihr Wohl und Wehe leicht durch „Liebesentzug" Ihres Vorgesetzten, von dessen Lob und Ansprache Sie Ihr Selbstbild abhängig gemacht haben könnten, weil Sie ihm diese Rolle zugewiesen haben (er ist nicht nur dienstlich, sondern auch emotional ein Vorgesetzter).

Aber wie steht es mit anderen? Wie werden Sie wahrgenommen?

Denken Sie jetzt nicht, dass Ihnen das egal ist. Jeder Mensch braucht Lob. Ihr künftiger Merksatz: „**Loben zieht nach oben**". In Seminaren zur Kommunikationstechnik führe ich regelmäßig ein Experiment durch, das immer nach dem gleichen Muster abläuft – ich gebe einer Gruppe einen Auftrag, bewerte das Ergebnis und lobe. Danach folgt ein zweiter Auftrag, etwas schwieriger, aber machbar. Ich überprüfe und lobe. Und nach der dritten Aufgabe, in die sich die Teilnehmer motiviert und freudig hineinstürzen, frage ich lediglich „Seid Ihr fertig?" und fordere die Teilnehmer danach kommentarlos auf, Ihre Plätze einzunehmen. Der Effekt ist stets der gleiche – Enttäuschung, erstaunte Gesichter, ein deutliches Absacken des „Spaß-Niveaus". Und das nur, weil mein Lob ausblieb und ich die Teilnehmer, die sich doch solche Mühe gegeben hatten, nicht „gestreichelt“ hatte.

Menschen brauchen Lob. Auch Kritik ist wichtig für die Entwicklung, doch **Lob**, **Ermunterung**, **Anerkennung** sind ***Vitamine für die Seele***. Das ist keine Aufforderung, grundlos zu loben, nur ein Anstoß für den Alltag. Und es ist eine Erklärung dafür, dass wir uns oftmals fragen, wie wir wohl auf andere wirken. Warum schminken sich Frauen, rasieren sich Männer das Gesicht? Wozu Duftwasser und Friseur? Weil wir uns Bewunderung und Anerkennung in der Gesellschaft erhoffen, weil wir sie brauchen wie die zwei Liter Wasser pro Tag für unseren Organismus.

Das Streben nach Anerkennung treibt interessante Blüten. Je nach Art der Gruppe, deren Anerkennung wir uns erhoffen, erfüllen wir jene Erwartungen, von denen wir meinen, dass wir sie erfüllen müssen, um von dieser Gruppe akzeptiert zu werden. Der einfache, weil offensichtliche Weg ist die Mode – Sie werden nicht mit Bundfaltenhose und Krawatte zu einem Punk-Konzert gehen. Ebenso wenig wird man in einer Nietenhose (altertümlich für „Jeans“) in die Oper gehen – doch hier haben sich die Zeiten gewandelt, ein solches Verhalten ist mittlerweile gesellschaftlich akzeptiert.

Bei der ersten Begegnung mit einem Menschen hinterlassen und erhalten wir den „**ersten Eindruck**“. Für den gibt es naturgemäß keine zweite Chance, weshalb wir darauf achten sollten, vor dem Hintergrund bestimmter Erwartungen an unser Auftreten diese auch zu erfüllen – zumindest dann, wenn wir bei denjenigen, denen wir begegnen, einen positiven „ersten Eindruck“ hinterlassen wollen. Schließlich wird sich dieses erste „Urteil“ über uns beim anderen einprägen und bei Erwähnen unseres Namens hervorgeholt.

Das **Fremdbild** ist die Gesamtheit aller Wahrnehmungen, Gefühle und Bewertungen, die Dritte von uns empfangen und wahrnehmen. Zahlreiche Faktoren beeinflussen unser Fremdbild, das man gemeinhin auch als *Ausstrahlung* bezeichnet, und wir entscheiden letztlich durch unser Verhalten auch wesentlich darüber, wie wir wahrgenommen werden. Sie können Ihr Fremdbild durch Ändern zahlreicher Faktoren zielgerichtet und höchst effektiv beeinflussen (siehe dazu auch *Körpersprache*, S. 289).

Zum Fremdbild tragen u.a. folgende Faktoren bei:

- Stimme (Tonlage, Geschwindigkeit, Dialekt, Aussprache, Ausdruck, Lautstärke)
- Körpersprache (Haltung, Bewegung, Mimik)
- Kleidung (Sitz, Zustand, Angemessenheit)
- Körperliche Eigenschaften (Figur, „Spannung", Sauberkeit, Haarschnitt)

Dies sind nur einige Faktoren, die auch wir bei einem Erstkontakt mit einem Menschen „scannen" und innerhalb von Sekunden (man sagt auch „innerhalb von Augenblicken") bewerten und speichern. Zwischen Mann und Frau entscheiden nach einer Fachstudie die ersten fünf Sekunden über die gemeinsame oder die eben nicht gemeinsame Zukunft. Und wer bei einem Einstellungsgespräch, meist handelt es sich hier um einen Erstkontakt, diesen ersten Eindruck nicht bewusst präpariert, kann Schiffbruch erleiden.

Grundsätzlich gefährlich ist es, sein gewohntes Terrain zu verlassen. Ein Schläger wird auch im Maßanzug als Schläger wahrgenommen, und ein Ballkleid macht aus einem Aschenputtel keine Prinzessin. Es wirkt eher komisch und damit befremdlich, wenn der Unterschied zwischen Sein und Schein allzu offensichtlich wird. Hier gilt „Schuster, bleib' bei deinen Leisten", denn wer sich allzu sehr verbiegen muss, wird schnell durchschaut. Dazu kommt, dass er sich unwohl fühlt und nicht unbeschwert jene Leistung bringen wird, die er sonst zu bringen fähig wäre.

13.7. Selbstwert

Es führt schnell zu Zweifeln an den eigenen Fähigkeiten, wenn man sich seiner Anerkennung in der Gesellschaft nicht sicher ist. Selbstzweifel, das Gefühl, die anderen könnten erkennen, dass man doch gar nicht so gut ist, wie alle denken, können Menschen lähmen, ihnen die Energie rauben, um ihre Fähigkeiten optimal einzusetzen. Jeder von uns kennt Selbstzweifel – schlimm wird es nur dann, wenn Zweifel zu Verzweiflung und Selbstmitleid, sogar zu Minderwertigkeitsgefühlen werden. Eine Fähigkeit des Menschen, die uns von den meisten Tieren unterscheidet, ist das Heraustreten aus der Situation und der Blick auf uns selbst. Es gibt einen „**blinden Fleck**" bei der Selbstbetrachtung, wie das Kommunikationsmodell „**Johari-Fenster**" zeigt.

Johari-Fenster (nach Joseph Luft und Harry Ingham)

	Mir bekannt	Mir unbekannt
Anderen bekannt	**öffentlich**	**„blinder Fleck“**
Anderen unbekannt	**geheim**	**unbekannt**

Öffentlich sind die Anteile der Persönlichkeit, die nach außen sichtbar gemacht werden und von anderen wahrgenommen werden können. Dieser Teil ist im Vergleich mit den anderen bei den meisten Menschen eher klein. Es sind aber in der Regel die nicht-öffentlichen Bereiche, die die Qualität von Beziehungen bestimmen. Dazu zählen auch Ehrgeiz oder Ängstlichkeit, soweit diese nach außen erkennbar hervortreten.

Geheim ist alles, was der Betroffene weiß oder kennt, aber anderen nicht zugänglich macht oder bewusst vor ihnen verbirgt.

Der „**blinde Fleck**“ ist jener Teil der Persönlichkeit, der vom Betroffenen dargestellt und von einem Dritten wahrgenommen wird, ohne dass es der Betroffene bemerkt. Andere erkennen dadurch Eigenschaften einer Person, die diese bei sich selbst nicht erkennt.

Unbekannt ist schließlich alles, was weder dem Betroffenen noch anderen bekannt ist. Hier können wir von Eigenschaften der Person ausgehen, die weder ihr selbst noch Dritten bekannt sind, die aber durchaus Einfluss auf das Miteinander der Beteiligten haben können.

Modelle wie das Johari-Fenster sind ein Mittel, Kommunikation zu entschlüsseln – weitere Beispiele zu diesem Themenkreis finden Sie ab Seite 312.

Selbstwertgefühl speist sich aus drei Quellen, die sich schon in dem Wort selbst finden:

- Selbst
- Wert
- Gefühl

Das **Selbst** ist unser Gefühl der Unterschiedlichkeit von anderen, wir nehmen uns als Individuum wahr. **Wert** ist ein angenommener oder durch Erfahrung veränderter Maßstab für eigenes oder fremdes Verhalten, oftmals ausgedrückt in Regeln (Gesetz, Sitte, Tradition). **Gefühl** ist die Emotion, die durch die Wahrnehmung der Umwelt und eigener Gedanken (und wiederum deren Bewertung) ins uns entsteht.

Das Selbstwertgefühl beeinflusst unser Leben und Handeln massiv. Es ist darum sehr wichtig, sich durch ein **positives Selbstwertgefühl** eine stabile Basis zu schaffen – denn nur so können Sie negative Erfahrungen leichter verarbeiten, die Ihnen ansonsten zu schaffen machen. Neben äußerlich messbaren Faktoren der sozialen Integration (Geld, Besitz, Position) gründet sich ein positives Selbstwertgefühl auf sozialer Anerkennung und der eigenen gelebten Zufriedenheit mit dem Erreichten – und hier ist auch ein Schlüssel zum Erfolg, den jeder Mensch in seinen eigenen Händen hält. Denn die Intensität und Qualität sozialer Bindungen und Anerkennung ist direkt von uns beeinflussbar, und Zufriedenheit ist eine Frage der Einstellung, nicht des Bankkontos oder des Baujahrs des eigenen Autos.

Im Umkehrschluss führen fehlende soziale Bindungen, Erleben (Empfinden) von Unterlegenheit und das Ausbleiben von Erfolgen zu einem **negativen Selbstwertgefühl**. In dieser inneren Wüste kann die Blume des Erfolgs nicht wachsen. Sobald Sie bei sich solch einen Zustand bemerken, sollten Sie aktiv gegensteuern, um nicht noch weitere Bereiche Ihres Lebens in diesen Sog kommen zu lassen.

Das Selbstwertgefühl eines Menschen ist in der Regel leicht zu erkennen. Der Betroffene versucht (meist ziemlich ungeschickt), durch besonders intensives und extrovertiertes, also sehr lautes oder auffälliges Handeln ein anderes Bild von sich und seinem inneren Zustand zu erzeugen, indem er genau das Gegenteil von dem darstellt, was in ihm vor sich geht. So können

Sie bei besonders laut lachenden, affektierten Menschen in Gesellschaft meist davon ausgehen, dass dieser Mensch ein ziemlich tristes Selbstwertgefühl in sich trägt. Diese Methode wird als **Kompensation** bezeichnet, das Verhalten **Kompensationshandlung**. Sie ist für die Umgebung deutlich wahrnehmbar und drückt sich durch zur Schau gestellte Überlegenheit, aggressives, meist auch lautstarkes Verhalten und ein hohes Maß an Prahlerei aus. Ebenso wie Schüchternheit (Ausdruck von Unsicherheit, „Balzverhalten") ist Kompensation kein Schlüssel für eine gute Kommunikation – es ist vielmehr, wie meist im Leben, der gesunde Mittelweg, der durch Übung oder auch Anleitung gefunden werden muss.

13.8. Frustration

Das Selbstwertgefühl leidet besonders darunter, wenn man ein bestimmtes Ziel nicht erreicht, wobei es in der Regel egal ist, ob dieses Ziel von anderen Menschen gesetzt wurde oder von dem „Versager" selbst, als der sich der Betroffene dann führt. Ein solches Nichterreichen von Zielen setzt den Menschen unter Druck, **frustriert** ihn. **Frustration** führt nicht selten zu aggressivem Verhalten.

13.9. Aggression

Aggressives Verhalten ist ein weiteres Überbleibsel aus den frühen Tagen der menschlichen Entwicklung. Es kann durch verschiedenste Faktoren ausgelöst werden, besonders aber durch Frustration.

Zu beachten ist, dass sich der aggressive Mensch mit seinen Handlungen **gegen sich selbst** richten kann (Auto-Aggression, Schädigen des Körpers durch selbstzerstörerisches Verhalten wie schnelles, riskantes Autofahren, „Kampftrinken", aber auch durch Selbstverstümmelung) **oder gegen andere** (Schlagen, Bepöbeln, aber auch Aufhetzen anderer).

Wie der Stress ist auch die Aggression dem Menschen in die Wiege gelegt. Allerdings ist der angeborene Überlebensinstinkt, der uns in Extremsituationen aggressiv und damit zum Angreifer werden lässt, nur ein Variante. Der Blick auf den Fußballplatz ist hier ein gutes Beispiel: Der Kampf um jeden Ball kann intensiv, aber mit fairen Mitteln ausgetragen werden. Er könnte aber auch, Stichwort „Blutgrätsche", das zulässige Maß überschreiten, also als aggressives „Spielen" bestraft werden.

Als Mitarbeiter im Bewachungsgewerbe in Tätigkeitsbereichen, die die Sachkunde nach § 34a GewO voraussetzen, ist der professionelle Umgang mit aggressivem Verhalten eine Schlüsselqualifikation. Durch intensive

Schulung im Umgang mit aggressivem Verhalten der Menschen mit ihren unzähligen Motiven und Absichten muss sich der Mitarbeiter auf die Begegnung vorbereiten. Das Einüben bestimmter Verhaltensmuster, etwa durch Rollenspiele, ist eine Methode, die aber in der Regel nur durch langfristige Praxis, insbesondere durch Lebenserfahrung verstärkt werden muss. Hier liegen beispielsweise die Vorteile bei Menschen, die in höherem Alter in das Bewachungsgewerbe wechseln – Lebenserfahrung ist hier vorhanden und kann im Konfliktfall gute Dienste leisten.

13.10. Konflikt

Konflikte sind der natürlichste Vorgang der Welt. Stellen Sie sich bloß vor, wie die Welt wäre, wenn es keine Konflikte gäbe – die Einen würden immer das tun, was ihnen die Anderen befehlen. Möchte man da der Eine oder der Andere sein?

Tatsächlich reift die Persönlichkeit an Konflikten, und zwar nicht durch Streiterei und Krawall, sondern durch **Konfliktfähigkeit**, also das Vermögen, mit Konflikten konstruktiv umzugehen und mit dem Gegenüber gemeinsam zu einer Problem- oder Konfliktlösung zu gelangen. Die Kunst besteht darin, dass die am Konflikt Beteiligten ihr Gesicht wahren und ihr Ziel zumindest ansatzweise erreichen.

Konflikte können sich auf Ziele, Gedanken und Motive, aber auch auf Kleidung, Wortwahl und vieles mehr beziehen. Grundsätzlich hat alles, über das man unterschiedlicher Meinung sein kann, das Potential zum Konflikt. In Ihrer zukünftigen beruflichen Praxis gehören Konflikte zum Alltagsgeschäft – die Anweisung, mit dem Wagen den nächsten Parkplatz zu benutzen, könnte Ihnen als Einweiser die Beschimpfung „Spiel Dich nicht so auf, Captain Hühnerbrust!“ einbringen, auf die Sie nicht reagieren sollten – damit wäre der Konflikt vorerst beigelegt, sofern der Autofahrer Ihrer Weisung folgt. Fährt er weiter auf Sie zu und versucht, Sie mit dem Fahrzeug abzudrängen, **eskaliert** der Konflikt. Unter **Eskalation** versteht man die Verschärfung einer Situation durch Anwendung intensiverer Mittel der Einflussnahme. In der Praxis eskalieren Konflikte durch Androhung oder Anwendung von Gewalt. Wichtig ist es, in solchen Momenten deeskalierend zu handeln, sozusagen den Druck aus der Situation zu nehmen – nur so ist es möglich, die Beteiligten auf einer Ebene der Vernunft zu einer gemeinsamen Lösung des Konflikts zu bringen. Typische **Deeskalationsmethoden** sind Isolation des Aggressors von seiner Gruppe (fehlendes Publikum macht es unnötig, „den Affen zu markieren“) oder Signalisierung von Verständnis und Bereitschaft zur Verhandlung („Ich kann Ihren Ärger nachvollziehen und würde gern mit Ihnen darüber sprechen."), ohne dabei eine belehrende Haltung einzunehmen.

13.11. Deeskalationsstrategien

Insbesondere bei einem Konflikt zwischen zwei Personen, an dem Sie selbst zunächst nicht beteiligt sind, ist es wichtig, überlegt in die Situation einzugreifen. Dazu gehört in erster Linie die Anforderung von personeller Unterstützung – allein ist es schwierig und zudem auch höchst gefährlich, sich „zwischen die Fronten" zu begeben, denn einen der Kontrahenten haben Sie immer im Rücken und können ihn deswegen nicht unter Beobachtung halten. Ausnahme sind hier Angriffe, bei denen der Täter sein Opfer angreift und der Unterlegene dringend körperliche Hilfe benötigt – hier wäre ein Warten auf Verstärkung nicht angebracht, wenn es dem Helfer den Umständen nach zumutbar ist, dem Opfer beizustehen.

Gehen wir beispielsweise von einem Streit zwischen zwei Männern in einem Einkaufszentrum aus, der sich langsam hochgeschaukelt hat und nun zu eskalieren droht (der Ton wird schärfer, die Körpersprache ist aggressiv), müssen Sie als Objektstreife zunächst die Streitenden räumlich trennen, und zwar so, dass sie sich nicht sehen und möglichst auch nicht hören können. Dabei nehmen Sie keine Festnahme vor oder drohen mit etwaigen Konsequenzen wie Hausverbot – ziehen Sie zunächst die Aufmerksamkeit beider auf sich und fordern Sie die Beteiligten auf, Ihnen den Grund für den Konflikt zu schildern. Seien Sie höflich und bestimmt, zeigen Sie sich neutral – auf keinen Fall dürfen Sie versuchen, durch Sätze wie „Immer diese Ausländer – ich kann schon verstehen, dass Sie sich aufregen!" oder „Ich hätte genauso reagiert!" Anteilnahme zu heucheln, weil eine solche geheuchelte Emotion sehr leicht zu durchschauen ist und Sie damit an Glaubwürdigkeit verlieren.

Bei jedem deeskalierenden Eingreifen müssen Sie damit rechnen, dass sich die Widersacher gemeinsam gegen Sie wenden – denn trotz des Konflikts könnten Sie als störend und als gemeinsamer Gegner ausgemacht werden. Außerdem müssen Sie bei der Ansprache das Umfeld im Auge behalten – in Ihrem Rücken dürfen sich weder erkennbare noch mögliche Sympathisanten der Streitenden aufhalten.

Zeigen Sie deutlich, dass Sie beiden Konfliktparteien neutral gegenüberstehen und an einer vernünftigen Lösung arbeiten wollen.

Folgende **Regeln für eine wirksame Deeskalation** sind zu beachten:

- Sachargumente vorbringen (aber keine Schuld zuweisen)
- Unaufgeregte, **neutrale Ansprache** wählen (Ruhe einbringen, „Fuß vom Gas nehmen")
- **Eigene Befindlichkeit** darstellen (Verständnis abrufen)
- Dem Vortrag des Andern **zuhören** (Verständnis zeigen)
- **Diskussionsbereitschaft** zeigen (kein Beharren auf Meinung)

Wenn Sie die vorgenannten Grundregeln beachten, zeigen Sie **Respekt** und Wertschätzung – dies wird als positive Eigenschaft wahrgenommen und ist eine Form von **Anerkennung**, die sich Ihr Gegenüber in seinem Innersten wünscht. Zudem entschärfen Sie den Konflikt wirksam, weil Sie Ihrem Gegenüber das Feindbild nehmen – denn Sie sind ja nicht sein Feind, Sie wollen ihm nichts Böses antun oder seine Meinung bekämpfen.

Ziel der Deeskalation ist immer die Lösung des zugrundeliegenden Konflikts. Um diese Lösung gemeinsam zu finden (denn nur das ist für beide Seiten ein zufriedenstellendes Ergebnis), bedarf es in der Regel einer ersten Einigung über grundlegende Gemeinsamkeiten, etwa „Wir sind beide an Frieden und Ruhe interessiert." oder „Wir Sportler müssen zusammenhalten." Wenn es Ihnen gelingt, eine solche Gemeinsamkeit zu erkennen und auch den Anderen auf diese Gemeinsamkeit einzuschwören, ist die Lösung greifbar. Es liegt nun an Ihnen, unaufgeregt und ohne belehrend zu wirken das Gespräch in die gewünschte Richtung zu führen. Humor oder auch Verwendung von Mundart (sofern beherrscht) sind gute Hilfsmittel, die Situation entspannt zu halten. Und schaffen Sie es, Ihrem Gegenüber ein Lachen zu entlocken, sind Sie fast am Ziel.

13.12. Stress

Stress ist nicht grundsätzlich negativ. Lediglich bestimmte **Stressreaktionen** wie Hektik, erhöhter Puls, Kopflosigkeit oder Wut aufgrund von empfundener Überforderung haben eine negative Auswirkung auf unser Leben, sowohl auf Situationen wie auch auf unsere Gesundheit.

Unter Stress selbst versteht man eine gesteigerte Bereitschaft des Körpers und auch des Geistes, sich Herausforderungen zu stellen. Und damit sind wir wieder bei den Vorfahren des modernen Menschen – unser Körper, dieses

Wunderwerk, verfügt über Mechanismen, die ihn in besonderen Situationen (in der Urzeit: Kampf, Flucht, Todesgefahr) über sich selbst hinauswachsen lassen. Sie haben bestimmt mehr als einmal solche Situationen erlebt, in denen sie sich hinterher gewundert haben, wozu Sie plötzlich in der Lage waren. Der Grund, man könnte auch sagen, die zusätzliche Energie aktivierte Ihr Körper oder auch Ihr Geist durch Stress.

Meist verstehen wir unter Stress aber nur die negativen Auswirkungen auf unseren Körper wie Gereiztheit, Müdigkeit oder Unruhe. Ein Mitarbeiter im Bewachungsgewerbe, der solche negativen Stresssymptome aufweist, kann seine Aufgaben nicht vollumfänglich wahrnehmen und reagiert in gefährlichen Situationen möglicherweise falsch, dann auch mit fatalen Folgen, wenn er beispielsweis Waffenträger ist.

Stresssymptome müssen ernstgenommen werden. Und die beste Strategie, Stress zu bekämpfen, ist es, Stress zu vermeiden, ihn also gar nicht erst entstehen zu lassen. Setzen Sie sich darum stets nur erreichbare Ziele, um nicht unter künstlichen Druck zu geraten. In einer besonders angespannten Situation ist es wichtig, das Kernproblem anzugehen – lernen Sie also, das Unwesentliche vom Wesentlichen zu trennen und zeitlich zurückzustellen. Und hier wurde auch einer der schlimmsten Stressauslöser genannt – die Zeit, die uns taktet. Teilen Sie sich Ihre Zeit besser ein, und setzen Sie auch hier Prioritäten. Schließlich ist unser aller Zeit begrenzt.

13.13. Interkulturelle Kompetenz

Der **Kulturbegriff** umfasst neben Folklore, Religion oder Kunst einer Volksgruppe auch Themenbereiche wie das Recht, Bildungsideale, Ethik und Moral. Und damit ist die Vielzahl der Aspekte des Begriffs Kultur noch nicht ansatzweise vollständig beschrieben. Probieren Sie selbst einmal, die „deutsche Kultur" umfassend und dabei auch so zu beschreiben, dass alle relevanten Eigenschaften dargestellt werden.

Wenn es bei einer einzelnen Kultur schon schwierig ist, wieviel schwieriger ist es dann erst, den Dialog zwischen zwei oder noch mehr Kulturen so durchzuführen, dass sich alle Beteiligten nicht nur inhaltlich verstehen, sondern auch akzeptieren, wertschätzen und vertrauen.

Signalisiert jeder Mensch auf dieser Welt durch ein Nicken Zustimmung? Und ist ein Händedruck immer Ausdruck von Wertschätzung, und ist die linke Hand gleichwertig mit der rechten? Dürfen wir „nein" sagen, wenn wir etwas ablehnen? Die Reihe dieser Fragen ließe sich seitenlang fortsetzen, und sicherlich kennen Sie einige Antworten, etwa dass es Kulturen gibt, in denen Kopfnicken Ablehnung oder Verneinung bedeutet[46], die linke Hand als unrein empfunden wird[47] oder in denen das Anbieten eines Händedrucks geradezu eine Beleidigung des Geschäftspartners darstellt, ebenso wie ein direktes Nein, das durch eine freundliche Umschreibung sowie eine zeitliche oder räumliche Verschiebung „weggelächelt" wird.[48]

„Experte" für die eigene Kultur werden wir dadurch, dass wir in dieser aufwachsen. Und selbst hier zeigen sich schnell Grenzen, denn sowohl Holsteiner als auch Bayern sind Deutsche, doch die regionalen Kulturen weisen teils große Unterschiede auf.

Der Begriff der **Diversität** ist am ehesten mit „Vielfalt zu übersetzen und beschreibt die gesellschaftliche Akzeptanz der Unterschiedlichkeit der Kulturen unter den verschiedensten Gesichtspunkten. Diversität ist ein Gegenmodell zum Rassismus und soll für Chancengleichheit sorgen, unabhängig von sozialer oder ethnischer Herkunft.

Unterschiede können dazu führen, dass Konflikte entstehen. Und wenn es nun zu Konflikten zwischen Kulturen kommt, die sich derartig gravierend unterscheiden, dass kaum ein Kompromiss zu finden ist? Fragen der Religion oder der sexuellen Selbstbestimmung sind dafür besonders gute und immer wieder zu beobachtende Beispiele, oftmals mit fatalen Folgen für die an diesem Konflikt Beteiligten. Wie soll ein Einzelner dazu in der Lage sein, all diese kulturellen Eigenheiten zu kennen und etwa einen Streit zu schlichten, in einem Konflikt zu vermitteln?

Darum geht es nicht. Interkulturelle Kompetenz bedeutet nicht, andere Kulturen umfassend zu verstehen, einzuhalten oder zu erklären, sondern beschreibt die Fähigkeit, das eigene Verhalten angesichts eines Kontaktes mit Menschen aus anderen Kulturkreisen so professionell zu gestalten, dass ein wertschätzender und konstruktiver Umgang zwischen Bewachungskraft und dem Betroffenen möglich ist. Es geht also gerade nicht darum, um spezielle Eigenheiten der Religionen zu wissen, die selbst den Anhängern dieses Glaubens manchmal nicht bewusst, manchmal aber auch egal sind, oder um eine Anpassung des eigenen Verhaltens um jeden Preis bis hin zu einer Verleugnung eigener Wertvorstellungen oder Überzeugungen.

---

[46] *Bulgarien*

[47] *Islamischer Kulturkreis*

[48] *Japan*

Interkulturelle Kompetenz ist in erster Linie eine innere **Haltung**. Es ist die Bereitschaft, wertschätzend und offen auf einen Gesprächspartner zuzugehen. Die Bewertung der fremden Kultur ist dabei weder erforderlich noch sinnvoll – denn Menschen haben sich über viele Generationen hinweg diese Regeln gegeben, nach denen sie zusammenleben und die als ihre Kultur bezeichnet werden kann. Dass die Anforderungen durch äußere Einflüsse wie Klima, Wassermangel oder auch religiöse Überzeugungen dabei bestimmte Verhaltensweisen erzeugt haben, die wir vor unserem eigenen kulturellen Hintergrund nicht nachvollziehen können oder sogar ablehnen, ist dabei grundsätzlich möglich, für die Kommunikation zwischen den Kulturen aber kein unüberwindliches Hindernis.

Wichtige Aspekte interkultureller Kompetenz sind die **Bereitschaft zum Dialog** und die Fähigkeit, **Unterschiede aushalten** zu können. Auch **Toleranz** ist unverzichtbar, um mit Angehörigen eines anderen Kulturkreises in einer Konfliktsituation auf Augenhöhe kommunizieren zu können. Aber weder Toleranz noch das Aushalten von Unterschieden dürfen zu einer Aufgabe der eigenen Überzeugungen führen, und sie setzen auch nicht voraus, eigene Werte aufzugeben oder zu verleugnen. Einfühlungsvermögen und die bewusste Wahrnehmung der eigenen Rolle, ein professioneller Umgang mit dem Konflikt, sind gute Voraussetzungen, um in einer solchen Situation „den Druck vom Kessel zu nehmen", und wenn die Beteiligten erst einmal miteinander reden (und nicht mehr nur übereinander), ist ein großer Schritt getan.

Sie haben in diesem Kapitel bereits das Thema „Vorurteil" bearbeitet. Die Urteile oder auch Vorurteile über bestimmte Kulturen sind bei Konflikten, die sich aus kulturellen Unterschieden ergeben, sollten durch den Vermittler in einem Konflikt grundsätzlich überprüft werden, indem Unklarheiten durch Fragen beseitigt werden. Dabei ist es oftmals sinnvoll, diese Informationen nicht bei den im Konflikt befindlichen Personen zu beschaffen, sondern bei unbeteiligten kompetenten Dritten. In religiösen Fragen bietet sich dabei ein Geistlicher ebenso an wie etwa ein lebensälteres Familienoberhaupt, dessen Familie nicht Teil des Konflikts ist.

Jeder Mensch hat Vorurteile. Ohne Vor-Urteile könnten wir die Vielfalt der Eindrücke, die täglich auf uns einstürzen, nicht so effektiv bearbeiten. Aber ein Vorurteil ist nicht unveränderlich. Und darum kommt der Bereitschaft, eigene Vorurteile zu hinterfragen, eine große Bedeutung zu, um die eigene interkulturelle Kompetenz zu verbessern. Das Vorurteil kann sich durch das Hinterfragen, aber auch umkehren, und in beiden Fällen herrscht am Ende eine erleichternde Klarheit.

Gelingt es, zwischen Angehörigen verschiedener Kulturkreise in einer gemeinsamen Unterkunft einen Kompromiss herbeizuführen über ein Thema, das die Beteiligten zutiefst unterschiedlich sehen und bewerten, wird dieser Kompromiss nur ein erster Schritt sein. Denn ebenso, wie wir nicht „aus unserer Haut" können, wird die innere Ablehnung des vereinbarten Verhaltens weiterhin von den Beteiligten gespürt. Anfänglich werden beide Seiten bemüht sein, den Kompromiss aufrechtzuerhalten, doch nach einiger Zeit kann es zu Übertretungen kommen. Hier kommt der schnellen Bearbeitung solcher Regelverstöße durch eine unabhängige Partei eine zentrale Rolle zu, um mögliche Eskalationen und die daran Beteiligten frühzeitig „herunterzukühlen".

Schon der Begriff „interkulturell", also „zwischen den Kulturen", steht für eine Abgrenzung. Es ist darum eine wirksame Strategie, Streitparteien nicht die Unterschiede, sondern insbesondere die Gemeinsamkeiten darzustellen, beispielsweise die gemeinsam zu erzielenden Vorteile, wenn ein wertschätzender Dialog gelingt. Ein positives Erleben solcher Gemeinsamkeiten kann beispielsweise durch sportliche Wettkämpfe gelingen, die zwar durch Mannschaftsaufstellung nach Nationen die Unterschiede sichtbar macht, im fairen Miteinander der Sportler aber die Chancen aufzeigt, in gewaltfreiem Dialog zusammenleben zu können.

Ein solcher Dialog ist niemals beendet. Interkulturelle Differenzen sind Teil der Menschheitsgeschichte und werden es bleiben. Dem Mitarbeiter im Bewachungsgewerbe, der an einer Schnittstelle zwischen den Kulturen oder auch nur zur Durchsetzung einer Hausordnung mit Menschen eines anderen Kulturkreises zusammentrifft, kommt darum eine große Aufgabe zu. Sich dieser zu stellen, erfordert eine ehrliche Antwort auf die Frage, ob sich der Betroffene dies zutraut. Ohne dieses Selbstvertrauen, das neben Ausbildung auch auf dem Willen zum offenen Gespräch basiert, kann diese Aufgabe nicht erfolgreich bewältigt werden.

13.14. Umgang mit traumatisierten Menschen

Unter einem **Trauma** verstehen wir eine innere (psychische) Reaktion auf ein äußeres Ereignis, das auf einen Menschen einwirkt und als zerstörerisch empfunden wird. Dabei ist wichtig zu verstehen, dass ein traumatisches Ereignis den Betroffenen psychisch überfordert, er also insbesondere gefühlsmäßig das Erlebte nicht verarbeiten kann.

Es ist dabei höchst unterschiedlich, von welcher Intensität eines Erlebens ein Mensch traumatisiert werden kann. Die Bandbreite möglicher Reaktionen auf dasselbe Erlebnis ist ebenso unterschiedlich wie wir Menschen – nehmen Sie beispielhaft einen Horrorfilm, der bei den Zuschauern Reaktionen von einem gelangweilten Gähnen bis zu mehreren schlaflosen Nächten und Angststörungen auslösen kann.

Ob ein Trauma vorliegt, ist keine Frage, die sich dem Mitarbeiter im Bewachungsgewerbe stellt. Allerdings haben insbesondere Beschäftigte, die in Unterkünften für besonders schutzbedürftige Geflüchtete arbeiten, mit hoher Wahrscheinlichkeit Umgang mit Menschen, die durch Erleben schlimmster Gewalttaten in ihren Heimatländern oder extrem beängstigende Situationen auf ihrer Flucht nach Deutschland traumatisiert worden sind. Der Umgang mit diesen Menschen erfordert ein besonderes Maß an Kompetenz und ist darum auch ein in der Sachkundeprüfung prüfbares Themenfeld.

Ein Trauma kann dabei leicht auch auf die Helfer übergehen. Insbesondere Menschen, die sich intensiv mit traumatisierten Personen befassen und enge Bindungen zu diesen aufbauen, geraten leicht in einen emotionalen Sog. Dies ist nur allzu menschlich und auch nicht negativ zu bewerten, solange der Helfende selbst nicht unter einen Leidensdruck gerät und am Ende selbst traumatisiert ist. Man spricht in diesem Zusammenhang auch davon, dass ein Trauma *ansteckend* sein kann. Ein sorgfältiger und aufmerksamer Umgang des Helfers mit sich selbst ist darum besonders wichtig. Hilfreich ist ein regelmäßiger Austausch im Kollegenkreis oder die Beauftragung externer Berater durch den Teamleiter oder die Einrichtung.

Die Behandlung eines Traumas liegt in der Verantwortung speziell geschulter Fachkräfte wie Psychologen, Gesprächstherapeuten oder Fachkräften aus dem sozialpädagogischen Arbeitsbereich. Auch die Diagnose, es handele sich um ein Trauma, ist grundsätzlich nur durch eine befähigte Fachkraft zu stellen und darf niemals, auch nicht beiläufig als flapsige oder abwertende Bemerkung, gegenüber einem möglicherweise Betroffenen geäußert werden. Vielmehr sollte durch Einbeziehung von Fachkräften diesem Menschen Hilfe zukommen.

Für die Mitarbeiter im Bewachungsgewerbe ist es trotzdem außerordentlich wichtig, Symptome einer Traumatisierung zu erkennen, um im Umgang mit einem Traumatisierten typische Fehler zu vermeiden, die in angespannten Situationen schnell zu einer Eskalation führen könnten.

Experten sprechen im Zusammenhang mit dem Trauma nicht von einer Krankheit. Vielmehr versucht der Verstand, dass der Mensch in der Lage bleibt, grundlegende Tätigkeiten wie Essensaufnahme, einfache körperliche Arbeit oder Schlaf durchzuführen, obwohl der Betroffene teilweise

Unvorstellbares und kaum zu Ertragendes erleben oder mitansehen musste, Dabei werden Erinnerungen dem Bewusstsein entzogen. Sie sind allerdings noch vorhanden und können durch bestimmte Auslöser wie aus dem Nichts wieder in das Bewusstsein rücken.

Unfälle oder Naturkatastrophen können ebenso traumatisierend wirken wie ein Raubüberfall oder eine Vergewaltigung. Erlebnisse, die über einen längeren Zeitraum auf die Psyche einwirken, beispielsweise Kriegsgefangenschaft, Folter oder sexueller Missbrauch in der Familie, führen mit einem höheren Maß an Wahrscheinlichkeit zu einem Trauma.

Eine nachvollziehbare Reaktion auf eine Traumatisierung ist das **Vermeiden** einer solchen oder ähnlichen Situationen. Menschen, die etwa in einem Park überfallen wurden, meiden in der Regel solche Parkanlagen.

Eine erkennbare und fast durchgängige Erregung ist ebenfalls ein Symptom für ein Trauma. Einschlaf- und Durchschlafstörungen, Lärmempfindlichkeit, Schreckhaftigkeit, Reizbarkeit, aber auch Konzentrationsstörungen, schnell wechselnde und sich stark unterscheidende Stimmungen, aber auch übertrieben empfundenes Verhalten können weitere Anzeichen sein. Auch ein übertriebener Drang zur Kontrolle, ständiges Überprüfen und Rückversichern kann eine Folge traumatischen Erlebens sein.

Anhaltspunkte für ein zugrundeliegendes Trauma sind Erinnerungslücken des Betroffenen. Wie zuvor beschrieben ist dies Teil des Schutzprogramms, das der Verstand des Betroffenen zu seinem oder ihrem eigenen Schutz abspielt. Gleichzeitig kann aber durch äußere Eindrücke oder auch durch ein plötzliches Aufflackern von Erinnerungen der traumatisierte Mensch innerhalb weniger Momente für sich selbst in das damals Erlebte zurückgeworfen werden. Er reagiert dabei oftmals auf eine Weise, die sein Gegenüber völlig hilflos macht. In diesem Moment durch eingeübte und beherrschte eigene Muster zu reagieren, schützt alle in dieser Situation Betroffenen.

In der Kommunikation kommt dem Zuhören eine noch größere Bedeutung zu, als dies auch sonst in der Kommunikation der Fall ist. Der Betroffene muss sich selbst öffnen, und seine Bereitschaft zum Dialog, zum Gespräch über die Ursachen seines Verhaltens, kann nicht mit Druck oder gar Drohungen mit Sanktionen erreicht werden. Es würde das genaue Gegenteil eintreten, der Gesprächsfaden würde reißen, und mangels Vertrauens wäre auch zukünftig kein wirklich vertrauensvoller Dialog mehr möglich oder gewünscht.

Das **Zuhören** setzt Geduld voraus und auch ein gewisses Maß an Vertrauen des Zuhörers, dass dieses nicht leicht zu bewältigende Gespräch zu einem guten Ende kommt. Eine gute Hilfe für den Gesprächspartner einer traumatisierten Person kann es dabei sein, lediglich das Ziel im Blick zu behalten und die auf dem Weg verbrachte Zeit als nachrangig anzusehen. Voraussetzung dafür ist allerdings, dass diese Zeit auch wirklich zur Verfügung steht. Gerät der Helfende selbst unter Druck, muss er seinerseits nach Unterstützung suchen.

Traumatisierte Menschen wurden oftmals **Opfer** von Gewalt. Immer aber wurden sie Opfer, sei es einer Situation, eines Unfalls oder eines **Täters**. Erlebt sich ein traumatisierter Mensch im Kontakt mit Mitarbeitern im Bewachungsgewerbe in einer Opferrolle, kann dies im schlimmsten Falle zu einem **erneuten Durchleben des traumatisierenden Erlebnisses** kommen, der sogenannten **Retraumatisierung**. Schon eine Bevormundung des Betroffenen, so harmlos sie für einen Außenstehenden auch wirken mag oder so gut sie auch gemeint ist („wir wollen doch nur Dein Bestes...“), kann zu einer Retraumatisierung führen und damit zu einer Eskalation. Die Gefahr einer Retraumatisierung wird insbesondere durch neugieriges Nachfragen gesteigert, was denn passiert sei – solche Fragen sollten nur im Rahmen und im Schutz einer therapeutischen Behandlung gestellt werden.

Der Umgang mit traumatisierten Menschen erfordert Zeit, Kraft und ein hohes Maß an Selbstbeobachtung und Abgrenzungsfähigkeit. Die oben bereits angesprochene Übertragung des Traumas, auch als „Ansteckung“ bezeichnet, darf ebenso wenig unterschätzt werden wie auch die in jedem von uns vorhandene Aufopferungsbereitschaft. Jeder Mensch, der Mitgefühl aufbringen kann, trägt in sich die Voraussetzung, sich weit mehr für einen anderen Menschen einzusetzen, als das für ihn auch tatsächlich leistbar oder gesund ist. Die Fähigkeit, mit einem Betroffenen mitfühlend, aber zugleich sich professionell abgrenzend umzugehen, ist in der Praxis die beste Hilfe, die ein Mitarbeiter im Bewachungsgewerbe traumatisierten Personen geben kann.

Die nachfolgend zusammengefassten **Handlungsempfehlungen** helfen in einer unklaren Situation, eine Eskalation zu vermeiden und einen vertrauensvollen Kontakt mit dem Betroffenen aufzubauen:

- Hören Sie dem Betroffenen zu.
- Bei Verständnisproblemen in eigenen Worten das Gehörte wiedergeben, um Missverständnisse zu vermeiden.
- Geben Sie keine Bewertungen ab.
- Kritisieren Sie nicht das Verhalten des Betroffenen.
- Fordern Sie keine Beschreibung des traumatischen Erlebnisses.
- Nehmen Sie sich ausreichend Zeit.

- Schaffen Sie eine geeignete Umgebung (kein Telefon, einzelner Raum).
- Achten Sie auf sich – überschätzen Sie nicht Ihre Belastbarkeit.
- Und noch einmal: Hören Sie zu!

13.15. Kommunikationsmodelle

Um Kommunikation zu verstehen, bedarf es nicht nur genauer Beobachtung, sondern auch wissenschaftlicher Hilfe. Denn sie ist mehr als nur das gesprochene Wort, und dieses „mehr" bezieht sich auf die unterschiedlichsten Parameter des Austauschens von Botschaften.

Dazu kommen aber noch Eigenschaften von Kommunikation, die für den Laien nur schwer zu beobachten, aber gleichwohl verständlich sind. Die nachfolgend vorgestellten wissenschaftlichen Theorien sind nur eine kleine Auswahl - sie sollen Ihnen helfen, bei der Kommunikation mit anderen zukünftig noch aufmerksamer und damit noch mehr verstehend zuzuhören und zuzusehen.

13.15.1. Kommunikationsquadrat

Ein Paar im Auto. Er sitzt am Steuer, sie auf dem Beifahrersitz.

Sie sagt: „Grün."

Er schreit: „Fahr doch selbst!"

Was ist passiert? Landläufig würde man sagen, dass der Fahrer wohl ziemlich empfindlich ist. Die Frage ist nur: Worauf hat er reagiert? Schließlich hat seine Begleiterin nur eine wertungsfreie Feststellung getroffen – die Ampel ist grün.

Wie wir eine Botschaft aufnehmen, hängt nicht nur vom jeweiligen Kontext ab. Es ist auch immer möglich, dass Stimmungen den Inhalt der Nachricht verändern oder ihre beabsichtigte Wirkung in eine vollkommen andere Richtung lenken. Besonders wirksam ist aber der Ton, in dem wir eine Botschaft übermitteln.

Wie in unserem Beispiel. Während die Frau lediglich eine Beobachtung weitergegeben hat, drückt der Mann das Gaspedal bis zum Anschlag durch und verringert die Lebensdauer seiner Reifen deutlich. Und die Stimmung ist ebenfalls auf dem Nullpunkt – der Mann fühlt sich als unterschätzter Autofahrer, der bei Grün nicht schnell genug losgefahren ist.

Das Kommunikationsquadrat nach **Friedemann Schulz von Thun** weist jeder Botschaft vier Seiten zu, die von vier „Schnäbeln" gesendet und auch von vier Ohren gehört werden (das Modell wird darum „**Vier-Seiten**"- oder „**Vier-Ohren"-Modell** genannt). Und je nachdem, in welchem Ton eine Nachricht vorgetragen wird („grün", „grüüühüüüüün", „grün!!!", „grün" mit Gähnen), wird die Botschaft von einem anderen Ohr empfangen und bewertet. Man spricht von den „**vier Seiten einer Nachricht**".

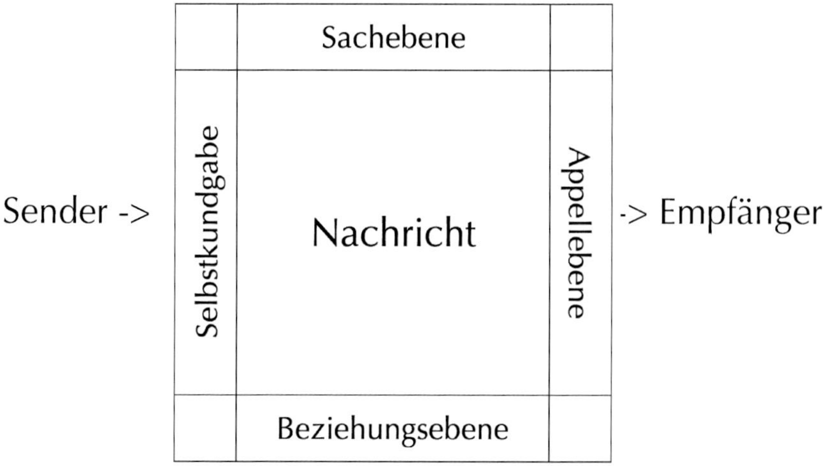

Die meisten Botschaften (Nachrichten) können auf den vier dargestellten Ebenen Unterbotschaften transportieren, und zwar innerhalb der gleichen Nachricht. Dabei ist es auch möglich, dass durch den Empfänger Inhalte in eine Botschaft hineingegeben werden (Interpretation), die der Sender nicht übermitteln wollte. Insofern sind nach diesem Modell sowohl der Sender als auch der Empfänger verantwortlich dafür, ob die Botschaft so verstanden wird, wie sie gemeint war.

Den vier Ebenen kommen jeweils klar umrissene Aufgaben zu, jeweils nach Sender und Empfänger formuliert:

- Selbstkundgabe
    - Sender: So geht es mir.
    - Empfänger: Wie geht es ihm?

- Sachebene
    - Sender: Darum geht es.
    - Empfänger: Worum geht es?

- Appellebene:
    - Sender: Das will ich erreichen.
    - Empfänger: Was soll ich tun?
- Beziehungsebene
    - Sender: Das halte ich von Dir.
    - Empfänger: Was hältst Du von mir?

Auf der Seite des Empfängers handelt es sich in der Regel um Vermutungen – Ausnahme ist hier naturgemäß die Sachebene, da hier wertungsfrei objektiv nachvollziehbare Informationen vom Sender an den Empfänger weitergegeben werden.

Problematisch wird es, wenn sich Vermutungen auf Parameter stützen, die mit der eigentlichen Botschaft des Senders nichts zu tun haben. Insbesondere in solchen Fällen, deren Sachinformation nicht eindeutig empfangen wird, sind Missverständnisse vorprogrammiert.

In unserem Ampel-Beispiel gibt der Sender bekannt, dass die Ampel grün geworden ist. Die Information „grün" wird durch die Betonung spezifiziert. Der Appell ist eindeutig: Fahr los, je nach benutztem Ton neutral, auffordernd, kritisierend, jammernd oder abwertend

Soweit die Botschaft von der Seite des Senders. Wie wurde sie vom Empfänger aufgenommen? „Grün" kann bei entsprechender Vorgeschichte (Streit um Ausflugsziel, Klage über angeblichen Geiz des Mannes, Kritik am Fahrstil) abwertend verstanden werden, selbst wenn die Botschaft nicht diese Bestimmung hatte. Sachlich liegt also nicht unbedingt Übereinstimmung vor. Die Selbstkundgabe eröffnet, aus Sicht des Empfängers, eine vermeintliche Überlegenheit – der Sender sei ja viel schlauer, viel aufmerksamer, ein besserer Fahrer allemal. Die Appellebene enthält aus Empfängersicht die klare Anweisung: „Jetzt fahr endlich los!" Und die Beziehungsebene schließlich sagt dem Empfänger eindeutig: „Du bist ein Verlierer!"

Es wäre falsch, jeden Satz, den Sie sagen oder hören, zukünftig auf diese vier Ebenen zu untersuchen – doch diese Theorie kann Ihnen helfen, bestimmte Wirkungen, die Botschaften auslösen, auf die jeweilige Kommunikationsebene zu untersuchen.

13.15.2. Transaktionsanalyse

Dieses Kapitel des Lehrbuches zählt nicht zum Rahmenplan und ist darum lediglich eine wertvolle Ergänzung Ihrer Beschäftigung mit dem Thema „Kommunikation". Die Transaktionsanalyse, entwickelt von Eric Berne, ist eines der wirksamsten Instrumente, um den Satz „Jemanden abholen, wo er gerade ist" mit Leben zu erfüllen und in der Praxis erfolgreich mit schwierigen Menschen umzugehen. Nutzen Sie darum die folgenden Seiten, um sich mit den Grundlagen der Transaktionsanalyse vertraut zu machen.

Wie spricht ein Vater mit seinem kleinen Sohn? Wie spricht er mit einem anderen Vater? Und wie spricht er mit dem Lehrer seines Sohnes? Je nach sozialer Stellung des Gegenübers nehmen wir bei der Kommunikation unterschiedliche Positionen ein, und neben der eigenen Position weisen wir auch unserem Gegenüber eine genau bestimmte Position zu. Dabei können sowohl wir als auch unser Gegenüber eine der drei folgenden Positionen (**Ich-Zustände**, jeweils mit Abkürzung und Darstellung der Eigenschaften des jeweiligen Ich-Zustandes) einnehmen:

- **Eltern-Ich (EL)**
    - Dominanz-Verhalten
    - Vorschreiben von Verhaltensweisen
    - Durchsetzung eigener Interessen
- **Erwachsenen-Ich (E)**
    - Wertungsfreie Kommunikation
    - Konzentration auf Sachebene
    - Ziel- und lösungsorientiertes, gemeinsames Vorgehen
- **Kind-Ich (K)**
    - Spontan erregbar, sehr stimmungsabhängig
    - Kindliches Verhalten (laut, lässig, wankelmütig)
    - Unterordnung, um eigene Ziele zu erreichen

Jeder Mensch kann jeden dieser drei Ich-Zustände einnehmen, von einer Sekunde auf die andere. Wir habe somit drei Grund-Ich-Zustände, aus denen wir mit einem anderen Menschen kommunizieren können.

Daraus ergibt sich zunächst folgendes Schaubild:

Sie	Gegenüber
EL	EL
E	E
K	K

Stellen Sie sich nun vor, Sie seien der Vater und ihr Kind hat etwas angestellt. Sie beginnen damit, in ernstem Ton ihr Kind (Gegenüber) anzusprechen, es zu tadeln und auch mit Konsequenzen zu drohen für den Fall, dass es noch einmal einen solchen Unsinn anstellt. Dann ergibt sich folgendes Verhältnis:

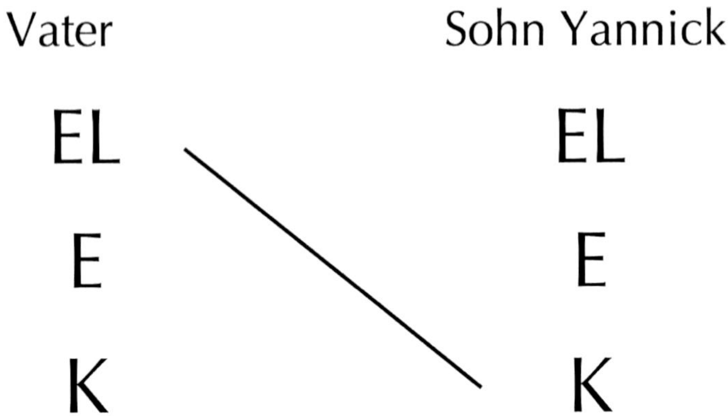

Der Vater wirkt auf sein Kind ein, er weist ihm mit seiner Ansprache und auch mit dem Inhalt seiner Botschaft eine Rolle zu.

Das Kind kann es so hinnehmen. Es kann aber seinerseits die ihm zugewiesene Rolle ablehnen – beispielsweise ein erwachsenes Kind, das sich von seinem Vater nichts mehr sagen lassen will. In unserem Beispiel würde der Sohn (er heißt Yannick, ist 19 Jahre alt und räumt sein Zimmer im Haus der Eltern nie so auf, dass sein Vater zufrieden ist) auf die Ebene des Erwachsenen-Ich wechseln, wenn er mit seinem „alten Herrn" ein vernünftiges Wort ohne Geschrei führen will. In die Grafik übersetzt sieht das so aus:

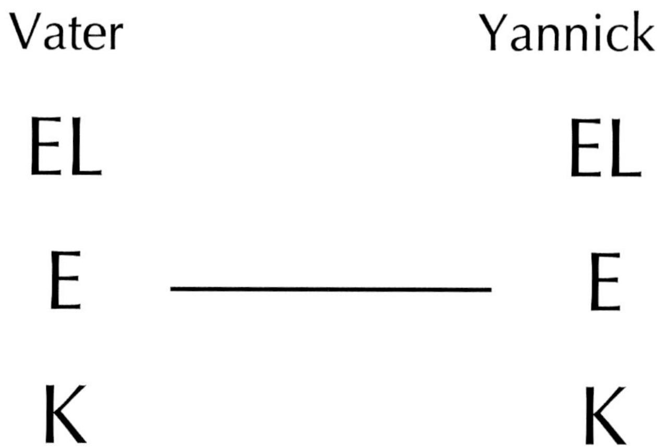

Eine sachliche Diskussion zeichnet sich dadurch aus, dass sich Menschen auf Augenhöhe begegnen. Den unterschiedlichen Ebenen des selbst gewählten oder zugewiesenen Seins lassen sich auf verschiedene Gemütszustände (Selbstbild und zugewiesenes Fremdbild) zuordnen.

Die Stärke der Transaktionsanalyse liegt in der Möglichkeit, aus dem Verhalten der Kommunikationspartner auf ihre Stellungen, Selbstbilder und Absichten schließen zu können. Das beginnt schon mit dem Fußgänger, der den Bus übersieht, als er gerade die Straße überqueren will. Der Busfahrer hupt wütend, und der Fußgänger macht bewusst eine Geste, die ihn selbst als Trottel hinstellt. Beide nehmen ihre Rollen ein, der Busfahrer (im Recht wie ein Vater aus Sicht des Kindes) wird vom Fußgänger (verhält sich klein und unerfahren wie ein Kind) als übergeordnetes Eltern-Ich akzeptiert.

Die Grafik:

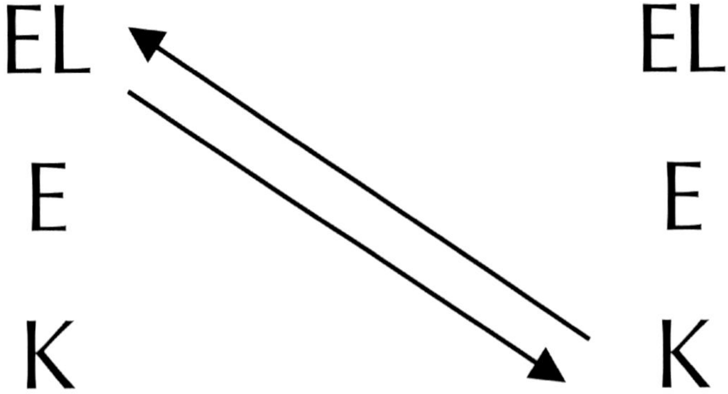

Es handelt sich hier um eine **Komplementäre Transaktion**. Die Beteiligten brechen nicht aus ihren Positionen aus. Dabei ist es nicht notwendig, dass sie unterschiedliche Positionen einnehmen.

Die **Gekreuzte Transaktion** hatten wir bereits im Beispiel beschrieben. Nach dem verärgerten und kritisierenden Anfall des Vaters erhebt sich der Sohn zum Erwachsenen-Ich und sucht einen Dialog zwischen Gleichen, um das Problem zu klären.

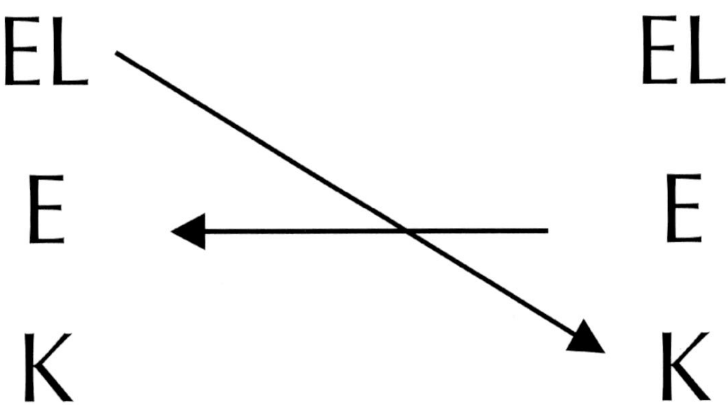

Wie der Vater auf die „erwachsene" Ansprache seines Sohnes reagiert, ist von Fall zu Fall unterschiedlich.

Möglichkeit Nummer drei ist die **Verdeckte Transaktion**. Hier nun müssen wir ziemlich genau hinschauen, denn es kommen zu den zwei Pfeilen der letzten Schaubilder zwei weitere hinzu.

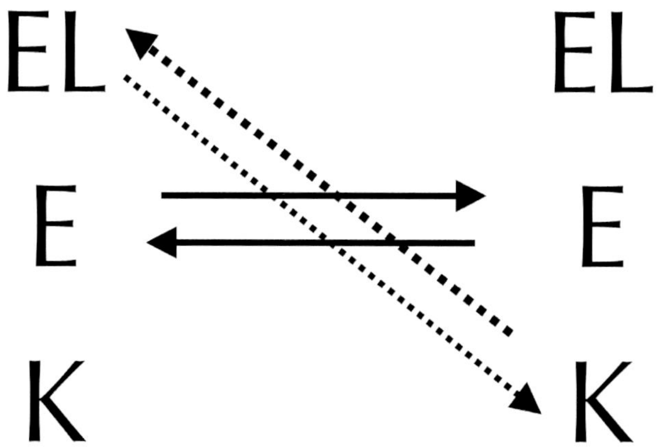

Vater	**Sohn**
„Yannick, bitte räum' Dein Zimmer auf, Du hast es mir versprochen."	„Mach' ich, ich will nur noch kurz meine Schuhe putzen."
Der Vater setzt seinen Gedanken von Ordnung durch und erinnert seinen Sohn an sein Versprechen. Dabei spricht er ihn objektiv betrachtet als einen vernünftigen Menschen an, macht aber zugleich deutlich, dass er bestimmt.	*Der Sohn reagiert objektiv betrachtet vernünftig. Er ordnet sich aber unter und fühlt sich dabei vielleicht schikaniert.*

Die offen übermittelte Botschaft, die Sach-Information, wird in diesem Falle auf der Erwachsenen-Ebene ausgetauscht. Die gleichzeitig übermittelte Botschaft zur Über- und Unterordnung (siehe auch Kommunikationsquadrat ab Seite 312) erzeugt in Sender und Empfänger aber zugleich weitere Emotionen.

Die Transaktionsanalyse kann Ihnen bei Ihrer zukünftigen Arbeit, aber auch in allen anderen Bereichen des Lebens wertvolle Dienste leisten. Denn Sie vermag Ihnen zu verdeutlichen, wo sich Ihr Gegenüber emotional empfindet, indem Sie Inhalt und Ansprache seiner Botschaft analysieren. Je nach Ihrer Absicht können Sie dann reagieren: Bei Menschen, die sich in eine Eltern-Ich-Position begeben und Ihnen die Kind-Rolle zuweisen, wirkt ein entspanntes Wechseln auf die Erwachsenen-Ebene meist Wunder. Wenn Sie dagegen einer Person gegenüberstehen, die ihre eigene Position auf keinen Fall verlassen will oder kann, ist es oftmals nützlich, selbst auf diese Ebene zu wechseln und somit „auf Augenhöhe zu kommunizieren. Dieses, oftmals mit Anbiederei verwechselte, strategische Wechseln der Ebenen hat natürlich Grenzen – denn Sie müssen, insbesondere als Mitarbeiter einer Bewachungsfirma, stets als Autorität wahrgenommen werden. So wäre eine Verbrüderung mit Betrunkenen für den Normalbürger eine Strategie, um sich in einer brenzligen Situation möglichst unbeschadet aus der Affäre zu ziehen – Sie aber müssten versuchen, unter Wahrung Ihrer Autorität auf die Gruppe einzuwirken, was Ihnen beispielsweise dadurch gelingen kann, dass Sie mit einem offenkundig einflussreichen Mitglied der Gruppe in Kontakt treten und ihm durch Ihre Ansprache die Rolle eines Erwachsenen zuweisen – diese kann er objektiv aufgrund seines Zustandes nicht erfüllen, gleichzeitig können Sie dadurch aber seine Kooperationsbereitschaft wecken.

Was können Sie für Ihren praktischen Umgang mit Menschen aus dieser Theorie an Nutzen ziehen? Betrachten wir an dieser Stelle zunächst das Eltern-Ich. Hier sind hauptsächlich zwei Zustände zu unterscheiden:

- **Kritisches** Eltern-Ich
- **Nährendes** Eltern-Ich (auch: Fürsorgliches Eltern-Ich))

Der Unterschied liegt in der Wahrnehmung. Wenn Sie aus dem **Kritischen Eltern-Ich** mit einer Person kommunizieren, wird dies als abwertend, besserwisserisch und belehrend empfunden. Sie werden also wahrgenommen wie der stets kritisierende Vater in der Kindheit, den Sie als Leser vielleicht beim vorhergehenden Beispiel (Diskussion um das aufzuräumende Zimmer) vor Ihrem inneren Auge hatten.

Anders das **Nährende Eltern-Ich** – es signalisiert Ihre Bereitschaft, den Anderen anzuerkennen und fürsorglich mit ihm zusammen ein Problem oder eine Aufgabe zu lösen.

Das Nährende Eltern-Ich zählt zu den **produktiven Ich-Zuständen** (im Gegensatz zu jenen Zuständen, die die Beteiligten blockieren oder nicht voranbringen). Aber auch auf den beiden anderen Ebenen finden sich Möglichkeiten, ein Gespräch positiv zu beeinflussen.

Das **Erwachsenen-Ich** ist an sich ein produktiver Ich-Zustand, der sich durch sachliche Wahrnehmung auszeichnet. In der Praxis sind Sie im Erwachsenen-Ich immer auf Augenhöhe mit Ihrem Gegenüber, solange sich dieser ebenfalls im Erwachsenen-Ich befindet. Befindet er sich dagegen in einem anderen Ich-Zustand, können Sie ihn durch gezielte Ansprache auf Ihre Zustandsebene einladen.

Ein Beispiel: Ein Passant weigert sich, das Objekt zu verlassen, in dem Sie das Hausrecht ausüben. Er will einfach nicht. Die Lösung aus dem Erwachsenen-Ich: Klären Sie die Verantwortlichkeiten und Rollenverteilungen, fordern Sie zum Perspektivwechsel auf („Versetzen Sie sich doch mal in meine Lage...“) und stellen Sie klar, dass es keine alternative Lösung gibt. Machen Sie das eigene Denken und Fühlen transparent und verschaffen Sie so (Selbstkundgabe) dem Anderen eine Möglichkeit, ohne Gesichtsverlust seine Meinung zu ändern und sich damit ebenfalls ins Erwachsenen-Ich zu begeben.

Das **Freie Kind** ist der produktive Ich-Zustand aus der Kind-Ebene. Dieses Kind hat Spaß, ist kreativ, emotional und humorvoll. Das Freie Kind sieht im Anderen keine Gefahr, sondern eher eine Chance. Sein Verhalten nimmt zudem „den Druck aus dem Kessel“, sein Lachen steckt an, ohne den Anderen lächerlich zu machen oder abzuwerten.

Das **Rebellische Kind** und das **Angepasste Kind** sind dagegen wenig produktive Ich-Zustände. Das rebellische Kind ist bockig, aufsässig und wenig kompromissbereit, während das angepasste Kind sich als abhängig, hilflos, manchmal sogar als den „ewigen Verlierer“ darstellt. Gerade sozial im Abseits stehende Menschen nehmen gern den Ich-Zustand „angepasstes Kind“ ein, um ihr Gegenüber in die Rolle des „nährenden Eltern-Ichs“ zu drängen.

Als Mitarbeiter im Bewachungsgewerbe werden Sie häufig als belehrend oder einschränkend gesehen. Arbeiten Sie darum sowohl an Ihrer Körpersprache, indem Sie bewusst ein Lächeln „aufsetzen“, das mit der Zeit sogar Ihr Inneres positiv beeinflussen wird, als auch an Ihrer Kommunikation und Haltung gegenüber Ihren Mitmenschen, indem Sie fortlaufend die Frage stellen, aus welchem Ich-Zustand heraus Sie mit Ihrem Gegenüber umgehen. Das können Passanten sein, aber auch Ihre Kollegen – und auch hier ist ein selbstkritischer Blick auf Kommunikationsformen untereinander ein Weg zu einem besseren Arbeitsklima.

Ein Tipp aus der Praxis: **Hören Sie sich selbst zu!**

13.15.3. Eisberg-Modell

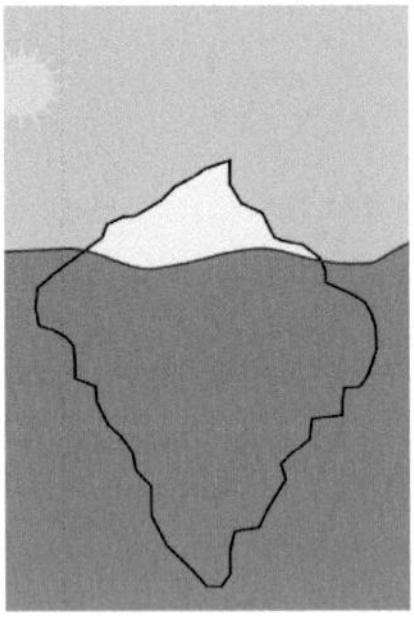

Ein Eisberg ist über Wasser nur zu einem Sechstel sichtbar – der weitaus größere Teil bleibt unter dem Wasserspiegel verborgen. Weil es sich mit der Kommunikation zwischen Menschen ähnlich verhält, spricht man auch vom „Eisberg-Modell", wenn man die Anteile von Worten einerseits und andererseits Körpersprache, Stimme, Dialekt und anderen Elementen der Kommunikation beziffern will. Je nach wissenschaftlichem Modell wird der Anteil des Wortes an der Wirksamkeit der Kommunikation mit 7 bis 20 Prozent angegeben.

13.15.4. Bedürfnispyramide

Die Motivationstheorie von Abraham H. **Maslow** geht davon aus, dass sich die Bedürfnisse der Menschen hierarchisch ordnen lassen. Maslow beschreibt ein Stufenmodell von fünf aufeinander aufbauenden Bedürfnissen, die für den Menschen von herausragender Bedeutung sind und mit besonderer Hingabe und Konzentration erfüllt werden. Zentrale Aussage der Theorie ist, dass bestimmte Bedürfnisse erst dann beachtet und angestrebt werden und erreicht werden können, wenn zuvor die darunter liegenden Bedürfnisse befriedigt werden konnten.

Die **erste Stufe** ist die Basis und umfasst jene Bedürfnisse, die jeder Mensch befriedigen muss, bevor er sich „höheren Zielen" zuwendet, sind die grundlegenden **biologischen** oder **physiologischen Bedürfnisse** – zB Nahrung, Wasser und Luft, aber auch Momente der Entspannung sowie die Sexualität.

Erst wenn diese Grundbedürfnisse erfüllt sind, kann die **zweite Stufe** der Pyramide errichtet werden. Sie steht für die **Sicherheit** des Individuums, für Behaglichkeit und für Maßnahmen, die dafür sorgen, das Erreichte vor dem Zugriff Dritter zu schützen.

In der **dritten Stufe** (Zugehörigkeit und Liebe) ist es dem Individuum nach Erfüllung der darunterliegenden Stufen möglich, **Bindungen** einzugehen. Oder als Zitat (Brecht): „Erst kommt das Fressen, dann kommt die Moral."

Die darüber liegenden Stufen der Bedürfnispyramide bilden

- **Achtung** (gefestigte, nicht nur vorübergehende oder einseitige Wertschätzung und Anerkennung durch sich selbst und andere) und
- **Selbstverwirklichung** (Verbesserung und Anwendung der eigenen Fähigkeiten, oftmals kreativer, künstlerischer Art als Maler oder Musiker).

Das nachfolgend abgebildete Modell einer „Bedürfnispyramide" kombiniert die vorgenannten Begriffe (Stufenbezeichnung entsprechend der Benennungen durch Maslow in der deutschen Übersetzung) und verdeutlicht die Abhängigkeit der weiter oben angesiedelten Bedürfnisse von der Erfüllung der darunter liegenden – sie bauen jeweils aufeinander auf.

Grafisches Modell nach Ausführungen in Maslow, „Motivation und Persönlichkeit"

13.16. Kommunikation mit mehreren Personen

Die Kommunikation als Austausch von Botschaften zwischen zwei Beteiligten haben wir in den vorangegangenen Kapiteln behandelt. Dieses Kapitel befasst sich mit der Kommunikation mit einer größeren Zahl von Menschen, die wir in

- Gruppen
- Menschenmengen
- Menschenmassen

einteilen.

Dabei geht es nicht unbedingt um die Zahl der Menschen, die zu der jeweiligen Mengenart zählen. Vielmehr geht es zunächst um die gemeinsamen Werte und Absichten, die von den Beteiligten verfolgt werden. Existieren solche gemeinsamen Überzeugungen, die alle Beteiligten teilen, sprechen wir von einer **Gruppe** – typische Beispiele sind Fan-Gruppen bei Sportveranstaltungen, die durch die Begeisterung für ihren Sport einerseits und **ihre** Mannschaft oder Ihren Athleten andererseits ein Zusammengehörigkeitsgefühl entwickeln. Dabei entwickeln Menschen Bindungen zueinander und fühlen für andere Mitglieder der Gruppe – droht diesen Gefahr, etwa durch einen Wachmann, der einen Randalierer aus der Gruppe heraus festnehmen will, wird die Gruppe für ihr Mitglied Partei ergreifen, und zwar unabhängig davon, ob sie das jeweilige Verhalten stützen oder ablehnen – es geht gegen ein Mitglied der Gruppe, damit geht es gegen die Gruppe und jedes einzelne Mitglied. Dieser Konsens („mitgehangen, mitgefangen“ oder auch „einer für alle, alle für einen“) macht es in der Praxis schwierig bis unmöglich, ohne vorherige Kommunikation mit der Gruppe ohne Eigengefährdung gegen einzelne Täter innerhalb von Gruppen vorzugehen.

Der „soziale Kitt“, der die Mitglieder von Gruppen zusammenhält, besteht neben den bereits angesprochenen gemeinsamen Werten und Zielen („unser Verein“, „wir wollen gewinnen“) auch aus Herkunft, Kleidung, Verhalten, Sprache, Musik. So kann es durchaus passieren, dass bei dem Versuch, das Hausrecht gegen einen Punk (optisch leicht erkennbar) durchzusetzen, plötzlich andere Punks oder Sympathisanten, die bislang nicht mit dem Betroffenen Kontakt hatten oder gemeinsam mit ihm Zeit verbracht haben, sich als Unterstützer für ihn einsetzen und damit Gruppenverhalten zeigen.

Die Kommunikation mit einer Gruppe entspricht grundsätzlich der mit einer einzelnen Person, da die Befindlichkeiten der Beteiligten deckungsähnlich sind. Wichtig ist es, den Kopf der Gruppe zu identifizieren und direkt mit ihm zu sprechen. Dazu wird er auf der Erwachsen-Ich-Ebene (auf Augenhöhe) angesprochen, ohne sich mit ihm zu verbrüdern – Sie sind zum Beispiel Inhaber des Hausrechts und machen ihm klar, dass Sie das Hausrecht auch ausüben und durchsetzen werden, ohne dass Sie drohen oder ihn provozieren. Zeigen Sie Verständnis für sein Dilemma, dass er als Mitglied der Gruppe keine dazugehörende Person verpfeifen oder verurteilen darf: zugleich sollten Sie ihn aber auffordern, seine Verantwortung als Kopf der Gruppe wahrzunehmen und als „der Stammesälteste" den Konflikt mit friedlichen Mitteln und damit ohne strafrechtliche Folgen beizulegen.

Anders als bei der Gruppe ist eine **Menschenmenge** allein durch ihre bloße Größe ein Sicherheitsrisiko. Denn den Mitgliedern der Menge fehlt der soziale Zusammenhalt – sie verfolgen kein gemeinsames Ziel und entwickeln auch keine Bindungen zueinander. Besucher einer Verbrauchermesse oder eines Einkaufszentrums sind ein Beispiel für Menschenmenge – hier ist die „Jagd nach Schnäppchen" kein geeigneter Grund für ein Zusammengehörigkeitsgefühl. Die Menschen bleiben untereinander isoliert. Einzige Gemeinsamkeit sind Ort und Zeit der Zusammenkunft. Daraus ergibt sich auch eine Eigenschaft der Mengenmitglieder, die besonders unter dem Aspekt der Sicherheit bedeutsam ist: Eine Menschenmenge macht den Einzelnen anonym, er kann unerkannt in der Menge verschwinden und aus ihr heraus handeln. Zudem muss der Täter davon ausgehen, nicht gefasst zu werden, weil aus Menschenmengen heraus geworfene Dosen, Flaschen etc. nur schwer zuzuordnen sind – folglich steigt die Bereitschaft zur Tathandlung, denn es droht keine Bestrafung.

Wenn Sie versuchen, gegen **Straftaten aus einer Menschenmenge** vorzugehen, sollten Sie grundsätzlich vermeiden, planlos oder nervös zu wirken. Sprechen Sie im Bedarfsfall gewaltlose Mitglieder der Menge auf der Vernunftsebene an, um den Tätern die Deckung zu nehmen - im Idealfall grenzt die Menge die Täter aus oder wirkt ihrerseits auf sie ein.

Eine besondere Art der Menschenmenge ist die **Menschenmasse**. Mit diesem Begriff oder als „**akute Masse**" werden große Zahlen von Personen bezeichnet, die sich an einem Ort befinden und durch ein äußeres Ereignis beeinflusst werden, eine bestimmte Handlung vorzunehmen, beispielsweise in Panik ein Stadion zu verlassen. Auslöser können unvorhergesehene Ereignisse wie Stromausfall (und darauf folgende Dunkelheit), Knallgeräusch (Explosion, Schuss, Feuerwerkskörper), Feuer (mit Rauchentwicklung) oder auch eine zunächst lokal begrenzte Panikreaktion mit schreienden Menschen sein, die sich in der Masse rasch ausbreitet und zu einem sogenannten

Paniksturm wird, wenn die Menschen in Bewegung kommen und in eine Richtung drängen. Wenn sich der Weg verengt, auf dem sich die in Panik geratenen Menschen bewegen, kommt es zu dem sogenannten **Flaschenhalseffekt**. Dabei kommt es durch die Verkleinerung des Raumes zwischen den Menschen zu einer Art „Verstopfung", was die Panik steigert und den Druck der Masse auf die nun festsitzenden Personen so weit erhöht, dass sie zu Tode kommen können.

Wie sich Menschen in Panik verhalten, hängt maßgeblich von der jeweiligen Persönlichkeit und Mentalität ab, man spricht hier auch von **Panikmustern**. So verfallen einige Menschen in Panik in eine Art Schockstarre (**Panikstarre**) und sind teilnahms- bzw. orientierungslos, während andere hysterisch oder aggressiv (**Paniksturm**) reagieren.

Eine solche Menschenmasse stellt für die Sicherheitskräfte stets eine enorme und nicht selten unlösbare Aufgabe dar, insbesondere nach einer schlechten Vorbereitung durch die Planer einer Veranstaltung, mangelhafte Kommunikationsmöglichkeiten der beteiligten Kräfte und unzureichend ausgebildetes Personal. Eine Menschenmasse in Panik kann nicht aufgehalten werden – jeder ist sich hier selbst der Nächste und folgt seinem Urinstinkt, das eigene Überleben zu sichern. Wenn Sie sich als Sicherheitsmitarbeiter einer Masse gegenübersehen, die in Panik zu geraten droht, sollten Sie deutlich hörbar versuchen, die Menschen zu beruhigen, indem Sie klare Anweisungen geben und dabei eigene Ängste nicht zeigen. Sie müssen schon durch ihr Auftreten (Haltung, Kleidung, Stimme) als „Held" wahrgenommen werden, dem die Menschen bereit sind zu folgen.

13.17. Soziale Gruppen

Da jeder Mensch seine eigenen Kommunikationsformen und Prägungen besitzt, ist es unmöglich, generelle Aussagen darüber zu machen, welche „Knöpfe zu drücken" sind, um eine bestimmte Wirkung zu erzielen. Aber es ist möglich, die Reaktionen sozialer Gruppen generalisierend zusammenzufassen und so grundlegende Strategien zu entwickeln, mit diesen Menschen adäquat umzugehen. Man spricht in diesem Zusammenhang von sozialen Gruppen und ihren charakteristischen Eigenschaften.

13.17.1. Jugendliche

Obwohl wir alle einmal jung waren (mancher fühlt sich noch immer so), beginnt irgendwann das Unverständnis für das Verhalten junger Menschen. „Lange Haare, lange schlafen" ist ein typisches Vorurteil, mit dem „Erwachsene" Jugendlichen begegnen. Die Ablehnung von Regeln der Älteren gehört zum Prozess des Erwachsenwerdens – ohne die Auflehnung gegen bestehende Grenzen kann kein Mensch zu einem vollwertigen Mitglied der Gesellschaft reifen. Oder, um es wiederum mit Carl Borgstedt nach einer antiken Quelle zu sagen: „Nach uns kommt ein marodierender Haufen, der reißt alles in den Grund." – so spricht die jeweils alternde Generation.

Nehmen Sie also das respektlose Verhalten von Jugendlichen nicht persönlich. Sehen Sie es vielmehr als Ansporn und Aufgabe, trotz aller Widerstände mit einem Jugendlichen ins Gespräch zu kommen und ihn möglicherweise zu beeinflussen.

Charakteristische Eigenschaften von Jugendlichen sind

- Ablehnung sozialer Normen und Werte,
- Kompensations-Verhalten,
- Unsicherheit,
- Frustrations-Intoleranz und
- Wankelmütigkeit.

Insbesondere das Streben nach Gruppenzugehörigkeit führt zu aggressiven Reaktionen von Jugendlichen, wenn sie im Beisein der Gruppe angesprochen oder gemaßregelt werden – hier fühlt sich der Angesprochene zu einer aussagefähigen Reaktion gegen Sie förmlich gezwungen. Vermeiden Sie darum derartige Ansprachen im Beisein anderer Jugendlicher, wenn es möglich ist. Gleichwohl sollten Sie bei einer Konfrontation dem Jugendlichen seine Grenzen aufzeigen und Stärke demonstrieren (Körpersprache), auch personell. Dabei müssen Sie höflich und verbindlich kommunizieren – werden Sie provoziert, sollten Sie dies ignorieren und an die zuvor genannten „marodierenden Horden" denken. Kommt es seitens des Jugendlichen zu einem gewalttätigen Übergriff, müssen Sie aber bereit sein, schnell und konsequent Gegenmaßnahmen zu ergreifen und den Aggressor unschädlich zu machen.

Grundsätzlich ist die Anrede „Sie" zu wählen, wenn es sich nicht erkennbar um Kinder handelt – hier wäre es lächerlich. Aber der Jugendliche oder Heranwachsende fühlt sich durch ein „Sie" ernst genommen und versucht möglicherweise, sich daraufhin auch „erwachsen" zu verhalten.

13.17.2. Ältere Menschen (Senioren)

An keinem von uns geht das Alter spurlos vorüber. Machen Sie sich das beim Kontakt mit älteren Menschen klar – denn die geistige wie auch die körperliche Leistungsfähigkeit nehmen mit dem Alter bei jedem Menschen ab.

Es ist darum nicht unbedingt böse Absicht, wenn ein alter Mensch Verbotsschilder nicht beachtet oder Aufforderungen, die Sie ihm zurufen, nicht folgt – er sieht vielleicht schlecht, hört auch nicht mehr so gut. Seien Sie darum zunächst immer nachsichtig, wenn es sich um ältere Menschen handelt, die Fehler begehen.

Nutzen Sie stattdessen eine andere Eigenschaft, die alte Menschen den meisten anderen voraushaben – sie sind obrigkeitshörig, bemüht und befolgen klare Anweisungen in der Regel widerstandslos. Gleichwohl sind bei einigen Vertretern dieser sozialen Gruppe auch Eigenschaften wie

- Starrsinnigkeit
- Rechthaberei
- Überheblichkeit
- Ignoranz

zu beobachten.

Mit gewalttätigen Übergriffen ist hier nur selten zu rechnen. Gleichwohl dürfen Sie die Grundregeln der Eigensicherung auch bei älteren Menschen nicht außer Acht lassen.

Grundsätzlich sind ältere Menschen respektvoll, wertschätzend und mit Rücksicht auf Ihr Alter zu behandeln und anzusprechen. Ungeduld oder abfällige Bemerkungen sind absolut tabu – unterstützen Sie vielmehr die Bemühungen des Älteren, selbst Aufgaben wie Treppen, Aufzüge oder den Straßenübergang zu meistern, ohne ihn durch Ihr Verhalten zu entmündigen.

Und: Hören Sie zu – diese Menschen haben oftmals niemanden, der ihnen zuhören kann oder will. Das mag anstrengend sein, aber auf diese Weise zeigen Sie mehr Verständnis und Wertschätzung als mit einer Verbeugung.

13.17.3. Ausländer

Beim Umgang mit Ausländern sind nicht selten sprachliche Hürden zu überwinden. Darum kommt hier der Körpersprache besonderes Gewicht zu. Positive Gesten, ein Lächeln, unaufgeregtes Sprechtempo und eine angemessene Lautstärke können hier dazu beitragen, eine Situation entspannt zu halten.

Oftmals ist aber die Körpersprache der Betroffenen anders und wird von uns, die wir von „deutscher Körpersprache" geprägt sind, falsch wahrgenommen.

Insbesondere bei Menschen aus gänzlich anderen Kulturkreisen (Asien, Afrika) ist dies zu beachten, wenn man versucht, Handlungen zu analysieren.

Die Regeln zur Kommunikation mit Erwachsenen sind auch hier anwendbar. Tipp: Bleiben Sie stets höflich und reden Ihr Gegenüber mit „Sie" an.

Beachten Sie auch das Kapitel „Interkulturelle Kompetenz" ab Seite 305.

13.17.4. Betrunkene

Der Genuss von **Alkohol** in größeren Mengen schränkt die körperliche und geistige Leistungsfähigkeit und Wahrnehmung ein. So ist die Kommunikation mit alkoholisierten Personen nicht nur schwierig, weil man diese oftmals akustisch nicht versteht, sondern weil dieses „nicht-verstanden-werden" zu Aggressionen führen kann. Betrunkene sind darum besonders aufmerksam zu behandeln, denn neben der Unfähigkeit, gerade zu stehen, fehlt ihnen meist auch die Fähigkeit zum respektvollen Umgang, zum Akzeptieren von Regeln und Anweisungen, kurz: Sie handeln unvernünftig und ohne Rücksicht auf die möglichen Folgen, da Ihnen die Einsichtsfähigkeit fehlt. Zudem wirkt Alkohol **enthemmend**, so dass „soziale Standards" nicht unbedingt eingehalten werden.

Bedenken Sie immer, dass Betrunkene sehr unverfälscht sind – sie sind sehr empathisch und spüren sehr schnell, wen sie vor sich stehen haben. Dabei schaffen sie es interessanterweise, rasch Schwachstellen zu erkennen und genau hier, am schwächsten Punkt ihres Gegenübers, anzusetzen, um den Anderen zu provozieren oder emotional zu verletzen.

Betrunkene ergreifen schnell Partei und setzen sich rückhaltlos für diejenigen ein, die sie für ihre Freunde halten.

Diesem Verhalten können Sie unter Berücksichtigung der bereits genannten Regeln für den Umgang mit Jugendlichen gut begegnen. Hören Sie dem Anliegen und auch den Argumenten des Betroffenen aufmerksam zu und lenken Sie das Gespräch in Ihrem Sinne, ohne dabei bevormundend zu wirken. Zeigen Sie deutlich, dass Sie „die Hosen anhaben" und auch nicht bereit sind, Ihre Position zu seinen Gunsten aufzugeben. Bieten Sie Lösungen an, die für beide Seiten akzeptabel sind und einen Gesichtsverlust vermeiden.

13.17.5. Süchtige

Wie die Betrunkenen sind Süchtige hinsichtlich der körperlichen und geistigen Fähigkeiten eingeschränkt. Trotzdem sind sie für den Mitarbeiter im Bewachungsgewerbe ungleich gefährlicher – denn der Süchtige ist bereit, für die Befriedigung seiner Sucht auch schwerste Straftaten zu begehen.

Darum ist es für Ihre Sicherheit wichtig, beim Umgang mit Personen, die möglicherweise Rauschgiftkonsumenten sind, auf ein besonders hohes Maß an Eigensicherung zu achten. Kontakt mit jeglicher Art von Körperflüssigkeit (Speichel, Blut, Exkremente) ist unbedingt zu vermeiden, ebenso direkter Hautkontakt – Rauschgiftsüchtige sind oftmals schwer krank (HIV/AIDS, Hepatitis), ein Kontakt mit Körperflüssigkeit birgt immer die **Gefahr der Ansteckung**. Nutzen Sie darum Schutzausrüstung und treten Sie nicht zu dicht an verdächtige Personen heran.

Trotz dieser Gefahr sollten Sie den Süchtigen immer respektvoll behandeln und auch so ansprechen. Hier ist es besonders, eine „klare Kante zu fahren" und sich nicht auf Machtspielchen oder Verhandlungen einzulassen.

Die Frage, woran man Süchtige erkennt, ist mit dem Hinweis auf Äußerlichkeiten nur unzureichend beantwortet. Denn der Junkie mit fettigen, langen Haaren, zahlreichen Einstichstellen und dem „Drogenblick" ist nicht der Normalfall. Es gibt auch Abhängige, die dem „Normalbürger" äußerlich gleichen. Hier ist es notwendig, auf typische Verhaltensweisen von **Drogen**konsumenten zu achten. Dazu zählen

- ungewöhnlich weit geöffnete Pupillen,
- fahriger Blick und
- allgemeine Unruhe

als Hinweise auf körperliche Abhängigkeit.

Ob die Betroffenen schuld sind an ihrer Situation und ob man hier überhaupt von Schuld sprechen kann, darf Sie im Einsatzfall nicht beschäftigen – widmen Sie Ihre Aufmerksamkeit vielmehr Ihrem Gegenüber, denn Sie können sich sicher sein, dass er Sie ganz genau analysieren und Ihre Schwachstellen rasch finden und nutzen wird.

13.17.6. Querulanten

Im Alltag sind es meist nicht gewalttätige Konflikte, die eine gute Kommunikation des Bewachers erfordern. Vielmehr führt diese Arbeit zu Kontakt mit einer besonders anstrengenden Art von Mitmensch, dem Querulanten. Getreu dem Motto „Irgendwas ist ja immer" können sich diese Personen schnell in Rage reden und so Konflikte auslösen, die objektiv betrachtet nicht vorhanden sind.

Querulantentum ist meist Kompensationsverhalten. Dadurch sollen vermeintliche Defizite wie körperliches Alter (meist verbunden mit beruflichem Ruhestand und damit Einflussverlust), gefühlte Bedeutungslosigkeit vor der eigenen Frau oder Freunden, körperliche Mängel und ähnliche Unwichtigkeiten ausgeglichen werden, die für den Außenstehenden oft nicht nachvollziehbar sind.

Der Konflikt beschränkt sich meist auf verbale Attacken, Ungehorsam und Überschreiten von Grenzen. Selbst sonst gesetzestreue Menschen können in einem solchen Konflikt schnell beleidigend und ausfallend werden, insbesondere dann, wenn sie vorgeführt werden, in dem Wortgefecht zu unterliegen drohen.

Grundregel im Umgang mit Querulanten: Bleiben Sie stets höflich, unabhängig davon, ob Sie beschimpft, beleidigt oder provoziert werden. Weisen Sie rechtzeitig darauf hin, dass sich der Betroffene gerade im Ton vergreift, vermeiden Sie aber eine vermeintliche Stärkung Ihrer Position durch Zitieren der Strafvorschriften, gegen die er gerade verstößt – es würde nicht wirken.

Zeigen Sie ihm besser Ihre Betroffenheit und seine Verantwortung für dieses Gefühl. Machen Sie ihm klar, dass Sie nicht verantwortlich sind für Regeln, die er gerade brechen will (etwa Regelungen des Center-Managements zum Rauchen oder Abstellen von Paketen in Fluchtwegen). Erklären Sie ihm stattdessen die Gründe für solche Regelungen und appellieren Sie an seine Vernunft.

Vermeiden Sie es, Ihrerseits zu beleidigen oder herabzuwürdigen. Es wäre unausweichlich, dass die Situation eskaliert – und Sie hätten in diesem Falle eine Mitschuld an den Folgen. Bleiben Sie vielmehr höflich und weisen Sie bestimmt auf Ihr Hausrecht und Ihren Willen hin, dieses Recht auch durchzusetzen.

Schaltet Ihr Gegenüber nun „auf stur" und nörgelt oder sucht nach neuen Argumenten, sollten Sie zu einem Trick greifen. Wie bei einem „**Sprung in der Schallplatte**" wiederholen Sie Ihre Aussagen zu Ihrer Stellung, den Vorschriften und zu dem Verhalten, was Sie von Ihrem Gegenüber erwarten. Insbesondere bei Diskussionen über Verhaltensregeln kann diese ermüdende Diskussion schnell zum Abwinken und damit zum gewünschten Erfolg führen.

Wird es unvermeidlich, das Hausrecht mit Gewalt durchzusetzen, sollten Sie es unbedingt vermeiden, selbst Hand an den Betroffenen zu legen. Zwar wäre es erlaubt, die Person aus dem Gebäude zu drängen, doch die Gefahr einer Eskalation ist groß – weisen Sie besser darauf hin, dass Sie die Polizei auffordern werden, die Person aus dem Gebäude zu bringen und dass Sie ein strafbewehrtes Hausverbot aussprechen, die Person somit

Hausfriedensbruch begeht und sich strafbar macht. Das kann Eindruck machen und hält Sie von einem etwaigen Vorwurf der Körperverletzung frei.

13.18. Territorialverhalten

Ein Tier verteidigt sein Territorium. Gleiches gilt auch für den Menschen – besuchen Sie im Sommer einen Strand und betrachten Sie die Sandburgen, insbesondere das Verhalten ihrer Erbauer und „Bewohner".

Dringt ein Dritter in das Territorium eines Menschen ein, kann das eine Reaktion auslösen, sofern der Dritte nicht dazu eingeladen wurde. Diese Reaktion kann in Form von Fluchthandlungen (Rückzug, auch körpersprachlich) oder Angriffshandlungen (Drohgebärde, Stimmänderung, Gewalt) erfolgen. Je nach Ausmaß des beanspruchten Territoriums und des Vorstoßes in dieses „Hoheitsgebiet" können die Reaktionen unterschiedlich intensiv erfolgen. Dabei ist es möglich, dass vor einem Angriff erst ein Rückzug versucht wird.

Im Umgang mit Menschen sind besondere **Zonen** (Bereiche) zu beachten, um ungewollte Reaktionen des Gegenübers zu vermeiden. Allerdings muss auch auf das Vordringen des Gegenübers in die eigenen Zonen angemessen reagiert werden, denn dieses Vordringen ist als Grenzverletzung auch als Provokation einsetzbar – das zu erkennen und entsprechend besonnen zu reagieren ist das Ziel.

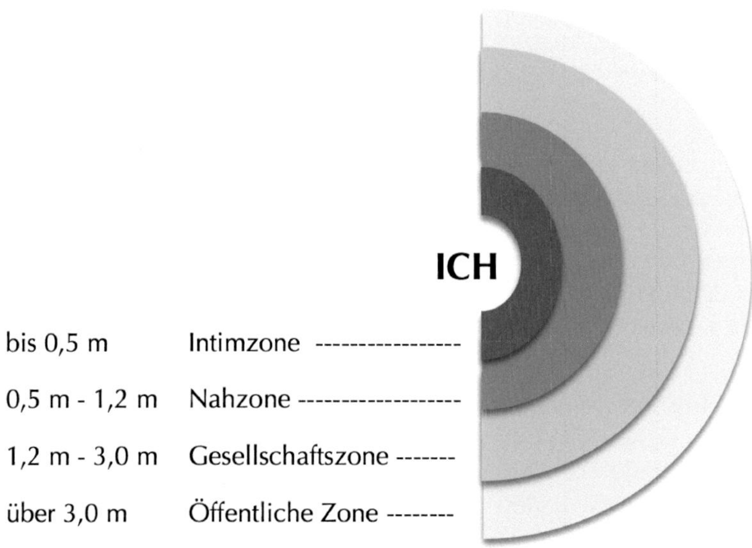

Unterschieden werden

- **Intimzone** (Intimbereich, „Kuschelzone")
    - Kommunikation mit engen Freunden
- **Nahzone** (Nahbereich, „Armlänge")
    - Kommunikationszone
    - Zone für bekannte Personen oder für Menschen, mit denen man „ins Gespräch" (Smalltalk) kommt
    - Aufenthalt von Fremden in dieser Zone bedingt höchste Wachsamkeit, da Übergriffe erfolgreich sein werden (Eigensicherung wird eingeschränkt)
- **Gesellschaftszone** (Gesellschaftsbereich)
    - Geeignet zur Kommunikation mit Fremden, auch in Konfliktsituationen (Eigensicherung wird beachtet)
    - Abstand zum Aggressor nimmt auch diesem den Druck, der durch die Nähe zu seinem Gegenüber entsteht
- **Öffentliche Zone** (öffentlicher Bereich)
    - Anweisungen an Gruppen oder Menschenmengen

In Konfliktsituationen sollte sich der Kommunikationspartner nur dann im Nahbereich aufhalten, wenn sich die Situation noch nicht zu zugespitzt ist. Sobald körpersprachliche oder verbale Signale auf einen bevorstehenden Angriff hinweisen, muss durch eigenen Rückzug erreicht werden, dass sich der Aggressor in der Gesellschaftszone oder weiter entfernt aufhält.

In der Praxis wird man unter dem Aspekt der Eigensicherung grundsätzlich in der Nahzone keine unbekannte Person länger dulden, als dies aufgrund der Umstände nötig ist (Kassenschlange, Aufzug etc.). Als Maßstab wählt der Mensch dazu die Länge des eigenen, ausgestreckten Armes.

Zur **Bestimmung der Nahzone** strecken Sie den rechten Arm einschließlich der Hand. Heben Sie den ausgestreckten Arm auf Schulterhöhe und beschreiben Sie einen Halbkreis um ihre rechte Körperhälfte. Dieser Bereich ist Ihre Nahzone, die Sie unterbewusst bei jeder Begegnung mit einem Menschen zur Einhaltung des gebotenen Abstands einhalten.

Eine Methode zum **Bestimmen der Intimzone** ist das Heben der vor dem Oberkörper verschränkten Arme, bis die Ellenbogen auf Schulterhöhe sind.

Die genannten Abstände beziehen sich auf Menschen, die vor oder hinter dem Betrachter stehen. Seitlich stehende Menschen werden bei geringeren Abständen als weniger unangenehm empfunden.

14. Eigensicherung

Sie dürfen das Thema Eigensicherung nicht allein auf Selbstverteidigung reduzieren – Eigensicherung ist sehr viel umfangreicher und wird dazu noch von vielen unterschätzt.

Eigensicherung beginnt mit der eigenen **Gesundheit**. Nur ein aufmerksamer, ausgeschlafener und gesunder Mitarbeiter ist in der Lage, in einer Notfallsituation, etwa einem unerwarteten Angriff durch einen Ladendieb, angemessen und schnell zu reagieren.

Auch eine gut passende **Dienstkleidung** ist Teil der Eigensicherung. Neben einem professionelleren Eindruck gibt sie Bewegungsfreiheit und ermöglicht die notwendigen Bewegungen, um sich gegen einen Angreifer zur Wehr zu setzen. Eine **Krawatte** sollte beispielsweise nur mit einem Druckknopf oder einem Gummiband befestigt sein, um nicht mit ihr stranguliert werden zu können. **Schuhe** müssen rutschfest sein und passen – eine Flucht ist sonst schwer möglich, ebenso die Verfolgung eines Flüchtenden.

Überprüfen Sie Ihre **Ausrüstung** vor jedem Einsatz auf Funktion und Zustand. Insbesondere **Schusswaffenträger** riskieren sonst ihr Leben.

Bei jedem „Kunden" stets **Abstand** halten (Armlänge, bei aggressiven Personen auch Trittreichweite). Sie verschärfen sonst die Situation und begeben sich zudem noch in die Reichweite seiner Hände und Füße sowie seines Mundes (**Bissgefahr**).

Dem **Gegenüber zuwenden** – niemand darf in Ihrem Rücken sein.

Bei **Körperkontakt** Handschuhe (mind. Einmalhandschuhe) tragen. Bei Bewusstlosen Einatmen des Atems der Person vermeiden. Bei Mund-zu-Nase-Beatmung Atemmaske oder Schutzfolie verwenden (*diese Folien gehören an jeden Schlüsselbund*).

Machen Sie sich stets mit den **örtlichen Gegebenheiten** eines Objekts vertraut.

Halten Sie regelmäßigen **Funkkontakt** mit der Einsatzleitstelle. Dies gilt insbesondere in Situationen, die zunächst unübersichtlich sind - verdächtige Beobachtungen sollte mit Nennung des Standorts sofort der Leitstelle gemeldet werden, die weiteren Schritte dann in Abstimmung mit der Leitstelle gegangen werden.

Bei Kontakt mit Ladendieben **niemals allein** mit der Person einen geschlossenen Raum betreten oder aus dem Sichtbereich anderer Mitarbeiter oder

Kunden gehen, sondern nur mit Zeugen, im Idealfall des gleichen Geschlechts wie der Tatverdächtige. Ansonsten können Sie schnell selbst Ziel einer Anzeige wegen einer angeblichen Handlung werden, die Ihnen „untergeschoben" wurde. Und seien Sie im Umgang mit dem Betroffenen bei der Aufnahme der Daten und Fakten stets professionell – bewerten Sie die Tat nicht, moralisieren Sie nicht, sondern arbeiten Sie die erforderlichen Schritte konsequent und ohne persönliche Kommentare ab. Falls Sie sich entscheiden, die Polizei zu diesem Vorgang hinzuzuziehen, sollte die Benachrichtigung nach Möglichkeit frühzeitig erfolgen, da so unnötige Wartezeiten für alle Beteiligten vermieden werden, falls durch ein erhöhtes Einsatzaufkommen nicht sofort eine Streife zur Verfügung steht.

Vermeiden Sie es, einen flüchtenden Täter **in die Enge zu treiben** – er könnte in einer ausweglosen Lage überreagieren und Sie schwer verletzen. Überlassen Sie die Verfolgung des Täters in kurzem Abstand besser der Polizei und erleichtern Sie deren Arbeit durch eine genaue Beobachtung – geben Sie **Hinweise** zum Täter und seinem **Fluchtweg**, notieren Sie sich die persönlichen Daten möglicher **Zeugen**.

Brillengläser aus Kunststoff sind Glasmodellen vorzuziehen – Kunststoffbrillengläser können nicht splittern und das Auge verletzen.

Seien Sie sich der **Möglichkeit eines Angriffs** immer bewusst und nehmen Sie jede Situation ernst – ein Lächeln ist nicht gleichbedeutend mit Freundlichkeit, wenn man es einsetzt, um einen Menschen zu täuschen. Und auch kleinere Menschen können gefährlich sein – und kraftvoll zuschlagen.

Vermeiden Sie Routine – sie ermüdet und schafft eine trügerische Sicherheit. **Tun Sie selbst**, was Ihre Aufgabe ist – und überprüfen Sie die Arbeit Ihres Partners, wenn dieser Ihnen meldet, ein Auftrag sei erledigt.

Lassen Sie sich **nicht von Äußerlichkeiten täuschen** – Mörder mit Engelsgesichtern gibt es nicht nur im Kino.

Lassen Sie sich nicht provozieren - seien Sie vielmehr professionell im Umgang mit Beleidigungen, Beschuldigungen und Drohungen.

Sprechen Sie innerhalb des Teams **Probleme mit Kollegen** offen an und versuchen Sie, gemeinsam eine Lösung des Konflikts zu finden. Gelingt dies nicht, sollten Sie nach einer Person suchen, die von allen Beteiligten akzeptiert wird und Ihnen helfen kann, vernünftig miteinander zu reden.

Und zum guten Schluss: Erwarten Sie stets das Unerwartete!

15. Literaturverzeichnis

Bärsch, T. / Rohde, M.: Kommunikative Deeskalation; BoD, 2008

Bolten, J.: Interkulturelle Kompetenz, LfpB Thüringen; o.D.

Busche, A.: Waffenrecht; Juristischer Fachverlag Busche Kiel, 2025[13]

Fuhrmann, H.: Gefahrenmeldesysteme; Hüthig, 1992

Joecks, W.: Studienkommentar StGB; C.H.Beck, 2007[7]

Harris, T. / Harris, A.: Ich bin o.k., Du bist o.k.; rororo, 2007

Maslow, Abraham H.: Motivation und Persönlichkeit; rororo, 2018[15]

Meyer-Goßner, L.: Strafprozessordnung; C. H. Beck, 2005[48]

Palandt / Bearbeiter: Bürgerliches Gesetzbuch; C. H. Beck, 2008[67]

Fischer, T.: Strafgesetzbuch und Nebengesetze; C. H. Beck, 2023[70]

Walz, G.: Handbuch der Sicherheitstechnik; Springer, 1992

Zimbardo, P. / Gerrig, R.: Psychologie; Pearson, 2004[16]

16. Sach- und Stichwortverzeichnis